江蘇省金陵圖書館等六家收藏單位

古籍普查登記目録

全國古籍普查登記目録

國家圖書館出版社
National Library of China Publishing House

圖書在版編目（CIP）數據

江蘇省金陵圖書館等六家收藏單位古籍普查登記目錄/本書編委會編. --北京:國家圖書館出版社,2015.6
（全國古籍普查登記目錄）
ISBN 978 - 7 - 5013 - 5599 - 0

Ⅰ.①江…　Ⅱ.①本…　Ⅲ.①公共圖書館—古籍—圖書館目錄—江蘇省　Ⅳ.①Z838

中國版本圖書館 CIP 數據核字(2015)第 103281 號

書　　名	江蘇省金陵圖書館等六家收藏單位古籍普查登記目錄
編　　者	本書編委會　編
索引編製 責任編輯	趙　嫄　張珂卿

出　　版　國家圖書館出版社(100034 北京市西城區文津街 7 號)
　　　　　　（原書目文獻出版社　北京圖書館出版社）
發　　行　發行 010 - 66114536　66126153　66151313　66175620
　　　　　　66121706(傳真),66126156(門市部)
E-mail　　btsfxb@ nlc. gov. cn(郵購)
Website　　www. nlcpress. com ——→投稿中心
經　　銷　新華書店
印　　裝　河北三河弘翰印務有限公司
版　　次　2015 年 6 月第 1 版第 1 次印刷

開　　本　787×1092 毫米　1/16
印　　張　29.25
字　　數　510 千字

書　　號　ISBN 978 - 7 - 5013 - 5599 - 0
定　　價　260.00 圓

《全國古籍普查登記目錄》
工作委員會

主　任：周和平

副主任：張永新　詹福瑞　劉小琴　李致忠　張志清

委　員（按姓氏筆畫排序）：

《全國古籍普查登記目録》

序　言

全國古籍普查登記工作是"中華古籍保護計劃"的首要任務,是全面開展古籍搶救、保護和利用工作的基礎,也是有史以來第一次由政府組織、參加收藏單位最多的全國性古籍普查登記工作。

2007年國務院辦公廳發佈《關於進一步加强古籍保護工作的意見》(國辦發〔2007〕6號),明確了古籍保護工作的首要任務是對全國公共圖書館、博物館和教育、宗教、民族、文物等系統的古籍收藏和保護狀况進行全面普查,建立中華古籍聯合目録和古籍數字資源庫。2011年12月,文化部下發《文化部辦公廳關於加快推進全國古籍普查登記工作的通知》(文辦發〔2011〕518號),進一步落實了全國古籍普查登記工作。根據文化部2011年518號文件精神,國家古籍保護中心擬訂了《全國古籍普查登記工作方案》,進一步規範了古籍普查登記工作的範圍、内容、原則、步驟、辦法、成果和經費。目前進行的全國古籍普查登記工作的中心任務是通過每部古籍的身份證——"古籍普查登記編號"和相關信息,建立古籍總臺賬,全面瞭解全國古籍存藏情况,開展全國古籍保護的基礎性工作,加强各級政府對古籍的管理、保護和利用。

《全國古籍普查登記工作方案》規定了全國古籍普查登記工作的三個主要步驟:一、開展古籍普查登記工作;二、在古籍普查登記基礎上,編纂出版館藏古籍普查登記目録,形成《全國古籍普查登記目録》;三、在古籍普查登記工作基本完成的前提下,由省級古籍保護中心負責編纂出版本省古籍分類聯合目録《中華古籍總目》分省卷,由國家古籍保護中心負責編纂出版《中華古籍總目》統編卷。

在党和政府領導下,在各地區、各有關部門和全社會共同努力下,古籍普查登記工作得以扎實推進。古籍普查已在除臺灣、港澳之外的全國各省級行政區域開展,普查内容除漢文古籍外,還包括各少數民族文字古籍,特别是於2010年分别啓動了新疆古籍保護和西藏古籍保護專項,因地制宜,開展古籍普查登記工作;國家古籍保護中心研製的"全國古籍普查登記平臺"已覆蓋到全國各省級古籍保護中心,並進一步研發了"中華古籍索引庫",爲及時展現古籍普查成果提供有力支持;截至目前,已有11375部古籍進入《國家珍貴古籍名録》,浙江、江蘇、山東、河北等省公佈了省級《珍貴古籍名録》,古籍分級保護機制初步形成。

　　《全國古籍普查登記目録》是古籍普查工作的階段性成果,旨在摸清家底,揭示館藏,反映古籍的基本信息。原則上每申報單位獨立成冊,館藏量少不能獨立成冊者,則在本省範圍内幾個館目合併成冊。無論獨立成冊還是合併成冊,均編製獨立的書名筆畫索引附於書後。著録的必填基本項目有:古籍普查登記編號、索書號、題名卷數、著者(含著作方式)、版本、冊數及存缺卷數。其他擴展項目有:分類號、批校題跋、版式、裝幀形式、叢書子目、書影、破損狀況等。有條件的收藏單位多著録的一些擴展項目,也反映在《全國古籍普查登記目録》上。目録編排按古籍普查登記編號排序,内在順序給予各古籍收藏單位較大自由度,可按分類排列古籍普查登記編號,也可按排架號、按同書名等排列古籍普查登記編號,以反映各館特色。

　　此次全國古籍普查登記工作,克服了古籍數量多、普查人員少、普查難度大等各種困難,也得到了全國古籍保護工作者的極大支持。在古籍普查登記過程中,國家古籍保護中心、各省古籍保護中心爲此舉辦了多期古籍普查、古籍鑒定、古籍普查目録審校等培訓班,全國共1600餘家單位參加了培訓,爲古籍普查登記工作培養了大量人才。同時在古籍普查登記工作中,也鍛煉了普查員的實踐能力,爲將來古籍保護事業發展奠定了良好的基礎。

　　《全國古籍普查登記目録》的出版,將摸清我國古籍家底,爲古籍保護和利用工作提供依據,也將是古籍保護長期工作的一個里程碑。

　　　　　　　　　　　　　　　　　　　　　　　國家古籍保護中心
　　　　　　　　　　　　　　　　　　　　　　　2013 年 10 月

《全國古籍普查登記目録》

編纂凡例

一、收録範圍爲我國境内各收藏機構或個人所藏,産生於 1912 年以前,具有文物價值、學術價值和藝術價值的文獻典籍,包括漢文古籍和少數民族文字古籍以及甲骨、簡帛、敦煌遺書、碑帖拓本、古地圖等文獻。其中,部分文獻的收録年限適當延伸。

二、以各收藏機構爲分册依據,篇幅較小者,適當合併出版。

三、一部古籍一條款目,複本亦單獨著録。

四、著録基本要求爲客觀登記、規範描述。

五、著録款目包括古籍普查登記編號、索書號、題名卷數、著者、版本、册數、存缺卷等。古籍普查登記編號的組成方式是:省級行政區劃代碼—單位代碼—古籍普查登記順序號。

六、以古籍普查登記編號順序排序。

七、編製各館藏目録書名筆畫索引附於書後,以便檢索。

目　　録

江蘇省金陵圖書館古籍普查登記目録

全國古籍普查登記目録

國家圖書館出版社
National Library of China Publishing House

《江蘇省金陵圖書館古籍普查登記目録》
編委會

主　編：紀景超

編　委：嚴峰　焦翔　尹士亮　紀景超　徐芹　潘健

《江蘇省金陵圖書館古籍普查登記目録》

前　言

　　南京這座龍盤虎踞、山水毓秀、有着濃濃歷史積澱的文明城市,早在唐宋以前就被稱爲"六朝古都",吳、東晉、宋、齊、梁、陳皆建都於此,成爲南方的經濟文化中心,在漫漫歷史長河中,歷經滄桑,已經寫下了幾千年的文明,在中國歷史上具有獨特地位。金陵圖書館同國内其他重要的圖書館一樣,珍藏了一批在漫長的社會發展過程中,我們的祖先留下的寶貴典籍。從 2008 年起,南京市政府出臺了《市政府辦公廳關於進一步加强古籍保護工作的意見》,明確要求落實保護措施,動員全社會,進一步加强古籍的搶救、保護工作。金陵圖書館爲此專門成立了南京市古籍保護中心,開始了對館藏古籍的普查與保護工作。

　　2002 年,北京大學信息管理系朱天俊教授在爲《國家圖書館藏古籍題跋叢刊》寫的《序》中指出:"一、爲瞭解古籍及其善本、作者生平、内容得失、版本源流,提供了可靠的資料;二、爲查考藏書家概况、古籍授受淵源,提供了重要的依據;三、爲考察古籍流傳、古籍善本亡佚、書林軼事,提供了不可多得的史料;四、爲研究中國學術史、古典文獻學、目録學、校勘學、版本學、中國書史,提供了可資參考的文獻資源。"這也應該成爲編纂出版《江蘇省金陵圖書館古籍普查登記目録》的目標和要求。《江蘇省金陵圖書館古籍普查登記目録》的編纂與成功出版,亦是我館古籍藏書建設的一項基礎性工作階段性成果的總結,客觀反映了我館在古代典籍方面的積累狀况。

　　金陵圖書館所藏古籍總量雖然不大,祇有 5 萬餘册,但館藏中的珍貴文獻,如兩(多)色套印本、活字本、插圖本、藍(朱)印本等特色版本數量較多,截止 2013 年底,先後有 11 部古籍入選國家及江蘇省《珍貴古籍名録》。還有更多的文獻,雖然在古籍定級標準的衡量下,善本等級不高,如南京本地刻坊"李光明莊"的古籍文獻,但從地方性特色版本的角度看,具有收藏數量較多、保護品相較好、特徵性代表性版本相對較齊備的特點。

　　《江蘇省金陵圖書館古籍普查登記目録》也是國家重大文化工程"中華古籍保護計劃"系列中的重要組成部分,金陵圖書館近年來一直給予重點推進。此次提交的普查數據,是在長期古籍編目成果的基礎上,經過認真的整理逐條核對形成的。共計提交的館藏古籍書目數據 3424 條,涵蓋了部分金陵圖書館所藏古籍善本以及部分特色性較强的普本,著録詳盡,質量較高,是金陵圖書館古籍編目人員工作的智慧結晶。

　　古籍文獻是中華文明代代相傳、香火不滅的重要載體,它對開展社會服務、學術研究等各項工作也是必不可少的考證資料。古籍保護是一項長期的工作,我們將在《江蘇省金陵圖書館古籍普查登記目録》整理出版的基礎上,繼續加大古籍保護工作力度,爲古籍的傳承做出更多的貢獻。

嚴峰

2014 年 9 月

320000－1602－0000001　A000000001

金陵通紀十卷　陳作霖撰　清光緒三十三年
（1907）江寧陳氏瑞華館刻本　　六冊

320000－1602－0000002　A000000003

金陵通紀十卷　陳作霖撰　清光緒三十三年
（1907）江寧陳氏瑞華館刻本　　六冊

320000－1602－0000003　A000000004

金陵通紀十卷　陳作霖撰　國朝金陵通紀四
卷金陵通紀補一卷　陳作霖撰　清光緒三十
三年（1907）江寧陳氏瑞華館刻本　四冊　存
十卷（金陵通紀五至十、國朝金陵通紀四卷）

320000－1602－0000004　A000000005

[嘉慶]重刊江寧府志五十六卷校勘記一卷
（清）呂燕昭修　（清）姚鼐纂　清光緒六年
（1880）刻本　十二冊

320000－1602－0000005　A000000007

國朝金陵文鈔十六卷首一卷末一卷　陳作霖
等輯　清光緒二十三年（1897）刻本　十六冊

320000－1602－0000006　A000000010

[光緒]續纂江寧府志十五卷首一卷附勘誤一
卷　（清）趙佑宸等修　（清）汪士鐸纂　清光
緒六年（1880）刻本　十一冊　缺三卷（七至
九）

320000－1602－0000007　A000000011

[嘉慶]重刊江寧府志五十六卷校勘記一卷
（清）呂燕昭修　（清）姚鼐纂　清光緒六年
（1880）刻本　九冊　缺十四卷（一至五、十七
至二十一、三十七至四十）

320000－1602－0000008　A000000021

金陵通傳四十五卷補遺四卷　陳作霖纂　陳
詒紱編　清光緒三十年（1904）江寧陳氏瑞華
館刻本　十冊

320000－1602－0000009　A000000022

金陵通傳四十五卷補遺四卷　陳作霖纂　陳
詒紱編　清光緒三十年（1904）江寧陳氏瑞華
館刻本　十冊

320000－1602－0000010　A000000023

金陵瑣志五種　陳作霖撰　清光緒江寧陳氏
可園刻本　四冊　缺一種（南朝梵刹志）

320000－1602－0000011　A000000024

金陵瑣志三種　陳作霖撰　清光緒江寧陳氏
刻本　四冊

320000－1602－0000012　A000000029

秣陵集六卷　（清）陳文述輯　清光緒十年
（1884）淮南書局刻本　一冊　缺四卷（一至
四）

320000－1602－0000013　A000000030

白下瑣言十卷　（清）甘熙撰　清光緒十六年
（1890）築野堂刻本　四冊

320000－1602－0000014　A000000033

建康實錄二十卷校勘一卷　（唐）許嵩撰　清
光緒二十八年（1902）金陵甘氏桑泊草堂刻本
六冊

320000－1602－0000015　A000000034

[光緒]六合縣志八卷圖說一卷附錄一卷
（清）謝延庚等修　（清）賀廷壽等纂　清光緒
九年（1883）刻本　十冊

320000－1602－0000016　A000000036

續金陵詩徵六卷首一卷　（清）朱緒曾等輯
清光緒二十年（1894）刻本　三冊

320000－1602－0000017　A000000041

金陵歷代建置表不分卷　（清）傅春官撰　清
光緒二十三年（1897）晦齋刻本　一冊

320000－1602－0000018　A000000044

石城七子詩鈔十四卷　翁長森撰　清光緒十
六年（1890）刻本　三冊

320000－1602－0000019　A000000045

石城七子詩鈔十四卷　翁長森撰　清光緒十
六年（1890）刻本　三冊

320000－1602－0000020　A000000046

續金陵瑣事二卷　（明）周暉撰　清光緒江寧
傅春官刻本　一冊

320000－1602－0000021　A000000047

二續金陵瑣事二卷　（明）周暉撰　清光緒江

寧傅春官刻本　一册

320000－1602－0000022　A000000051
蒐山志八卷　（清）顧雲撰　清光緒九年(1883)刻本　三册

320000－1602－0000023　A000000053
江寧府七縣地形考略一卷圖一卷　（清）黃起鳳　茅乃登　繆九疇編　清光緒江楚書局刻本　一册

320000－1602－0000024　A000000055
秣陵集六卷　（清）陳文述輯　清光緒十年(1884)淮南書局刻本　三册

320000－1602－0000025　A000000058
靈谷禪林志十五卷首一卷　（清）謝元福撰　清光緒十三年(1887)刻本　二册

320000－1602－0000026　A000000060
南京湯山陶廬別業志不分卷　（清）陶保晉撰　清光緒江寧陶氏刻本　一册

320000－1602－0000027　A000000061
板橋雜記一卷附錄一卷　（清）余懷撰　清光緒二十六年(1900)番禺沈氏刻本　一册

320000－1602－0000028　A000000062
板橋雜記三卷　（清）余懷撰　清光緒二十七年(1901)江寧傅春官晦齋刻本　一册

320000－1602－0000029　A000000065
後湖志不分卷　（清）王作械纂　（清）錢福臻增輯　清宣統二年(1910)南洋印刷官廠鉛印本　一册

320000－1602－0000030　A000000068
江蘇水利圖說不分卷　（清）李慶雲纂　（清）陸鍾琦編　清宣統二年(1910)刻本　一册

320000－1602－0000031　A000000069
江蘇水利圖說不分卷　（清）李慶雲纂　（清）陸鍾琦編　清宣統二年(1910)刻本　二册

320000－1602－0000032　A000000072
秣陵集六卷　（清）陳文述輯　清光緒十年(1884)淮南書局刻本　三册

320000－1602－0000033　A000000073
白下愚園集八卷首一卷　（清）胡光國輯　清光緒二十年(1894)刻本　四册　缺二卷(偶意詩草一卷、愚園唱和集一卷)

320000－1602－0000034　A000000077
江甯府學選拔貢元原卷不分卷　（□）□□撰　清末鉛印本　一册

320000－1602－0000035　A000000085
秣陵集六卷　（清）陳文述輯　清光緒十年(1884)淮南書局刻本　三册

320000－1602－0000036　A000000089
秣陵集六卷　（清）陳文述輯　清光緒十年(1884)淮南書局刻本　四册

320000－1602－0000037　A000000092
可園文存十六卷　陳作霖撰　清宣統元年(1909)刻本　一册　存四卷(十三至十六)

320000－1602－0000038　A000000100
江南籌辦地方自治總局文件錄要總編二編　（□）□□撰　清光緒三十三年(1907)刻本　一册

320000－1602－0000039　A000000110
金陵同善堂徵信錄不分卷　（清）金陵同善堂輯　清光緒元年(1875)刻本　一册

320000－1602－0000040　A000000113
金陵終始紀績各事不分卷　（清）陳文述撰　清稿本　一册

320000－1602－0000041　A000000114
江寧府屬砝卷彙集不分卷　（□）□□撰　清光緒刻本　一册

320000－1602－0000042　A000000115
國朝金陵詞鈔八卷附一卷　陳作霖　（清）秦際唐輯　清光緒二十八年(1902)刻本　四册

320000－1602－0000043　A000000117
國朝金陵詞鈔八卷附一卷　陳作霖　（清）秦際唐輯　清光緒二十八年(1902)刻本　四册

320000－1602－0000044　A000000118
江南鄉試錄光緒甲午科不分卷　（清）□□撰

清光緒二十年（1894）刻本　一冊

320000 – 1602 – 0000045　A000000119
江南鄉試闈墨光緒甲午科不分卷　（清）文緝
熙撰　清光緒二十年（1894）衡鑑堂刻本
一冊

320000 – 1602 – 0000046　A000000120
江南鄉試闈墨不分卷　（□）□□撰　清刻本
一冊

320000 – 1602 – 0000047　A000000121
石城七子詩鈔十四卷　翁長森撰　清光緒十
六年（1890）刻本　三冊

320000 – 1602 – 0000048　A000000123
雨花山莊題詠集四卷首一卷　（清）劉文陶輯
（清）楊山長評定　清光緒十八年（1892）秣
陵又來堂鉛印本　四冊

320000 – 1602 – 0000049　A000000129
金陵賦一卷　程先甲撰　清光緒二十三年
（1897）江寧傅春官刻本　一冊

320000 – 1602 – 0000050　A000000130
秦淮詩鈔二卷　（清）李鼇輯　清江寧文潔堂
刻本　一冊

320000 – 1602 – 0000051　A000000135
金陵救生局徵信錄不分卷(宣統元年)　（清）
金陵救生局輯　清宣統刻本　二冊

320000 – 1602 – 0000052　A000000137
國朝金陵詞鈔八卷附一卷　陳作霖　（清）秦
際唐輯　清光緒二十八年（1902）刻本　四冊

320000 – 1602 – 0000053　A000000138
江寧金石待訪目二卷　（清）嚴觀輯　清光緒
二十二年（1896）刻本　一冊

320000 – 1602 – 0000054　A000000139
江寧金石記八卷　（清）嚴觀輯　清光緒二十
二年（1896）江楚編譯書局刻本　二冊

320000 – 1602 – 0000055　A000000140
江南鄉試題名錄光緒乙酉科不分卷　（□）
□□撰　清光緒十一年（1885）刻本　一冊

320000 – 1602 – 0000056　A000000141
江南鄉試題名錄光緒丁酉科不分卷　（□）
□□撰　清光緒二十三年（1897）刻本　一冊

320000 – 1602 – 0000057　A000000142
江南鄉試題名錄光緒戊子科不分卷　（□）
□□撰　清光緒十四年（1888）刻本　一冊

320000 – 1602 – 0000058　A000000143
江南鄉試題名錄光緒癸巳恩科不分卷　（□）
□□撰　清光緒十九年（1893）刻本　一冊

320000 – 1602 – 0000059　A000000144
凝香室鴻雪因緣圖記三集不分卷　（清）麟慶
撰　清光緒五年（1879）上海點石齋鉛印本
六冊

320000 – 1602 – 0000060　A000000145
商辦金陵亨耀電燈有限公司招股章程不分卷
金陵亨耀電燈有限公司編　清光緒三十三
年（1907）鉛印本　一冊

320000 – 1602 – 0000061　A000000147
盉山新建縣學堂賦不分卷　陳作霖撰　清光
緒二十八年（1902）刻本　一冊

320000 – 1602 – 0000062　A000000148
金陵恒善堂徵信錄不分卷(清光緒二十一年)
（清）金陵恒善堂輯　清光緒二十二年
（1896）刻本　一冊

320000 – 1602 – 0000063　A000000153
隨園三十八種二百四十六卷　（清）袁枚撰
清宣統二年（1910）上海鴻文書局石印本　二
十冊　存一百六十四卷(小倉山房文集三十
五卷、小倉山房外集八卷、小倉山房詩集一至
二十二、袁太史稿一卷、隨園尺牘十卷、牘外
餘言一卷、隨園詩話十六補遺十卷、隨園隨筆
一至十八、隨園食單一卷、隨園續同人集一
卷、隨園八十壽言六卷、紅豆村人詩集十四
卷、碧腴齋詩八卷、何南園詩選二卷、筱雲詩
選二卷、湄君詩選二卷、繡餘吟稿一卷、盈香
閣遺稿一卷、樓居小草一卷、素文女子遺稿一
卷、湘痕閣詩稿二卷、湘痕閣詞稿一卷、瑤華
閣詩草一卷、瑤華閣詞鈔一卷、隨園女弟子詩

選六卷、過雲精舍詞選二卷、碧梧山館詞選二卷、隨園瑣記二卷、談瀛錄二）

320000－1602－0000064　A000000154
國朝金陵文鈔十六卷首一卷末一卷　陳作霖等輯　清光緒二十三年（1897）刻本　十六冊

320000－1602－0000065　A000000161
建康實錄二十卷校勘一卷　（唐）許嵩撰　清光緒二十八年（1902）金陵甘氏桑泊草堂刻本　三冊　缺十三卷（一至九、十七至二十）

320000－1602－0000066　A000000164
程一夔文乙集四卷　程先甲撰　清宣統二年（1910）江寧程氏千一齋刻　二冊

320000－1602－0000067　A000000169
國朝金陵詞鈔八卷附一卷　陳作霖　（清）秦際唐輯　清光緒二十八年（1902）刻本　四冊

320000－1602－0000068　A000000171
隨園女弟子詩選六卷　（清）袁枚輯　**古詩選四卷**　（清）王國棟輯　清上海朝記書莊石印本　一冊

320000－1602－0000069　A000000174
隨園詩話十六卷補遺十卷　（清）袁枚撰　清光緒十九年（1893）倉山舊主石印本　三冊

320000－1602－0000070　A000000175
隨園詩話十六卷　（清）袁枚撰　清上海文明書局石印本　四冊

320000－1602－0000071　A000000176
隨園駢體文註十六卷　（清）袁枚撰　（清）黎光地註　清光緒五年（1879）刻本　八冊

320000－1602－0000072　A000000179
金陵四十八景不分卷　（清）湯蠡仙撰　清光緒至民國刻本　一冊

320000－1602－0000073　A000000181
金陵通傳四十五卷補遺四卷　陳作霖纂述　陳詒紱編　清光緒三十年（1904）江寧陳氏瑞華館刻本　九冊　缺五卷（三十六至四十）

320000－1602－0000074　A000000182
江南好詞不分卷　（清）張汝南撰　清光緒二

十四年（1898）上海著易堂鉛印本　一冊

320000－1602－0000075　A000000184
寄漚遺集八卷　（清）何延慶撰　清宣統二年（1910）刻本　四冊

320000－1602－0000076　A000000189
炳燭里談三卷　陳作霖撰　清宣統三年（1911）刻本　一冊

320000－1602－0000077　A000000190
隨園三十八種二百四十六卷　（清）袁枚撰　清光緒十八年（1892）著易堂鉛字本　四十冊

320000－1602－0000078　A000000192
秦淮豔品不分卷　（清）張曦照輯　清光緒元年（1875）小嬝嬛仙館刻藍印本　一冊

320000－1602－0000079　A000000193
國朝金陵詞鈔八卷附一卷　陳作霖　（清）秦際唐輯　清光緒二十八年（1902）刻本　四冊

320000－1602－0000080　A000000194
惜陰書院課藝不分卷　（清）褚成博輯　清光緒二十七年（1901）李光明莊刻本　四冊

320000－1602－0000081　A000000195
盋山文錄八卷　（清）顧雲編　**詩錄二卷**　（清）顧雲編　清光緒十五年（1889）刻本　四冊

320000－1602－0000082　A000000198
金陵待徵錄十卷　（清）金鰲輯　清光緒二年（1876）刻本　一冊

320000－1602－0000083　A000000199
金陵詩徵四十四卷　（清）朱緒曾編　清光緒十八年（1892）刻本　四冊　存二十二卷（一至七、十三至二十七）

320000－1602－0000084　A000000200
國朝金陵詩徵四十八卷　（清）朱緒曾編　清光緒十二年（1886）刻本　六冊　存二十六卷（十九至二十二、二十七至四十八）

320000－1602－0000085　A000000201
國朝金陵詩徵四十八卷　（清）朱緒曾編　清光緒十三年（1887）刻本　四冊　存十七卷

（一至十七）

320000－1602－0000086　A000000202

江甯文武陞官全圖不分卷　（□）□□撰　清
宣統三年(1911)狀元境宜春閣鉛印本　一冊

320000－1602－0000087　A000000203

金陵校士館新政課選四卷　（清）伍殿麒等撰
清光緒二十八年（1902）鐘阜別墅刻本
四冊

320000－1602－0000088　A000000205

江寧司庫局所進出款項檔冊不分卷　江寧司
庫局輯　清光緒三十一年（1905）鉛印本
一冊

320000－1602－0000089　A000000206

江寧同官錄不分卷　（□）□□撰　清光緒七
年(1881)刻本　六冊

320000－1602－0000090　A000000207

江南江寧同官錄不分卷　（□）□□撰　清光
緒刻本　三冊

320000－1602－0000091　A000000208

金陵崇善堂徵信錄二卷　（清）金陵崇善堂輯
清宣統元年（1909）刻本　一冊

320000－1602－0000092　A000000209

南京慈善惜字聯合會章程不分卷　南京慈善
惜字聯合會撰　清鉛印本　一冊

320000－1602－0000093　A000000211

興善堂保嬰清冊不分卷(清光緒十二年至十
三年)　興善堂輯　清光緒刻本　一冊

320000－1602－0000094　A000000218

戶部籌餉奏案江甯辦理章程不分卷　（□）
□□撰　清光緒刻本　一冊

320000－1602－0000095　A000000219

江寧府中學堂國文講義不分卷　（清）侯巽健
撰　清末金陵狀元境宜春閣鉛印本　一冊

320000－1602－0000096　A000000224

國朝金陵文鈔十六卷首一卷末一卷　陳作霖
等輯　清光緒二十三年（1897）刻本　十六冊

320000－1602－0000097　A000000227

江南鄉試闈藝光緒癸卯恩科不分卷　陶隆儁
撰　清光緒二十九年（1903）刻本　一冊

320000－1602－0000098　A000000228

江蘇拔貢卷宣統己酉科不分卷　（清）張恪廉
撰　清宣統元年（1909）鉛印本　一冊

320000－1602－0000099　A000000229

江甯拔貢卷宣統己酉科不分卷　（清）張葆亨
撰　清宣統元年（1909）鉛印本　一冊

320000－1602－0000100　A000000230

江寧鄉試硃卷光緒壬午科不分卷　馮煦撰
清光緒八年（1882）刻本　一冊

320000－1602－0000101　A000000231

拔貢朝考卷宣統庚戌科不分卷(清宣統二年)
（清）賈治邦撰　清宣統二年（1910）石印本
一冊

320000－1602－0000102　A000000232

拔貢考卷宣統己酉科不分卷(清宣統元年)
（清）賈治邦撰　清宣統元年（1909）南洋印刷
官廠石印本　一冊

320000－1602－0000103　A000000233

江蘇優貢卷光緒戊子科不分卷　（清）魏家驊
撰　清光緒十四年（1888）刻本　一冊

320000－1602－0000104　A000000234

江蘇優貢卷光緒庚子科不分卷　（清）韓兆鴻
撰　清光緒二十六年（1900）上海著易堂經辦
錦章書局石印本　一冊

320000－1602－0000105　A000000235

江寧鎮江府節稿不分卷　（□）□□撰　清抄
本　一冊

320000－1602－0000106　A000000237

江南財政總局試辦章程不分卷　江南財政局
撰　清光緒三十三年（1907）鉛印本　一冊

320000－1602－0000107　A000000238

江南將弁學堂章程不分卷　（清）羅長裿撰
清光緒鉛印本　一冊

320000－1602－0000108　A000000239

蓋山談藝錄不分卷　（清）顧雲撰　（清）寶昀校　清宣統二年(1910)兩江法政學堂鉛印本　一冊

320000－1602－0000109　A000000240

金陵叢刻三十九卷　陳作霖等撰　（清）傅春官輯　清光緒江寧傅氏晦齋刻本　七冊　存十八卷(養龢軒隨筆不分卷、金陵賦不分卷、春秋職官考三卷、春秋地名辨異三卷附一卷、補五代史藝文志不分卷、漢射陽石門畫象考不分卷、左傳人名辨異三卷、金陵歷代建置表不分卷、金闕攀松集不分卷、王制玉井擎蓮集不分卷、王制井田算法不分卷)

320000－1602－0000110　A000000241

第二批承領江南貢院地基段落分配圖表地字第十五號不分卷　蔭餘堂繪　清油印本　一冊

320000－1602－0000111　A000000242

江寧府七縣地形考略不分卷　（清）黃起鳳茅乃登　繆九疇編　清光緒江楚書局刻本　一冊

320000－1602－0000112　A000000243

上元劉氏家乘不分卷　（清）劉啓琳纂修　清光緒三十一年(1905)刻本　一冊

320000－1602－0000113　A000000244

白下瑣言十卷　（清）甘熙撰　清光緒十六年(1890)築野堂刻本　四冊

320000－1602－0000114　A000000245

江南鄉試硃卷光緒戊子科不分卷　（清）談人格等撰　清光緒十四年(1888)刻本　一冊

320000－1602－0000115　A000000246

金陵涇邑會館錄不分卷　（清）金陵涇邑會館撰　清宣統三年(1911)鉛印本　一冊

320000－1602－0000116　A000000247

江南鄉試闈藝不分卷　（清）萬汝珍撰　清光緒至宣統金陵狀元境宜春閣聚珍書局刻本　一冊

320000－1602－0000117　A000000248

金陵先正言行錄六卷　陳作霖撰　清江楚書局鉛印本　一冊

320000－1602－0000118　A000000249

江甯府鄉土志教科書不分卷　江南兩等模範小學編輯　清光緒抄本　一冊

320000－1602－0000119　A000000250

上元名宦錄不分卷　（清）陳啓泰等撰　清光緒三十四年(1908)刻本　一冊

320000－1602－0000120　A000000251

秋燈叢筆一卷　（清）楊毓斌撰　清光緒三十三年(1907)南京王吉源石印本　一冊

320000－1602－0000121　A000000253

[光緒]川沙廳志十四卷首一卷末一卷　（清）陳方瀛修　（清）俞樾等纂　清光緒五年(1879)刻本　六冊

320000－1602－0000122　A000000255

凝香室鴻雪因緣圖記三集不分卷　（清）麟慶撰　清光緒五年(1879)上海點石齋鉛印本　六冊

320000－1602－0000123　A000000256

節抄金陵古迹題咏不分卷　（□）□□輯　清抄本　一冊

320000－1602－0000124　A000000257

金陵義渡局徵信錄不分卷(清光緒十六年至十七年)　金陵義渡局撰　清光緒十七年(1891)鉛印本　一冊

320000－1602－0000125　A000000260

新訂寧屬鐵路旱卡捐章不分卷　（□）□□撰　清光緒三十四年(1908)鉛印本　一冊

320000－1602－0000126　A000000261

兩江法政學堂章程一卷附錄一卷　兩江法政學堂　清光緒三十四年(1908)南京印書館鉛印本　一冊

320000－1602－0000127　A000000263

白下編二卷　（明）張遂辰撰　清宣統蕭明俊刻本　一冊

320000－1602－0000128　A000000264

冶山建祀顧祠始末不分卷 （清）汪士鐸撰
清光緒六年(1880)靜安草堂抄本 一冊

320000－1602－0000129 A000000265
盍山文錄八卷 （清）顧雲編 詩錄二卷
（清）顧雲編 清光緒十五年(1889)刻本
四冊

320000－1602－0000130 A000000266
江南鄉試硃卷光緒癸巳科不分卷 （清）陳澹
然撰 清光緒二十九年(1903)刻本 一冊

320000－1602－0000131 A000000267
江南鄉試硃卷光緒辛卯正科不分卷 （清）龔
心釗撰 清光緒十七年(1891)金陵龍文齋刻
本 一冊

320000－1602－0000132 A000000270
六朝事迹編類十四卷 （宋）張敦頤輯 清光
緒十三年(1887)寶章閣刻本 二冊

320000－1602－0000133 A000000276
江蘇通志稿纂修采訪章程不分卷 （□）□□
撰 清宣統鉛印本 一冊

320000－1602－0000134 A000000277
崇仁堂粥廠徵信錄不分卷(清光緒三十四年、
清宣統元年) 崇仁堂粥廠輯 清宣統刻本
一冊

320000－1602－0000135 A000000283
南巡盛典一百二十卷 （清）高晉纂修 清光
緒八年(1882)上海點石齋石印本 四冊 存
六十五卷(一至六十五)

320000－1602－0000136 A000000293
望道堂文集不分卷 （□）□□撰 清稿本
二冊

320000－1602－0000137 A000000297
悔翁先生行狀不分卷 （清）甘元煥撰 清光
緒刻本 一冊

320000－1602－0000138 A000000301
江南鄉試錄光緒癸卯恩科不分卷 （□）□□
撰 清光緒二十九年(1903)刻本 一冊

320000－1602－0000139 A000000302

江南武鄉試錄光緒乙酉科不分卷 （□）□□
撰 清光緒十一年(1885)刻本 一冊

320000－1602－0000140 A000000303
江南武鄉試題名錄光緒辛卯正科不分卷
（□）□□撰 清光緒十七年(1891)刻本
一冊

320000－1602－0000141 A000000304
江南鄉試題名錄光緒己丑科不分卷 （□）
□□撰 清光緒十五年(1889)刻本 一冊

320000－1602－0000142 A000000305
江南鄉試題名錄光緒辛卯科不分卷 （□）
□□撰 清光緒十七年(1891)刻本 一冊

320000－1602－0000143 A000000306
江南鄉試題名錄光緒癸卯恩科不分卷 （□）
□□撰 清光緒二十九年(1903)刻本 一冊

320000－1602－0000144 A000000307
江南鄉試題名錄光緒甲午科不分卷 （□）
□□撰 清光緒二十年(1894)刻本 一冊

320000－1602－0000145 A000000308
江蘇優貢卷光緒庚子科不分卷 （清）韓兆鴻
撰 清光緒二十六年(1900)上海錦章書局石
印本 一冊

320000－1602－0000146 A000000309
優貢朝考卷宣統庚戌科不分卷(清宣統二年)
（清）楊德培撰 清宣統二年(1910)石印本
一冊

320000－1602－0000147 A000000310
江甯拔貢卷宣統己酉科不分卷 （清）仇埰撰
清宣統元年(1909)鉛印本 一冊

320000－1602－0000148 A000000311
江南鄉試中卷光緒壬寅補行庚子辛丑恩正科
不分卷 （清）王光燮撰 清光緒二十八年
(1902)南京衡鑑堂刻本 一冊

320000－1602－0000149 A000000312
江南鄉試闈藝光緒癸卯恩科不分卷 （清）管
祖貽撰 清光緒二十九年(1903)南京趙正元
刻本 一冊

320000－1602－0000150　A000000313

江南鄉試硃卷光緒辛卯科不分卷　程先甲撰
清光緒十七年(1891)南京湯明林木活字印
本　一冊

320000－1602－0000151　A000000314

江南鄉試硃卷光緒辛卯科不分卷　(清)顧祖
彭撰　清光緒十七年(1891)南京湯明林木活
字印本　一冊

320000－1602－0000152　A000000315

江南鄉試硃卷光緒辛卯科不分卷　(清)魏家
驊撰　清光緒十七年(1891)南京湯明林木活
字印本　一冊

320000－1602－0000153　A000000316

江南鄉試硃卷光緒戊子科不分卷　(清)陳作
儀撰　清光緒十四年(1888)南京一得齋刻本
一冊

320000－1602－0000154　A000000317

江南鄉試硃卷光緒己丑科不分卷　(清)許長
齡撰　清光緒十五年(1889)南京文翰齋刻本
一冊

320000－1602－0000155　A000000318

江南鄉試硃卷光緒辛卯科不分卷　(清)鄧邦
述撰　清光緒十七年(1891)南京衡鑑堂刻本
一冊

320000－1602－0000156　A000000319

江南鄉試硃卷光緒戊子科不分卷　(清)陳光
宇撰　清光緒十四年(1888)南京黃起東家刻
字老店刻本　一冊

320000－1602－0000157　A000000320

江南鄉試硃卷光緒辛卯科不分卷　(清)鄧嘉
禾撰　清光緒十七年(1891)南京衡鑑堂刻本
一冊

320000－1602－0000158　A000000321

江南鄉試硃卷光緒辛卯科不分卷　(清)鄧邦
達撰　清光緒十七年(1891)南京聚奎堂刻本
一冊

320000－1602－0000159　A000000322

**江南鄉試硃卷光緒壬寅年補行庚子辛丑恩正
科不分卷**　(清)黃毓桂撰　清光緒南京衡鑑
堂刻本　一冊

320000－1602－0000160　A000000323

**會試硃卷光緒戊戌科不分卷(清光緒二十四
年)**　(清)魏家驊撰　清光緒南京北文豐齋
刻本　一冊

320000－1602－0000161　A000000324

**會試硃卷光緒戊戌正科不分卷(清光緒二十
四年)**　(清)蕭元怡撰　清光緒南京聚奎堂
刻本　一冊

320000－1602－0000162　A000000325

**會試硃卷光緒戊戌科不分卷(清光緒二十四
年)**　(清)鄧邦述撰　清光緒二十四年
(1898)南京聚奎堂刻本　一冊

320000－1602－0000163　A000000326

南京鍾英中學堂章程不分卷　南京鍾英中學
堂編　清光緒三十年(1904)上海文明活版部
鉛印本　一冊

320000－1602－0000164　A000000327

江南陸師學堂課藝內編不分卷　江南陸師學
堂編　清光緒二十五年(1899)江南陸師學堂
刻本　一冊

320000－1602－0000165　A000000328

江南陸師學堂學案不分卷　(清)羅長祜編
清光緒刻本　一冊

320000－1602－0000166　A000000331

抱潤軒文集十卷　馬其昶撰　清宣統元年
(1909)安徽官紙印刷局石印本　一冊

320000－1602－0000167　A000000334

杜詩鏡銓二十卷　(唐)杜甫撰　(清)楊倫注
讀書堂杜工部文集注解二卷　(唐)杜甫撰
(清)張潯注　清宣統三年(1911)上海雲章
書局石印本　八冊

320000－1602－0000168　A000000337

讀說文雜識一卷　(清)許棫撰　清光緒七年
(1881)刻本　一冊

320000－1602－0000169　A000000338

讀雪齋詩集九卷　（清）孫文川撰　清光緒八年(1882)刻本　二冊

320000－1602－0000170　A000000339

讀左補義五十卷首一卷　（清）姜炳璋輯　清光緒二十七年(1901)刻本　十六冊

320000－1602－0000171　A000000342

扁鵲心書三卷　（宋）竇材輯　（清）胡珏注　清刻本　二冊

320000－1602－0000172　A000000348

陶淵明詩一卷　（晉）陶潛撰　清光緒元年(1875)影印本　一冊

320000－1602－0000173　A000000349

陶淵明文集十卷　（晉）陶潛撰　清光緒元年(1875)番禺俞秀山刻本　二冊

320000－1602－0000174　A000000353

且巢詩存四卷　（清）周葆濂撰　清光緒十六年(1890)刻本　二冊

320000－1602－0000175　A000000354

且巢詩存四卷　（清）周葆濂撰　清光緒十六年(1890)刻本　一冊

320000－1602－0000176　A000000355

鄃書微五卷　張拔撰　清宣統鉛印石印本　一冊

320000－1602－0000177　A000000356

小滄浪館試體詩存一卷　（清）何汝霖撰　金陵六家試體詩一卷　（清）何汝霖撰　清光緒五年(1879)刻本　一冊

320000－1602－0000178　A000000363

蟻餘偶筆一卷　劉因之撰　清光緒十二年(1886)石菖蒲吟榭刻本　二冊

320000－1602－0000179　A000000364

蟻餘偶筆一卷　劉因之撰　清光緒十二年(1886)石菖蒲吟榭刻本　二冊

320000－1602－0000180　A000000365

上元江寧鄉土合志六卷　陳作霖纂修　清宣統二年(1910)江楚編譯書局刻本　一冊

320000－1602－0000181　A000000366

上元江寧鄉土合志六卷　陳作霖纂修　清宣統二年(1910)江楚編譯書局刻本　一冊

320000－1602－0000182　A000000367

江蘇水利圖說不分卷　（清）李慶雲纂　（清）陸鍾琦編　清宣統二年(1910)刻本　二冊

320000－1602－0000183　A000000368

江蘇水利圖說不分卷　（清）李慶雲纂　（清）陸鍾琦編　清宣統二年(1910)刻本　三冊

320000－1602－0000184　A000000369

續金陵詩徵六卷首一卷　（清）朱緒曾等輯　清光緒二十年(1894)刻本　六冊

320000－1602－0000185　A000000370

續金陵詩徵六卷首一卷　（清）朱緒曾等輯　清光緒二十年(1894)刻本　六冊

320000－1602－0000186　A000000371

續金陵詩徵六卷首一卷　（清）朱緒曾等輯　清光緒二十年(1894)刻本　五冊　存五卷(二至六)

320000－1602－0000187　A000000372

續金陵詩徵六卷首一卷　（清）朱緒曾等輯　清光緒二十年(1894)刻本　二冊　存二卷(三、五)

320000－1602－0000188　A000000373

莫愁湖楹聯便覽不分卷　（清）釋壽安錄　清光緒五年(1879)壽安刻本　一冊

320000－1602－0000189　A000000374

莫愁湖楹聯便覽不分卷　（清）釋壽安錄　清光緒五年(1879)壽安刻本　一冊

320000－1602－0000190　A000000375

莫愁湖楹聯便覽不分卷　（清）釋壽安錄　清光緒五年(1879)壽安刻本　一冊

320000－1602－0000191　A000000376

莫愁湖楹聯便覽不分卷　（清）釋壽安錄　清光緒五年(1879)壽安刻本　一冊

320000－1602－0000192　A000000377

莫愁湖楹聯便覽不分卷　（清）釋壽安錄　清

光緒五年(1879)壽安刻本　一冊

320000－1602－0000193　A000000378

莫愁湖楹聯便覽不分卷　(清)釋壽安錄　清光緒五年(1879)壽安刻本　一冊

320000－1602－0000194　A000000382

石城七子詩鈔十四卷　翁長森輯　清光緒十六年(1890)刻本　一冊　存四卷(南岡草堂詩選二卷、可園詩二卷)

320000－1602－0000195　A000000384

述異記二卷　(南朝梁)任昉撰　清刻本　一冊　存一卷(下)

320000－1602－0000196　A000000385

述異記三卷　題(清)東軒主人輯　清刻本一冊

320000－1602－0000197　A000000388

古今中外音韻通例不分卷　(清)胡垣撰　清光緒十四年(1888)刻本　四冊

320000－1602－0000198　A000000389

周易十卷　(三國魏)王弼注　清光緒二年(1876)江南書局刻本　三冊

320000－1602－0000199　A000000392

補籬遺稿八卷　(清)姚福均撰　清光緒三十一年(1905)木活字印本　二冊

320000－1602－0000200　A000000395

淵鑑類函四百五十卷　(清)張英等編　清光緒二十一年(1895)上海點石齋石印本　十冊

320000－1602－0000201　A000000406

海門詩鈔八卷外集四卷末一卷　(清)鮑皋撰　清宣統三年(1911)南徐鮑心增刻本　四冊

320000－1602－0000202　A000000407

遊歷古巴圖經二卷　(清)傅雲龍撰　清光緒籑喜廬鉛印本　一冊

320000－1602－0000203　A000000410

退畊堂詩集十卷　(清)陳希敬撰　清光緒二十八年(1902)刻本　四冊

320000－1602－0000204　A000000411

通俗編選不分卷　(清)翟灝輯　清光緒二十六年(1900)刻本　一冊

320000－1602－0000205　A000000416

增批温熱經緯五卷　(清)王士雄撰　(清)葉霖增批　清光緒三十一年(1905)上海奇石山房石印本　四冊

320000－1602－0000206　A000000425

朔方備乘六十八卷首十二卷　(清)何秋濤撰　清光緒七年(1881)石印本　八冊

320000－1602－0000207　A000000443

近思錄十四卷　(宋)朱熹　(宋)呂祖謙撰　(清)江永集注　清光緒二十七年(1901)上海文瑞樓石印本　四冊

320000－1602－0000208　A000000450

大清搢紳全書不分卷　(清)□□撰　清光緒二十二年(1896)京都榮錄堂刻本　一冊

320000－1602－0000209　A000000451

土耳其國志不分卷　吳宗濂　郭家驥譯　清光緒二十八年(1902)石印本　一冊

320000－1602－0000210　A000000454

士禮居黃氏叢書二十種一百八十三卷　(清)黃丕烈輯　清光緒十三年(1887)上海蜚英館影印本　三十冊

320000－1602－0000211　A000000455

左庵瑣語一卷　(清)李佳繼昌撰　清刻本一冊

320000－1602－0000212　A000000456

太常袁公行略一卷　(清)袁昶撰　清光緒三十一年(1905)石印本　一冊

320000－1602－0000213　A000000457

大學衍義四十三卷　(宋)真德秀撰　清光緒二十二年(1896)新化三味堂刻本　八冊

320000－1602－0000214　A000000461

涵芬樓古今文鈔小傳四卷首一卷　商務印書館編譯所編　清宣統三年(1911)上海商務印書館鉛印本　一冊

320000－1602－0000215　A000000469

益幼雜字一卷　（□）□□撰　清六合文成書局刻本　一冊

320000－1602－0000216　A000000471

金石索十二卷　（清）馮雲鵬　（清）馮雲鵷輯　清光緒十九年(1893)上海積山書局石印本　二十四冊

320000－1602－0000217　A000000473

金文雅十六卷　（清）莊仲方編　清光緒十七年(1891)江蘇書局刻本　四冊

320000－1602－0000218　A000000474

金文最一百二十卷　（清）張金吾輯　清光緒八年(1882)粵雅堂刻本　三十六冊

320000－1602－0000219　A000000476

人範六卷　（清）蔣元輯　清光緒二十六年(1900)江南格致書院刻本　二冊

320000－1602－0000220　A000000480

國朝經學名儒記不分卷　（□）□□撰　清石印本　一冊

320000－1602－0000221　A000000481

心白日齋集六卷　（清）尹耕雲撰　清刻本　四冊

320000－1602－0000222　A000000482

古微堂內集二卷外集八卷　（清）魏源撰　清宣統上海國學扶輪社鉛印本　六冊

320000－1602－0000223　A000000485

清綺軒詞選十三卷　（清）夏秉衡輯　清光緒十年(1884)覽輝書屋刻本　六冊

320000－1602－0000224　A000000491

漢書西域傳補注二卷　（清）徐松撰　清光緒十九年(1893)寶善書局石印本　二冊

320000－1602－0000225　A000000496

亭林文集六卷　（清）顧炎武撰　清宣統二年(1910)上海掃葉山房石印本　四冊

320000－1602－0000226　A000000499

翁松禪手札不分卷　（清）翁同龢撰　清宣統三年(1911)石印本　十冊

320000－1602－0000227　A000000500

金闕攀松集一卷　（清）嚴長明撰　清光緒二十五年(1899)江寧傅春官刻本　一冊

320000－1602－0000228　A000000506

竹林女科四卷　（清）蕭山竹林寺編　清光緒十七年(1891)皖江節署刻本　六冊

320000－1602－0000229　A000000508

庚子銷夏記八卷　（清）孫承澤撰　清光緒四年(1878)葛氏山隱居刊知不足齋刻本　三冊

320000－1602－0000230　A000000511

高等國文學教科書甲編十卷　程先甲編撰　清江楚書局刻本　六冊

320000－1602－0000231　A000000513

麝塵蓮寸集四卷補遺一卷　（清）汪淵集詞　（清）程淑校注　清光緒十六年(1890)染翰齋刻本　二冊

320000－1602－0000232　A000000518

輶軒使者絕代語釋別國方言箋疏十三卷　（清）錢繹撰　清積學齋刻本　四冊

320000－1602－0000233　A000000519

文字蒙求廣義四卷　（清）王筠撰　（清）蒯光典增注　清光緒二十七年(1901)江楚書局刻本　五冊

320000－1602－0000234　A000000521

京口掌故叢編七卷　（清）陶駿保輯　清光緒三十四年(1908)丹徒陶氏刻本　二冊

320000－1602－0000235　A000000523

六朝唐賦讀本不分卷　（清）馬傳庚選注　清光緒二年(1876)京都松林齋刻本　二冊

320000－1602－0000236　A000000529

八指頭陀詩集十卷補遺一卷詞附存一卷雜文一卷　（清）釋敬安撰　清光緒二十四年(1898)葉德輝刻本　二冊

320000－1602－0000237　A000000530

南天痕二十六卷附錄一卷　（清）凌雪纂修　清宣統二年(1910)復古社鉛印本　五冊　存二十三卷(一至二十三)

320000－1602－0000238　A000000533

養蒙針度五卷　（清）潘子聲撰　清光緒十一年（1885）上海百忍堂刻本　二冊

320000－1602－0000239　A000000536

義門先生集十二卷附錄一卷家書四卷　（清）何焯撰　清宣統元年（1909）廣州平江吳蔭培刻本　六冊

320000－1602－0000240　A000000537

義門先生集十二卷附錄一卷家書四卷　（清）何焯撰　清宣統元年（1909）廣州平江吳蔭培刻本　六冊

320000－1602－0000241　A000000538

弇山堂別集一百卷　（明）王世貞撰　清廣雅書局刻本　二十四冊

320000－1602－0000242　A000000540

金韶篝筆四卷附一卷　（□）□□撰　清光緒十三年（1887）錢念劬刻本　二冊

320000－1602－0000243　A000000542

增訂合聲簡字譜一卷　勞乃宣撰　清光緒三十二年（1906）刻本　二冊

320000－1602－0000244　A000000543

廣續方言四卷　程先甲輯　清光緒二十三年（1897）木活字印本　二冊

320000－1602－0000245　A000000547

養一齋文集二十卷詩集四卷賦一卷詩餘一卷（清）李兆洛撰　清光緒四年至八年（1878－1882）刻本　十冊

320000－1602－0000246　A000000549

御選唐宋詩醇四十七卷　（清）高宗弘曆選　清光緒七年（1881）浙江書局刻本　二十冊

320000－1602－0000247　A000000550

唐詩別裁集引典備注二十卷　（清）沈德潛輯　（清）俞汝昌增注　清光緒二十一年（1895）文海書局石印本　四冊

320000－1602－0000248　A000000553

夜雨秋燈錄六卷　（清）宣鼎撰　清上海鑄記書局石印本　二冊

320000－1602－0000249　A000000554

合肥相國李鴻章壽言一卷　（清）袁昶撰　清刻本　一冊

320000－1602－0000250　A000000556

唐代叢書一百六十四種　（清）陳世熙輯　清宣統三年（1911）上海天寶書局石印本　十二冊

320000－1602－0000251　A000000560

文選五卷　（南朝梁）蕭統輯　文選攷異一卷（清）胡克家撰　清光緒二十五年（1899）煥文書局石印本　六冊

320000－1602－0000252　A000000561

新刻官板便讀昔時賢文一卷　（□）□□撰　清南京李光明莊刻本　一冊

320000－1602－0000253　A000000563

詩本誼一卷　（清）龔橙撰　清光緒十五年（1889）刻本　一冊

320000－1602－0000254　A000000565

詩韻辨字略五卷　（清）黃倬撰　清光緒四年（1878）刻本　一冊

320000－1602－0000255　A000000571

張文襄公詩集四卷　（清）張之洞撰　清宣統二年（1910）鉛印本　二冊

320000－1602－0000256　A000000573

麗廔叢書十九卷　葉德輝輯　清長沙葉氏刻本　十冊

320000－1602－0000257　A000000578

魏三體石經遺字攷一卷　（清）孫星衍撰　琴操二卷補遺一卷　（漢）蔡邕撰　（清）孫星衍校　清光緒十年至十一年（1884－1885）吳縣朱記榮槐廬家塾刻本　一冊

320000－1602－0000258　A000000579

錢牧齋尺牘三卷補遺一卷　（清）錢謙益撰　清宣統二年（1910）刻本　一冊

320000－1602－0000259　A000000580

鐘鼎字源五卷　（清）汪立名編　清光緒二年（1876）洞庭秦氏麟慶堂刻本　三冊

320000 - 1602 - 0000260　A000000585

悔翁筆記六卷　（清）汪士鐸撰　清光緒七年至九年(1881－1883)合肥張氏味古齋刻本　一冊

320000 - 1602 - 0000261　A000000588

惲子居文鈔四卷　（清）惲敬撰　清宣統二年(1910)上海國學扶輪社石印本　四冊

320000 - 1602 - 0000262　A000000589

精選黃眉故事十卷　（明）鄧百拙編　清光緒四年(1878)經濟堂刻本　六冊

320000 - 1602 - 0000263　A000000594

懷芳記一卷補遺一卷　題（清）蘿摩庵老人撰　（清）譚獻注　清光緒五年(1879)武林雲居山人刻本　一冊

320000 - 1602 - 0000264　A000000595

算學書目提要三卷　丁福保撰　清光緒二十五年(1899)無錫竢實學堂刻本　一冊

320000 - 1602 - 0000265　A000000599

文端公年譜三卷　（清）錢儀吉編　（清）錢志澄增訂　清光緒二十年(1894)刻本　三冊

320000 - 1602 - 0000266　A000000601

意園文略二卷附事略一卷　（清）盛昱撰　楊鍾羲編　清宣統二年(1910)金陵刻本　一冊

320000 - 1602 - 0000267　A000000603

意林五卷　（唐）馬總撰　清光緒三年(1877)湖北崇文書局刻本　二冊

320000 - 1602 - 0000268　A000000605

廣雅堂詩集八集　（清）張之洞撰　清石印本　二冊

320000 - 1602 - 0000269　A000000609

方壺外史二卷　（明）陸西星撰　清光緒七年(1881)集益堂刻本　一冊

320000 - 1602 - 0000270　A000000617

諧鐸十二卷　（清）沈起鳳撰　清光緒二十一年(1895)海上書局石印本　四冊

320000 - 1602 - 0000271　A000000618

諧鐸十二卷　（清）沈起鳳撰　清光緒二十一年(1895)海上書局石印本　四冊

320000 - 1602 - 0000272　A000000624

二語摘讀二卷　（明）呂坤　（清）李惺撰　女小兒語一卷　（明）呂得勝撰　清光緒十六年(1890)桂林書局刻本　一冊

320000 - 1602 - 0000273　A000000635

文粹一百卷　（宋）姚鉉編　補遺二十六卷（清）郭麐編　清光緒十六年(1890)杭州許氏榆園刻本　二十冊

320000 - 1602 - 0000274　A000000638

靈徵錄一卷　（清）劉毓奇　（清）趙蔭萱輯　清光緒二十年(1894)常州何氏刻本　一冊

320000 - 1602 - 0000275　A000000639

三徑草堂詩抄四卷　（清）蔣師軾撰　清光緒十六年(1890)刻本　一冊

320000 - 1602 - 0000276　A000000650

倚雲亭詩存一卷附詞鈔一卷　（清）馬功儀撰　清光緒二年(1876)刻本　一冊

320000 - 1602 - 0000277　A000000655

倚雲亭詩存一卷附詞鈔一卷　（清）馬功儀撰　清光緒二年(1876)刻本　一冊

320000 - 1602 - 0000278　A000000657

稷垣答問五卷　（清）朱士焕撰　清宣統二年(1910)刻本　一冊

320000 - 1602 - 0000279　A000000658

得一山房詩集二卷　（清）唐懋功撰　清光緒十九年(1893)刻本　一冊

320000 - 1602 - 0000280　A000000660

皇朝輿地水道源流五卷　（清）胡宣慶撰　清光緒四年(1878)楚南胡氏松桂園刻本　一冊

320000 - 1602 - 0000281　A000000661

皇朝藩屬輿地叢書一百四十一卷　（清）浦□輯　清光緒二十九年(1903)金匱浦氏靜寄東軒石印本　四十八冊

320000 - 1602 - 0000282　A000000662

皇朝經世文續編一百二十卷　（清）葛士濬輯　清光緒十七年(1891)鉛印　三十二冊

320000－1602－0000283　A000000663

皇朝經世文編一百二十卷姓名總目二卷
（清）賀長齡輯　清光緒二十一年（1895）積山
書局石印本　十二冊

320000－1602－0000284　A000000664

皇清經解續編一千四百三十卷　王先謙輯
清光緒十五年（1889）上海蜚英館石印本　三
十二冊

320000－1602－0000285　A000000665

皇清經解一百九十卷首一卷　（清）阮元編
清光緒十七年（1891）上海鴻寶齋石印本　二
十四冊

320000－1602－0000286　A000000666

皇清開國方略三十二卷　（清）阿桂等撰　清
光緒十年（1884）廣百宋齋石印本　六冊

320000－1602－0000287　A000000670

宣統元年乙酉考試拔優貢履歷一卷　（□）
□□撰　清宣統元年（1909）鉛印本　一冊

320000－1602－0000288　A000000672

溉亭述古錄二卷　（清）錢塘撰　清會稽章氏
式訓堂刻本　一冊

320000－1602－0000289　A000000675

字鑑五卷　（元）李文仲撰　清光緒十年
（1884）長洲蔣鳳藻鐵華館刻本　一冊

320000－1602－0000290　A000000676

歷代都江堰功小傳二卷　（清）王人文等撰
清宣統三年（1911）刻本　一冊

320000－1602－0000291　A000000677

歷代史表五十九卷　（清）萬斯同撰　清光緒
十九年（1893）上海古香閣石印本　八冊

320000－1602－0000292　A000000682

說文通檢十四卷首一卷末一卷　（清）黎永椿
編　清光緒二年（1876）崇文書局刻本　二冊

320000－1602－0000293　A000000687

說文諧聲孳生述不分卷　（清）陳立撰　清光
緒二十六年（1900）徐乃昌積學齋鄦齋刻本
二冊

320000－1602－0000294　A000000692

司空詩品註釋一卷　（唐）司空圖撰　清南京
李光明莊刻本　一冊

320000－1602－0000295　A000000693

群經音辨七卷　（宋）賈昌朝撰　清光緒十年
（1884）長洲蔣鳳藻刻鐵華館叢書本　一冊

320000－1602－0000296　A000000694

聚星堂詩稿一卷　（清）陳犖撰　清光緒七年
（1881）吳四寶堂木活字印本　一冊

320000－1602－0000297　A000000697

孟浩然集四卷　（唐）孟浩然撰　清光緒十年
（1884）上海同文書局石印本　二冊

320000－1602－0000298　A000000699

環遊地球新錄四卷　（清）李圭撰　清光緒十
年（1884）甬上廣齋刻本　四冊

320000－1602－0000299　A000000701

聖諭像解二十卷　（清）梁延年編　清光緒二
十九年（1903）滿洲恩壽石印本　十冊

320000－1602－0000300　A000000702

功順堂叢書十八種　（清）潘祖蔭輯　清光緒
吳縣潘氏刻本　三十二冊

320000－1602－0000301　A000000707

槐蔭堂繪像第七才子書琵琶記六卷　（元）高
明撰　（清）毛聲山評本　清善成堂刻本
六冊

320000－1602－0000302　A000000711

張蒼水集二卷　（明）張煌言撰　清光緒二十
七年（1901）鉛印本　一冊

320000－1602－0000303　A000000715

西輶紀略一卷　（清）劉瑞芬撰　清光緒二十
二年（1896）劉世瑋養雲山莊刻本　一冊

320000－1602－0000304　A000000716

西輶紀略一卷　（清）劉瑞芬撰　清光緒二十
二年（1896）劉世瑋養雲山莊刻本　一冊

320000－1602－0000305　A000000725

重桂堂集十一卷　（清）許正綬撰　清光緒十
年（1884）許氏刻本　二冊

320000 - 1602 - 0000306　A000000726

垂老讀書廬詩鈔二卷　（清）黃定齊撰　清光緒四年（1878）四明黃氏補不足齋刻本　二冊

320000 - 1602 - 0000307　A000000727

璇璣碎錦二卷　（清）萬樹撰　清光緒十四年（1888）似靜齋刻本　二冊

320000 - 1602 - 0000308　A000000731

兩當軒集二十二卷　（清）黃景仁撰　兩當軒集攷異二卷附錄四卷　（清）黃志述輯　清光緒二年（1876）刻本　六冊

320000 - 1602 - 0000309　A000000734

稱謂錄三十二卷　（清）梁章鉅撰　清光緒十年（1884）杭省賈景文齋刻本　八冊

320000 - 1602 - 0000310　A000000736

比竹餘音四卷　鄭文焯撰　清光緒二十八年（1902）吳興沈氏刻本　二冊

320000 - 1602 - 0000311　A000000744

香祖筆記十二卷　（清）王士禛撰　清宣統二年（1910）上海掃葉山房石印本　四冊

320000 - 1602 - 0000312　A000000751

紅雪樓試帖二卷　（清）馬炳奎撰　容膝軒試帖一卷　（清）馬功儼撰　清刻本　一冊

320000 - 1602 - 0000313　A000000752

紅雪樓試帖二卷　（清）馬炳奎撰　容膝軒試帖一卷　（清）馬功儼撰　清刻本　一冊

320000 - 1602 - 0000314　A000000753

衙署名目漢蒙對照　（□）□□撰　清光緒十五年（1889）京都聚珍堂刻本　一冊

320000 - 1602 - 0000315　A000000754

皇清經解編目十六卷　（清）陶治元編　清光緒十七年（1891）上海鴻寶齋石印本　一冊

320000 - 1602 - 0000316　A000000763

佛教初學課本一卷注二卷　（清）楊文會撰　清光緒三十二年（1906）南京金陵刻經處刻本　一冊

320000 - 1602 - 0000317　A000000764

皇元聖武親征錄一卷　（元）□□撰　（清）何秋濤校正　清光緒二十年（1894）刻本　一冊

320000 - 1602 - 0000318　A000000765

朱莊恪公事實一卷　（清）朱鎮輯　清光緒二年（1876）刻本　一冊

320000 - 1602 - 0000319　A000000767

秋笳集八卷補遺一卷　（清）吳兆騫撰　清宣統三年（1911）順德鄧氏鉛印本　三冊

320000 - 1602 - 0000320　A000000770

增訂徐文定公集六卷首二卷　（明）徐光啓撰　清光緒元年（1875）上海慈母堂鉛印本　四冊

320000 - 1602 - 0000321　A000000775

繪圖酒地花天三卷　題（清）惜花主人編　清石印本　三冊

320000 - 1602 - 0000322　A000000781

傷寒論四卷　（清）張志聰註釋　清光緒三十四年（1908）石印本　一冊

320000 - 1602 - 0000323　A000000782

粵東三家詞鈔三卷　（清）葉衍蘭輯　清光緒二十一年（1895）刻本　一冊

320000 - 1602 - 0000324　A000000783

後山先生集二十四卷　（宋）陳師道撰　清光緒十一年（1885）刻本　四冊

320000 - 1602 - 0000325　A000000784

後山先生集二十四卷　（宋）陳師道撰　清光緒十一年（1885）刻本　六冊

320000 - 1602 - 0000326　A000000785

舩騰八卷續編四卷　（清）鈕琇輯　清宣統三年（1911）上海國學扶輪社鉛印本　六冊

320000 - 1602 - 0000327　A000000789

然松閣詩鈔三卷　（清）顧懷三撰　清光緒二十二年（1896）王泌鉛印本　一冊

320000 - 1602 - 0000328　A000000790

卜歲恆言二卷　（清）吳鵠撰　清南京李光明莊刻本　一冊

320000 - 1602 - 0000329　A000000792
顧氏明朝四十家小說　（明）顧元慶編　清宣
統三年（1911）上海國學扶輪社石印本　八冊

320000 - 1602 - 0000330　A000000793
顧氏明朝四十家小說　（明）顧元慶編　清宣
統三年（1911）上海國學扶輪社石印本　八冊

320000 - 1602 - 0000331　A000000794
容甫先生遺詩六卷附錄一卷　（清）汪中撰
清光緒二十六年（1900）刻鵠齋刻本　一冊

320000 - 1602 - 0000332　A000000797
定盦文集三卷續集四卷續錄一卷古今體詩二
卷雜詩一卷詞選一卷詞錄一卷文集補編四卷
　（清）龔自珍撰　清宣統二年（1910）掃葉山
房石印本　六冊

320000 - 1602 - 0000333　A000000799
周易四卷　（宋）朱熹注　清李光明莊刻本
一冊　缺一卷（一）

320000 - 1602 - 0000334　A000000800
沅湘通藝錄八卷　（清）江標輯　清光緒二十
三年（1897）靈鶼閣刻本　八冊

320000 - 1602 - 0000335　A000000801
顧亭林先生詩箋注十七卷首一卷校補一卷
（清）顧炎武撰　（清）徐嘉注　清光緒二十三
年（1897）山陽徐氏味靜齋刻本　六冊

320000 - 1602 - 0000336　A000000802
酒邊詞八卷　（清）謝章鋌撰　清光緒十五年
（1889）福州刻本　二冊

320000 - 1602 - 0000337　A000000807
潛書四卷　（清）唐甄撰　（清）王聞遠編　清
光緒三十二年（1906）山東全省官印書局鉛印
本　四冊

320000 - 1602 - 0000338　A000000808
釋氏稽古略四卷　（元）釋覺岸撰　釋鑑稽古
略續集三卷　（明）釋大聞撰　清光緒十二年
（1886）刻本　五冊

320000 - 1602 - 0000339　A000000809
汪梅村文集十二集外集一卷悔翁筆記六卷悔

翁詩鈔十五卷詩補遺一卷悔翁詩餘五卷
（清）汪士鐸撰　清光緒七年至十年（1881 -
1884）合肥張氏味古齋刻本　八冊

320000 - 1602 - 0000340　A000000810
汪梅村先生集十二卷外集一卷　（清）汪士鐸
撰　清光緒七年（1881）刻本　四冊

320000 - 1602 - 0000341　A000000811
汪梅村先生集十二卷外集一卷　（清）汪士鐸
撰　清光緒七年（1881）刻本　四冊

320000 - 1602 - 0000342　A000000812
江東白苧二卷續二卷　（明）梁辰魚撰　清光
緒八年（1882）貴池劉世珩暖紅室刻本　二冊

320000 - 1602 - 0000343　A000000813
續增字學舉隅不分卷　（清）龍光甸輯　清光
緒十四年（1888）樂道齋刻本　一冊

320000 - 1602 - 0000344　A000000814
字林考逸八卷　（清）任大椿輯　字林考逸補
本一卷　（清）陶方琦輯　清光緒十六年
（1890）刻本　一冊

320000 - 1602 - 0000345　A000000815
寒松閣詞四卷　（清）張鳴珂撰　清光緒十年
（1884）江西書局刻本　一冊

320000 - 1602 - 0000346　A000000817
李氏五種二十八卷　（清）李兆洛編　清光緒
十八年（1892）南京金陵印書局刻本　十六冊

320000 - 1602 - 0000347　A000000818
李氏五種二十八卷　（清）李兆洛編　清光緒
十四年（1888）上海掃葉山房刻本　十六冊

320000 - 1602 - 0000348　A000000819
李氏五種二十八卷　（清）李兆洛編　清光緒
二十四年（1898）上海掃葉山房石印本　八冊

320000 - 1602 - 0000349　A000000821
歷代名臣言行錄二十四卷　（清）朱桓編　清
光緒元年（1875）湖北文源堂刻本　三十二冊

320000 - 1602 - 0000350　A000000824
孝經注疏九卷校勘記九卷　（宋）邢昺注疏
清刻本　一冊　存六卷（四至九）

320000－1602－0000351　A000000830

名原二卷　（清）孫詒讓撰　清光緒三十一年
（1905）瑞安孫氏刻本　一冊

320000－1602－0000352　A000000835

佩觿三卷　（宋）郭忠恕撰　清光緒十年
（1884）長洲蔣鳳藻刻本　一冊

320000－1602－0000353　A000000836

欠愁集一卷　（清）史震林撰　清光緒二十六
年（1900）沈宗疇拜鵑樓刻本　一冊

320000－1602－0000354　A000000837

彙刻謫僊樓楹聯一卷　（清）方臥雲輯　清光
緒七年（1881）刻本　一冊

320000－1602－0000355　A000000846

李文清公遺書八卷首一卷志節編二卷　（清）
李棠階撰　清光緒八年（1882）河北道署刻本
四冊

320000－1602－0000356　A000000847

李文忠公朋僚函稿二十四卷　（清）李鴻章撰
　（清）吳汝綸編輯　清光緒二十八年（1902）
保定蓮池書社鉛印本　十二冊

320000－1602－0000357　A000000848

李翰林集十卷　（唐）李白撰　清光緒二十五
年（1899）仁和吳昌綬刻本　一冊

320000－1602－0000358　A000000850

薔庵隨筆六卷末一卷　（清）陸文衡撰　清光
緒二十三年（1897）吳江陸同壽石印本　二冊

320000－1602－0000359　A000000853

佩秋閣遺稿詩稿二卷詞稿一卷駢文稿一卷
（清）吳藻撰　清光緒元年（1875）刻本　一冊

320000－1602－0000360　A000000855

史略八十七卷　（清）朱坤輯　清光緒十九年
（1893）上海宏文閣鉛印本　六冊

320000－1602－0000361　A000000858

[光緒]奉化縣志四十卷首一卷　（清）李前泮
修　（清）張美翊纂　清光緒三十二年（1906）
刻本　十二冊

320000－1602－0000362　A000000859

書經六卷　（宋）蔡沈集傳　清光緒十二年
（1886）湖北官書處刻本　三冊

320000－1602－0000363　A000000860

春秋律身錄二十二卷　（清）楊長年撰　清光
緒十九年（1893）刻本　八冊

320000－1602－0000364　A000000862

東齋就正草五卷　（清）馬毓華撰　清光緒二
年（1876）刻本　二冊

320000－1602－0000365　A000000863

東齋就正草五卷　（清）馬毓華撰　清光緒二
年（1876）刻本　二冊

320000－1602－0000366　A000000867

書古微十二卷　（清）魏源撰　清光緒四年
（1878）淮南書局刻本　四冊

320000－1602－0000367　A000000868

東方兵事紀略六卷　（清）姚錫光撰　清光緒
二十三年（1897）刻本　五冊

320000－1602－0000368　A000000872

映盦詞一卷　夏敬觀撰　清光緒三十三年
（1907）刻本　一冊

320000－1602－0000369　A000000876

郘亭遺詩八卷　（清）莫友芝撰　清光緒元年
（1875）刻本　一冊

320000－1602－0000370　A000000882

陵陽先生詩集四卷　（宋）韓駒撰　清宣統二
年（1910）姚埭沈氏刻本　二冊

320000－1602－0000371　A000000887

巾經纂二十卷　（清）宋宗元撰　清光緒十六
年（1890）刻本　五冊

320000－1602－0000372　A000000890

南岡草堂文存二卷詩選二卷續編一卷　（清）
秦際唐撰　清光緒二十七年（1901）刻本
四冊

320000－1602－0000373　A000000891

南岡草堂文存二卷詩選二卷　（清）秦際唐撰
　清光緒二十七年（1901）刻本　二冊

320000－1602－0000374　A000000894

藤陰雜記十二卷　（清）戴璐撰　清光緒三年（1877）刻本　四冊

320000－1602－0000375　A000000895

蒙養必讀一卷　（清）吳鏡沆輯　清光緒十五年（1889）光州吳氏刻本　一冊

320000－1602－0000376　A000000896

蔣師轍無為史館奏牘不分卷　（□）□□撰　清鉛印本　一冊

320000－1602－0000377　A000000897

荻華堂詩存二卷附錄一卷　（清）蔡琳撰　清光緒十八年（1892）丹陽束氏刻本　一冊

320000－1602－0000378　A000000900

草莽私乘一卷　（明）陶宗儀輯　清光緒二十五年（1899）新陽趙元益刻本　一冊

320000－1602－0000379　A000000904

萬國輿地圖考二十四卷　四明求是齋主人輯　清光緒二十八年（1902）上海宜今室石印本　八冊

320000－1602－0000380　A000000906

樊山政書二十卷　樊增祥撰　清宣統二年（1910）金陵鉛印本　十冊

320000－1602－0000381　A000000907

樊山政書二十卷　樊增祥撰　清宣統二年（1910）南京金陵湯明林鉛印本　十冊

320000－1602－0000382　A000000908

姑溪居士集五十卷　（宋）李之儀撰　清宣統三年（1911）南京金陵道署刻本　五冊

320000－1602－0000383　A000000909

華嶽志八卷　（清）李榕輯　清道光十一年（1831）華麓楊翼武刻本　四冊

320000－1602－0000384　A000000911

老子翼八卷　（明）焦竑撰　清光緒二十一年（1895）漸西村舍刻本　四冊

320000－1602－0000385　A000000913

世守拙齋識小編十卷　（清）范濂撰　清光緒二十二年（1896）刻本　五冊

320000－1602－0000386　A000000918

菊逸山房地理正書三種十四卷　（清）寇宗輯　清京都琉璃廠刻本　三冊

320000－1602－0000387　A000000926

史通削繁四卷　（清）紀昀撰　清光緒二十一年（1895）寶慶澹雅書局刻本　四冊

320000－1602－0000388　A000000933

吉林外記十卷　（清）薩英額撰　清光緒二十一年（1895）桐廬袁氏刻漸西村舍彙刊本　四冊

320000－1602－0000389　A000000937

喪服表一卷　（清）孔繼汾輯　清光緒元年（1875）永康胡鳳丹退補齋刻本　一冊

320000－1602－0000390　A000000938

來雲閣詩六卷　（清）金和撰　清光緒十八年（1892）丹陽束氏刻本　二冊

320000－1602－0000391　A000000944

八指頭陀詩集十卷補遺一卷詞附存一卷雜文一卷　（清）釋敬安撰　清光緒十六年至十七年（1890－1891）刻本　二冊

320000－1602－0000392　A000000948

地球韻言四卷　（清）張士瀛編　清光緒二十七年（1901）南京李光明莊刻本　二冊

320000－1602－0000393　A000000949

地理辨正疏五卷首一卷　（清）張心言撰　清光緒四年（1878）學元堂刻本　四冊

320000－1602－0000394　A000000951

夢窗詞甲乙丙丁稿四卷補遺一卷　（宋）吳文英撰　清光緒三十四年（1908）歸安朱祖謀無著盦刻本　一冊

320000－1602－0000395　A000000954

莊子故八卷　馬其昶撰　清光緒二十七年（1901）蕭山陳氏遺經樓刻本　一冊

320000－1602－0000396　A000000961

切韻指掌圖不分卷　（宋）司馬光撰　清光緒九年（1883）上海同文書局石印本　一冊

320000－1602－0000397　A000000971

中西匯通醫書五種二十九卷 （清）唐宗海撰
清光緒三十四年(1908)上海千頃堂書局石
印本 十二冊

320000 – 1602 – 0000398 A000000972
史通通釋二十卷 （清）浦起龍撰 清光緒二
十五年(1899)上海通時書局石印本 八冊

320000 – 1602 – 0000399 A000000973
批檀弓二卷 （清）汪有光評 清光緒十三年
(1887)刻本 一冊

320000 – 1602 – 0000400 A000000974
拙尊園叢稿六卷 （清）黎庶昌撰 清光緒十
九年(1893)上海醉六堂石印本 二冊

320000 – 1602 – 0000401 A000000978
四書記聞不分卷 （清）管同撰 清光緒十七
年(1891)江寧翁氏心清平軒刻本 一冊

320000 – 1602 – 0000402 A000000980
蠔廬曲談四卷 王季烈撰 清上海涵芬樓石
印本 二冊

320000 – 1602 – 0000403 A000000985
提綱釋義一卷 （□）□□撰 清南京李光明
莊刻本 一冊

320000 – 1602 – 0000404 A000000986
撰異遺文一卷 （清）田曾撰 清光緒十五年
(1889)合肥張士珩刻本 一冊

320000 – 1602 – 0000405 A000000988
數學佩觿二卷 （清）徐虎臣選譯 清光緒二
十八年(1902)江楚書局刻本 二冊

320000 – 1602 – 0000406 A000000989
日本國志四十卷中東年表一卷 （清）黃遵憲
撰 清光緒十六年(1890)羊城富文齋刻本
十四冊

320000 – 1602 – 0000407 A000000990
里棨十卷 （清）許奉恩撰 清光緒五年
(1879)常熟抱芳閣刻本 十冊

320000 – 1602 – 0000408 A000000992
蜀道鴻痕錄八卷 （清）李庚乾撰 清刻本
一冊

320000 – 1602 – 0000409 A000000996
新訂四書補注備旨十卷 （明）鄧林撰 （清）
杜定基增訂 清南京李光明莊刻本 六冊

320000 – 1602 – 0000410 A000000997
蜀典十二卷 （清）張澍輯 清光緒二年
(1876)南京四川尊經書院刻本 四冊

320000 – 1602 – 0000411 A000000998
蜀輶日記四卷 （清）陶澍撰 清光緒七年
(1881)刻本 二冊

320000 – 1602 – 0000412 A000000999
四書義一卷 （宋）陸九淵等撰 清光緒二十
四年(1898)蘭雪堂刻本 一冊

320000 – 1602 – 0000413 A000001001
國朝先正事略六十卷 （清）李元度撰 清光
緒十二年(1886)鉛印本 十冊

320000 – 1602 – 0000414 A000001002
國朝書人輯略十卷首一卷 震鈞輯 清光緒
三十三年(1907)金陵刻本 八冊

320000 – 1602 – 0000415 A000001003
國朝駢體正宗續篇八卷 （清）張鳴珂輯 清
光緒十四年(1888)寒松閣刻本 四冊

320000 – 1602 – 0000416 A000001005
易經七卷 （宋）程頤撰 清光緒九年(1883)
江南書局刻本 三冊

320000 – 1602 – 0000417 A000001008
晨風閣叢書二十三種四十七卷 沈宗畸輯
清宣統元年(1909)番禺沈宗畸刻本 十六冊

320000 – 1602 – 0000418 A000001009
思痛記二卷 （清）李圭撰 清光緒六年
(1880)李氏師一齋刻本 一冊

320000 – 1602 – 0000419 A000001010
黑龍江外記八卷 （清）西清撰 清光緒二十
年(1894)桐廬袁氏刻漸西村舍彙刊本 二冊

320000 – 1602 – 0000420 A000001011
晏子春秋七卷音義二卷校勘二卷 （春秋）晏
嬰撰 清光緒元年(1875)浙江書局刻本
四冊

320000－1602－0000421　A000001014

御製圓明園詩一卷　（清）高宗弘曆撰　（清）鄂爾泰等注　清大同書局石印本　一冊

320000－1602－0000422　A000001017

賦學正鵠集釋四卷　（清）李元度編　清光緒元年（1875）上海富文書局石印本　四冊

320000－1602－0000423　A000001018

疇人傳四十六卷　（清）阮元撰　疇人傳續補六卷　（清）羅士琳撰　疇人傳三編七卷（清）諸可寶撰　清光緒二十二年（1896）上海錦章書局石印本　四冊

320000－1602－0000424　A000001019

時事新編初集　（清）陳耀卿輯　清光緒二十一年（1895）鉛印本　六冊

320000－1602－0000425　A000001021

嘯古堂詩集八卷　（清）蔣敦復撰　清宣統三年（1911）廣益書局石印本　二冊

320000－1602－0000426　A000001022

謝康樂集四卷　（南朝宋）謝靈運撰　清刻本一冊　存二卷（三至四）

320000－1602－0000427　A000001030

後梁春秋二卷　（明）姚士粦撰　清末民初新昌胡氏問影樓刻本　一冊

320000－1602－0000428　A000001037

羅經解定七卷　（清）胡國楨撰　清刻本　二冊　存六卷（一至六）

320000－1602－0000429　A000001038

四書集注不分卷　（宋）朱熹撰　清光緒二十年（1894）金陵書局刻本　一冊　存（大學、中庸）

320000－1602－0000430　A000001039

摛文堂集十五卷附錄一卷　（宋）慕容彥逢撰清光緒二十三年（1897）武進盛宣懷刻本　二冊

320000－1602－0000431　A000001040

子書百家四百九十二卷　（清）崇文書局輯清光緒元年（1875）湖北崇文書局刻本　一百十冊

320000－1602－0000432　A000001046

哀錄一卷　（清）蔣汝中輯　清光緒三十年（1904）南京金陵狀元境宣春閣木活字印本一冊

320000－1602－0000433　A000001047

莫愁湖志六卷首一卷　（清）馬士圖撰　清光緒刻本　二冊

320000－1602－0000434　A000001048

莫愁湖志六卷首一卷　（清）馬士圖撰　清光緒刻本　二冊

320000－1602－0000435　A000001049

莫愁湖志六卷首一卷　（清）馬士圖撰　清光緒刻本　二冊

320000－1602－0000436　A000001050

寧郡倉第一次微信錄　（清）江南賑捐局輯清光緒三十四年（1908）金陵湯明林鉛印本一冊

320000－1602－0000437　A000001051

寧郡倉第一次微信錄　（清）江南賑捐局輯清光緒三十四年（1908）金陵湯明林鉛印本一冊

320000－1602－0000438　A000001052

青溪詩選二卷　（清）蔣師轍撰　清光緒十六年（1890）刻本　一冊

320000－1602－0000439　A000001053

青溪詩選二卷　（清）蔣師轍撰　清光緒十六年（1890）刻本　一冊

320000－1602－0000440　A000001087

莫愁湖志六卷首一卷　（清）馬士圖撰　清光緒刻本　一冊　存二卷（五至六）

320000－1602－0000441　A000001088

莫愁湖志六卷首一卷　（清）馬士圖撰　清光緒刻本　一冊　存二卷（五至六）

320000－1602－0000442　A000001089

莫愁湖志六卷首一卷　（清）馬士圖撰　清光緒刻本　一冊　存二卷（五至六）

320000－1602－0000443　A000001127

巾經纂二十卷　（清）宋宗元撰　清光緒十六年(1890)刻本　五冊

320000－1602－0000444　A000001130
國家學五卷　（德國）伯崙知理撰　清光緒三十四年(1908)鉛印本　一冊　存三卷(一至三)

320000－1602－0000445　A000001132
白石道人歌曲六卷別集一卷　（宋）姜夔撰　清影印本　一冊

320000－1602－0000446　A000001178
前漢書一百二十卷　（漢）班固撰　（漢）班昭續　（唐）顏師古注　清光緒二十八年(1902)史學會社石印本　八冊

320000－1602－0000447　A000001179
魏書一百十四卷　（北齊）魏收撰　清光緒十年(1884)上海同文書局石印本　二十四冊

320000－1602－0000448　A000001180
梁書五十六卷　（唐）姚思廉撰　清光緒十年(1884)上海同文書局石印本　八冊

320000－1602－0000449　A000001181
南齊書五十九卷　（南朝梁）蕭子顯撰　清光緒十年(1884)上海同文書局石印本　八冊

320000－1602－0000450　A000001182
三國志六十五卷　（晉）陳壽撰　（南朝宋）裴松之注　清光緒十四年(1888)上海蜚英館石印本　八冊

320000－1602－0000451　A000001183
明史三百三十二卷目錄四卷　（清）張廷玉等撰　清光緒十年(1884)上海同文書局石印本　一百十二冊

320000－1602－0000452　A000001184
史記一百三十卷　（漢）司馬遷撰　（南朝宋）裴駰集解　（唐）司馬貞索隱　（唐）張守節正義　清光緒十年(1884)上海同文書局石印本　二十六冊

320000－1602－0000453　A000001185
南史八十卷　（唐）李延壽撰　清光緒十年

（1884）上海同文書局石印本　二十冊

320000－1602－0000454　A000001186
漢書一百卷　（漢）班固撰　（唐）顏師古注　清光緒二十年(1894)上海點石齋石印本　八冊

320000－1602－0000455　A000001187
後漢書一百二十卷　（南朝宋）范曄撰　（唐）李賢注　（晉）司馬彪續　（南朝梁）劉昭注補　清光緒二十八年(1902)史學會社石印本　八冊

320000－1602－0000456　A000001188
三國志六十五卷　（晉）陳壽撰　（南朝宋）裴松之注　清光緒二十年(1894)上海點石齋石印本　四冊

320000－1602－0000457　A000001189
三國志六十五卷　（晉）陳壽撰　（南朝宋）裴松之注　清光緒三十一年(1905)武林竹簡齋石印本　四冊

320000－1602－0000458　A000001190
宋史四百九十六卷目錄三卷　（元）脫脫等撰　清光緒十年(1884)上海同文書局石印本　一百冊

320000－1602－0000459　A000001191
後漢書九十卷　（南朝宋）范曄撰　（唐）李賢注　清光緒二十年(1894)上海點石齋石印本　五冊

320000－1602－0000460　A000001226
前漢書一百二十卷　（漢）班固撰　（漢）班昭續　（唐）顏師古注　清光緒十四年(1888)上海蜚英館石印本　十六冊

320000－1602－0000461　A000001227
後漢書一百二十卷　（南朝宋）范曄撰　（唐）李賢注　（晉）司馬彪續　（南朝梁）劉昭注補　清光緒十年(1884)同文書局石印本　二十八冊

320000－1602－0000462　A000001228
宋書一百卷　（南朝梁）沈約撰　清光緒十年

(1884)上海同文書局石印本　二十四冊

320000－1602－0000463　A000001229

前漢書一百二十卷　（漢）班固撰　（唐）顏師古注　清光緒十年(1884)同文書局石印本　三十二冊

320000－1602－0000464　A000001230

北齊書五十卷　（唐）李百藥撰　清光緒十年(1884)同文書局石印本　八冊

320000－1602－0000465　A000001231

後漢書一百二十卷　（南朝宋）范曄撰　（唐）李賢注　（晉）司馬彪續　（南朝梁）劉昭注補　清光緒十四年(1888)蜚英館石印本　十二冊

320000－1602－0000466　A000001232

舊唐書二百卷　（五代）劉昫等撰　清光緒十年(1884)同文書局石印本　四十八冊

320000－1602－0000467　A000001233

周書五十卷　（唐）令狐德棻等撰　清光緒十年(1884)同文書局石印本　八冊

320000－1602－0000468　A000001234

陳書三十六卷　（唐）姚思廉撰　清光緒十年(1884)同文書局刻本　六冊

320000－1602－0000469　A000001235

史記一百三十卷　（漢）司馬遷撰　（南朝宋）裴駰集解　（唐）司馬貞索隱　（唐）張守節正義　清光緒十四年(1888)上海圖書集成印書局影印本　十六冊

320000－1602－0000470　A000001236

金史一百三十五卷　（元）脫脫等撰　清光緒十年(1884)同文書局石印本　二十四冊

320000－1602－0000471　A000001237

五代史七十四卷　（宋）歐陽修撰　（宋）徐無黨注　清光緒十年(1884)同文書局石印本　十冊

320000－1602－0000472　A000001238

遼史一百十六卷　（元）脫脫等撰　清光緒十年(1884)同文書局石印本　八冊

320000－1602－0000473　A000001239

舊五代史一百五十卷目錄二卷　（宋）薛居正撰　清光緒十年(1884)同文書局石印本　二十四冊

320000－1602－0000474　A000001240

隋書八十五卷　（唐）魏徵　（唐）長孫無忌等撰　清光緒十年(1884)同文書局石印本　二十四冊

320000－1602－0000475　A000001241

隋書八十五卷　（唐）魏徵　（唐）長孫無忌等撰　清光緒二十一年(1895)上海華商集成圖書公司影印本　九冊　缺二十卷(七至十六、六十六至七十五)

320000－1602－0000476　A000001242

唐書二百二十五卷　（宋）歐陽修　（宋）宋祁等撰　清光緒十年(1884)同文書局石印本　五十冊

320000－1602－0000477　A000001243

晉書一百三十卷　（唐）房玄齡等撰　清光緒十年(1884)同文書局石印本　三十冊

320000－1602－0000478　A000001244

晉書一百三十卷　（唐）房玄齡等撰　清光緒十年(1884)同文書局石印本　二十二冊　缺三十四卷(一至四、十六至二十一、四十一至五十、六十五至七十八)

320000－1602－0000479　A000001245

北史一百卷　（唐）李延壽撰　清光緒十年(1884)同文書局石印本　二十四冊

320000－1602－0000480　A000001246

三國志六十五卷　（晉）陳壽撰　（南朝宋）裴松之注　清光緒十年(1884)同文書局石印本　十四冊

320000－1602－0000481　A000001247

明史三百三十二卷　（清）張廷玉等撰　清光緒二十八年(1902)武林竹簡齋石印本　十八冊　存二百七十二卷(一至二百七十二)

320000－1602－0000482　A000001248

三國志六十五卷　（晉）陳壽撰　（南朝宋）裴

松之注　清光緒十年(1884)同文書局石印本
　七冊　存三十二卷(魏志一至十七、蜀志一
　至十五)

320000－1602－0000483　A000001249
舊唐書二百卷　(五代)劉昫等撰　清光緒二
十八年(1902)武林竹簡齋石印本　十五冊
缺十五卷(一百三十六至一百五十)

320000－1602－0000484　A000001250
前漢書一百二十卷　(漢)班固撰　(漢)班昭
續　(唐)顏師古注　清光緒十四年(1888)上
海蜚英館石印本　十六冊

320000－1602－0000485　A000001364
欽定古今圖書集成一萬卷目錄三十二卷
(清)陳夢雷　(清)蔣廷錫等編　清光緒十年
(1884)上海圖書集成鉛版印書局鉛印本　一
千六百二十八冊

320000－1602－0000486　A000002267
[光緒]通州直隸州志十六卷首一卷末一卷
(清)梁悅馨　(清)莫祥芝修　(清)季念詒
　(清)沈鍠纂　清光緒二年(1876)刻本　十
冊　存十二卷(一至二、五至十三,首一卷)

320000－1602－0000487　A000002268
[光緒]常昭合志稿四十八卷首一卷末一卷
(清)鄭鍾祥　(清)張瀛修　(清)龐鴻文纂
　清光緒三十年(1904)木活字印本　十六冊

320000－1602－0000488　A000002270
[光緒]續纂句容縣志二十卷首一卷末一卷
(清)張紹棠修　(清)蕭穆纂　清光緒三十年
(1904)刻本　二十冊

320000－1602－0000489　A000002301
管子二十四卷　(唐)房玄齡注　(明)劉績補
注　清光緒二十九年(1903)上海書局石印本
　二冊

320000－1602－0000490　A000002302
鶴林寺志不分卷　(明)釋明賢纂　(清)釋福
登續纂　清宣統元年(1909)刻本　一冊

320000－1602－0000491　A000002303

焦山續志八卷　(清)陳任暘輯　清光緒三十
年(1904)刻本　一冊　存五卷(一至五)

320000－1602－0000492　A000002305
北固山志十四卷首一卷　(清)周伯義編　清
光緒三十年(1904)刻本　六冊

320000－1602－0000493　A000002307
陳書三十六卷附考證　(唐)姚思廉撰　清光
緒十年(1884)上海同文書局石印本　六冊

320000－1602－0000494　A000002315
可園詩存二十八卷　陳作霖撰　清宣統二年
(1910)江甯陳氏刻本　二冊　存十一卷(八
至十八)

320000－1602－0000495　A000002316
悔菴學文八卷補遺一卷　(清)嚴元照撰　清
刻本　二冊

320000－1602－0000496　A000002317
金陵瑣事四卷　(明)周暉撰　清江甯傅春官
刻本　一冊　存二卷(三至四)

320000－1602－0000497　A000002338
金陵文徵小傳彙刊不分卷　(清)張熙亭撰
(清)張沂元續　清光緒二年(1876)京師夏家
鎬刻本　一冊

320000－1602－0000498　A000002339
悔翁筆記六卷　(清)汪士鐸撰　清光緒九年
(1883)合肥張氏味古齋刻本　一冊

320000－1602－0000499　A000002340
心盦詩存一卷　(清)何兆瀛撰　清光緒五年
(1879)刻本　一冊

320000－1602－0000500　A000002348
春秋左傳杜注三十卷首一卷　(清)姚培謙撰
　清光緒九年(1883)江南書局刻本　十冊

320000－1602－0000501　A000002353
浙志便覽十卷　(清)李應玨撰　清光緒二十
二年(1896)杭城吏隱齋藏版刻本　三冊

320000－1602－0000502　A000002354
外科症治全生集四卷　(清)王維德纂輯
(清)潘霨重校　清光緒十年(1884)江西書局

刻本　一冊　存二卷(一至二)

320000 - 1602 - 0000503　A000002355
觚賸八卷續編四卷　(清)鈕琇輯　清宣統三年(1911)上海國學扶輪社鉛印本　四冊　存八卷(觚賸一至六、續編三至四)

320000 - 1602 - 0000504　A000002356
通鑑長編紀事本末一百五十卷　(宋)楊仲良撰　清光緒十九年(1893)廣雅書局刻本　二十四冊

320000 - 1602 - 0000505　A000002357
周禮精華六卷　(清)陳龍標輯　清刻本　六冊

320000 - 1602 - 0000506　A000002361
江蘇全省輿圖不分卷　(清)鄧華熙修　(清)諸可寶編　清光緒二十一年(1895)江蘇書局刻本　三冊

320000 - 1602 - 0000507　A000002363
[光緒]江蘇海塘新志八卷首一卷　(清)李慶雲　(清)蔣師轍纂　清光緒十六年(1890)刻本　四冊

320000 - 1602 - 0000508　A000002369
然松閣存稿三卷　(清)顧懷三撰　清光緒二十二年(1896)我舫鉛印本　一冊

320000 - 1602 - 0000509　A000002374
彙刻書目二十卷　(清)顧修編　清光緒十五年(1889)上海福瀛書局刻本　十九冊　缺一卷(十九)

320000 - 1602 - 0000510　A000002375
禁書總目一卷　(□)□□撰　清光緒九年(1883)咫進齋刻本　一冊

320000 - 1602 - 0000511　A000002376
禁燬書目四卷　(□)□□撰　清光緒十年(1884)咫進齋刻本　四冊

320000 - 1602 - 0000512　A000002400
彙刻書目二十卷　(清)顧修編　清光緒十五年(1889)上海福瀛書局刻本　二十冊

320000 - 1602 - 0000513　A000002402

320000 - 1602 - 0000513

宋元本行格表二卷附錄補遺一卷　(清)江標輯　劉肇隅編　清光緒二十三年(1897)刻本　四冊

320000 - 1602 - 0000514　A000002404
善本書室藏書志四十卷附錄一卷　(清)丁丙輯　清光緒二十七年(1901)錢塘丁丙刻本　十六冊

320000 - 1602 - 0000515　A000002409
亭林先生遺書彙集二十三種六十三卷附錄三種四卷　(清)顧炎武撰　(清)朱記榮輯　清光緒十四年(1888)吳縣朱氏校經山房彙印刻本　二十四冊

320000 - 1602 - 0000516　A000002416
益幼雜字一卷　(□)□□撰　清六合文成書局刻本　一冊

320000 - 1602 - 0000517　A000002417
歷科狀元事考三元鼎甲策論考官試題錄不分卷　(清)饒玉成彙纂　清光緒二年(1876)撫州饒玉成雙峰書屋刻本　八冊

320000 - 1602 - 0000518　A000002418
琴學叢書十五種四十三卷　楊宗稷輯　清宣統三年至民國二十一年(1911-1932)舞胎仙館刻本　十三冊　缺三卷(琴譜一至三)

320000 - 1602 - 0000519　A000002433
明史三百三十二卷目錄四卷　(清)張廷玉等撰　清光緒三年(1877)湖北崇文書局刻本　八十冊

320000 - 1602 - 0000520　A000002434
國朝常州詞錄三十一卷　繆荃孫校輯　清光緒二十二年(1896)雲自在龕刻本　十二冊

320000 - 1602 - 0000521　A000002438
有不為齋集六卷　(清)端木埰撰　清宣統元年(1909)刻本　二冊

320000 - 1602 - 0000522　A000002439
諸葛武侯集四卷首一卷　(三國蜀)諸葛亮撰　清光緒二十三年(1897)湘南書局刻本　四冊

320000 – 1602 – 0000523　A000002440

史忠正公集四卷首一卷末一卷　（明）史可法
撰　清光緒二十三年(1897)湘南書局刻本
二冊　缺二卷(二至三)

320000 – 1602 – 0000524　A000002444

扁善齋詩選二卷　（清）鄧嘉緝撰　盫山詩錄
二卷　（清）顧雲撰　青溪詩選二卷　（清）蔣
師轍撰　清光緒十六年(1890)刻本　一冊

320000 – 1602 – 0000525　A000002445

大清光緒三十三年歲次丁未時憲書不分卷
（清）欽天監編　清光緒三十二年(1906)刻朱
墨套印本　一冊

320000 – 1602 – 0000526　A000002446

二家詞鈔五卷　（清）李慈銘撰　樊增祥編
清光緒二十八年(1902)刻本　一冊　存二卷
(一至二)

320000 – 1602 – 0000527　A000002447

[同治]上海縣志三十二卷首一卷末一卷
（清）應寶時等修　（清）俞樾　（清）方宗誠
纂　清光緒八年(1882)刻本　十六冊

320000 – 1602 – 0000528　A000002448

宗鏡錄一百卷　（宋）釋延壽輯　清光緒二十
五年(1899)江北刻經處刻本　二十冊

320000 – 1602 – 0000529　A000002449

納蘭詞五卷補遺一卷　（清）納蘭性德撰　清
光緒六年(1880)仁和許增娛園刻本　一冊

320000 – 1602 – 0000530　A000002450

納蘭詞五卷補遺一卷　（清）納蘭性德撰　清
光緒六年(1880)仁和許增娛園刻本　一冊

320000 – 1602 – 0000531　A000002451

周禮六卷　（漢）鄭康成注　（唐）陸德明音義
清光緒二十年(1894)金陵書局刻本　六冊

320000 – 1602 – 0000532　A000002452

大清宣統四年歲次壬子時憲書不分卷　（清）
欽天監編　清宣統三年(1911)刻朱墨套印本
一冊

320000 – 1602 – 0000533　A000002458

調疾飲食辯六卷末一卷　（清）章穆撰　清道
光三年(1823)經國堂刻本　六冊

320000 – 1602 – 0000534　A000002463

恩賜廢生同官齒錄不分卷　（□）□□撰　清
光緒十五年(1889)刻本　一冊

320000 – 1602 – 0000535　A000002464

皕宋樓藏書源流考不分卷　（日本）島田翰撰
清光緒三十三年(1907)京師武進董康刻本
一冊

320000 – 1602 – 0000536　A000002466

元寇紀略二卷　（日本）大橋順撰　清光緒二
十九年(1903)江蘇通州翰墨林編譯印書局鉛
印本　一冊

320000 – 1602 – 0000537　A000002469

金剛經集注四卷　（明）成祖朱棣御製　清道
光二十六年(1846)刻本　四冊

320000 – 1602 – 0000538　A000002471

篤素堂集鈔三卷　（清）張英撰　清光緒十七
年(1891)江蘇書局刻本　一冊

320000 – 1602 – 0000539　A000002472

篤素堂集鈔三卷　（清）張英撰　清光緒十七
年(1891)江蘇書局刻本　一冊

320000 – 1602 – 0000540　A000002473

陸清獻公年譜定本二卷附錄一卷　（清）吳光
西編　清光緒八年(1882)武進津河廣仁堂刻
本　一冊

320000 – 1602 – 0000541　A000002475

運甓齋文稿六卷　（清）陳勱撰　清光緒二十
年(1894)鄞縣陳氏刻本　四冊

320000 – 1602 – 0000542　A000002487

韻海大全不分卷　（清）仁壽室主人編　清光
緒十二年(1886)上海積山書局石印本　六冊

320000 – 1602 – 0000543　A000002488

唐荊川先生文集十八卷補遺一卷　（明）唐順
之撰　清光緒二十一年(1895)武進盛氏朱印
刻本　七冊　缺二卷(十三至十四)

320000 – 1602 – 0000544　A000002489

請纓日記十卷　（清）唐景崧撰　清光緒十九年（1893）臺灣布政使署刻本　四冊

320000－1602－0000545　A000002492
宋元三十一家詞三十一卷　（清）王鵬運輯　清光緒十九年（1893）臨桂王氏四印齋刻本　四冊

320000－1602－0000546　A000002499
[紹熙]雲間志三卷續一卷　（宋）楊潛纂修　清光緒二十年（1894）觀自得齋刻本　二冊

320000－1602－0000547　A000002500
醫門法律六卷尚論篇四卷尚論後篇四卷寓意草一卷　（清）喻昌撰　清光緒二十年（1894）上海圖書集成印書局石印本　八冊

320000－1602－0000548　A000002501
春秋或問六卷　（清）邵坦撰　清光緒二年（1876）淮南書局刻本　二冊

320000－1602－0000549　A000002504
沈氏尊生書傷寒論綱目十六卷婦科玉尺六卷幼科釋謎六卷要藥分劑十卷雜病源流犀燭三十卷首二卷　（清）沈金鰲輯　清宣統元年（1909）石印本　十冊

320000－1602－0000550　A000002505
校正增廣尚友錄統編二十四卷　錢湖釣徒編　清光緒十四年（1888）上海文瑞樓鴻章書局石印本　十六冊

320000－1602－0000551　A000002507
高等草書習字帖不分卷　（□）□□撰　清光緒三十三年（1907）影印本　二冊

320000－1602－0000552　A000002508
靈素提要淺注十二卷　（清）陳念祖集注　清光緒二十七年（1901）新化三味書局刻本　四冊

320000－1602－0000553　A000002509
金匱要略淺注十卷　（清）陳念祖集注　清光緒二十七年（1901）新化三味書局刻本　五冊

320000－1602－0000554　A000002510
金匱方歌括六卷　（清）陳念祖撰　清光緒二

十七年（1901）新化三味書局刻本　三冊

320000－1602－0000555　A000002511
張仲景傷寒論原文淺注六卷　（清）陳念祖集注　清光緒二十七年（1901）新化三味書局刻本　四冊

320000－1602－0000556　A000002512
長沙方歌括六卷　（清）陳念祖撰　清光緒二十七年（1901）新化三味書局刻本　二冊

320000－1602－0000557　A000002513
醫學實在易八卷　（清）陳念祖撰　清光緒二十七年（1901）新化三味書局刻本　三冊

320000－1602－0000558　A000002514
醫學從衆八卷　（清）陳念祖撰　清光緒二十七年（1901）新化三味書局刻本　三冊

320000－1602－0000559　A000002515
女科要旨四卷　（清）陳念祖撰　清光緒二十七年（1901）新化三味書局刻本　二冊

320000－1602－0000560　A000002516
醫學三字經四卷　（清）陳念祖撰　清光緒二十七年（1901）新化三味書局刻本　二冊

320000－1602－0000561　A000002517
時方妙用四卷　（清）陳念祖撰　清光緒二十七年（1901）新化三味書局刻本　二冊

320000－1602－0000562　A000002518
時方歌括二卷　（清）陳念祖撰　清光緒二十七年（1901）新化三味書局刻本　一冊

320000－1602－0000563　A000002519
景岳新方砭四卷　（清）陳念祖撰　清光緒二十七年（1901）新化三味書局刻本　二冊

320000－1602－0000564　A000002520
傷寒真方歌括六卷　（清）陳念祖撰　清光緒二十七年（1901）新化三味書局刻本　一冊

320000－1602－0000565　A000002521
傷寒醫訣串解六卷　（清）陳念祖撰　清光緒二十七年（1901）新化三味書局刻本　一冊

320000－1602－0000566　A000002522

十藥神書注解一卷 （元）葛可久編 （清）陳念祖注 **神授急救異痧奇方一卷** （清）陳念祖評 清光緒二十七年（1901）新化三味書局刻本 一冊

320000－1602－0000567 A000002523

霍亂論二卷 （清）王士雄撰 清光緒二十七年（1901）新化三味書局刻本 一冊

320000－1602－0000568 A000002524

神農本草經讀四卷 （清）陳念祖撰 清光緒二十七年（1901）新化三味書局刻本 二冊

320000－1602－0000569 A000002541

外治壽世方初編二卷 （清）鄒存淦輯 清光緒三年（1877）勤藝堂刻本 二冊

320000－1602－0000570 A000002542

高僧傳初集十五卷 （南朝梁）釋慧皎撰 清光緒十年（1884）金陵刻經處刻本 三冊 缺四卷（八至十一）

320000－1602－0000571 A000002543

撫郡農產考略二卷 （清）何剛德撰 清光緒二十九年（1903）撫郡學堂重印鉛印本 二冊

320000－1602－0000572 A000002545

禮記十卷 （元）陳澔集說 清光緒八年（1882）江蘇書局刻本 十冊

320000－1602－0000573 A000002547

小學弦歌八卷 （清）李元度編 清光緒五年（1879）刻本 四冊

320000－1602－0000574 A000002548

小學弦歌八卷 （清）李元度編 清光緒五年（1879）刻本 三冊 缺二卷（四至五）

320000－1602－0000575 A000002549

小學弦歌八卷 （清）李元度編 清光緒八年（1882）群玉閣刻本 四冊 缺二卷（七至八）

320000－1602－0000576 A000002550

國朝虞陽科名錄四卷首一卷 （清）王元鍾輯 （清）王慶芝續輯 清道光三十年（1850）刻宣統三年（1911）清暉書屋遞修本 四冊

320000－1602－0000577 A000002551

春秋集古傳註二十六卷首一卷 （清）邰坦撰 清光緒元年（1875）刻本 六冊

320000－1602－0000578 A000002553

周易洗心十卷 （清）任啟運傳 清光緒八年（1882）一本堂刻本 六冊

320000－1602－0000579 A000002554

水心先生文集二十九卷目錄一卷補遺一卷 （宋）葉適撰 清光緒八年（1882）瑞安孫氏詒善祠塾刻本 十冊 缺五卷（一至三、二十三至二十四）

320000－1602－0000580 A000002555

積古齋鐘鼎彝器款識十卷 （清）阮元輯 清光緒五年（1879）武昌華亭林長慶刻本 六冊

320000－1602－0000581 A000002556

積古齋鐘鼎彝器款識十卷 （清）阮元藏 （清）朱為弼輯 清虞山鮑廷爵刻本 一冊 存三卷（八至十）

320000－1602－0000582 A000002558

增批温熱經緯五卷 （清）王士雄撰 （清）葉霖增批 清光緒三十一年（1905）上海奇石山房石印本 四冊

320000－1602－0000583 A000002559

莊子集釋十卷 （清）郭慶藩輯 清光緒思賢書局刻本 八冊

320000－1602－0000584 A000002560

易解拾遺七卷附周易句讀讀本二卷 （清）周世金撰 清光緒十年（1884）長碧和義堂刻本 三冊

320000－1602－0000585 A000002561

山海經新校正十八卷篇目考一卷 （晉）郭璞注 （清）畢沅校正 清光緒三年（1877）浙江書局刻本 三冊

320000－1602－0000586 A000002564

彊邨詞三卷 朱祖謀撰 清光緒刻本 一冊

320000－1602－0000587 A000002566

功順堂叢書十八種 （清）潘祖蔭輯 清光緒吳縣潘氏刻本 五冊 存四種十七卷（說文

古籍疏證一至六、國史考異一至六、半氈齋題跋上下、冬青館宮詞一至三)

320000－1602－0000588　A000002569
第一生修梅花館詞五卷附存梅詞一卷　況周頤撰　清光緒十八年(1892)刻本　一冊

320000－1602－0000589　A000002570
第一生修梅花館詞五卷附存梅詞一卷　況周頤撰　清光緒十八年(1892)刻本　一冊

320000－1602－0000590　A000002572
思問錄內篇一卷外篇一卷　(清)王夫之撰　清同治四年(1865)金陵湘鄉曾氏刻本　一冊

320000－1602－0000591　A000002573
王船山先生年譜二卷　(清)劉毓崧編　清光緒十二年(1886)江南書局刻本　二冊

320000－1602－0000592　A000002575
蕩平髮逆圖記二十二卷首一卷　(清)杜文瀾撰　清光緒上海漱六山莊鉛印暨石印本　四冊

320000－1602－0000593　A000002582
賈子十六卷賈子年譜一卷　(清)王耕心撰　清光緒二十九年(1903)正定王氏龍樹精舍刻本　一冊　缺九卷(九至十六、年譜一卷)

320000－1602－0000594　A000002583
皖詞紀勝一卷　徐乃昌輯　清光緒南陵徐氏小檀欒室刻本　一冊

320000－1602－0000595　A000002585
述學內篇三卷外篇一卷補遺一卷別錄一卷附錄一卷　(清)汪中撰　清刻本　二冊

320000－1602－0000596　A000002586
述學內篇三卷外篇一卷補遺一卷別錄一卷附錄一卷　(清)汪中撰　清刻本　一冊　存一卷(補遺一卷)

320000－1602－0000597　A000002591
繪圖增像鏡花緣六卷一百回　(清)李汝珍撰　清宣統元年(1909)上海章福記石印本　六冊

320000－1602－0000598　A000002593

[淳熙]新安志十卷　(宋)羅願纂修　清光緒十四年(1888)黟縣李宗煝刻本　四冊

320000－1602－0000599　A000002595
鐵琴銅劍樓藏書目錄二十四卷　(清)瞿鏞藏並編　清光緒二十四年(1898)常熟瞿啟甲校刻本　十冊

320000－1602－0000600　A000002598
悔翁詩鈔十五卷補遺一卷　(清)汪士鐸撰　清光緒九年(1883)合肥張氏味古齋刻本　一冊　缺八卷(九至十五、補遺一卷)

320000－1602－0000601　A000002599
悔翁詩餘五卷　(清)汪士鐸撰　清光緒九年(1883)合肥張氏味古齋刻本　一冊

320000－1602－0000602　A000002600
京師大學堂暫定各學堂應用書目不分卷　(清)京師大學堂編　清光緒二十九年(1903)湖廣督署刻本　一冊

320000－1602－0000603　A000002601
缶廬詩四卷缶廬別存一卷　吳俊卿撰　清光緒十九年(1893)刻本　一冊

320000－1602－0000604　A000002605
讀畫叢譚四卷　(清)金漢撰　清光緒十九年(1893)丹徒金漢薜蘿吟社刻本　一冊　缺一卷(一)

320000－1602－0000605　A000002606
龍文鞭影二集四卷附訓蒙四字經　(明)蕭良有撰　(明)楊臣諍增訂　(清)李暉吉(清)徐瓚續撰　清光緒三年(1877)掃葉山房刻本　三冊

320000－1602－0000606　A000002607
六一山房續集十卷　(清)董沛撰　清刻本　二冊

320000－1602－0000607　A000002608
戴東原集十二卷附年譜一卷札記一卷　(清)戴震撰　清宣統二年(1910)成都渭南嚴氏孝義家墅刻本　五冊　缺三卷(二至四)

320000－1602－0000608　A000002609

數度衍二十三卷首三卷　（清）方中通撰　清光緒四年(1878)桐城方氏刻本　七冊　缺四卷(二十至二十三)

320000－1602－0000609　A000002610

語石十卷　葉昌熾撰　清宣統元年(1909)刻本　四冊

320000－1602－0000610　A000002611

語石十卷　葉昌熾撰　清宣統元年(1909)刻本　三冊　缺三卷(八至十)

320000－1602－0000611　A000002612

冷語二卷　（清）劉源淥手著　清光緒十七年(1891)六安求我齋刻本　二冊

320000－1602－0000612　A000002613

六書十二聲傳十二卷　（清）呂調陽述　清光緒刻本　九冊　缺一卷(一)

320000－1602－0000613　A000002615

曾文正公手書日記不分卷（清道光二十一至清同治十一年）　（清）曾國藩撰　清宣統元年(1909)中國圖書公司石印本　十八冊　存道光二十一年正月初一至十二月二十九日、咸豐八年六月初五(半)

320000－1602－0000614　A000002616

書目答問四卷　（清）張之洞撰　清光緒十四年(1888)上海蜚英館石印本　一冊　存二卷(經、史)

320000－1602－0000615　A000002617

書目答問四卷　（清）張之洞撰　清光緒二十一年(1895)上海蜚英館石印本　一冊

320000－1602－0000616　A000002619

茗柯文初編一卷二編二卷三編一卷四編一卷　（清）張惠言撰　清光緒七年(1881)刻本　二冊

320000－1602－0000617　A000002624

錫山林氏家譜不分卷　（□）□□撰　清光緒二十六年(1900)刻本　二冊

320000－1602－0000618　A000002625

律例便覽八卷　（清）蔡嵩年　（清）蔡逢年編　清光緒十四年(1888)江蘇書局刻本　四冊

320000－1602－0000619　A000002626

處分則例圖要六卷　（清）蔡嵩年　（清）蔡逢年編　清光緒十四年(1888)江蘇書局刻本　二冊

320000－1602－0000620　A000002627

毓秀堂畫傳四卷　（清）王墀繪　清光緒九年(1883)石印本　四冊

320000－1602－0000621　A000002630

地理錄要四卷　（清）蔣平階撰　清光緒元年(1875)英明堂刻本　一冊　存二卷(一至二)

320000－1602－0000622　A000002631

禹貢翼傳便蒙一卷　（清）袁自超輯　清光緒五年(1879)金陵李光明莊刻本　一冊

320000－1602－0000623　A000002632

讀書叢錄七卷　（清）洪頤煊撰　清光緒廣雅書局刻本　二冊

320000－1602－0000624　A000002634

龍文鞭影四卷　（明）蕭良有輯　（明）楊臣靜增訂　（清）李恩綬校　清光緒十三年(1887)埽葉山房刻本　一冊　存二卷(一至二)

320000－1602－0000625　A000002635

古今冬至表四卷　（清）譚沄撰　清光緒四年(1878)郴州學署刻本　一冊

320000－1602－0000626　A000002636

瀋陽紀程不分卷　（清）何汝霖撰　清光緒元年(1875)刻本　一冊

320000－1602－0000627　A000002637

通雅集續編不分卷　（□）□□撰　清光緒二十三年(1897)金陵湯明林聚珍書局刻本　四冊

320000－1602－0000628　A000002638

禪門日誦不分卷　（□）□□撰　清光緒二十九年(1903)青邑錦華齋刻本　一冊

320000－1602－0000629　A000002648

莊子十卷　（晉）郭象注　（唐）陸德明音義　清光緒二年(1876)浙江書局刻本　三冊　缺

三卷(四至六)

320000－1602－0000630　A000002649

讀通鑑論三十卷　(清)王夫之撰　清光緒二十四年(1898)慎記書莊石印本　一冊　存五卷(一至五)

320000－1602－0000631　A000002650

四書益智錄二十卷　(清)桂含章輯　清光緒九年(1883)刻本　一冊　存一卷(二十)

320000－1602－0000632　A000002652

求闕齋日記類鈔二卷　(清)曾國藩撰　(清)王啟原校　清光緒二年(1876)傳忠書局刻本　一冊　存一卷(上)

320000－1602－0000633　A000002654

忠烈備考不分卷　(清)高德泰撰　清光緒二年至三年(1876－1877)刻本　五冊　存(忠烈備攷小傳、江寧閶門殉難前冊、上元閶門殉難後冊、上元殉難男冊、上元殉難女冊)

320000－1602－0000634　A000002655

王狀元集百家注編年杜陵詩史三十二卷　(唐)杜甫撰　(宋)魯訔編注　(宋)王十朋集注　清宣統三年至民國二年(1911－1913)貴池劉氏玉海堂刻本　十二冊

320000－1602－0000635　A000002658

養雲山莊文集一卷續文集一卷　(清)劉瑞芬撰　清光緒十九年(1893)刻本　二冊

320000－1602－0000636　A000002659

養雲山莊詩集四卷　(清)劉瑞芬撰　清光緒十九年(1893)刻本　二冊

320000－1602－0000637　A000002661

清足居集一卷　(清)鄧瑜撰　清光緒二十二年(1896)泉唐諸氏刻本　一冊

320000－1602－0000638　A000002663

湘軍記二十卷　(清)王定安撰　清光緒十五年(1889)江南書局刻本　七冊　缺三卷(四至六)

320000－1602－0000639　A000002664

湘軍記二十卷　(清)王定安撰　清光緒十六

年(1890)袖海山房石印本　三冊　缺五卷(七至十一)

320000－1602－0000640　A000002676

劇談錄二卷逸文一卷　(唐)康駢撰　清光緒三十年(1904)貴池劉氏刻本　一冊

320000－1602－0000641　A000002677

秋浦雙忠錄五種四十卷　劉世珩輯　清光緒二十六年至二十八年(1900－1902)貴池劉氏唐石簃刻本　四冊　缺十二卷(二十四至二十八、三十四至四十)

320000－1602－0000642　A000002682

春在堂尺牘五卷　(清)俞樾撰　清刻本　三冊

320000－1602－0000643　A000002684

補三國疆域志二卷　(清)洪亮吉撰　清刻本　一冊

320000－1602－0000644　A000002687

養蒙鍼度刊誤二卷　(清)潘子聲撰　(清)孫蒼壁　(清)陳樹芝校　清光緒二十年(1894)京口善化書局刻本　一冊

320000－1602－0000645　A000002688

拙修集續編四卷　(清)吳廷棟撰　清光緒九年(1883)六安求我齋刻本　二冊

320000－1602－0000646　A000002692

盧氏禮記解詁一卷補遺一卷附錄一卷　(漢)盧植撰　(清)臧庸輯　蔡氏月令章句二卷　(漢)蔡邕撰　(清)臧庸輯　清光緒刻本　一冊

320000－1602－0000647　A000002694

彊邨詞四卷　朱祖謀撰　清光緒三十一年(1905)刻本　一冊

320000－1602－0000648　A000002695

董華亭書畫錄一卷　(明)董其昌撰　題(清)青浮山人輯　畫友詩一卷　(清)趙彥撰修　清光緒二十二年(1896)刻本　一冊

320000－1602－0000649　A000002696

三千字文音釋不分卷　(清)潘純甫注　(清)

劉志中校　清光緒二十七年（1901）京口善化堂刻本　二冊

320000－1602－0000650　A000002705

增廣玉匣記通書六卷末一卷　（晉）許真君撰　清光緒二十六年（1900）新化三味書室刻本　一冊　存二卷（一至二）

320000－1602－0000651　A000002706

璞齋集六卷　（清）諸可寶撰　清光緒二十二年（1896）五峰官舍刻本　二冊

320000－1602－0000652　A000002720

石渠餘紀六卷　（清）王慶雲撰　清光緒刻本　六冊

320000－1602－0000653　A000002721

西天目祖山志八卷首一卷末一卷補遺一卷（明）釋廣賓纂　（清）釋際界增訂　清光緒二年（1876）西天目禪源寺刻本　四冊

320000－1602－0000654　A000002722

留真譜初編十二卷　楊守敬編　清光緒二十七年（1901）宜都楊守敬刻本　十二冊

320000－1602－0000655　A000002723

天一閣見存書目四卷首一卷末一卷　（清）薛福成編　清光緒十五年（1889）無錫薛氏刻本　一冊　存二卷（一、首一卷）

320000－1602－0000656　A000002725

說部精華十二卷　（清）王士禎撰　清刻本　三冊　存十卷（一至十）

320000－1602－0000657　A000002728

兩漢刊誤補遺十卷　（宋）吳仁傑撰　清光緒十八年（1892）江甯傅氏寄傲軒刻本　二冊

320000－1602－0000658　A000002734

繪圖走馬春秋全傳六卷　（□）□□撰　清宣統元年（1909）上海茂記書莊石印本　二冊　存二卷（一至二）

320000－1602－0000659　A000002743

聖武記十四卷　（清）魏源撰　清光緒申報館鉛印本　八冊

320000－1602－0000660　A000002744

聖武記十四卷　（清）魏源撰　清刻本　十二冊　存七卷（六至七、十至十四）

320000－1602－0000661　A000002746

雉舟酬唱集一卷　（清）楊恩壽　（清）裴文祀撰　清光緒三年（1877）刻本　一冊

320000－1602－0000662　A000002749

屑玉叢譚初集六卷二集六卷三集四卷四集六卷　（清）錢徵　蔡爾康輯　清光緒上海申報館鉛印本　四冊　存四卷（初集二，三集一、五，四集二）

320000－1602－0000663　A000002750

雲仙散錄一卷　（唐）馮贄撰　清光緒三十二年（1906）南陵徐乃昌刻本　一冊

320000－1602－0000664　A000002753

欽定吏部處分則例五十卷　（□）□□撰　清刻本　二冊　存四卷（三至四、八至九）

320000－1602－0000665　A000002755

讀雪山房唐詩凡例一卷　（清）管世銘撰　金武祥校　清光緒十二年（1886）江陰金武祥刻本　一冊

320000－1602－0000666　A000002756

硃批諭旨不分卷　（□）□□撰　清光緒朱墨套印石印本　一冊　存（范時繹、齊蘇勒奏摺硃批）

320000－1602－0000667　A000002757

周易兼義四卷注疏校勘記四卷周易釋文一卷釋文校勘記一卷　（三國魏）王弼注　（唐）孔穎達正義　清光緒十三年（1887）上海點石齋影印本　一冊

320000－1602－0000668　A000002758

附釋音毛詩注疏八卷校勘記八卷　（漢）毛亨傳　（漢）鄭玄箋　（唐）陸德明音義　（唐）孔穎達疏　清光緒十三年（1887）上海點石齋影印本　二冊　存六卷（一至六）

320000－1602－0000669　A000002759

附釋音尚書注疏四卷校勘記四卷　（漢）孔安國傳　（唐）陸德明音義　（唐）孔穎達疏　清

光緒十三年(1887)上海點石齋影印本　一冊

320000－1602－0000670　A000002760
儀禮疏八卷校勘記八卷　（漢）鄭玄注　（唐）陸德明音義　（唐）賈公彥疏　清光緒十三年(1887)上海點石齋影印本　二冊

320000－1602－0000671　A000002761
附釋音春秋左傳注疏十二卷校勘記十二卷（晉）杜預注　（唐）陸德明音義　（唐）孔穎達疏　清光緒十三年(1887)上海點石齋影印本　三冊　缺三卷(七至九)

320000－1602－0000672　A000002762
監本附音春秋公羊注疏四卷校勘記四卷（漢）何休注　（唐）陸德明音義　清光緒十三年(1887)上海點石齋影印本　二冊

320000－1602－0000673　A000002763
監本附音春秋穀梁注疏四卷校勘記四卷（晉）范甯集解　（唐）陸德明音義　（唐）楊士勳疏　清光緒十三年(1887)上海點石齋影印本　一冊

320000－1602－0000674　A000002764
孟子注疏解經四卷校勘記四卷　（漢）趙岐注　（宋）孫奭疏　清光緒十三年(1887)上海點石齋影印本　一冊

320000－1602－0000675　A000002765
十三經注疏校勘記識語四卷　（清）汪文臺撰　清光緒十三年(1887)上海點石齋影印本　一冊

320000－1602－0000676　A000002766
附釋音尚書注疏二十卷校勘記二十卷　（漢）孔安國傳　（唐）陸德明音義　（唐）孔穎達疏　清光緒十三年(1887)上海脈望仙館石印本　一冊　存十卷(一至十)

320000－1602－0000677　A000002767
附釋音禮記注疏六十三卷校勘記六十三卷（漢）鄭玄注　（唐）陸德明音義　（唐）孔穎達疏　清光緒十三年(1887)上海脈望仙館石印本　一冊　存四十卷(校勘記二十四至六十三)

320000－1602－0000678　A000002768
附釋音春秋左傳注疏六十卷校勘記六十卷（晉）杜預注　（唐）陸德明音義　（唐）孔穎達疏　清光緒十三年(1887)上海脈望仙館石印本　三冊　存六十卷(一至三十、校勘記一至三十)

320000－1602－0000679　A000002769
爾雅疏十卷校勘記十卷　（晉）郭璞注　（宋）邢昺校　清光緒十三年(1887)上海脈望仙館石印本　一冊

320000－1602－0000680　A000002770
孟子注疏解經十四卷校勘記十四卷　（漢）趙岐注　（宋）孫奭疏　十三經注疏校勘記識語四卷　（清）汪文臺撰　清光緒十三年(1887)上海脈望仙館石印本　二冊

320000－1602－0000681　A000002771
附釋音毛詩注疏二十卷校勘記二十卷　（漢）毛亨傳　（漢）鄭玄箋　（唐）陸德明音義　（唐）孔穎達疏　清光緒十三年(1887)上海脈望仙館石印本　二冊　缺十四卷(毛詩注疏七至二十)

320000－1602－0000682　A000002772
欽定四庫全書簡明目錄二十卷首一卷　（清）紀昀等編　清刻本　十七冊　缺三卷(二、十六至十七)

320000－1602－0000683　A000002773
欽定四庫全書總目二百卷首一卷　（清）紀昀等編　清刻本　五十七冊　缺九十三卷(七至七十、七十九至八十、九十九至一百○一、一百十二、一百四十一至一百四十二、一百四十五至一百四十七、一百五十至一百五十一、一百五十八至一百六十一、一百六十六至一百六十七、一百七十二、一百七十六至一百八十、一百九十七至二百)

320000－1602－0000684　A000002775
欽定續通志六百四十卷　（清）嵇璜等纂　清光緒石印本　六十冊

320000－1602－0000685　A000002780
元史二百十卷目錄二卷　（明）宋濂等撰　清

光緒十四年(1888)上海圖書集成印書局鉛印本　一冊　存九卷(一至七、目錄二卷)

320000－1602－0000686　A000002783
大雲山房文稿二集卷八卷　(清)惲敬撰　清光緒十四年(1888)官書處刻本　一冊　存一卷(一)

320000－1602－0000687　A000002784
尚書句解攷正不分卷　(清)徐天璋撰　清光緒刻本　四冊　存(周書、商書)

320000－1602－0000688　A000002790
揚州畫舫錄十八卷　(清)李斗撰　清光緒申報館鉛印本　六冊　存十四卷(一、四至十六)

320000－1602－0000689　A000002791
繪圖蒙學捷徑初編二卷　王亨統輯　清光緒二十八年(1902)鉛印本　一冊　存一卷(上)

320000－1602－0000690　A000002793
中俄界約斠注七卷首一卷　(清)錢恂撰　清光緒刻本　一冊　存四卷(四至七)

320000－1602－0000691　A000002794
北宋經撫年表二卷　吳廷燮撰　清宣統三年(1911)鉛印本　一冊　存一卷(上)

320000－1602－0000692　A000002795
蕉庵琴譜四卷　(清)秦維瀚編　(清)秦履亨等輯　清光緒三年(1877)刻本　一冊　存一卷(一)

320000－1602－0000693　A000002796
蕉庵琴譜四卷　(清)金蘭生鑒定　(清)秦維瀚編　(清)秦履亨等輯　清刻本　三冊　存三卷(二至四)

320000－1602－0000694　A000002797
醫學實在易八卷　(清)陳念祖撰　清光緒善成堂刻本　一冊　存二卷(一至二)

320000－1602－0000695　A000002800
溫飛卿詩集七卷別集一卷集外詩一卷　(唐)溫庭筠撰　(明)曾益謙原注　(清)顧予咸補注　(清)顧嗣立重校　清光緒八年(1882)萬

軸山房刻本　二冊

320000－1602－0000696　A000002801
寄傲山房塾課纂輯禮記全文備旨十一卷　(清)鄒聖脈輯　(清)鄒廷猷編　清光緒刻本　二冊　存五卷(一至五)

320000－1602－0000697　A000002802
寄傲山房塾課纂輯御案易經備旨七卷　(清)鄒聖脈輯　(清)鄒廷猷編　清光緒刻本　一冊　存三卷(五至七)

320000－1602－0000698　A000002803
御案春秋左傳經解備旨十二卷　(清)寄傲山房輯　清光緒刻本　一冊　存二卷(八至九)

320000－1602－0000699　A000002804
大唐西域記十二卷　(唐)釋玄奘譯　(唐)釋辯機撰　清宣統元年(1909)常州天寧寺刻本　三冊　存三卷(一至三)

320000－1602－0000700　A000002805
我師錄四卷　(清)姚永樸輯　清光緒鉛印本　一冊

320000－1602－0000701　A000002806
孔氏家語十卷　(三國魏)王肅注　清光緒上海同文書局石印本　五冊

320000－1602－0000702　A000002807
孔氏家語十卷　(三國魏)王肅注　清光緒上海同文書局石印本　五冊

320000－1602－0000703　A000002808
同治東華續錄一百卷　王先謙編　張式恭校　清光緒石印本　二十二冊　存九十二卷(七至九十八)

320000－1602－0000704　A000002809
乾隆朝東華續錄一百二十卷　王先謙編　周潤蕃　周瀟蕃校　清光緒五年(1879)石印本　四冊　存十六卷(十至十四、一百○二至一百○八、一百十七至一百二十)

320000－1602－0000705　A000002810
嘉慶朝東華續錄五十卷　王先謙編　周潤蕃　周瀟蕃校　清光緒年五年(1879)石印本

四冊　存二十三卷（十一至二十、二十七至三十九）

320000 – 1602 – 0000706　A000002811
國朝金陵詩徵四十八卷　（清）朱緒曾編　清光緒刻本　一冊　存二卷（四至五）

320000 – 1602 – 0000707　A000002812
續金陵詩徵六卷首一卷　（清）朱緒曾等輯　清光緒二十年（1894）刻本　一冊　存二卷（一、首一卷）

320000 – 1602 – 0000708　A000002814
餐青閣詩稿五卷　（清）汪壬林撰　清光緒十年（1884）刻本　一冊　存一卷（一）

320000 – 1602 – 0000709　A000002815
鑑史輯要六卷　諸葛汝楫撰　清光緒三十三年（1907）鉛印本　一冊

320000 – 1602 – 0000710　A000002816
禹貢章句四卷圖說一卷　（清）譚沄撰　清光緒五年至六年（1879 – 1880）刻本　二冊　存四卷（一至二、四,圖說一卷）

320000 – 1602 – 0000711　A000002817
春秋日月攷四卷　（清）譚沄撰　清光緒三年（1877）郴州學署刻本　二冊

320000 – 1602 – 0000712　A000002825
豐順丁氏持靜齋書目不分卷　（清）江標輯　清光緒二十三年（1897）刻本　一冊

320000 – 1602 – 0000713　A000002827
增刻紅樓夢圖詠不分卷　（清）王芸階繪　清光緒八年（1882）上海點石齋石印本　一冊

320000 – 1602 – 0000714　A000002828
河防輯要四卷　周家駒輯　清宣統三年（1911）鉛印本　一冊　存二卷（一至二）

320000 – 1602 – 0000715　A000002830
古今錢略三十二卷首一卷末一卷　（清）倪模述　清光緒三年（1877）望江倪模兩疆勉齋刻本　一冊　存一卷（首一卷）

320000 – 1602 – 0000716　A000002831
宋元學案粹語不分卷　吳虞錄　清光緒三十

三年（1907）鉛印本　一冊

320000 – 1602 – 0000717　A000002837
選注六朝唐賦不分卷　（清）馬傳庚撰　清光緒十四年（1888）刻本　二冊

320000 – 1602 – 0000718　A000002873
四書章句六卷　（□）□□撰　清刻本　三冊　存三卷（孟子一至三）

320000 – 1602 – 0000719　A000002874
四書章句集注十九卷　（宋）朱熹撰　清刻本　五冊　存十六卷（大學一、中庸一、論語一至十、孟子四至七）

320000 – 1602 – 0000720　A000002880
文法詳論二卷　（日本）鴻齋石川英撰　清光緒十年（1884）刻本　一冊　存一卷（上）

320000 – 1602 – 0000721　A000002881
六書音均表不分卷　（清）段玉裁撰　清光緒元年（1875）湖北崇文書局刻本　一冊　存（表一至三）

320000 – 1602 – 0000722　A000002882
歷代名臣奏議粹十卷　（清）祝霆月　陳時穀重訂　清刻本　一冊　存一卷（二）

320000 – 1602 – 0000723　A000002883
資治通鑑二百九十四卷　（宋）司馬光撰　（元）胡三省音注　清光緒二十二年（1896）上海蜚英館石印本　三十五冊　缺九卷（八、一百八十一至一百八十八）

320000 – 1602 – 0000724　A000002884
資治通鑑二百九十四卷　（宋）司馬光撰　（元）胡三省音注　清光緒二十六年（1900）圖書集成局石印本　十七冊　存一百二十七卷（一至六、十四至二十七、五十一至七十三、一百二十八至一百六十一、一百九十至一百九十七、二百一十一至二百二十七、二百五十三至二百八十七）

320000 – 1602 – 0000725　A000002885
資治通鑑目錄三十卷　（宋）司馬光撰　清光緒二十六年（1900）圖書集成局石印本　一冊

存八卷（十五至二十二）

320000－1602－0000726　A000002887

資治通鑑二百九十四卷　（宋）司馬光撰
（元）胡三省音注　清光緒二十六年（1900）圖
書集成局石印本　十五冊　存一百十三卷
（一至六、十四至二十、二十八至三十五、四十
三至五十七、八十九至一百十一、一百三十六
至一百六十八、一百九十至一百九十七、二百
〇五至二百十七）

320000－1602－0000727　A000002888

資治通鑑二百九十四卷　（宋）司馬光撰
（元）胡三省音注　清光緒二十六年（1900）圖
書集成局石印本　十一冊　存六十七卷（一
百七十六至一百八十二、一百九十至二百十、
二百十八至二百三十六、二百五十三至二百
六十五、二百七十三至二百七十九）

320000－1602－0000728　A000002889

資治通鑑目錄三十卷　（宋）司馬光撰　清光
緒二十六年（1900）圖書集成局石印本　一冊
　　存八卷（十五至二十二）

320000－1602－0000729　A000002891

續資治通鑑二百二十卷　（清）畢沅編集　清
光緒二十二年（1896）上海蜚英館石印本　十
八冊　存九十八卷（一至四十八、六十一至一
百〇二、一百十三至二百二十）

320000－1602－0000730　A000002892

續資治通鑑二百二十卷　（清）畢沅編集　清
光緒二十六年（1900）圖書集成局石印本　八
冊　存六十四卷（一至八、十九至二十九、一
百三十七至一百四十四、一百五十三至一百
五十九、一百七十五至一百八十二、一百九十
九至二百二十）

320000－1602－0000731　A000002893

續資治通鑑二百二十卷　（清）畢沅編集　清
光緒二十六年（1900）圖書集成局石印本　一
冊　存十卷（九至十八）

320000－1602－0000732　A000002898

唐詩三百首注疏六卷　（清）蘅塘退士輯

（清）章燮注　清刻本　一冊　存三卷（四至
六）

320000－1602－0000733　A000002899

唐詩三百首六卷　（清）蘅塘退士編　清刻本
　　一冊

320000－1602－0000734　A000002900

唐詩三百首注疏六卷　（清）蘅塘退士輯
（清）章燮注　清刻本　一冊　存一卷（三）

320000－1602－0000735　A000002901

唐詩三百首注釋六卷　（清）蘅塘退士輯
（清）章燮注　清刻本　一冊　存二卷（三至
四）

320000－1602－0000736　A000002907

士禮居藏書題跋記續二卷　（清）黃丕烈撰
繆荃孫輯　清光緒二十二年（1896）湘中元和
江氏刻本　一冊　存一卷（上）

320000－1602－0000737　A000002908

明季北略二十四卷　（清）計六奇撰　清光緒
十三年（1887）圖書集成印書局鉛印本　五冊
　　缺八卷（五至十二）

320000－1602－0000738　A000002909

明季南略十八卷　（清）計六奇撰　清光緒十
三年（1887）圖書集成印書局鉛印本　一冊
存六卷（十三至十八）

320000－1602－0000739　A000002910

國初大小題文選不分卷　（清）龔朝聘評選
清光緒十年（1884）聽彝書屋刻本　二冊

320000－1602－0000740　A000002914

袖海集二卷　葉玉森撰　清宣統二年（1910）
鉛印本　一冊

320000－1602－0000741　A000002915

咄咄吟二卷　（清）木居士撰　清光緒元年
（1875）刻本　二冊

320000－1602－0000742　A000002917

後漢書一百二十卷　（南朝宋）范曄撰　（唐）
李賢注　（晉）司馬彪續　（南朝梁）劉昭注補
清光緒十年（1884）同文書局石印本　十六

冊　存六十七卷(一至六十七)

320000 – 1602 – 0000743　A000002920

英法義比志譯略四卷　吳宗濂等譯　(清)趙元益等述　清光緒二十五年(1899)石印本　一冊　存一卷(一)

320000 – 1602 – 0000744　A000002921

西疆雜述詩四卷　(清)蕭雄撰　清光緒鉛印本　一冊　存一卷(一)

320000 – 1602 – 0000745　A000002924

唐宋八家文讀本三十卷　(清)沈德潛評點　清刻本　一冊　存三卷(二十三至二十五)

320000 – 1602 – 0000746　A000002925

校邠盧抗議二卷　(清)馮桂芬撰　清光緒刻本　一冊　存一卷(下)

320000 – 1602 – 0000747　A000002926

元史二百十卷目錄二卷　(明)宋濂等撰　清光緒十年(1884)上海同文書局影印本　三十二冊　缺六十五卷(三十二至九十六)

320000 – 1602 – 0000748　A000002927

史記一百三十卷　(漢)司馬遷撰　(南朝宋)裴駰集解　(唐)司馬貞索隱　(唐)張守節正義　清光緒十四年(1888)上海蜚英館石印本　十冊　缺二十六卷(五十七至七十、一百〇六至一百十七)

320000 – 1602 – 0000749　A000002928

後漢書一百二十卷　(南朝宋)范曄撰　(唐)李賢注　(晉)司馬彪續　(南朝梁)劉昭注補　清光緒十四年(1888)上海蜚英館石印本　十冊　缺二十七卷(七至三十一、六十三至六十四)

320000 – 1602 – 0000750　A000002933

輶軒語七卷　(清)張之洞撰　清光緒三年(1877)濠上書齋刻本　一冊

320000 – 1602 – 0000751　A000002934

元史紀事本末二十七卷　(明)陳邦瞻編　(明)張溥論正　清光緒二十五年(1899)慎記書莊石印本　一冊

320000 – 1602 – 0000752　A000002941

天演論二卷　(英國)赫胥黎造論　嚴復達恉　清光緒二十九年(1903)上海通雅石印本　一冊

320000 – 1602 – 0000753　A000002942

興替金鑑二十卷一百五十四回　(清)夏敬渠撰　清光緒八年(1882)石印本　一冊　存一卷(一)

320000 – 1602 – 0000754　A000002943

鷗堂日記三卷　(清)周星譽撰　**水雲樓賸稿一卷**　(清)蔣春霖撰　清光緒十二年至十四年(1886 – 1888)江陰金氏刻本　一冊

320000 – 1602 – 0000755　A000002945

五代史七十四卷　(宋)歐陽修撰　清光緒二十八年(1902)武林竹簡齋石印本　一冊　存四十三卷(一至四十三)

320000 – 1602 – 0000756　A000002946

繪圖增像西游記一百回　(明)吳承恩撰　(清)陳士斌詮　清光緒十九年(1893)上海煥文書局石印本　七冊　缺十四回(五十一至六十四)

320000 – 1602 – 0000757　A000002947

新鐫增補音郡音義百家姓一卷　(□)□□撰　清寶善書局刻本　一冊

320000 – 1602 – 0000758　A000002948

新鐫增補音郡音義百家姓一卷　(□)□□撰　清李光明家刻本　一冊

320000 – 1602 – 0000759　A000002949

國粹常談一卷　歐陽述輯　清宣統元年(1909)九江教育會鉛印本　一冊

320000 – 1602 – 0000760　A000002952

影談一卷　(清)管世灝撰　清光緒二年(1876)申報館刻本　一冊

320000 – 1602 – 0000761　A000002953

增評補圖石頭記一百二十回首一卷　(清)曹霑　(清)高鶚撰　題(清)護花主人　題(清)大某山民評　清光緒鉛印本　四冊　存

四十三回(七十八至一百二十)

320000－1602－0000762　A000002954
墨莊漫錄十卷　(宋)張邦基撰　侍兒小名錄
拾遺一卷　(宋)張邦幾撰　補侍兒小名錄一
卷　(宋)王銍撰　續補侍兒小名錄一卷
(宋)溫豫撰　清刻本　一冊　缺五卷(一至
五)

320000－1602－0000763　A000002955
竹窗隨筆一卷　(明)釋袾宏撰　清光緒二十
四年(1898)金陵刻經處刻本　一冊

320000－1602－0000764　A000002956
新刻萬法歸宗請仙算法五卷　(□)□□撰
清光緒三十三年(1907)上海書局石印本　一
冊　存一卷(一)

320000－1602－0000765　A000002959
光中復有光九回　殷鳳娥譯　清光緒三十四
年(1908)漢鎮英漢書館鉛印本　一冊

320000－1602－0000766　A000002976
國朝金陵詞鈔八卷附一卷　陳作霖輯　清刻
本　一冊　存二卷(五至六)

320000－1602－0000767　A000002982
周官指掌五卷　(清)莊有可撰　清刻本　一
冊　存三卷(三至五)

320000－1602－0000768　A000002983
禮記天算釋一卷　(清)孔廣牧撰　清刻本
一冊

320000－1602－0000769　A000002984
律呂新義四卷附錄一卷　(清)江永撰　清刻
本　二冊

320000－1602－0000770　A000002985
後漢郡國令長攷一卷　(清)錢大昭撰　清刻
本　一冊

320000－1602－0000771　A000002986
三國職官表三卷　(清)洪飴孫撰　清刻本
二冊　存二卷(中下)

320000－1602－0000772　A000002987
臨安旬制紀三卷　(清)□□撰　全浙詩話刊

誤一卷　(清)張道撰　清刻本　一冊

320000－1602－0000773　A000002988
西京雜記二卷　(漢)劉歆撰　清刻本　一冊

320000－1602－0000774　A000002989
兩京新記一卷　(唐)韋述撰　李嶠雜詠二卷
(唐)李嶠撰　清刻本　一冊

320000－1602－0000775　A000002990
酌中志餘二卷　(明)劉若愚輯　清刻本
二冊

320000－1602－0000776　A000002991
人海記二卷　(清)查慎行編　清刻本　一冊
存一卷(下)

320000－1602－0000777　A000002992
括地志八卷　(唐)李泰等撰　(清)孫星衍輯
清刻本　二冊

320000－1602－0000778　A000002993
紀事約言二卷　(清)夏勤塽撰　清刻本
一冊

320000－1602－0000779　A000002994
風角書八卷　(清)張爾岐撰　清刻本　二冊

320000－1602－0000780　A000002995
撼龍統說一卷　(唐)楊筠松撰　清刻本
一冊

320000－1602－0000781　A000002996
樂府傳聲二卷　(清)徐大椿撰　清刻本
一冊

320000－1602－0000782　A000002997
重訂擬瑟譜一卷　(清)邵嗣堯撰　(清)段仔
文　(清)張懋賞編　清刻本　一冊

320000－1602－0000783　A000002998
化書六卷　(五代)譚峭撰　清刻本　一冊

320000－1602－0000784　A000002999
二林居集二卷　(清)彭紹升撰　清刻本　一
冊　存一卷(二)

320000－1602－0000785　A000003000
赤雅三卷　(明)鄺露纂　清光緒四年(1878)

刻本　二冊

320000－1602－0000786　A000003006

雲氣占候二卷 （清）汪宗沂撰　**相雨書一卷**
（唐）黃子發撰　清刻本　一冊

320000－1602－0000787　A000003010

小倉山房文集三十五卷 （清）袁枚撰　清刻
本　一冊　存三卷(十三至十五)

320000－1602－0000788　A000003017

讀通鑑論三十卷末一卷 （清）王夫之撰　清
刻本　一冊　存二卷(十七至十八)

320000－1602－0000789　A000003024

篤慎堂爐餘詩稿二卷 （清）金諤撰　清光緒
十一年(1885)刻本　一冊

320000－1602－0000790　A000003027

聊齋志異新評十六卷 （清）蒲松齡撰　（清）
王士正評　（清）但明倫新評　（清）呂湛恩注
清善成堂刻本　十二冊　缺四卷(一至四)

320000－1602－0000791　A000003028

賈誼新書十卷 （漢）賈誼撰　**春秋繁露十七
卷** （漢）董仲舒撰　清光緒十九年(1893)上
海鴻文書局石印本　一冊

320000－1602－0000792　A000003031

三國志辨疑三卷 （清）錢大昭撰　清刻本
一冊

320000－1602－0000793　A000003032

三國紀年表一卷 （清）周嘉猷撰　清刻本
一冊

320000－1602－0000794　A000003042

歷代名臣言行錄二十四卷 （清）朱桓編　清
光緒元年(1875)湖北文源堂刻本　二十七冊
缺六卷(十四、十六上、十九、二十二下至二
十三上、二十四)

320000－1602－0000795　A000003044

南巡盛典一百二十卷 （清）高晉等纂　清光
緒八年(1882)上海點石齋縮印石印本　八冊

320000－1602－0000796　A000003045

宋孫仲益內簡尺牘十卷 （宋）孫覿撰　（宋）

李祖堯注　（清）蔡焯　（清）蔡龍孫增注　清
光緒二十三年(1897)盛氏思惠齋刻本　一冊
存六卷(五至十)

320000－1602－0000797　A000003046

**因寄軒文初集十卷因寄軒文二集六卷因寄軒
文集補遺一卷** （清）管同撰　清光緒五年
(1879)刻九年(1883)合肥張氏補刻本　四冊

320000－1602－0000798　A000003047

**因寄軒文初集十卷因寄軒文二集六卷因寄軒
文集補遺一卷** （清）管同撰　清光緒五年
(1879)刻九年(1883)合肥張氏補刻本　四冊

320000－1602－0000799　A000003048

**因寄軒文初集十卷因寄軒文二集六卷因寄軒
文集補遺一卷** （清）管同撰　清光緒五年
(1879)刻九年(1883)合肥張氏補刻本　四冊

320000－1602－0000800　A000003049

**因寄軒文初集十卷因寄軒文二集六卷因寄軒
文集補遺一卷** （清）管同撰　清光緒五年
(1879)刻九年(1883)合肥張氏補刻本　三冊
缺四卷(初集七至十)

320000－1602－0000801　A000003050

**因寄軒文初集十卷因寄軒文二集六卷因寄軒
文集補遺一卷** （清）管同撰　清光緒五年
(1879)刻九年(1883)合肥張氏補刻本　三冊
缺六卷(初集一至六)

320000－1602－0000802　A000003051

國朝先正事略六十卷 （清）李元度撰　清鉛
印本　七冊　存四十三卷(一至四十三)

320000－1602－0000803　A000003055

說文校定本二卷 （清）朱士端撰　**禁書總目
一卷** （□）□□撰　清光緒咫進齋刻本
一冊

320000－1602－0000804　A000003056

中州金石目四卷補遺一卷 （清）姚晏撰　清
光緒咫進齋刻本　一冊

320000－1602－0000805　A000003059

天聞閣琴譜十六卷首三卷 （清）唐彝銘輯

清光緒刻本　二十一冊　缺三卷(二、八、十三)

320000 – 1602 – 0000806　A000003060
遼史一百十六卷　(元)脫脫等撰　清光緒十四年(1888)上海圖書集成印書局鉛印本　六冊　缺三十三卷(六十二至九十四)

320000 – 1602 – 0000807　A000003061
北齊書五十卷　(唐)李百藥撰　清光緒二十八年(1902)武林竹簡齋石印本　二冊

320000 – 1602 – 0000808　A000003062
舊五代史一百五十卷　(宋)薛居正撰　清光緒二十八年(1902)武林竹簡齋石印本　二冊　存五十二卷(九十九至一百五十)

320000 – 1602 – 0000809　A000003063
北史一百卷　(唐)李延壽撰　清光緒二十八年(1902)武林竹簡齋石印本　七冊　缺十卷(一至十)

320000 – 1602 – 0000810　A000003064
三國志六十五卷　(晉)陳壽撰　(南朝宋)裴松之注　清光緒二十八年(1902)史學會社石印本　三冊　缺二十卷(吳書一至二十)

320000 – 1602 – 0000811　A000003073
評點春秋左傳綱目句解彙雋六卷　(清)韓菼重訂　清李光明莊刻本　六冊

320000 – 1602 – 0000812　A000003074
重訂批點春秋左傳詳節句解三十五卷　(宋)朱申撰　清刻本　二冊　存十三卷(二十三至三十五)

320000 – 1602 – 0000813　A000003075
書目答問不分卷　(清)張之洞撰　清刻本　二冊

320000 – 1602 – 0000814　A000003076
書目答問不分卷　(清)張之洞撰　清刻本　二冊

320000 – 1602 – 0000815　A000003078
書目答問不分卷附校勘記一卷　(清)張之洞撰　趙祖銘校勘　清刻本　二冊

320000 – 1602 – 0000816　A000003080
繡像芙蓉洞全傳十卷四十回　(清)陳遇乾撰　清刻本　六冊　缺四卷(二至五)

320000 – 1602 – 0000817　A000003081
中國魂二卷　梁啟超編　清宣統二年(1910)上海書局石印本　一冊　存一卷(上)

320000 – 1602 – 0000818　A000003084
噴飯集不分卷　(□)□□撰　清光緒三十年(1904)揚州益智社鉛印本　一冊

320000 – 1602 – 0000819　A000003085
唐書直筆四卷　(宋)呂夏卿撰　清光緒二十六年(1900)刻本　二冊

320000 – 1602 – 0000820　A000003088
梁瀛侯先生日省錄三卷　(清)梁文科輯　清光緒六年(1880)刻本　一冊

320000 – 1602 – 0000821　A000003089
周易兼義九卷音義一卷注疏校勘記九卷音義校勘記一卷　(三國魏)王弼　(晉)韓康伯注　(唐)孔穎達正義　清光緒十三年(1887)脈望仙館石印本　一冊

320000 – 1602 – 0000822　A000003090
附釋音尚書注疏二十卷校勘記二十卷　(漢)孔安國傳　(唐)陸德明音義　(唐)孔穎達疏　清光緒十三年(1887)上海脈望仙館石印本　二冊

320000 – 1602 – 0000823　A000003091
附釋音毛詩注疏二十卷校勘記二十卷　(漢)毛亨傳　(漢)鄭玄箋　(唐)陸德明音義　(唐)孔穎達疏　清光緒十三年(1887)上海脈望仙館石印本　四冊

320000 – 1602 – 0000824　A000003092
附釋音周禮注疏四十二卷校勘記四十二卷　(漢)鄭玄注　(唐)陸德明音義　(唐)賈公彥疏　清光緒十三年(1887)上海脈望仙館石印本　三冊

320000 – 1602 – 0000825　A000003093
儀禮疏五十卷校勘記五十卷　(漢)鄭玄注

（唐）陸德明音義　（唐）賈公彥疏　清光緒十
三年(1887)脈望仙館石印本　三冊

320000－1602－0000826　A000003094
附釋音禮記注疏六十三卷校勘記六十三卷
（漢）鄭玄注　（唐）陸德明音義　（唐）孔穎
達疏　清光緒十三年(1887)上海脈望仙館石
印本　五冊　缺十七卷(二十七至四十三)

320000－1602－0000827　A000003095
附釋音春秋左傳注疏六十卷校勘記六十卷
（晉）杜預注　（唐）陸德明音義　（唐）孔穎
達疏　清光緒十三年(1887)上海脈望仙館石
印本　一冊　存十五卷(一至十五)

320000－1602－0000828　A000003096
**監本附音春秋公羊注疏二十八卷校勘記二十
八卷**　（漢）何休注　（唐）陸德明音義　清光
緒十三年(1887)脈望仙館石印本　二冊

320000－1602－0000829　A000003097
監本附音春秋穀梁注疏二十卷校勘記二十卷
　（晉）范甯集解　（唐）陸德明音義　（唐）
楊士勳疏　清光緒十三年(1887)脈望仙館石
印本　一冊

320000－1602－0000830　A000003098
論語注疏解經二十卷校勘記二十卷　（三國
魏）何晏集解　（宋）邢昺疏　**孝經注疏九卷
校勘記九卷**　（唐）李隆基注　（宋）邢昺疏
清光緒十三年(1887)脈望仙館石印本　一冊

320000－1602－0000831　A000003099
爾雅疏十卷校勘記十卷　（晉）郭璞注　（宋）
邢昺校　清光緒十三年(1887)上海脈望仙館
石印本　一冊

320000－1602－0000832　A000003100
孟子注疏解經十四卷校勘記十四卷　（漢）趙
岐注　（宋）孫奭疏　**十三經注疏校勘記識語
四卷**　（清）汪文臺撰　清光緒十三年(1887)
脈望仙館石印本　二冊

320000－1602－0000833　A000003101
儀禮疏五十卷校勘記五十卷　（漢）鄭玄注
（唐）陸德明音義　（唐）賈公彥疏　清光緒十

三年(1887)脈望仙館石印本　一冊　存二十
六卷(二十五至五十)

320000－1602－0000834　A000003102
**監本附音春秋公羊注疏二十八卷校勘記二十
八卷**　（漢）何休注　（唐）陸德明音義　清光
緒十三年(1887)脈望仙館石印本　一冊　缺
十八卷(一至十八)

320000－1602－0000835　A000003105
靈素提要淺注十二卷　（清）陳念祖集注　清
光緒元年(1875)文華堂刻本　六冊

320000－1602－0000836　A000003108
芥子園畫傳初集六卷　（清）王概臨並編　清
光緒十三年(1887)鴻文書局石印本　四冊

320000－1602－0000837　A000003109
芥子園畫傳二集九卷　（清）王概摹　清光緒
十四年(1888)鴻文書局石印本　四冊

320000－1602－0000838　A000003110
芥子園畫傳三集四卷　（清）王概摹　清光緒
十四年(1888)鴻文書局石印本　一冊　存二
卷(三至四)

320000－1602－0000839　A000003111
芥子園畫傳初集六卷　（清）王概臨並編　清
光緒十三年(1887)鴻文書局石印本　一冊
存一卷(四)

320000－1602－0000840　A000003112
芥子園畫傳四集四卷　巢勳摹並編　清光緒
二十三年(1897)碧梧山莊石印本　二冊　存
二卷(二至三)

320000－1602－0000841　A000003114
[正德]武功縣志四卷首一卷　（明）康海纂修
　（清）孫景烈評注　清光緒二十一年(1895)
海昌許氏刻本　一冊

320000－1602－0000842　A000003116
二樵樵者壯遊圖記不分卷　（清）黃璟撰並繪
　清光緒二十二年(1896)點石齋石印本
四冊

320000－1602－0000843　A000003117

東華錄一百九十五卷續二百三十卷　王先謙
編　清光緒十三年(1887)廣百宋齋鉛印本
四冊　存二十二卷(天命朝一至四、天聰朝一
至十、崇德朝一至八)

320000－1602－0000844　A000003118

順治朝東華錄三十六卷　王先謙編　清光緒
年十三年(1887)廣百宋齋鉛印本　四冊

320000－1602－0000845　A000003119

康熙朝東華錄一百十卷　王先謙編　清光緒
年十三年(1887)廣百宋齋鉛印本　十四冊

320000－1602－0000846　A000003121

東華錄三十二卷　(清)蔣良騏編　清刻本
三冊　存十五卷(一至十五)

320000－1602－0000847　A000003123

妙香室叢話十四卷　(清)張培仁輯　清光緒
十年(1884)申報館鉛印本　六冊

320000－1602－0000848　A000003129

同壽錄四卷末一卷　(清)項天瑞撰　清光緒
十八年(1892)刻本　二冊　存二卷(四、末一
卷)

320000－1602－0000849　A000003130

春在堂全書四百八十九卷　(清)俞樾撰　清
光緒二十三年(1897)石印本　三十二冊

320000－1602－0000850　A000003131

春在堂全書四百八十九卷　(清)俞樾撰　清
光緒二十三年(1897)石印本　十一冊　存一
百三十五卷(經二十八至三十五、子一至三十
五、叢六至九之七、樓一至十五、集一至六、外
集一至四、詞一至二、筆一至十、記八至十六、
鈔十一至二十三、三鈔一至二十九)

320000－1602－0000851　A000003133

靜修先生文集十二卷　(元)劉因撰　清光緒
五年(1879)謙德堂刻本　四冊

320000－1602－0000852　A000003134

諸子平議三十五卷　(清)俞樾撰　清刻本
一冊　存一卷(二)

320000－1602－0000853　A000003135

薑露庵雜記六卷　(清)駢蕖道人撰　清鉛印
本　二冊　存三卷(四至六)

320000－1602－0000854　A000003140

皖志便覽六卷　(清)李應珏撰　清光緒官紙
印刷局鉛印本　二冊

320000－1602－0000855　A000003141

東周列國全志二十三卷首一卷　(清)蔡昇評
點　清光緒十九年(1893)澹雅書局刻本　十
三冊　缺十一卷(一、十三至十七、十九至二
十三)

320000－1602－0000856　A000003142

東周列國全志二十三卷　(清)蔡昇評點　清
刻本　一冊　存一卷(二)

320000－1602－0000857　A000003143

參星秘要諏吉便覽不分卷　(清)費淳鑒定
清光緒十四年(1888)兩儀堂刻朱墨套印本
二冊　存(第一葉至第四十葉、第八十三葉至
第一百二十二葉)

320000－1602－0000858　A000003144

尺牘初恍二卷　(□)□□撰　清光緒十二年
(1886)萬選樓刻本　一冊　存一卷(上)

320000－1602－0000859　A000003147

翻譯名義集二十卷　(宋)釋法雲編　清光緒
四年(1878)金陵刻經處刻本　二冊　存七卷
(十四至二十)

320000－1602－0000860　A000003157

爾雅三卷　(晉)郭璞注　(唐)陸德明音義
清光緒二十一年(1895)金陵書局刻本　三冊

320000－1602－0000861　A000003158

爾雅三卷　(晉)郭璞注　(唐)陸德明音義
清光緒二十一年(1895)金陵書局刻本　二冊
存二卷(中下)

320000－1602－0000862　A000003159

江左校士錄不分卷　(□)□□撰　清鉛印本
一冊

320000－1602－0000863　A000003160

三國志六十五卷附考證　(晉)陳壽撰　(南

朝宋)裴松之注　清光緒二十八年(1902)史學會社石印本　一冊　存十三卷(魏志一至十三)

320000－1602－0000864　A000003161
沈文肅公政書七卷首一卷　(清)沈葆楨撰
清光緒六年(1880)吳門節署刻本　四冊　存四卷(一至三、首一卷)

320000－1602－0000865　A000003162
子史精華一百六十卷　(清)吳士玉　(清)吳襄等輯　清宣統元年(1909)集成圖書公司影印本　二冊　存四十三卷(一至二十三、四十五至六十四)

320000－1602－0000866　A000003164
文字蒙求四卷　(清)王筠撰　清光緒十三年(1887)刻本　二冊

320000－1602－0000867　A000003165
文字蒙求四卷　(清)王筠撰　清光緒十三年(1887)刻本　二冊

320000－1602－0000868　A000003166
江上孤忠錄一卷　(清)黃明曦纂　江上遺聞一卷　(清)沈濤撰　李仲達被逮紀略一卷(明)蔡士順撰　荔枝譜一卷　(清)陳鼎撰經書言學指要一卷　(清)楊名時撰　清光緒江陰金武祥刻本　一冊

320000－1602－0000869　A000003173
淵鑑類函四百五十卷　(清)張英等編　清刻本　四冊　存九卷(三百十六至三百二十四)

320000－1602－0000870　A000003175
淵鑑類函四百五十卷目錄四卷　(清)張英等編　清光緒十三年(1887)同文書局石印本三十三冊　缺一百三十九卷(一百十一至一百十九、一百二十九至一百六十一、一百八十三至二百十六、二百五十九至二百六十六、三百〇六至三百十二、四百〇三至四百五十)

320000－1602－0000871　A000003176
皇朝經世文編一百二十卷姓名總目二卷(清)賀長齡輯　清光緒二十五年(1899)上海中西書局石印本　十八冊　存九十二卷(一

至二十、三十一至四十、四十六至六十、六十六至一百十、姓名總目二卷)

320000－1602－0000872　A000003177
皇朝經世文續編一百二十卷　(清)葛士濬輯清光緒二十四年(1898)上海書局石印本十八冊　缺十三卷(七十六至八十八)

320000－1602－0000873　A000003178
皇朝經世文三編八十卷　(清)陳忠倚輯　清光緒二十四年(1898)浙省書局石印本　十二冊　缺二十卷(六至十五、二十一至二十五、五十六至六十)

320000－1602－0000874　A000003179
皇朝經世文三編八十卷　(清)陳忠倚輯　清光緒二十七年(1901)上海書局石印本　十五冊　缺五卷(七十六至八十)

320000－1602－0000875　A000003180
通志二百卷　(宋)鄭樵撰　清光緒二十七年(1901)上海圖書集成局石印本　三十二冊缺八十七卷(一百十四至二百)

320000－1602－0000876　A000003181
文獻通攷三百四十八卷附通攷攷證三卷(元)馬端臨撰　清光緒二十七年(1901)上海圖書集成局石印本　四十四冊

320000－1602－0000877　A000003182
文獻通攷三百四十八卷　(元)馬端臨撰　清鉛印本　一冊　存五十卷(一百九十一至二百四十)

320000－1602－0000878　A000003183
欽定續文獻通攷二百五十卷　(清)嵇璜等纂清光緒二十八年(1902)上海圖書集成書局石印本　三十六冊

320000－1602－0000879　A000003184
三通考輯要三種　湯壽潛編　清鉛印本　二十五冊　缺十四卷(文獻通攷輯要十五至十八,欽定續文獻通攷輯要二至四、七至十一,皇朝文獻通考輯要二十五至二十六)

320000－1602－0000880　A000003186

續詞選二卷附錄一卷　（清）董毅錄　清刻本
　　一冊

320000－1602－0000881　A000003187
幼學歌五卷續一卷　（清）王用臣編　清光緒
十一年（1885）深澤王氏刻本　一冊　存二卷
（一至二）

320000－1602－0000882　A000003188
幼科鐵鏡二卷　（清）夏鼎撰　清宣統元年
（1909）文元書莊石印本　一冊

320000－1602－0000883　A000003189
四水子遺著一卷　（清）錢友泗撰　邠農偶吟
稿一卷　（清）錢炳森撰　清光緒刻本　一冊

320000－1602－0000884　A000003190
四書通疑似一卷　（清）胡垣撰　清光緒刻本
　　一冊

320000－1602－0000885　A000003191
大清律例彙纂大成四十卷附錄五種　（清）刑
部制訂　清光緒二十九年（1903）石印本　三
冊　存五卷（一至五）

320000－1602－0000886　A000003192
權制八卷　陳澹然撰　清光緒二十八年
（1902）徐崇立刻本　三冊　存三卷（一至二、
五）

320000－1602－0000887　A000003193
滄桑豔二卷　丁傳靖填詞　石凌漢正拍　張
士英評點　清光緒三十四年（1908）刻本
一冊

320000－1602－0000888　A000003197
歷代名人小簡二卷　吳曾祺輯　清宣統三年
（1911）商務印書館鉛印本　一冊　存一卷
（下）

320000－1602－0000889　A000003201
顏氏家訓七卷　（北齊）顏之推撰　清汗青簃
刻本　一冊　存二卷（三至四）

320000－1602－0000890　A000003202
屈原賦二十五篇　（清）王仁堪等書　清宣統
元年（1909）商務印書館影印本　一冊

320000－1602－0000891　A000003203
沖虛至德真經八卷　（晉）張湛注　清光緒十
年（1884）長洲蔣鳳藻鐵華館刻本　一冊

320000－1602－0000892　A000003205
唐人說薈十六集一百六十六種　（清）蓮塘居
士（陳世熙）輯　清宣統三年（1911）掃葉山房
石印本　十五冊　缺一集（十五）

320000－1602－0000893　A000003206
唐人百家小說一百〇四卷　（□）□□撰　清
刻本　一冊　存九帙（一至九）

320000－1602－0000894　A000003207
延州筆記四卷　（明）唐觀撰　清光緒十七年
（1891）粟香室刻本　一冊

320000－1602－0000895　A000003208
墨子十六卷篇目考一卷　（清）畢沅校注　清
光緒二十三年（1897）上海圖書集成局鉛印本
二冊

320000－1602－0000896　A000003211
皇朝經世文續編一百二十卷　（清）葛士濬輯
清光緒二十二年（1896）寶善書局石印本
十五冊　存九十卷（一至四十八、五十六至七
十、七十六至八十二、八十九至一百〇八）

320000－1602－0000897　A000003212
皇朝經世文新編三十二卷　（清）麥仲華輯
清石印本　十冊　缺十三卷（一、十八下至十
九、二十三至三十二）

320000－1602－0000898　A000003213
皇朝經世文新編三十二卷　（清）麥仲華輯
清石印本　十一冊　存二十五卷（二至三、六
至九、十部分至十二部分、十三、十八至二十
九部分、三十部分至三十二）

320000－1602－0000899　A000003214
皇朝經世文編一百二十卷姓名總目二卷
（清）賀長齡輯　清石印本　一冊　存五卷
（一百十五至一百十九）

320000－1602－0000900　A000003218
文選五卷首一卷　（南朝梁）蕭統選　（唐）李

善注 （清）胡克家重校 清石印本 一冊
存一卷（四）

320000－1602－0000901 A000003219
陶廬續憶補詠不分卷 金武祥撰 清光緒三
十一年（1905）刻本 一冊

320000－1602－0000902 A000003220
通典二百卷欽定通典考證一卷 （唐）杜佑纂
 清光緒二十七年（1901）上海圖書集成局石
印本 十六冊

320000－1602－0000903 A000003221
通典二百卷欽定通典考證一卷 （唐）杜佑纂
 清光緒二十七年（1901）上海圖書集成局石
印本 一冊 存十二卷（一至十二）

320000－1602－0000904 A000003222
欽定續通典一百五十卷 （清）嵇璜等纂 清
光緒二十七年（1901）上海圖書集成局石印本
 十二冊

320000－1602－0000905 A000003223
皇朝通典一百卷 （清）嵇璜等纂修 清光緒
二十七年（1901）上海圖書集成局石印本 十
二冊

320000－1602－0000906 A000003225
同人集十二卷 （清）冒襄輯 清光緒八年
（1882）水繪園刻本 十一冊 缺一卷（十一）

320000－1602－0000907 A000003226
虛字會通法續編不分卷 徐超編輯 清光緒
三十三年（1907）群學社鉛印本 四冊

320000－1602－0000908 A000003228
初學入門不分卷 （□）□□撰 清光緒九年
（1883）刻本 一冊

320000－1602－0000909 A000003229
新譯庚子中外戰紀二卷 （法國）佛甫愛加來
 （法國）施米儂撰 （清）劉魁翰 （清）程
瞻洛譯述 清光緒二十八年（1902）著易堂鉛
印本 一冊 存一卷（一）

320000－1602－0000910 A000003230
重編留青新集二十四卷 （清）馮善長編 清

光緒十四年（1888）鉛印本 七冊 存十四卷
（一至二、五至十四、二十三至二十四）

320000－1602－0000911 A000003231
重編留青新集二十四卷 （清）馮善長編 清
光緒十四年（1888）鉛印本 四冊 存八卷
（一至二、十四至十五、十七至二十）

320000－1602－0000912 A000003233
東明聞見錄一卷 （明）瞿共美撰 清刻本
一冊

320000－1602－0000913 A000003234
[乾隆]欽定滿洲源流考二十卷首一卷 （清）
麟喜等纂修 清光緒三十年（1904）中西書局
石印本 二冊 存十一卷（一至五、十五至二
十）

320000－1602－0000914 A000003241
聊齋志異新評十六卷 （清）蒲松齡撰 （清）
王士正評 （清）但明倫新評 清光緒七年
（1881）刻朱墨套印本 十冊 存十卷（一至
二、五至六、八至十一、十三、十六）

320000－1602－0000915 A000003242
選雅二十卷 程先甲撰 清光緒二十八年
（1902）千一齋刻本 一冊 存五卷（一至五）

320000－1602－0000916 A000003243
經德堂文集內集四卷外集二卷 （清）龍啟瑞
撰 清光緒四年（1878）京師刻本 三冊

320000－1602－0000917 A000003244
經德堂文別集二卷 （清）龍啟瑞撰 清光緒
四年至七年（1878－1881）京師刻本 一冊

320000－1602－0000918 A000003245
浣月山房詩集五卷 （清）龍啟瑞輯撰 漢南
春柳詞鈔一卷 （清）龍啟瑞輯撰 梅神吟館
詩草一卷 （清）何慧生撰 清光緒四年
（1878）京師刻本 三冊

320000－1602－0000919 A000003246
爾雅經注三卷音釋一卷集證三卷 （晉）郭璞
注 （清）龍啟瑞纂 清光緒四年（1878）京師
刻本 二冊

320000－1602－0000920　A000003247
惜抱軒漢書評點一卷　（清）龍啟瑞纂　清光緒四年(1878)刻本　一冊

320000－1602－0000921　A000003249
原富五卷　（英國）斯密亞丹撰　嚴復譯　清光緒二十八年(1902)南洋公學譯書院鉛印本　七冊　缺一卷(丁下)

320000－1602－0000922　A000003250
原富五卷　（英國）斯密亞丹撰　嚴復譯　清光緒二十八年(1902)南洋公學譯書院鉛印本　一冊　存一卷(丁下)

320000－1602－0000923　A000003251
白喉吹藥方不分卷　（清）馮金鑑勘訂　清鉛印本　一冊

320000－1602－0000924　A000003253
寇忠愍公詩集三卷　（宋）寇準撰　清刻本　一冊　存二卷(中下)

320000－1602－0000925　A000003254
楊嘯邨印集不分卷　（□）□□撰　清宣統元年(1909)西泠印社刻本　二冊

320000－1602－0000926　A000003256
胡文忠公遺集八十六卷首一卷　（清）胡林翼撰　（清）鄭敦謹　（清）曾國荃編　清光緒元年(1875)湖北崇文書局刻本　二十八冊　缺九卷(三十一至三十三、五十七至五十八、六十七至六十八、八十一至八十二)

320000－1602－0000927　A000003257
大清高宗法天隆運至誠先覺體元立極敷文奮武孝慈神聖純皇帝實錄三百卷　（□）□□撰　清鉛印本　十冊　存三十八卷(一百三十四至一百七十一)

320000－1602－0000928　A000003258
張文貞公年譜一卷　丁傳靖編　清光緒三十一年(1905)刻本　一冊

320000－1602－0000929　A000003260
驗方新編十六卷　（清）鮑相璈輯　（清）張紹棠增輯　清光緒七年(1881)合肥味古齋刻本

七冊　缺四卷(五至八)

320000－1602－0000930　A000003261
驗方續編三卷　海山仙館編　清光緒九年(1883)合肥味古齋刻本　二冊

320000－1602－0000931　A000003263
聖駕五幸江南恭錄一卷　（□）□□撰　清宣統二年(1910)泉唐汪氏鉛印本　一冊

320000－1602－0000932　A000003264
客舍偶聞一卷　（清）彭孫貽撰　克復諒山大略一卷　（□）□□撰　拳匪聞見錄一卷　（清）管鶴撰　清宣統二年(1910)泉唐汪氏鉛印本　一冊

320000－1602－0000933　A000003265
韓南溪四種四卷　（清）韓超撰　清宣統二年(1910)泉唐汪氏鉛印本　一冊

320000－1602－0000934　A000003266
漢官答問五卷　（清）陳樹鏞撰　清宣統二年(1910)泉唐汪氏鉛印本　一冊

320000－1602－0000935　A000003267
澳門公牘錄存一卷　（□）□□撰　清宣統二年(1910)泉唐汪氏鉛印本　一冊

320000－1602－0000936　A000003268
蒙古西域諸國錢譜四卷　陳其鑣譯　經典釋文補條例一卷　（清）汪遠孫撰　借閒隨筆一卷　（清）汪遠孫撰　清宣統三年(1911)泉唐汪氏鉛印本　一冊

320000－1602－0000937　A000003272
[光緒]泗虹合志十九卷　（清）方瑞蘭修　（清）江殿颺　（清）許湘甲纂　清光緒十四年(1888)刻本　七冊　缺二卷(十一至十二)

320000－1602－0000938　A000003273
樊山政書二十卷　樊增祥撰　清宣統二年(1910)金陵湯明林聚珍書局鉛印本　十冊

320000－1602－0000939　A000003274
樊山政書二十卷　樊增祥撰　清宣統二年(1910)金陵湯明林聚珍書局鉛印本　三冊　存六卷(十一至十六)

320000 – 1602 – 0000940　A000003275

樊山政書二十卷　樊增祥撰　清宣統二年
(1910)金陵湯明林聚珍書局鉛印本　一冊
存二卷(十三至十四)

320000 – 1602 – 0000941　A000003276

樊山政書二十卷　樊增祥撰　清宣統二年
(1910)金陵湯明林聚珍書局鉛印本　一冊
存二卷(九至十)

320000 – 1602 – 0000942　A000003277

明李文正公年譜七卷　(清)法式善纂輯
(清)唐仲冕增補　清刻本　三冊　存三卷
(一至三)

320000 – 1602 – 0000943　A000003278

楊忠愍公集五卷首一卷末一卷　(明)楊繼盛
撰　清光緒二十三年(1897)湘南書局刻本
一冊　存四卷(一至三、首一卷)

320000 – 1602 – 0000944　A000003279

楊忠愍公集五卷首一卷末一卷　(明)楊繼盛
撰　清光緒二十三年(1897)知服齋刻本　二冊

320000 – 1602 – 0000945　A000003282

清秘述聞十六卷　(清)法式善編　清刻本
一冊　存四卷(十三至十六)

320000 – 1602 – 0000946　A000003283

捧月樓詞二卷　(清)袁通撰　**飲水詞鈔二卷**
(清)納蘭性德撰　清刻本　一冊

320000 – 1602 – 0000947　A000003284

隨園八十壽言六卷　(清)袁枚輯　清刻本
二冊

320000 – 1602 – 0000948　A000003285

飲冰室自由書二卷　梁啟超撰　清光緒二十
八年(1902)清議報館鉛印本　一冊

320000 – 1602 – 0000949　A000003286

誥命不分卷　(□)□□撰　清光緒刻朱墨套
印本　二冊

320000 – 1602 – 0000950　A000003287

南田叢帖五種　惲壽平書　清宣統影印本
五冊

320000 – 1602 – 0000951　A000003289

中西紀事二十四卷　(清)江上蹇叟撰　清光
緒十三年(1887)鉛印本　七冊　缺一卷(二
十四)

320000 – 1602 – 0000952　A000003290

六合內外瑣言二十卷　(清)屠紳編　清光緒
二年(1876)申報館鉛印本　七冊　缺三卷
(七至九)

320000 – 1602 – 0000953　A000003291

小豆棚十六卷　(清)曾衍東撰　清光緒申報
館鉛印本　三冊　存八卷(三至十)

320000 – 1602 – 0000954　A000003293

靖康傳信錄三卷　(宋)李綱撰　**庚申外史二
卷**　(明)權衡撰　清光緒刻本　一冊

320000 – 1602 – 0000955　A000003295

增補醫方一盤珠全集十卷首一卷　(清)洪金
鼎纂　清刻本　一冊

320000 – 1602 – 0000956　A000003296

文選五卷首一卷　(南朝梁)蕭統選　(唐)李
善注　(清)胡克家重校　清光緒十四年
(1888)同文書局石印本　四冊　缺二卷(三、
五)

320000 – 1602 – 0000957　A000003298

文選六十卷　(南朝梁)蕭統選　(唐)李善注
清廣百宋齋刻本　二冊　存十二卷(二十
五至三十、五十五至六十)

320000 – 1602 – 0000958　A000003303

秋水軒詞一卷　(清)莊盤珠撰　清可月樓刻
本　一冊

320000 – 1602 – 0000959　A000003313

吳詩集覽二十卷　(清)吳偉業撰　(清)靳榮
藩輯　清刻本　七冊　存十一卷(五、七至九
上、十一至十六、十八)

320000 – 1602 – 0000960　A000003314

古文翼八卷　(清)唐德宜編　清刻本　四冊
存四卷(二至四、七)

320000 – 1602 – 0000961　A000003323

全謝山文鈔十六卷　（清）全祖望撰　清宣統二年(1910)國學扶輪社鉛印本　八冊

320000－1602－0000962　A000003324
湛淵靜語二卷　（元）白珽撰　（元）周楝編　清光緒二十一年(1895)刻本　一冊

320000－1602－0000963　A000003325
謙齋續集二卷　（清）王尚辰輯　清光緒二十八年(1902)刻本　一冊

320000－1602－0000964　A000003326
中朝故事一卷　（南唐）尉遲偓撰　清光緒刻本　一冊

320000－1602－0000965　A000003327
萬邑西南山石刻記二卷　況周儀撰　清光緒二十九年(1903)刻本　一冊

320000－1602－0000966　A000003328
國語釋地三卷　（清）譚沄撰　清光緒六年(1880)刻本　一冊

320000－1602－0000967　A000003329
圖註八十一難經辨真四卷　（明）張世賢註　清刻本　一冊　存二卷(三至四)

320000－1602－0000968　A000003331
舊約出埃及記註釋不分卷　（英國）翟雅各註　清光緒二十九年(1903)中國聖教書會鉛印本　一冊

320000－1602－0000969　A000003333
大佛頂如來密因修證了義諸菩薩萬行首楞嚴經文句十卷　（唐）釋般刺密諦譯　（明）釋智旭文句　清刻本　一冊　存一卷(七)

320000－1602－0000970　A000003335
相宗八要直解八卷　（唐）釋玄奘譯　（明）釋智旭解　清光緒八年(1883)刻本　一冊　存四卷(五至八)

320000－1602－0000971　A000003336
靈峰蕅益大師宗論十卷　（清）釋成時編　清刻本　一冊　存一卷(七之一至四)

320000－1602－0000972　A000003337
笠翁詞韻四卷　（清）李漁撰　清刻本　一冊

320000－1602－0000973　A000003338
乾道臨安志十五卷首一卷　（宋）周淙纂修　清光緒四年(1878)會稽章氏刻本　一冊

320000－1602－0000974　A000003339
弟子職集解一卷　（清）莊述祖撰　呂子二卷校補　（清）梁玉繩撰　清光緒六年(1880)會稽章氏刻本　一冊

320000－1602－0000975　A000003340
竹汀先生日記鈔三卷　（清）何元錫編　清光緒會稽章氏刻本　一冊

320000－1602－0000976　A000003341
經籍跋文一卷　（清）陳鱣撰　清光緒會稽章氏刻本　一冊

320000－1602－0000977　A000003342
對策六卷　（清）陳鱣撰　清光緒五年(1879)會稽章氏刻本　一冊

320000－1602－0000978　A000003343
拜經樓藏書題跋記五卷附錄一卷　（清）吳壽暘撰　清光緒會稽章氏刻本　三冊

320000－1602－0000979　A000003344
曝書雜記三卷　（清）錢泰吉撰　清光緒會稽章氏刻本　二冊

320000－1602－0000980　A000003345
溉亭述古錄二卷　（清）錢塘撰　清光緒會稽章氏刻本　一冊

320000－1602－0000981　A000003346
志銘廣例二卷　（清）梁玉繩撰　金石例補二卷　（清）郭麐撰　清光緒四年(1878)會稽章氏刻本　一冊

320000－1602－0000982　A000003347
春秋夏正二卷　（清）胡天游撰　清光緒會稽章氏刻本　一冊

320000－1602－0000983　A000003348
家語疏證六卷　（清）孫志祖撰　清光緒會稽章氏刻本　二冊

320000－1602－0000984　A000003349
鐘山札記四卷　（清）盧文弨撰　清光緒會稽

章氏刻本　二冊

320000－1602－0000985　A000003350
知聖道齋讀書跋二卷　（清）彭元瑞撰　清光緒會稽章氏刻本　一冊

320000－1602－0000986　A000003351
平津館鑒藏記書籍三卷補遺一卷續編一卷（清）孫星衍編　清光緒會稽章氏刻本　一冊存三卷(書籍三卷)

320000－1602－0000987　A000003352
小知錄十二卷　（清）陸鳳藻輯　清刻本四冊

320000－1602－0000988　A000003356
宸垣識畧十六卷　（清）吳長元輯　清光緒二年(1876)刻本　二冊　存四卷(一至二、五至六)

320000－1602－0000989　A000003358
續客窗閒話八卷　（清）吳熾昌撰　清刻本四冊

320000－1602－0000990　A000003359
立命舉隅不分卷　（□）□□撰　清光緒二十三年(1987)刻本　一冊

320000－1602－0000991　A000003362
光學二卷　（英國）田大里輯　（美國）金楷理口譯　（清）趙元益筆述　清光緒二十三年(1897)小倉山房石印本　一冊

320000－1602－0000992　A000003365
甯古塔記畧一卷　（清）吳桭臣撰　清漸西村舍刻本　一冊

320000－1602－0000993　A000003366
蜀秀集九卷　惜分陰齋訂　清刻本　一冊存一卷(八)

320000－1602－0000994　A000003367
重訂幼學須知句解四卷　（清）程允升撰（清）錢元龍校　清李光明莊刻本　三冊　缺一卷(一)

320000－1602－0000995　A000003368
重訂幼學須知句解四卷　（清）程允升撰

（清）錢元龍校　清李光明莊刻本　一冊　存一卷(三)

320000－1602－0000996　A000003369
重訂幼學須知句解四卷　（清）程允升撰（清）錢元龍校　清李光明莊刻本　一冊　存一卷(三)

320000－1602－0000997　A000003370
重訂幼學須知句解四卷　（清）程允升撰（清）錢元龍校　清李光明莊刻本　一冊　存一卷(三)

320000－1602－0000998　A000003372
古文觀止十二卷　（清）吳乘權　（清）吳大職輯　清李光明莊刻本　二冊　存四卷(一至二、七至八)

320000－1602－0000999　A000003373
延壽丹方不分卷　（清）錢濤雲校　清李光明莊刻本　一冊

320000－1602－0001000　A000003374
唐詩近體四卷　（清）胡本淵評選　清李光明莊刻本　二冊

320000－1602－0001001　A000003375
繪像正文千家詩二卷　（□）□□撰　清李光明莊刻本　一冊

320000－1602－0001002　A000003376
增補重訂千家詩註解二卷　（清）謝枋得輯（清）王相註　清李光明莊刻本　一冊

320000－1602－0001003　A000003377
易經七卷　（宋）程頤撰　清李光明莊刻本一冊　存一卷(三)

320000－1602－0001004　A000003378
寄傲山房塾課新增幼學故事瓊林四卷首一卷（清）程允升撰　（清）鄒聖脈增補　清李光明莊刻本　四冊

320000－1602－0001005　A000003379
寄傲山房塾課新增幼學故事瓊林四卷首一卷（清）程允升撰　（清）鄒聖脈增補　清李光明莊刻本　二冊　存二卷(二至三)

320000－1602－0001006　A000003380

寄傲山房塾課新增幼學故事瓊林四卷首一卷
（清）程允升撰　（清）鄒聖脈增補　清李光
明莊刻本　一冊　存一卷(二)

320000－1602－0001007　A000003381

龍文鞭影四卷　（明）蕭良有輯　（明）楊臣諍
增訂　（清）李恩綬校　清李光明莊刻本　一
冊　存一卷(一)

320000－1602－0001008　A000003382

龍文鞭影四卷　（明）蕭良有輯　（明）楊臣諍
增訂　（清）李恩綬校　清李光明莊刻本　三
冊　存三卷(一至三)

320000－1602－0001009　A000003383

龍文鞭影四卷　（明）蕭良有輯　（明）楊臣諍
增訂　（清）李恩綬校　清李光明莊刻本　一
冊　存一卷(三)

320000－1602－0001010　A000003384

目耕齋二刻不分卷　（清）徐楷原評　（清）沈
叔眉選　清李光明莊刻本　一冊　存(學庸
一卷,上論一卷、下論部分)

320000－1602－0001011　A000003385

詩經八卷　（□）□□撰　清李光明莊刻本
二冊　存三卷(三至五)

320000－1602－0001012　A000003386

詩經八卷　（□）□□撰　清李光明莊刻本
一冊　存一卷(一)

320000－1602－0001013　A000003387

論語十卷　（宋）朱熹集註　清李光明莊刻本
三冊　缺二卷(六至七)

320000－1602－0001014　A000003388

論語十卷　（宋）朱熹集註　清李光明莊刻本
三冊　缺三卷(八至十)

320000－1602－0001015　A000003389

爾雅蒙求二卷　（□）□□撰　清李光明莊刻
本　一冊　存一卷(下)

320000－1602－0001016　A000003390

東萊博議四卷　（宋）呂祖謙撰　清李光明莊

刻本　一冊　存一卷(三)

320000－1602－0001017　A000003391

評點春秋左傳綱目句解彙雋六卷　（清）韓菼
重訂　清李光明莊刻本　一冊　存一卷(四)

320000－1602－0001018　A000003392

評點春秋左傳綱目句解彙雋六卷　（清）韓菼
重訂　清李光明莊刻本　一冊　存一卷(五)

320000－1602－0001019　A000003393

三字經註解備要一卷　（宋）王應麟撰　（清）
賀興思註解　清李光明莊刻本　一冊

320000－1602－0001020　A000003394

三字經註解備要一卷　（宋）王應麟撰　（清）
賀興思註解　清李光明莊刻本　一冊

320000－1602－0001021　A000003395

三字經註解備要一卷　（宋）王應麟撰　（清）
賀興思註解　清李光明莊刻本　一冊

320000－1602－0001022　A000003396

註釋唐詩三百首二卷　（清）蘅塘退士編　清
李光明莊刻本　一冊　存一卷(上)

320000－1602－0001023　A000003398

註釋唐詩三百首二卷　（清）蘅塘退士編　清
李光明莊刻本　一冊　存一卷(下)

320000－1602－0001024　A000003399

註釋唐詩三百首二卷　（清）蘅塘退士編　清
李光明莊刻本　一冊　存一卷(上)

320000－1602－0001025　A000003400

註釋唐詩三百首二卷　（清）蘅塘退士編　清
李光明莊刻本　一冊　存一卷(上)

320000－1602－0001026　A000003401

註釋唐詩三百首二卷　（清）蘅塘退士編　清
李光明莊刻本　一冊　存一卷(上)

320000－1602－0001027　A000003402

註釋唐詩三百首二卷　（清）蘅塘退士編　清
李光明莊刻本　一冊　存一卷(下)

320000－1602－0001028　A000003403

註釋唐詩三百首二卷　（清）蘅塘退士編　清

李光明莊刻本　一冊　存一卷(下)

320000－1602－0001029　A000003404
註釋唐詩三百首二卷　(清)蘅塘退士編　清
李光明莊刻本　一冊　存一卷(下)

320000－1602－0001030　A000003406
註釋唐詩三百首二卷　(清)蘅塘退士編　清
李光明莊刻本　一冊　存一卷(下)

320000－1602－0001031　A000003407
史鑑節要便讀六卷　(清)鮑東里輯　清李光
明莊刻本　二冊

320000－1602－0001032　A000003408
史鑑節要便讀六卷　(清)鮑東里輯　清李光
明莊刻本　二冊

320000－1602－0001033　A000003409
養蒙鍼度五卷　(清)潘子聲撰　清李光明莊
刻本　二冊　缺一卷(五)

320000－1602－0001034　A000003410
養蒙鍼度五卷　(清)潘子聲撰　清李光明莊
刻本　二冊　缺一卷(五)

320000－1602－0001035　A000003411
史鑑節要便讀六卷　(清)鮑東里輯　清李光
明莊刻本　二冊

320000－1602－0001036　A000003412
字學舉隅不分卷　(清)龍啟瑞撰　清李光明
莊刻本　一冊

320000－1602－0001037　A000003413
選集啓蒙對類指掌不分卷　(清)趙實秋
(清)王曉亭輯　清李光明莊刻本　一冊

320000－1602－0001038　A000003414
國朝繡像千家詩二卷　(清)李光明繪　清李
光明莊刻本　一冊

320000－1602－0001039　A000003415
國朝繡像千家詩二卷　(清)李光明繪　清李
光明莊刻本　一冊

320000－1602－0001040　A000003416
五言千家詩二卷　(清)申屠懷輯　清李光明

莊刻本　一冊　存一卷(上)

320000－1602－0001041　A000003417
重訂幼學須知句解四卷　(清)程允升撰
(清)錢元龍校　清李光明莊刻本　一冊　存
一卷(四)

320000－1602－0001042　A000003418
玉歷鈔傳不分卷　(□)□□撰　清李光明莊
刻本　一冊

320000－1602－0001043　A000003419
增訂二論詳解四卷　(清)劉忠輯　(清)劉懋
(清)劉鐸校　清李光明莊刻本　二冊　存
二卷(二、四)

320000－1602－0001044　A000003420
小題易讀不分卷　(清)史鑑輯　清李光明莊
刻本　二冊

320000－1602－0001045　A000003421
增訂廣日記故事詳註二卷　(清)王相增註
清李光明莊刻本　一冊　存一卷(上)

320000－1602－0001046　A000003422
增註醫宗己任編四種八卷　(清)楊乘六評
(清)王汝謙補註　清光緒十七年(1891)李光
明莊刻本　四冊

320000－1602－0001047　A000003423
古唐詩合解十二卷　(清)王堯衢註　清李光
明莊刻本　三冊　缺五卷(五至九)

320000－1602－0001048　A000003424
古唐詩合解十二卷　(清)王堯衢註　清李光
明莊刻本　一冊　存三卷(五至七)

320000－1602－0001049　A000003425
古唐詩合解十二卷　(清)王堯衢註　清李光
明莊刻本　一冊　存二卷(八至九)

320000－1602－0001050　A000003426
古唐詩合解四卷　(清)王堯衢註　清李光明
莊刻本　一冊

320000－1602－0001051　A000003427
書經增訂旁訓四卷　(宋)蔡沈集傳　清李光
明莊刻本　二冊

320000－1602－0001052　A000003428

百家姓攷略一卷　(清)王相輯　清李光明莊刻本　一冊

320000－1602－0001053　A000003429

百家姓攷略一卷　(清)王相輯　清李光明莊刻本　一冊

320000－1602－0001054　A000003430

提綱釋義一卷　(□)□□撰　清李光明莊刻本　一冊

320000－1602－0001055　A000003431

提綱釋義一卷　(□)□□撰　清李光明莊刻本　一冊

320000－1602－0001056　A000003432

提綱釋義一卷　(□)□□撰　清李光明莊刻本　一冊

320000－1602－0001057　A000003433

提綱釋義一卷　(□)□□撰　清李光明莊刻本　一冊

320000－1602－0001058　A000003434

佩文詩韻釋要五卷　(清)朱重輯　清李光明莊刻本　一冊　存二卷(一至二)

320000－1602－0001059　A000003435

古唐詩合解十二卷　(清)王堯衢註　清李光明莊刻本　三冊　存七卷(三至四、八至十二)

320000－1602－0001060　A000003436

古唐詩合解十二卷　(清)王堯衢註　清李光明莊刻本　一冊　存三卷(五至七)

320000－1602－0001061　A000003437

古唐詩合解十二卷　(清)王堯衢註　清李光明莊刻本　一冊　存二卷(八至九)

320000－1602－0001062　A000003438

古唐詩合解十二卷　(清)王堯衢註　清李光明莊刻本　一冊　存三卷(十至十二)

320000－1602－0001063　A000003439

古唐詩合解十二卷　(清)王堯衢註　清李光明莊刻本　一冊　存三卷(十至十二)

320000－1602－0001064　A000003440

欽定萬年書不分卷　(□)□□撰　清李光明莊刻本　一冊

320000－1602－0001065　A000003441

欽定萬年書不分卷　(□)□□撰　清李光明莊刻本　一冊

320000－1602－0001066　A000003442

新增幼學雜字一卷　(□)□□撰　清李光明莊刻本　一冊

320000－1602－0001067　A000003443

論語不分卷　(□)□□撰　清李光明莊刻本　一冊

320000－1602－0001068　A000003444

千字文不分卷　(□)□□撰　清李光明莊刻本　一冊

320000－1602－0001069　A000003445

論語不分卷　(□)□□撰　清李光明莊刻本　一冊

320000－1602－0001070　A000003446

十三經不分卷　(□)□□撰　清李光明莊刻朱墨套印本　一冊

320000－1602－0001071　A000003447

大學不分卷　(宋)朱熹章句　清李光明莊刻本　一冊

320000－1602－0001072　A000003476

金陵瑣志三種　陳作霖撰　清光緒江寧陳氏刻本　二冊　存二種(鳳麓小志、東城志略)

320000－1602－0001073　A000003477

己丑年大字通書不分卷　(□)□□撰　清光緒十五年(1889)刻朱墨套印本　一冊

320000－1602－0001074　A000003490

清故優貢生詔舉孝廉方正俞君墓表不分卷　(清)翁同龢撰並書　清光緒三十四年(1908)有正書局影印本　一冊

320000－1602－0001075　A000003495

文字發凡四卷　(清)龍志澤編　清光緒三十

年(1904)廣智書局鉛印本　一冊　存二卷
(一至二)

320000－1602－0001076　A000003532

精刊梅伯言全集　(清)梅曾亮撰　清宣統二
年至三年(1910－1911)上海國學扶輪社石印
本　六冊

320000－1602－0001077　A000003533

荆駝逸史五十種　(清)陳湖逸士編　清宣統
三年(1911)中國圖書館石印本　九冊　存十
七種(三朝野紀、東林事略、啟禎兩朝剝復錄、
熹朝忠節死臣列傳、甲申忠佞紀事、甲申紀變
實錄、甲申紀事、北使紀略、汴圍濕襟錄、所知
錄、聖安本紀、孫高陽前後督師略跋、閩游月
記、風倒梧桐記、揚州十日記、庚寅十一月初
五日始安事略、平回紀略)

320000－1602－0001078　A000003534

中國文典不分卷　商務印書館編　清光緒三
十二年(1906)上海商務印書館鉛印本　一冊

320000－1602－0001079　A000003535

施愚山先生全集九十六卷　(清)施閏章撰
施氏家風述略不分卷　(清)施閏章撰　清宣
統三年(1911)國學扶輪社石印本　八冊　存
三十六卷(施愚山先生全集六至十、十六至二
十、二十六至五十,施氏家風述略不分卷)

320000－1602－0001080　A000003541

孝行錄一卷　(清)濮文暹撰　清光緒刻本
一冊

320000－1602－0001081　A000003546

史姓韻編六十四卷　(清)汪輝祖輯　(清)馮
祖憲重校　清光緒上海中西書局石印本
四冊

320000－1602－0001082　A000003555

女四書二卷　(清)王相箋注　清光緒二年
(1876)湯明林書莊刻本　二冊

320000－1602－0001083　A000003557

周書五十卷　(唐)令狐德棻等撰　清光緒二
十八年(1902)石印本　二冊

320000－1602－0001084　A000003573

孫真人千金方衍義三十卷　(清)張璐撰　清
光緒五年(1879)掃葉山房刻本　一冊　存一
卷(二十四)

320000－1602－0001085　A000003584

**彙刻書目初編十卷補編一卷新編一卷續編一
卷**　(清)顧修編　清光緒元年(1875)長洲陳
氏夢園刻本　十冊

320000－1602－0001086　A000003585

彙刻書目二十卷　(清)顧修編　清光緒十五
年(1889)上海福瀛書局刻本　二十冊

320000－1602－0001087　A000003588

欽定篆文六經四書十種　(清)李光地編　清
光緒九年(1883)同文書局石印本　八冊　缺
四種(大學、中庸、論語、春秋)

320000－1602－0001088　A000003589

新評繡像紅樓夢全傳一百二十回　(清)王希
廉評　清光緒三年(1877)刻本　一冊　存紅
樓夢像

320000－1602－0001089　A000003591

岑嘉州集八卷　(唐)岑參撰　清光緒十年
(1884)同文書局石印本　二冊

320000－1602－0001090　A000003596

**大清法規大全不分卷(清光緒二十七年、清宣
統元年)**　(清)政學社編　清宣統石印本
二冊　存十七卷(實業部一至十、吏政部六至
十二)

320000－1602－0001091　A000003597

大清教育新法令十三編　商務印書館編譯所
編　清宣統二年(1910)商務印書館鉛印本
一冊　存五編(九至十三)

320000－1602－0001092　A000003599

大清光緒新法令不分卷　商務印書館編譯所
編　清宣統二年(1910)商務印書館鉛印本
十三冊　缺六冊(二、十、十三至十五、十九)

320000－1602－0001093　A000003600

大清現行刑律案語不分卷　沈家本編　清宣

統三年(1911)鉛印本　二冊　存(名例上下)

320000－1602－0001094　A000003607
石湖詞一卷補遺一卷　(宋)范成大撰　**和石湖詞一卷**　(宋)陳三聘撰　**花外集一卷**　(宋)王沂孫撰　清刻本　一冊

320000－1602－0001095　A000003608
諸史然疑一卷　(清)杭世駿撰　清刻本　一冊

320000－1602－0001096　A000003609
御批通鑑輯覽一百二十卷　(清)傅恒等纂　清光緒十三年(1887)同文書局石印本　十九冊　缺八卷(七至十四)

320000－1602－0001097　A000003610
御批通鑑輯覽一百二十卷　(清)傅恒等纂　清石印本　三冊　存二十三卷(六十二至六十八、九十至九十六、一百十二至一百二十)

320000－1602－0001098　A000003616
神童詩不分卷　(宋)汪洙撰　清光緒金陵文華閣木活字印本　一冊

320000－1602－0001099　A000003617
增註三千字文不分卷　(□)□□撰　清光緒三十一年(1905)章福記書局石印本　一冊

320000－1602－0001100　A000003618
金陵賣書記不分卷　夏貽清撰　清光緒二十八年(1902)開明書店刻本　一冊

320000－1602－0001101　A000003619
官義合賑江寧府屬圩鄉水災收支清冊不分卷　(□)□□撰　清光緒三十四年(1908)南京印書館石印本　一冊

320000－1602－0001102　A000003620
六朝文絜四卷　(清)許槤輯　清光緒十三年(1887)蒲圻但氏刻本　二冊

320000－1602－0001103　A000003621
江寧金石記八卷　(清)嚴觀輯　清宣統二年(1910)江楚編譯書局刻本　二冊

320000－1602－0001104　A000003622
春秋左傳五十卷　(晉)杜預注　(宋)林堯叟

補注　(唐)陸德明音義　清光緒十一年(1885)李光明家刻本　十六冊

320000－1602－0001105　A000003623
十名家文選不分卷　(清)□□編　清刻本　一冊

320000－1602－0001106　A000003624
十四科鄉會程墨文徵大學全集不分卷　(清)仇兆鰲評定　清雲居山房刻本　一冊

320000－1602－0001107　A000003625
說唐小英雄傳二卷　題(清)如蓮居士撰　清刻本　二冊

320000－1602－0001108　A000003626
新刻說唐演義全傳八卷　題(清)如蓮居士編　清刻本　八冊

320000－1602－0001109　A000003627
說唐薛家府傳六卷首二卷　題(清)如蓮居士撰　清刻本　五冊　存三十五回(一至三十五)

320000－1602－0001110　A000003628
[光緒]寶山縣志十四卷首一卷　(清)梁蒲貴　(清)吳康壽修　(清)朱延射　(清)潘履祥纂　清光緒八年(1882)學海書院刻本　六冊　缺二卷(十至十一)

320000－1602－0001111　A000003629
劉河間傷寒六書八集　(金)劉完素撰　(明)吳勉學校　清宣統千頃堂石印本　二冊　缺(宣明論方、傷寒心境)

320000－1602－0001112　A000003630
劉河間傷寒三書二十卷　(金)劉完素撰　(清)程郊倩訂　清宣統千頃堂石印本　二冊

320000－1602－0001113　A000003632
神效催生符不分卷　(□)□□撰　清光緒七年(1881)李光明書莊刻本　一冊

320000－1602－0001114　A000003633
醫方湯頭歌訣不分卷　(清)汪昂撰　清光緒二十三年(1897)寶善堂刻本　一冊

320000－1602－0001115　A000003634

醫方湯頭歌訣不分卷 （清）汪昂撰 清宣統
南京萃文書局刻本 一冊

320000－1602－0001116 A000003636
孔子家語十卷劄記一卷 （三國魏）王肅註
劉世珩劄記 清光緒二十八年(1902)武昌貴
池劉世珩玉海堂刻本 四冊

320000－1602－0001117 A000003637
皇朝通志一百二十六卷 （清）嵇璜等纂修
清光緒二十七年(1901)上海圖書集成局石印
本 十二冊

320000－1602－0001118 A000003638
通志二百卷 （宋）鄭樵撰 清光緒二十七年
(1901)上海圖書集成局石印本 六十冊

320000－1602－0001119 A000003639
桐城吳氏古文讀本十三卷 （清）吳汝綸評選
清光緒三十一年(1905)金匱廉泉鉛印本
四冊

320000－1602－0001120 A000003640
桐城吳氏古文讀本十三卷 （清）吳汝綸評選
清光緒三十一年(1905)金匱廉泉鉛印本
四冊

320000－1602－0001121 A000003641
十三經集字摹本不分卷 （清）彭玉雯輯 清
刻本 六冊 缺（論語、春秋左傳、春秋公羊
傳、春秋穀梁傳、爾雅一）

320000－1602－0001122 A000003642
古文析義十六卷 （清）林雲銘評註 清刻本
十四冊 缺二卷(一至二)

320000－1602－0001123 A000003643
皇朝文獻通考三百卷 （清）嵇璜等纂修 清
光緒二十七年(1901)上海圖書集成局石印本
四十八冊

320000－1602－0001124 A000003644
蘭臺軌範八卷 （清）徐大椿撰 清刻本 二
冊 缺四卷(三至四、七至八)

320000－1602－0001125 A000003645
皇清經解群籍各種一百二十卷 （清）阮元編

清光緒十六年(1890)刻本 一冊 存一卷
(七十一)

320000－1602－0001126 A000003646
[光緒]崇明縣志十八卷 （清）林達泉等修
（清）李聯琇等纂 清光緒七年(1881)刻本
十二冊

320000－1602－0001127 A000003647
京報不分卷 （清）申報館編印 清光緒申報
館鉛印本 十一冊

320000－1602－0001128 A000003648
蘇東坡全集一百十卷 （宋）蘇軾撰 清宣統
元年(1909)石印本 六冊 存十六卷(本傳
一卷,年譜一卷,墓誌銘一卷,東坡集一至四、
八至十、十七至十九、二十三至二十五)

320000－1602－0001129 A000003649
幼學初階二卷 （□）□□撰 清光緒十八年
(1892)福州美華書店木活字印本 一冊 存
一卷(下)

320000－1602－0001130 A000003650
蒙古遊牧記十六卷 （清）張穆撰 清光緒二
十年(1894)上海復古書局石印本 四冊 缺
六卷(三至五、十至十二)

320000－1602－0001131 A000003651
吳篆論語二卷 （清）吳大澂篆書 清光緒十
一年(1885)同文書局石印本 四冊

320000－1602－0001132 A000003652
吳篆論語二卷 （清）吳大澂篆書 清光緒石
印本 四冊

320000－1602－0001133 A000003653
詩韻集成十卷 （清）余照輯 清光緒文瑞樓
石印本 二冊

320000－1602－0001134 A000003655
三家醫案合刻三種 （清）吳金壽輯 醫效秘
傳三卷 （清）葉桂撰 （清）吳金壽校 清光
緒三十三年(1907)上洋海左書局石印本
一冊

320000－1602－0001135 A000003656

明心圖不分卷 （□）□□撰 清宣統二年(1910)上海美華書館鉛印本 一冊

320000－1602－0001136 A000003657

康熙字典十二集總目一卷檢字一卷辨似一卷等韻一卷備考一卷補遺一卷 （清）張玉書等纂 清光緒十三年(1887)上海同文書局石印本 六冊

320000－1602－0001137 A000003658

苔岑集四卷 （□）□□撰 清光緒五年(1879)冶麓山房刻本 四冊

320000－1602－0001138 A000003659

賈比部遺集二卷 （清）賈樹誠撰 清光緒元年(1875)安越堂刻本 一冊

320000－1602－0001139 A000003661

山海經箋疏十八卷 （清）郝懿行箋疏 清光緒十七年(1891)五彩公司石印本 一冊 存二卷(一至二)

320000－1602－0001140 A000003662

劍俠傳一卷續一卷 （清）任熊繪 （清）王齡輯 清光緒十二年(1886)同文書局石印本 一冊

320000－1602－0001141 A000003663

五曹算經五卷 （北周）甄鸞撰 （唐）李淳風等釋 夏侯陽算經三卷 （隋）韓延傳 清光緒二十二年(1896)上海鴻寶齋石印本 一冊

320000－1602－0001142 A000003666

保赤新編二卷 （清）任贊纂 清光緒十九年(1893)聚奎堂刻本 二冊

320000－1602－0001143 A000003667

增注字類標韻六卷 （清）華綱輯 （清）范多珏重訂 清光緒二年(1876)石印本 二冊

320000－1602－0001144 A000003668

編輯外科心法要訣十六卷 （清）吳謙等輯 清刻本 十冊

320000－1602－0001145 A000003669

御纂醫宗金鑑九十卷 （清）吳謙等纂 清掃葉山房刻本 二冊 存二卷(八、十)

320000－1602－0001146 A000003670

五經體注大全 （□）□□撰 清光緒五年(1879)五慈水古草堂石印本 六冊 存十卷(詩經一至五、書經一至三、春秋左傳六至七)

320000－1602－0001147 A000003671

欽定歷代職官表六卷 （清）黃本驥撰 清光緒八年(1882)上海王氏刻本 一冊

320000－1602－0001148 A000003673

世說新語六卷 （南朝宋）劉義慶撰 （南朝梁）劉孝標注 清光緒三年(1877)崇文書局刻本 四冊

320000－1602－0001149 A000003674

新刊繡像評演濟公傳十二卷 （□）□□撰 清光緒三十二年(1906)石印本 八冊

320000－1602－0001150 A000003675

紉齋畫賸不分卷 （清）陳允升繪 清光緒二年(1876)陳氏得古歡室刻本 三冊 缺四十八幅(同一至十六、造一至十六、物一至十六)

320000－1602－0001151 A000003676

說文解字注十五卷附六書音韻表 （清）段玉裁撰 清光緒七年(1881)刻本 九冊 缺八卷(二至三、五、七至十、十二)

320000－1602－0001152 A000003677

江陰李氏得月樓書目摘錄一卷 （明）李鶚翀撰 清光緒十四年(1888)江陰金氏粟香室刻本 一冊

320000－1602－0001153 A000003678

小倉山房詩集三十七卷補遺二卷 （清）袁枚撰 清光緒十九年(1893)上海圖書集成印書局鉛印本 三冊 存二十二卷(十八至三十七、補遺二卷)

320000－1602－0001154 A000003679

隨園詩話補遺十卷 （清）袁枚撰 清光緒十九年(1893)上海圖書集成印書局鉛印本 一冊

320000－1602－0001155 A000003680

小倉山房外集八卷 （清）袁枚撰 袁太史稿

不分卷　（清）袁枚撰　清光緒十九年(1893)
上海圖書集成印書局鉛印本　一冊

320000－1602－0001156　A000003681
隨園詩話十六卷　（清）袁枚撰　清光緒十九
年(1893)上海圖書集成印書局鉛印本　二冊

320000－1602－0001157　A000003682
遏雲閣曲譜不分卷　（清）王錫純輯　清光緒
十九年(1893)著易堂鉛印本　四冊　缺四十
一折(長生殿一至十四、邯鄲夢一至五、南柯
夢一至二、牡丹亭一至九、紫釵記一至二、幽
閨記一至三、水滸記一至二、西廂記一至二、
孽海記一至二)

320000－1602－0001158　A000003683
遏雲閣曲譜不分卷　（清）王錫純輯　清光緒
十九年(1893)著易堂鉛印本　六冊　缺二十
四折(長生殿一至十四、繡襦記一至十)

320000－1602－0001159　A000003684
易經解注傳義辯正四十四卷首二卷末二卷
（清）彭申甫編輯　清光緒十二年(1886)刻本
　十二冊　缺二十二卷(二至三、八至二十
一、三十至三十一、三十六至三十七,末二卷)

320000－1602－0001160　A000003685
百家姓考略不分卷　（清）王相輯　清光緒二
十三年(1897)詞源閣書莊刻本　一冊

320000－1602－0001161　A000003686
蒙師箴言不分卷　方瀏生撰　私塾改良會章
程　上海私塾改良總會編　清光緒商務印書
館鉛印本　一冊

320000－1602－0001162　A000003687
國朝畫微錄三卷附錄一卷　（清）張庚撰　清
光緒十三年(1887)校經山房刻本　一冊

320000－1602－0001163　A000003688
續琉球國志略二卷首一卷　（清）趙新撰　清
光緒八年(1882)刻本　二冊

320000－1602－0001164　A000003689
歷代輿地沿革險要圖說不分卷　楊守敬　饒
敦秩撰　王尚德重繪　清光緒二十四年

(1898)上海文賢閣石印本　一冊

320000－1602－0001165　A000003690
仲升自訂年譜一卷　（清）徐廣縉編　清宣統
二年(1910)鹿邑徐氏鉛印本　一冊

320000－1602－0001166　A000003691
新編五代史平話不分卷　（□）□□撰　清宣
統三年(1911)武進董氏誦芬室影印本　二冊

320000－1602－0001167　A000003692
靈芬館詞不分卷　（清）郭麔撰　清光緒五年
(1879)仁和許增娛園刻本　一冊

320000－1602－0001168　A000003693
蘅夢詞二卷　（清）郭麔撰　清光緒五年
(1879)仁和許增娛園刻本　一冊

320000－1602－0001169　A000003694
浮眉樓詞二卷　（清）郭麔撰　清光緒五年
(1879)仁和許增娛園刻本　一冊

320000－1602－0001170　A000003695
懺餘綺語二卷　（清）郭麔撰　清光緒五年
(1879)仁和許增娛園刻本　一冊

320000－1602－0001171　A000003696
爨餘詞一卷　（清）郭麔撰　清光緒五年
(1879)仁和許增娛園刻本　一冊

320000－1602－0001172　A000003697
蒼崖先生金石例十卷附劄記一卷　（元）潘昂
霄撰　清光緒南陵徐乃昌刻本　二冊

320000－1602－0001173　A000003698
詞林韻釋一卷　（□）□□撰　清光緒二十九
年(1903)南陵徐乃昌刻本　一冊

320000－1602－0001174　A000003699
文誠公集卷首一卷奏議六卷函牘二卷文稿拾
遺一卷詩稿拾遺一卷　（清）袁恒保撰　清宣
統三年(1911)清芬閣鉛印本　一冊　存二卷
(奏議一卷、首一卷)

320000－1602－0001175　A000003700
曾文正公大事記四卷　（清）王定安撰　清光
緒二年(1876)傳忠書局刻本　一冊　缺二卷
(三至四)

320000 – 1602 – 0001176　A000003701

求闕齋日記類鈔二卷　（清）曾國藩撰　（清）
王啟原輯　清光緒二年（1876）傳忠書局刻本
一冊　缺一卷（上）

320000 – 1602 – 0001177　A000003702

曾文正公家訓二卷　（清）曾國藩撰　清光緒
二年（1876）傳忠書局刻本　一冊　存一卷
（下）

320000 – 1602 – 0001178　A000003703

曾文正公詩集三卷　（清）曾國藩撰　清光緒
二年（1876）傳忠書局刻本　二冊

320000 – 1602 – 0001179　A000003704

曾文正公文集三卷　（清）曾國藩撰　清光緒
二年（1876）傳忠書局刻本　一冊　存一卷
（一）

320000 – 1602 – 0001180　A000003705

曾文正公家書十卷　（清）曾國藩撰　清光緒
二年（1876）傳忠書局刻本　六冊　存六卷
（二至四、七至八、十）

320000 – 1602 – 0001181　A000003706

曾文正公年譜十二卷　（清）黎庶昌編　（清）
李瀚章審定　清光緒二年（1876）傳忠書局刻
本　六冊

320000 – 1602 – 0001182　A000003707

求闕齋讀書錄十卷　（清）曾國藩撰　清光緒
二年（1876）傳忠書局刻本　五冊　缺二卷
（一至二）

320000 – 1602 – 0001183　A000003708

曾文正公雜著二卷　（清）曾國藩撰　清光緒
二年（1876）傳忠書局刻本　二冊

320000 – 1602 – 0001184　A000003709

曾文正公批牘六卷　（清）曾國藩撰　清光緒
二年（1876）傳忠書局刻本　五冊　缺一卷
（一）

320000 – 1602 – 0001185　A000003710

曾文正公書劄三十三卷　（清）曾國藩撰　清
光緒二年（1876）傳忠書局刻本　十八冊　缺

九卷（十三、十七至二十二、二十九至三十）

320000 – 1602 – 0001186　A000003711

楹書隅錄五卷續編四卷　（清）楊紹和編　清
光緒二十年（1894）聊城楊以增海源閣刻本
八冊

320000 – 1602 – 0001187　A000003712

吳越春秋十卷補注一卷逸文一卷附劄記一卷
（漢）趙曄撰　（宋）徐天祜音注　清光緒三
十二年（1906）南陵徐乃昌刻本　二冊

320000 – 1602 – 0001188　A000003713

樂府新編陽春白雪前集五卷後集五卷　（元）
楊朝英輯　清光緒三十一年（1905）南陵徐乃
昌刻本　一冊

320000 – 1602 – 0001189　A000003714

述異記二卷　（南朝梁）任昉撰　清光緒三十
年（1904）南陵徐乃昌刻本　一冊

320000 – 1602 – 0001190　A000003715

篋中集一卷附劄記一卷　（唐）元結輯　清光
緒南陵徐乃昌刻本　一冊

320000 – 1602 – 0001191　A000003716

唐女郎魚玄機詩不分卷　（唐）魚玄機撰
清光緒三十一年（1905）南陵徐乃昌刻本
一冊

320000 – 1602 – 0001192　A000003717

寒夜叢談三卷　（清）沈赤然撰　清光緒十一
年（1885）新陽趙氏刻本　一冊

320000 – 1602 – 0001193　A000003718

蕙櫋雜記一卷　（清）嚴元照撰　清光緒十一
年（1885）新陽趙氏刻本　一冊

320000 – 1602 – 0001194　A000003719

雞窗叢話一卷　（清）蔡澄撰　清光緒十二年
（1886）新陽趙氏刻本　一冊

320000 – 1602 – 0001195　A000003721

扁善齋詩存不分卷　（清）鄧嘉緝撰　清光緒
二十七年（1901）江甯鄧氏刻本　一冊

320000 – 1602 – 0001196　A000003722

扁善齋文存三卷　（清）鄧嘉緝撰　清光緒二

十七年(1901)江甯鄧氏刻本　一冊　缺二卷
(中下)

320000－1602－0001197　A000003727
離騷集傳一卷　（宋）錢杲之撰　清光緒三十
年(1904)南陵徐乃昌刻本　一冊

320000－1602－0001198　A000003731
皕宋樓藏書志一百二十卷　（清）陸心源編
清光緒八年(1882)歸安陸心源十萬卷樓刻本
　十六冊　存六十三卷(一至四十八、一百〇
二至一百十六)

320000－1602－0001199　A000003732
皕宋樓藏書志一百二十卷續志四卷　（清）陸
心源編　清光緒八年(1882)歸安陸心源十萬
卷樓刻本　二十六冊

320000－1602－0001200　A000003733
皕宋樓藏書志一百二十卷　（清）陸心源編
清光緒八年(1882)歸安陸心源十萬卷樓刻本
　一冊　存四卷(五至八)

320000－1602－0001201　A000003734
皕宋樓藏書志續志四卷　（清）陸心源編　清
光緒八年(1882)歸安陸心源十萬卷樓刻本
一冊　存二卷(一至二)

320000－1602－0001202　A000003735
阮盦筆記五種八卷　況周儀撰　清光緒三十
三年(1907)白門刻本　二冊

320000－1602－0001203　A000003736
劉氏遺書八卷　（清）劉台拱撰　清光緒十五
年(1889)廣雅書局刻本　二冊

320000－1602－0001204　A000003737
敬竈全書一卷　（□）□□撰　清光緒十五年
(1889)金陵湯明林聚珍書局刻本　一冊

320000－1602－0001205　A000003738
儒林傳稿四卷　（清）阮元撰　清光緒十一年
(1885)張氏榕園刻本　一冊

320000－1602－0001206　A000003739
清瘦閣讀畫十八種十卷　徐文清輯并校刊
清光緒二十六年(1900)刻本　一冊　缺五卷

(六至十)

320000－1602－0001207　A000003740
農桑輯要七卷　（元）司農司撰　蠶事要略一
卷　（清）張行孚撰　清光緒漸西村舍刻本
一冊　缺四卷(一至四)

320000－1602－0001208　A000003741
二申野錄八卷　（清）孫之騄撰　清刻本
四冊

320000－1602－0001209　A000003742
志銘廣例二卷　（清）梁玉繩撰　金石例補二
卷　（清）郭麐撰　清光緒四年(1878)會稽章
氏刻本　一冊

320000－1602－0001210　A000003743
江甯金石待訪目二卷　（清）嚴觀撰　山左南
北朝石刻存目一卷　（清）尹彭壽撰　清光緒
二十二年(1896)刻本　一冊

320000－1602－0001211　A000003744
四洪年譜四卷　（清）洪汝奎編　清宣統元年
(1909)晦木齋刻本　四冊

320000－1602－0001212　A000003745
原富五卷　（英國）斯密亞丹撰　嚴復譯　清
光緒二十八年(1902)南洋公學譯書院刻本
八冊

320000－1602－0001213　A000003746
石臼集前集九卷後集七卷　（宋）邢昉撰　清
光緒十八年(1892)刻本　六冊

320000－1602－0001214　A000003747
雙硯齋筆記五卷　（清）鄧廷楨撰　清光緒刻
本　三冊　缺一卷(五)

320000－1602－0001215　A000003748
張氏適園叢書初集七種　張鈞衡輯　清宣統
三年(1911)上海國學扶輪社鉛印本　二十
四冊

320000－1602－0001216　A000003749
白香詞譜箋四卷　（清）舒夢蘭輯　（清）謝朝
徵箋　清光緒十一年(1885)刻本　二冊

320000－1602－0001217　A000003750

復堂日記八卷 （清）譚獻撰 清光緒十三年(1887)刻本 三冊

320000－1602－0001218 A000003751

篋中詞六卷 （清）譚獻輯 清光緒八年(1882)刻本 二冊

320000－1602－0001219 A000003752

蟄廬遺集一卷 （清）俞文詔撰 清光緒二十一年(1895)婺源俞氏清蔭堂刻本 一冊

320000－1602－0001220 A000003753

代數備旨不分卷總答一卷 （美國）狄考文選譯 （清）鄒立文 （清）生福維筆述 清光緒二十四年(1890)上海美華書館石印本 一冊

320000－1602－0001221 A000003754

墨子閒詁十五卷目錄一卷附錄一卷後語二卷 （清）孫詒讓撰 清宣統二年(1910)瑞安孫氏刻本 二冊 存四卷(十一至十四)

320000－1602－0001222 A000003755

墨子閒詁十五卷目錄一卷附錄一卷後語二卷 （清）孫詒讓撰 清宣統二年(1910)瑞安孫氏刻本 二冊 存四卷(七至十)

320000－1602－0001223 A000003756

香東漫筆二卷 況周頤撰 清光緒刻本 一冊

320000－1602－0001224 A000003757

欽定皇輿西域圖志四十八卷首四卷 （清）傅恒等修 （清）褚廷璋等纂 （清）英廉等續纂修 清光緒十九年(1893)杭州便益書局刻本 十冊 缺六卷(二十至二十四、四十四)

320000－1602－0001225 A000003758

東南紀事十二卷 （清）邵廷采撰 清光緒十年(1884)邵武徐幹刻本 二冊

320000－1602－0001226 A000003759

西南紀事十二卷 （清）邵廷采撰 清光緒十年(1884)邵武徐幹刻本 二冊

320000－1602－0001227 A000003760

東南紀事十二卷 （清）邵廷采撰 清光緒十年(1884)邵武徐幹刻本 二冊

320000－1602－0001228 A000003761

西南紀事十二卷 （清）邵廷采撰 清光緒十年(1884)邵武徐幹刻本 二冊

320000－1602－0001229 A000003762

三字經訓詁一卷 （宋）王應麟纂 （清）王相注 清光緒十年(1884)刻本 一冊

320000－1602－0001230 A000003763

蠻書十卷 （唐）樊綽撰 清光緒漸西村舍刻本 一冊

320000－1602－0001231 A000003764

恩賜廕生同官齒錄不分卷 （□）□□撰 清光緒三十年(1904)刻本 一冊

320000－1602－0001232 A000003765

舊唐書二百卷 （五代）劉昫撰 清石印本 二冊 存二十九卷(四十二至五十、一百五十一至一百七十)

320000－1602－0001233 A000003766

黔語二卷 （清）吳振棫撰 清光緒貴陽陳矩靈峰草堂刻本 一冊

320000－1602－0001234 A000003767

青囊玉尺度金鍼集六卷 （清）舒鳳儀纂圖 （清）段喆撰說 清光緒十六年(1890)徐州道署刻本 六冊

320000－1602－0001235 A000003768

賦學正鵠集釋十一卷 （清）李元度編 清光緒七年(1881)長沙奎光樓刻本 七冊

320000－1602－0001236 A000003769

高常侍集十卷 （唐）高適撰 清光緒十年(1884)同文書局石印本 一冊 存五卷(一至五)

320000－1602－0001237 A000003771

玉堂字彙十四卷 （□）□□撰 清光緒十四年(1888)上海圖書集成印書局鉛印本 一冊 存四卷(一至四)

320000－1602－0001238 A000003772

易經十九卷 （清）阮元編 清光緒二十一年(1895)上海鴻寶齋石印皇清經解分經匯編本

一册　存四卷(一至四)

320000－1602－0001239　A000003773
詩韻集成十卷　(清)余照輯　清李光明莊刻本　三册　缺二卷(一至二)

320000－1602－0001240　A000003774
益幼雜字一卷　(□)□□撰　清李光明莊刻本　一册

320000－1602－0001241　A000003775
益幼雜字一卷　(□)□□撰　清李光明莊刻本　一册

320000－1602－0001242　A000003776
益幼雜字一卷　(□)□□撰　清李光明莊刻本　一册

320000－1602－0001243　A000003778
醫綱提要八卷　(清)李宗源撰　清李光明莊刻本　四册

320000－1602－0001244　A000003779
醫宗備要三卷　(清)田鼎輯　清李光明莊刻本　一册

320000－1602－0001245　A000003780
瘟疫明辨四卷附方一卷　(清)戴天章撰　清李光明莊刻本　一册

320000－1602－0001246　A000003781
小學集注六卷　(明)陳選撰　清光緒金陵書局刻本　二册

320000－1602－0001247　A000003782
殷商貞卜文字攷一卷　羅振玉撰　清宣統二年(1910)玉簡齋石印本　一册

320000－1602－0001248　A000003783
黄文貞公忠節紀略四卷首一卷　(清)柯自遂輯　(清)劉瑞芬重編　清光緒元年(1875)皖上刻本　一册

320000－1602－0001249　A000003784
魏默深文集内集二卷外集八卷　(清)魏源撰　清宣統元年(1909)國學扶輪社鉛印本　五册　缺一卷(外集一)

320000－1602－0001250　A000003785
漸西村舍叢刻目錄二卷　(清)袁昶編　麗澤堂書目一卷　(□)□□撰　經籍舉要一卷　(清)龍啟瑞撰　(清)袁昶增訂　尊經閣募捐藏書章程一卷記典錄一卷　(□)□□撰　中江尊經閣藏書目錄一卷　(清)袁昶編　中江講院建立經誼治事兩齋章程一卷　(清)袁昶撰　清光緒刻本　一册

320000－1602－0001251　A000003786
金陵瑣志五種　陳作霖撰　清光緒江寧陳氏可園刻本　三册　缺二種(運瀆橋道小志、南朝梵刹志)

320000－1602－0001252　A000003787
金陵瑣志五種　陳作霖撰　清光緒江寧陳氏可園刻本　一册　存二種(東城志略、金陵物産風土志)

320000－1602－0001253　A000003790
式敬編五卷　(清)楊景仁撰　清光緒十六年(1890)刻本　二册

320000－1602－0001254　A000003791
賦學正鵠十卷　(清)李元度編　清光緒刻本　一册　存二卷(一至二)

320000－1602－0001255　A000003793
經籍舉要不分卷附家塾課程中江講院添設季課示　(清)龍啟瑞撰　(清)袁昶增訂　清光緒十九年(1893)桐廬袁氏刻漸西村舍叢刻本　一册

320000－1602－0001256　A000003794
皇清經解群籍各種四十卷　(清)阮元編　清光緒二十一年(1895)上海鴻寶齋石印皇清經解分經匯編本　一册　存六卷(十八至二十三)

320000－1602－0001257　A000003795
屑玉叢譚初集六卷　(清)錢徵　蔡爾康輯　清光緒上海申報館鉛印本　五册　缺一卷(二)

320000－1602－0001258　A000003796
屑玉叢譚二集六卷　(清)錢徵　蔡爾康輯

清光緒上海申報館鉛印本　六冊

320000－1602－0001259　A000003797
屑玉叢譚三集六卷　（清）錢徵　蔡爾康輯
清光緒上海申報館鉛印本　五冊　缺一卷
（一）

320000－1602－0001260　A000003798
屑玉叢譚四集六卷　（清）錢徵　蔡爾康輯
清光緒上海申報館鉛印本　五冊　缺一卷
（二）

320000－1602－0001261　A000003799
屑玉叢譚三集六卷　（清）錢徵　蔡爾康輯
清光緒上海申報館鉛印本　二冊　缺三卷
（四至六）

320000－1602－0001262　A000003800
三通考輯要三種七十六卷　湯壽潛編　清光
緒二十五年（1899）圖書集成局鉛印本　三
十冊

320000－1602－0001263　A000003801
江蘇優貢卷光緒庚子科一卷　（清）韓兆鴻撰
　清光緒二十六年（1900）上海著易堂經辦錦
章書局石印本　一冊

320000－1602－0001264　A000003802
江蘇優貢卷光緒庚子科一卷　（清）韓兆鴻撰
　清光緒二十六年（1900）上海著易堂經辦錦
章書局石印本　一冊

320000－1602－0001265　A000003803
江蘇優貢卷光緒庚子科一卷　（清）韓兆鴻撰
　清光緒二十六年（1900）上海著易堂經辦錦
章書局石印本　一冊

320000－1602－0001266　A000003804
江蘇優貢卷光緒庚子科一卷　（清）韓兆鴻撰
　清光緒二十六年（1900）上海著易堂經辦錦
章書局石印本　一冊

320000－1602－0001267　A000003805
江蘇優貢卷光緒庚子科一卷　（清）韓兆鴻撰
　清光緒二十六年（1900）上海著易堂經辦錦
章書局石印本　一冊

320000－1602－0001268　A000003806
江蘇優貢卷光緒庚子科一卷　（清）韓兆鴻撰
　清光緒二十六年（1900）上海著易堂經辦錦
章書局石印本　一冊

320000－1602－0001269　A000003807
江蘇優貢卷光緒庚子科一卷　（清）韓兆鴻撰
　清光緒二十六年（1900）上海著易堂經辦錦
章書局石印本　一冊

320000－1602－0001270　A000003808
江蘇優貢卷光緒庚子科一卷　（清）韓兆鴻撰
　清光緒二十六年（1900）上海著易堂經辦錦
章書局石印本　一冊

320000－1602－0001271　A000003809
江蘇優貢卷光緒庚子科一卷　（清）韓兆鴻撰
　清光緒二十六年（1900）上海著易堂經辦錦
章書局石印本　一冊

320000－1602－0001272　A000003810
江蘇優貢卷光緒庚子科一卷　（清）韓兆鴻撰
　清光緒二十六年（1900）上海著易堂經辦錦
章書局石印本　一冊

320000－1602－0001273　A000003811
江蘇優貢卷光緒庚子科一卷　（清）韓兆鴻撰
　清光緒二十六年（1900）上海著易堂經辦錦
章書局石印本　一冊

320000－1602－0001274　A000003812
江蘇優貢卷光緒庚子科一卷　（清）韓兆鴻撰
　清光緒二十六年（1900）上海著易堂經辦錦
章書局石印本　一冊

320000－1602－0001275　A000003813
江蘇優貢卷光緒庚子科一卷　（清）韓兆鴻撰
　清光緒二十六年（1900）上海著易堂經辦錦
章書局石印本　一冊

320000－1602－0001276　A000003814
江蘇優貢卷光緒庚子科一卷　（清）韓兆鴻撰
　清光緒二十六年（1900）上海著易堂經辦錦
章書局石印本　一冊

320000－1602－0001277　A000003815

江蘇優貢卷光緒庚子科一卷　（清）韓兆鴻撰

　清光緒二十六年（1900）上海著易堂經辦錦
章書局石印本　一冊

320000－1602－0001278　A000003816

江蘇優貢卷光緒庚子科一卷　（清）韓兆鴻撰

　清光緒二十六年（1900）上海著易堂經辦錦
章書局石印本　一冊

320000－1602－0001279　A000003817

江蘇優貢卷光緒庚子科一卷　（清）韓兆鴻撰

　清光緒二十六年（1900）上海著易堂經辦錦
章書局石印本　一冊

320000－1602－0001280　A000003818

江蘇優貢卷光緒庚子科一卷　（清）韓兆鴻撰

　清光緒二十六年（1900）上海著易堂經辦錦
章書局石印本　一冊

320000－1602－0001281　A000003819

江蘇優貢卷光緒庚子科一卷　（清）韓兆鴻撰

　清光緒二十六年（1900）上海著易堂經辦錦
章書局石印本　一冊

320000－1602－0001282　A000003820

江蘇優貢卷光緒庚子科一卷　（清）韓兆鴻撰

　清光緒二十六年（1900）上海著易堂經辦錦
章書局石印本　一冊

320000－1602－0001283　A000003821

江蘇優貢卷光緒庚子科一卷　（清）韓兆鴻撰

　清光緒二十六年（1900）上海著易堂經辦錦
章書局石印本　一冊

320000－1602－0001284　A000003822

爾雅音圖三卷　（晉）郭璞注　（清）姚之麟摹
圖　清光緒十年（1884）上海同文書局石印本
　一冊　缺一卷（下）

320000－1602－0001285　A000003823

槎上老舌一卷　（明）陳衎撰　清光緒上海商
務印書館鉛印本　一冊

320000－1602－0001286　A000003824

增評補像全圖金玉緣一百二十回　（清）曹霑
　（清）高鶚撰　清光緒石印本　存一冊（金

玉緣圖像一冊）

320000－1602－0001287　A000003825

音注小倉山房尺牘八卷　（清）袁枚撰　（清）
胡光斗箋釋　清光緒上海申報館鉛印本　一
冊　缺六卷（三至八）

320000－1602－0001288　A000003826

隨園隨筆二十八卷　（清）袁枚撰　清刻本
六冊　存六卷（三、五至六、八、十一至十二）

320000－1602－0001289　A000003827

日本國志四十卷首一卷　（清）黃遵憲撰　清
光緒二十四年（1898）上海圖書集成印書局鉛
印本　十冊

320000－1602－0001290　A000003828

日本國志四十卷首一卷　（清）黃遵憲撰　清
光緒二十四年（1898）上海圖書集成印書局鉛
印本　一冊　存四卷（十七至二十）

320000－1602－0001291　A000003829

日本國志四十卷首一卷　（清）黃遵憲撰　清
光緒二十四年（1898）上海圖書集成印書局鉛
印本　十冊

320000－1602－0001292　A000003830

高等小學中國歷史教科書二卷　陳懋治編輯
　清光緒上海文明書局鉛印本　一冊　存一
卷（上）

320000－1602－0001293　A000003831

韻學蠡言舉要不分卷　（清）丁顯撰　清光緒
二十六年（1900）刻本　一冊

320000－1602－0001294　A000003832

詩品畫譜不分卷　（清）諸乃方繪　清光緒晚
翠堂石印本　一冊

320000－1602－0001295　A000003833

新刻書經備旨善本輯要六卷　（清）馬大猷輯
　（清）馬寬裕編　清刻本　一冊　存一卷
（四）

320000－1602－0001296　A000003835

儀顧堂題跋十六卷續跋十六卷　（清）陸心源
撰　清光緒十八年（1892）刻本　七冊　存二

十八卷(題跋五至十六、續跋十六卷)

320000－1602－0001297　A000003836
儀顧堂題跋十六卷續跋十六卷　（清）陸心源
撰　清光緒十八年(1892)刻本　四冊　存四
卷(續跋十三至十六)

320000－1602－0001298　A000003837
越諺正續集不分卷　（清）范寅輯　清光緒三
十二年(1906)浙江紹興墨潤堂石印本　存二
冊(智燈難字、楹聯彙編)

320000－1602－0001299　A000003838
平浙紀略十六卷　（清）秦緗業　（清）陳鐘英
撰　清光緒元年(1875)申報館鉛印本　四冊

320000－1602－0001300　A000003839
快心編初集五卷十回二集五卷十回三集六卷
十二回　題(清)天花才子撰　題(清)四橋居
士評點　清光緒元年(1875)申報館鉛印本
三冊

320000－1602－0001301　A000003840
[嘉慶]衛藏通志十六卷首一卷　（清）和琳纂
修　清光緒漸西村舍刻本　七冊　缺一卷
(首一卷)

320000－1602－0001302　A000003841
南北史捃華八卷　（清）周嘉猷輯　清光緒十
年(1884)蕉心室刻本　二冊

320000－1602－0001303　A000003842
竹書紀年統箋十二卷前編一卷雜述一卷
(清)徐文靖輯　清光緒十九年(1893)鴻文書
局石印本　一冊

320000－1602－0001304　A000003843
竹葉亭雜記八卷　（清）姚元之撰　清宣統二
年(1910)掃葉山房石印本　一冊　存四卷
(一至四)

320000－1602－0001305　A000003844
臺灣外記三十卷　（清）江日昇撰　清光緒四
年(1878)申報館鉛印本　六冊

320000－1602－0001306　A000003845
四夢彙譚四卷　（清）吳紹箕撰　清光緒五年

(1879)申報館鉛印本　四冊

320000－1602－0001307　A000003846
志異續編八卷　（清）青城子　（清）浣花生校
編　清光緒三年(1877)申報館鉛印本　八冊

320000－1602－0001308　A000003847
三異筆譚二集四卷　（清）許元仲撰　清光緒
申報館鉛印本　二冊

320000－1602－0001309　A000003848
夢園叢說內篇八卷　（清）方濬頤撰　清光緒
申報館鉛印本　二冊

320000－1602－0001310　A000003849
聖武記十四卷　（清）魏源撰　清光緒四年
(1878)申報館鉛印本　十冊

320000－1602－0001311　A000003850
歷代史略六卷　（□）□□撰　清光緒江楚書
局刻本　七冊　缺一卷(五)

320000－1602－0001312　A000003851
歷代史略六卷　（□）□□撰　清光緒江楚書
局刻本　四冊　存四卷(一、四至六)

320000－1602－0001313　A000003852
元朝秘史十四卷首一卷　（□）□□撰　清光
緒二十九年(1903)史學齋石印本　六冊

320000－1602－0001314　A000003853
新增詩句題解彙編二十二卷　清光緒五年
(1879)京都琉璃廠刻本　二十二冊

320000－1602－0001315　A000003854
綏寇紀略十二卷補遺三卷　（清）吳偉業撰
清光緒三年(1877)申報館鉛印本　八冊

320000－1602－0001316　A000003855
續編綏寇紀略五卷　（清）葉夢珠輯　清光緒
三年(1877)申報館鉛印本　一冊

320000－1602－0001317　A000003857
伊蒿室詩集二卷　（清）王效成撰　清光緒七
年(1881)刻本　一冊

320000－1602－0001318　A000003858
第六絃溪文鈔四卷　（清）黃廷鑑撰　清光緒

十年(1884)虞山後知不足齋刻本　二冊

320000－1602－0001319　A000003859
曾文正公文集三卷　（清）曾國藩撰　清光緒
二年(1876)傳忠書局刻本　三冊

320000－1602－0001320　A000003860
兼山堂奕譜不分卷　（清）徐星友輯　清光緒
六年(1880)刻本　一冊

320000－1602－0001321　A000003862
山海經十八卷篇目考一卷　（晉）郭璞注
（清）畢沅校正　清光緒三年(1877)浙江書局
刻本　一冊　存二卷(一至二)

320000－1602－0001322　A000003863
晚香亭奕譜不分卷　（清）程蘭如編　清光緒
十三年(1887)刻本　一冊

320000－1602－0001323　A000003864
唐人萬首絕句選七卷　（宋）洪邁元本　（清）
王士禎選本　清光緒二十三年(1897)金陵書
局刻本　一冊　存三卷(一至三)

320000－1602－0001324　A000003865
唐人萬首絕句選七卷　（宋）洪邁元本　（清）
王士禎選本　清光緒二十三年(1897)金陵書
局刻本　一冊　存三卷(一至三)

320000－1602－0001325　A000003866
聲調譜說二卷　（清）吳紹澯纂　清光緒十八
年(1892)酉山堂刻本　二冊

320000－1602－0001326　A000003867
端敏公集卷首二卷奏議二十卷函牘二卷
（清）袁甲三撰　清宣統三年(1911)清芬閣鉛
印本　二十四冊

320000－1602－0001327　A000003868
中議公事實紀略一卷　（清）袁保慶撰　清宣
統三年(1911)清芬閣鉛印本　一冊

320000－1602－0001328　A000003869
中議公自乂瑣言二卷　（清）袁保慶撰　清
統三年(1911)清芬閣鉛印本　一冊

320000－1602－0001329　A000003870
文誠公集卷首一卷奏議六卷函牘二卷文稿拾

遺一卷詩稿拾遺一卷　（清）袁恒保撰　清宣
統三年(1911)清芬閣鉛印本　九冊　缺一卷
(奏議五)

320000－1602－0001330　A000003871
閣學公集首一卷公牘十卷書劄四卷錄遺一卷
文稿拾遺一卷詩稿拾遺一卷雪鴻吟社詩鍾二
卷聯語錄存一卷　（清）袁保齡撰　清宣統三
年(1911)清芬閣鉛印本　十六冊

320000－1602－0001331　A000003872
袁氏家書六卷　（清）袁世傳輯　母德錄一卷
　（清）袁世傳　（清）袁世威撰　清宣統三年
(1911)清芬閣鉛印本　四冊

320000－1602－0001332　A000003873
論語集解訓二十篇　王闓運撰　清光緒刻本
　二冊

320000－1602－0001333　A000003875
士禮居藏書題跋記六卷　（清）黃丕烈撰　清
光緒十年(1884)滂喜齋刻本　四冊

320000－1602－0001334　A000003876
梅氏叢書輯要二十三種六十二卷首一卷
（清）梅文鼎撰　（清）梅瑴成輯　清光緒二年
(1876)石印本　六冊

320000－1602－0001335　A000003877
環地福分類字課圖說八卷　趙金壽編　清宣
統二年(1910)普新書局石印本　三冊　存三
卷(一、七至八)

320000－1602－0001336　A000003878
大清宣統新法令不分卷　商務印書館編譯所
編　清宣統元年(1909)商務印書館鉛印本
存二冊(一至二)

320000－1602－0001337　A000003879
揚子法言十三卷　（漢）揚雄撰　文子纘義十
二卷　（元）杜道堅撰　清光緒十九年(1893)
鴻文書局石印本　一冊

320000－1602－0001338　A000003880
黃帝內經素問二十四卷　（唐）啟玄子注
（宋）林億校正　（宋）孫兆重改誤　清光緒十

九年（1893）鴻文書局石印本　一冊

320000－1602－0001339　A000003881

通玄真經十二卷　（唐）徐靈府注　清光緒九
年（1883）長洲蔣氏刻本　四冊

320000－1602－0001340　A000003882

史通通釋二十卷　（清）浦起龍撰　清光緒十
一年（1885）刻本　八冊

320000－1602－0001341　A000003883

聖諭像解二十卷　（清）梁延年編　清光緒石
印本　一冊　存二卷（十至十一）

320000－1602－0001342　A000003884

易說圖解一卷上經一卷下經一卷　（唐）呂嵒
撰　清光緒刻本　二冊

320000－1602－0001343　A000003885

何子清先生遺文二卷附錄一卷　（清）何忠萬
撰　清光緒刻本　一冊　存一卷（附錄一卷）

320000－1602－0001344　A000003886

李光祿公遺集八卷　（清）李國傑輯　清光緒
刻本　一冊　存四卷（一至四）

320000－1602－0001345　A000003887

花間集十卷　（五代）趙崇祚輯　清光緒刻本
　一冊

320000－1602－0001346　A000003888

湘綺樓文集八卷　王闓運撰　清光緒鉛印本
二冊　存四卷（三至六）

320000－1602－0001347　A000003889

古今偽書攷不分卷　（清）姚際恒撰　清光緒
十八年（1892）浙江書局刻本　一冊

320000－1602－0001348　A000003890

黃氏集千家註杜工部詩補遺十卷　（唐）杜甫
撰　（宋）黃鶴補註　集註草堂杜工部詩外集
一卷　（唐）杜甫撰　（宋）蔡夢弼會箋　清光
緒刻本　一冊　存六卷（六至十、外集一卷）

320000－1602－0001349　A000003891

宗聖志二十卷　（清）曾國荃重修　（清）王定
安輯　清光緒十六年（1890）刻本　四冊　存
十三卷（一至十三）

320000－1602－0001350　A000003892

文信國公集二十卷首一卷　（宋）文天祥撰
清光緒二十三年（1897）湘南書局刻本　七冊
存十五卷（一至十一、十五至十七,首一卷）

320000－1602－0001351　A000003893

明宮雜詠二十卷　（清）饒智元撰　清光緒三
十年（1904）刻本　六冊

320000－1602－0001352　A000003894

隨園續同人集不分卷　（清）袁枚撰　清光緒
十九年（1893）鉛印本　一冊

320000－1602－0001353　A000003895

江蘇水利圖說不分卷　（清）李慶雲纂　清宣
統二年（1910）刻本　存一冊（重浚徒陽運河
圖等一冊）

320000－1602－0001354　A000003896

善本書室藏書志四十卷附錄一卷　（清）丁丙
輯　清光緒二十七年（1901）錢塘丁丙刻本
十六冊

320000－1602－0001355　A000003897

海國圖志一百卷　（清）魏源撰　清光緒六年
（1880）邵陽急當務齋刻本　十三冊　存四十
二卷（一至八、二十四至三十一、三十九至四
十五、六十一至六十三、七十六至八十三、八
十八至九十五）

320000－1602－0001356　A000003898

董氏叢書十六種　（清）董金鑑輯　清光緒三
十二年（1906）會稽董氏刻本　十二冊

320000－1602－0001357　A000003899

北洋公牘類纂二十五卷目錄一卷　（清）甘厚
慈輯　清光緒三十三年（1907）京城益森印刷
有限公司鉛印本　十冊　缺十一卷（一至十、
二十）

320000－1602－0001358　A000003900

曾文正公年譜十二卷　（清）黎庶昌編　（清）
李瀚章審定　清光緒二年（1876）傳忠書局刻
本　四冊

320000－1602－0001359　A000003901

三十五舉一卷校勘記一卷　（元）吾丘衍撰
（清）姚覯元校勘　**續三十五舉一卷**　（清）桂
馥撰　**再續三十五舉一卷**　（清）姚晏撰　清
光緒咫進齋刻本　一冊

320000－1602－0001360　A000003902
說文引經考二卷補遺一卷　（清）吳玉搢撰
清光緒咫進齋刻本　一冊

320000－1602－0001361　A000003903
說文檢字二卷補遺一卷　（清）毛謨輯　（清）
姚覯元補輯　清光緒咫進齋刻本　一冊

320000－1602－0001362　A000003904
寒秀草堂筆記四卷　（清）姚衡撰　清光緒咫
進齋刻本　一冊

320000－1602－0001363　A000003905
古今韻攷四卷附記一卷　（清）李因篤撰　**前
徽錄一卷**　（清）姚世錫撰　清光緒咫進齋刻
本　一冊

320000－1602－0001364　A000003906
禮記天算釋一卷　（清）孔廣牧撰　**孝經一卷**
（漢）鄭玄注　（清）嚴可均輯　**爾雅補郭二
卷**　（清）翟灝撰　清光緒咫進齋刻本　一冊

320000－1602－0001365　A000003907
說文新附考六卷　（清）鄭珍撰　**汲古閣說文
訂一卷**　（清）段玉裁撰　清光緒咫進齋刻本
二冊

320000－1602－0001366　A000003908
春秋公羊禮疏十一卷　（清）凌曙撰　**公羊問
答二卷**　（清）凌曙撰　**孝經疑問一卷**　（明）
姚舜牧撰　清光緒咫進齋刻本　三冊

320000－1602－0001367　A000003909
說文答問疏證六卷　（清）薛傳均撰　清光緒
咫進齋刻本　一冊

320000－1602－0001368　A000003910
瘞鶴銘圖考一卷　（清）汪士鋐撰　**蘇齋唐碑
選一卷**　（清）翁方綱撰　**藥言一卷**　（明）姚
舜牧撰　**咽喉脈證通論一卷**　（□）□□撰
清光緒咫進齋刻本　一冊

320000－1602－0001369　A000003911
務民義齋算學不分卷　（清）徐有壬撰　清光
緒咫進齋刻本　一冊

320000－1602－0001370　A000003912
小爾雅疏證五卷　（清）葛其仁撰　清光緒咫
進齋刻本　一冊

320000－1602－0001371　A000003913
銷燬抽燬書目二卷　（清）□□編　**慎疾芻言
一卷**　（清）徐大椿撰　**陽宅辟謬一卷**　（清）
梅漪老人撰　**清聞齋詩存三卷**　（清）周鼎樞
撰　清光緒咫進齋刻本　一冊

320000－1602－0001372　A000003914
違礙書目一卷　（□）□□撰　**四聲等子一卷**
（□）□□撰　清光緒咫進齋刻本　一冊

320000－1602－0001373　A000003915
韓詩遺說二卷　（清）臧庸撰　清光緒二十一
年至二十三年(1895－1897)元和江標湖南使
院刻本　一冊

320000－1602－0001374　A000003916
尚書大傳七卷　（漢）鄭玄注　王闓運補注
清光緒二十一年至二十三年(1895－1897)元
和江標湖南使院刻本　一冊

320000－1602－0001375　A000003917
漢事會最人物志三卷　（清）惠棟輯　清光緒
二十一年至二十三年(1895－1897)元和江標
湖南使院刻本　二冊

320000－1602－0001376　A000003918
急就章皇象本不分卷　（漢）史游撰　**說文解
字索隱一卷補例一卷**　（清）張度撰　清光緒
二十一年至二十三年(1895－1897)元和江標
湖南使院刻本　一冊

320000－1602－0001377　A000003919
菉友臆說一卷附錄一卷　（清）王筠撰　清光
緒二十一年至二十三年(1895－1897)元和江
標湖南使院刻本　一冊

320000－1602－0001378　A000003920
汶民遺文一卷　（清）孫鳳傳撰　欽定四庫全

書總目提要四部類敘一卷 （清）江標輯 清光緒二十一年至二十三年(1895 – 1897)元和江標湖南使院刻本 一冊

320000 – 1602 – 0001379 A000003921

先正讀書訣一卷 （清）周永年輯 清光緒二十一年至二十三年(1895 – 1897)元和江標湖南使院刻本 一冊

320000 – 1602 – 0001380 A000003922

朔方備乘札記一卷 （清）李文田撰 使德日記一卷 （清）李鳳苞撰 清光緒二十一年至二十三年(1895 – 1897)元和江標湖南使院刻本 一冊

320000 – 1602 – 0001381 A000003923

德國議院章程一卷 （清）徐建寅譯 英軺私記一卷 （清）劉錫鴻撰 清光緒二十一年至二十三年(1895 – 1897)元和江標湖南使院刻本 一冊

320000 – 1602 – 0001382 A000003924

積古齋藏器目一卷 （清）阮元撰 平安館藏器目一卷 （清）葉志詵撰 清儀閣藏器目一卷 （清）張庭濟撰 懷米山房藏器目一卷 （清）曹載奎撰 兩罍軒藏器目一卷 （清）吳雲撰 木庵藏器目一卷 （清）程振甲撰 梅花草盫藏器目一卷 （清）丁彥臣撰 簠齋藏器目一卷 （清）陳介祺撰 愙齋藏器目一卷 （清）吳大澂撰 天壤閣雜記一卷 （清）王懿榮撰 清光緒二十一年至二十三年(1895 – 1897)元和江標湖南使院刻本 一冊

320000 – 1602 – 0001383 A000003925

漢鐃歌十八曲集解一卷 （清）譚儀纂 碧城僊館詩鈔八卷 （清）陳文述撰 清光緒二十一年至二十三年(1895 – 1897)元和江標湖南使院刻本 四冊

320000 – 1602 – 0001384 A000003926

聽園西疆雜述詩四卷 （清）蕭雄撰 清光緒二十一年至二十三年(1895 – 1897)元和江標湖南使院刻本 三冊

320000 – 1602 – 0001385 A000003927

瓊州雜事詩一卷 （清）程秉釗撰 匪石山人詩一卷 （清）鈕樹玉撰 衍波詞一卷 （清）孫蓀意撰 清光緒二十一年至二十三年(1895 – 1897)元和江標湖南使院刻本 一冊

320000 – 1602 – 0001386 A000003928

文史通義補編一卷 （清）章學誠撰 清光緒二十一年至二十三年(1895 – 1897)元和江標湖南使院刻本 一冊

320000 – 1602 – 0001387 A000003929

和林金石錄一卷 （清）李文田撰 清光緒二十一年至二十三年(1895 – 1897)元和江標湖南使院刻本 一冊

320000 – 1602 – 0001388 A000003930

前塵夢影錄二卷 （清）徐康撰 清光緒二十一年至二十三年(1895 – 1897)元和江標湖南使院刻本 一冊

320000 – 1602 – 0001389 A000003931

西遊錄注一卷 （元）耶律楚材撰 （清）李文田注 澳大利亞洲新志一卷 吳宗濂 （清）趙元益譯 張憶娘簪華圖卷題詠一卷 （清）江標輯 清光緒二十一年至二十三年(1895 – 1897)元和江標湖南使院刻本 一冊

320000 – 1602 – 0001390 A000003932

國語校文一卷 （清）汪中撰 嘉陰簃藏器目一卷 （清）劉喜海撰 愛吾鼎齋藏器目一卷 （清）李璋煜撰 石泉書屋藏器目一卷 （清）李佐賢撰 雙虞壺齋藏器目一卷 （清）吳式芬撰 清光緒二十一年至二十三年(1895 – 1897)元和江標湖南使院刻本 一冊

320000 – 1602 – 0001391 A000003933

簠齋藏器目第二本一卷 （清）陳介祺撰 選青閣藏器目一卷 王錫棨撰 藏書紀事詩六卷 葉昌熾撰 清光緒二十一年至二十三年(1895 – 1897)元和江標湖南使院刻本 七冊

320000 – 1602 – 0001392 A000003934

沅湘通藝錄八卷附錄二卷 （清）江標輯 清光緒二十一年至二十三年(1895 – 1897)元和江標湖南使院刻本 二冊 存二卷(一至二)

320000 – 1602 – 0001393　A000003935

黃蕘圃先生年譜二卷　（清）江標輯　清光緒
二十一年至二十三年(1895－1897)元和江標
湖南使院刻本　一冊　存一卷(下)

320000 – 1602 – 0001394　A000003936

草書集成五卷　（□）□□輯　清光緒石印本
　二冊　存三卷(一至二、四)

320000 – 1602 – 0001395　A000003937

亭林文集六卷餘集一卷　（清）顧炎武撰　清
光緒刻本　三冊

320000 – 1602 – 0001396　A000003938

亭林文集六卷餘集一卷　（清）顧炎武撰　清
光緒刻本　四冊

320000 – 1602 – 0001397　A000003939

欽定大清會典一百卷首一卷　（□）□□撰
清宣統元年(1909)南洋官書局鉛印本　五冊
　存四十二卷(一至六、十六至四十一、六十
五至七十四)

320000 – 1602 – 0001398　A000003940

欽定大清會典一百卷首一卷　（□）□□撰
清石印本　五冊　缺十一卷(一至十一)

320000 – 1602 – 0001399　A000003941

動物學問答不分卷　（□）□□撰　清光緒三
十一年(1905)蒙學報館鉛印本　一冊

320000 – 1602 – 0001400　A000003942

藝風藏書記八卷　繆荃孫藏並編　清光緒二
十六年至二十七年(1900－1901)刻本　一冊
　存四卷(一至四)

320000 – 1602 – 0001401　A000003943

敕賜焦山定慧寺同戒錄不分卷　（□）□□撰
　清宣統元年(1909)刻本　一冊

320000 – 1602 – 0001402　A000003944

文子纘義十二卷　（元）杜道堅撰　清光緒三
年(1877)浙江書局刻本　二冊

320000 – 1602 – 0001403　A000003945

白下愚園集八卷首一卷　（清）胡光國輯　清
光緒刻本　一冊　存一卷(愚園題詠、愚園楹

聯一卷)

320000 – 1602 – 0001404　A000003946

浙志便覽十卷　（清）李應珏撰　清光緒刻本
　一冊　存一卷(二)

320000 – 1602 – 0001405　A000003947

六逝集六種六卷　梁箊輯　清光緒刻本
二冊

320000 – 1602 – 0001406　A000003948

四書集註闡微直解二十七卷　（明）張居正撰
　清刻本　一冊　存二卷(上論四至五)

320000 – 1602 – 0001407　A000003949

淮南子二十一卷　（漢）高誘注　清光緒二年
(1876)刻本　五冊　缺三卷(十六至十八)

320000 – 1602 – 0001408　A000003950

[光緒]奉化縣志四十卷首一卷　（清）李前泮
修　（清）張美翊纂　清光緒三十二年(1906)
刻本　一冊　存四卷(三十七至四十)

320000 – 1602 – 0001409　A000003951

恪靖侯盾鼻餘瀋不分卷　（清）左宗棠撰　清
光緒八年(1882)刻本　一冊

320000 – 1602 – 0001410　A000003952

憶雲詞甲稿一卷乙稿一卷丙稿一卷丁稿一卷
剩存一卷　（清）項廷紀撰　清光緒十九年
(1893)仁和許增榆園刻本　一冊

320000 – 1602 – 0001411　A000003953

校邠廬抗議二卷　（清）馮桂芬撰　清光緒十
年(1884)刻本　一冊　存一卷(上)

320000 – 1602 – 0001412　A000003954

螢窗異草初編四卷　（清）浩歌子撰　清光緒
申報館鉛印本　四冊

320000 – 1602 – 0001413　A000003955

螢窗異草二編四卷　（清）浩歌子撰　清光緒
申報館鉛印本　四冊

320000 – 1602 – 0001414　A000003956

螢窗異草三編四卷　（清）浩歌子撰　清光緒
申報館鉛印本　四冊

320000－1602－0001415　A000003957

野記四卷　（明）祝允明撰　清光緒申報館鉛印本　二冊

320000－1602－0001416　A000003958

嘯亭雜錄十卷續錄三卷　（清）昭槤撰　清光緒申報館鉛印本　七冊　缺五卷（一至四、九）

320000－1602－0001417　A000003959

女才子十二卷首一卷　題（清）煙水散人撰　清光緒申報館鉛印本　三冊　缺三卷（十至十二）

320000－1602－0001418　A000003960

小家語四卷　（清）海上漠鴻氏撰　清光緒申報館鉛印本　四冊

320000－1602－0001419　A000003961

印雪軒隨筆四卷　（清）三硬蘆圩耕叟撰　清光緒申報館鉛印本　二冊　存二卷（一至二）

320000－1602－0001420　A000003962

道聽塗說十二卷　（清）潘綸恩撰　清光緒申報館鉛印本　六冊

320000－1602－0001421　A000003963

滇南雜志二十四卷　（清）曹樹翹撰　清光緒申報館鉛印本　七冊　缺七卷（七至十一、十五至十六）

320000－1602－0001422　A000003964

寰宇瑣紀十二卷　（□）□□撰　清光緒申報館鉛印本　十一冊　缺一卷（一）

320000－1602－0001423　A000003965

壺天錄三卷　題（清）百一居士撰　清光緒申報館鉛印本　二冊

320000－1602－0001424　A000003966

甲申傳信錄十卷　（清）錢𫓧撰　清光緒申報館鉛印本　四冊

320000－1602－0001425　A000003967

香祖筆記十二卷　（清）王士禎撰　清光緒申報館鉛印本　一冊　存三卷（七至九）

320000－1602－0001426　A000003968

茶餘談薈二卷　題（清）見南山人撰　清光緒申報館鉛印本　二冊

320000－1602－0001427　A000003969

鴻雪軒紀豔四種　（清）藝蘭生輯　清光緒申報館鉛印本　二冊

320000－1602－0001428　A000003970

使琉球記六卷　（清）李鼎元撰　清光緒申報館鉛印本　一冊　存三卷（一至三）

320000－1602－0001429　A000003971

四夢彙譚四種　（清）吳紹箕撰　清光緒申報館鉛印本　二冊　存二卷（筆夢清談一卷、劫夢淚談一卷）

320000－1602－0001430　A000003972

三岡識略十卷　（清）董含撰　清光緒申報館鉛印本　六冊

320000－1602－0001431　A000003973

澆愁集八卷　（清）鄒弢撰　清光緒申報館鉛印本　四冊

320000－1602－0001432　A000003974

春融堂雜記八種　（清）王昶撰　清光緒申報館鉛印本　四冊

320000－1602－0001433　A000003975

粵屑四卷　（清）劉世馨撰　清光緒申報館鉛印本　二冊

320000－1602－0001434　A000003976

鵬砭軒質言四卷　（清）戴蓮芬撰　清光緒申報館鉛印本　二冊

320000－1602－0001435　A000003977

笑史四卷　（清）陳庚撰　（清）沈泰評　清光緒申報館鉛印本　二冊

320000－1602－0001436　A000003978

硯雲甲編八種　（清）金忠淳輯　清光緒申報館鉛印本　三冊　缺二種（都公譚纂、明良記）

320000－1602－0001437　A000003979

硯雲乙編八種　（清）金忠淳輯　清光緒申報館鉛印本　七冊　缺一種（槎上老舌）

320000 – 1602 – 0001438　A000003980

蟫史二十卷　（清）屠紳撰　清光緒申報館鉛印本　六冊

320000 – 1602 – 0001439　A000003981

御定歷代賦彙正集一百四十卷外集二十卷逸句二卷補遺二十二卷目錄二卷　（清）陳元龍輯　清光緒石印本　六冊　存七十卷（七至七十六）

320000 – 1602 – 0001440　A000003982

逸農筆記八卷　（清）黃鴻藻撰　清光緒十四年（1888）退思書屋刻本　二冊　存四卷（一至四）

320000 – 1602 – 0001441　A000003983

大清搢紳全書不分卷　（□）□□撰　清光緒十五年（1889）榮錄堂刻本　存二冊（元、下）

320000 – 1602 – 0001442　A000003984

彊邨詞三卷　朱祖謀撰　清光緒刻本　一冊

320000 – 1602 – 0001443　A000003985

四書集注不分卷　（宋）朱熹撰　清光緒八年（1882）金陵書局刻本　一冊　存（大學、中庸）

320000 – 1602 – 0001444　A000003986

松陽講義十二卷　（清）陸隴其撰　（清）侯銓編　清刻本　一冊　存三卷（一至三）

320000 – 1602 – 0001445　A000003987

洗冤錄摭遺二卷　（清）葛元煦編　清光緒刻本　一冊

320000 – 1602 – 0001446　A000003988

止溪文鈔一卷　（清）朱嘉徵撰　止溪詩集鈔一卷　（清）朱嘉徵撰　容菴存稿鈔一卷（清）許令瑜撰　清光緒十三年（1887）傳卷樓刻本　一冊

320000 – 1602 – 0001447　A000003989

恩賜廕生同官齒錄不分卷　（□）□□撰　清光緒元年（1875）刻本　一冊

320000 – 1602 – 0001448　A000003990

恩賜廕生同官齒錄不分卷　（□）□□撰　清

光緒二十年（1894）刻本　一冊

320000 – 1602 – 0001449　A000003991

九邊圖論一卷　（明）許論撰　［清光緒］知不足齋刻本　一冊

320000 – 1602 – 0001450　A000003992

通玄真經十二卷　（唐）徐靈府注　清光緒九年（1883）長洲蔣氏刻本　一冊

320000 – 1602 – 0001451　A000003993

遂翁自訂年譜一卷　（清）趙昀編　（清）趙繼元等補編　清光緒刻本　一冊

320000 – 1602 – 0001452　A000003994

石墨鐫華八卷　（明）趙崡撰　清光緒八年（1882）刻本　一冊　存三卷（一至三）

320000 – 1602 – 0001453　A000003995

如是我聞四卷　題（清）紀昀撰　清刻本　一冊　存二卷（三至四）

320000 – 1602 – 0001454　A000003996

古經解彙函二十三種　（清）鍾謙鈞等輯　清光緒十四年（1888）石印本　十七冊　缺六種（方言、釋名、廣雅、匡謬正俗、急就篇、玉篇一至十）

320000 – 1602 – 0001455　A000003997

淮南子二十一卷　（漢）高誘撰　清光緒十九年（1893）鴻文書局石印本　一冊

320000 – 1602 – 0001456　A000003998

點石齋叢畫十卷　（清）尊聞閣主人輯　清光緒十一年（1885）點石齋石印本　一冊　存一卷（一）

320000 – 1602 – 0001457　A000003999

四元釋例一卷　（清）易之翰撰　清光緒二十二年（1896）鴻寶齋石印本　一冊

320000 – 1602 – 0001458　A000004000

壽世新編不分卷　（清）萬潛齋編　清光緒十八年（1892）道合山房刻本　存一冊（第一冊）

320000 – 1602 – 0001459　A000004001

三昧局增定課讀鑑略妥註五卷　（明）李廷機撰　清宣統元年（1909）刻本　一冊　存二卷（一至二）

320000 - 1602 - 0001460　A000004002

於越先賢傳一卷　（清）任熊繪　（清）王齡輯
　　清光緒十二年（1886）同文書局石印本
　　一冊

320000 - 1602 - 0001461　A000004003

遲鴻軒詩文續二卷　（清）楊峴撰　清光緒十
九年（1893）刻本　一冊

320000 - 1602 - 0001462　A000004005

附釋音禮記注疏六卷校勘記六卷　（漢）鄭玄
注　（唐）陸德明音義　（唐）孔穎達疏　清光
緒十三年（1887）上海點石齋影印本　一冊
存三卷（一至三）

320000 - 1602 - 0001463　A000004006

明季南略十八卷　（清）計六奇撰　清光緒十
三年（1887）圖書集成印書局鉛印本　一冊
存五卷（一至五）

320000 - 1602 - 0001464　A000004007

金史一百三十五卷　（元）脫脫等撰　清石印
本　一冊　存六卷（一百十六至一百二十一）

320000 - 1602 - 0001465　A000004010

相宗八要直解八卷　（唐）釋玄奘譯　（明）釋
智旭解　清光緒八年（1882）刻本　一冊　存
四卷（一至四）

320000 - 1602 - 0001466　A000004011

延綠簃詩鈔六卷　（清）倭什洪額撰　清光緒十
三年（1887）漢皋刻本　一冊　存三卷（一至三）

320000 - 1602 - 0001467　A000004012

新嘉坡風土記不分卷　（清）李鍾珏撰　清光
緒二十一年（1895）刻本　一冊

320000 - 1602 - 0001468　A000004013

日本華族女學校規則一卷　（日本）宮内省定
　黃薌圃先生年譜二卷　（清）江標編　清光
緒刻本　一冊

320000 - 1602 - 0001469　A000004014

易經一百四十卷　（□）□□撰　清光緒十六
年（1890）刻本　二十冊　缺六十九卷（一至
三十二、五十二至五十七、六十六至七十二、

七十六至八十四、一百十六至一百十八、一百
二十二至一百二十八、一百三十四至一百三
十六、一百三十八、一百四十）

320000 - 1602 - 0001470　A000004015

皇清書經解一百五十九卷　（□）□□撰　清
光緒十六年（1890）刻本　四十六冊　缺二十
四卷（二至三、三十二至三十四、三十七、一百
十二至一百十三、一百十七至一百二十三、一
百二十五至一百二十六上、一百四十至一百
四十三、一百四十八、一百五十五、一百五十
九）

320000 - 1602 - 0001471　A000004016

皇清詩經解一百二十卷　（□）□□撰　清光
緒十六年（1890）刻本　二十九冊　缺二十八
卷（十五至二十四、五十五至六十四、七十五
至八十一、一百十七）

320000 - 1602 - 0001472　A000004017

皇清周禮解五十三卷　（□）□□撰　清光緒
十六年（1890）刻本　十一冊　存二十七卷
（一至二、六至八、十二至十四、二十至二十
四、二十八至三十、三十二、三十四至三十五、
三十九至四十一、四十四至四十七、五十二）

320000 - 1602 - 0001473　A000004018

皇清儀禮解四十七卷　（□）□□撰　清光緒
十六年（1890）刻本　十三冊　缺二卷（四十
六至四十七）

320000 - 1602 - 0001474　A000004019

皇清大戴禮記解二十六卷　（□）□□撰　清
光緒十六年（1890）刻本　八冊

320000 - 1602 - 0001475　A000004020

禮記十六卷　（□）□□撰　清光緒十六年
（1890）刻本　九冊　缺七卷（一至四、十二至
十四）

320000 - 1602 - 0001476　A000004021

皇清春秋解一百十卷　（□）□□撰　清光緒
十六年（1890）刻本　三十七冊

320000 - 1602 - 0001477　A000004022

皇清左傳解二十七卷　（□）□□撰　清光緒

十六年(1890)刻本　十七冊　缺四卷(二十、二十二至二十四)

320000－1602－0001478　A000004023
皇清公羊解二十八卷　(□)□□撰　清光緒十六年(1890)刻本　三冊　存六卷(三至五、二十至二十一、二十七)

320000－1602－0001479　A000004024
皇清論語解四十四卷　(□)□□撰　清光緒十六年(1890)刻本　十四冊　缺八卷(一至七、四十四)

320000－1602－0001480　A000004025
皇清孝經解三卷　(□)□□撰　清光緒十六年(1890)刻本　一冊

320000－1602－0001481　A000004026
皇清爾雅解五十四卷　(□)□□撰　清光緒十六年(1890)刻本　二十冊　缺二十一卷(六至九、二十至二十二、二十九至三十三、三十六至四十、四十二至四十三上、四十九、五十四)

320000－1602－0001482　A000004027
皇清孟子解四十九卷　(□)□□撰　清光緒十六年(1890)刻本　二十冊　缺七卷(三十二至三十四、四十三至四十六上)

320000－1602－0001483　A000004028
皇清經解群籍各種一百二十卷　(清)阮元編　清光緒十六年(1890)刻本　三十七冊　缺六十卷(二十三、三十一至三十五、三十八至四十二、四十七至四十九、六十四至六十六中、七十七下至七十九、八十一至一百二十)

320000－1602－0001484　A000004029
東華錄一百九十五卷續二百三十卷　王先謙編　清光緒十三年(1887)廣百宋齋鉛印本　二十八冊　存一百九十八卷(天命朝一至四、天聰朝一至十、崇德朝一至八、順治朝十八至二十五、康熙朝十五至一百十、乾隆朝十五至二十、九十一至九十五,嘉慶朝一至十、二十一至二十六、四十至五十,道光朝一至三十四)

320000－1602－0001485　A000004030
吳門治驗錄四卷　(清)顧金壽撰　清光緒十二年(1886)刻本　四冊

320000－1602－0001486　A000004031
山海經十八卷篇目考一卷　(晉)郭璞注　(清)畢沅校　清光緒十三年(1887)大同書局石印本　一冊

320000－1602－0001487　A000004032
夏小正一卷　(漢)戴德撰　(清)畢沅攷注
老子道德經考異二卷　(清)畢沅撰　清光緒十三年(1887)大同書局石印本　一冊

320000－1602－0001488　A000004033
墨子十六卷篇目考一卷　(清)畢沅校注　清光緒十三年(1887)大同書局石印本　二冊

320000－1602－0001489　A000004034
晏子春秋七卷音義二卷　(清)孫星衍校　清光緒十三年(1887)大同書局石印本　一冊

320000－1602－0001490　A000004035
呂氏春秋二十六卷附攷一卷　(漢)高誘注　(清)畢沅攷校　清光緒十三年(1887)大同書局石印本　三冊

320000－1602－0001491　A000004036
釋名疏證八卷補遺一卷續釋名一卷　(漢)劉熙撰　(清)畢沅疏證　清光緒十三年(1887)大同書局石印本　一冊

320000－1602－0001492　A000004037
王隱晉書地道記一卷　(晉)王隱撰　(清)畢沅輯　晉太康三年地記一卷　(清)畢沅輯　晉書地理志新補正五卷　(清)畢沅撰　清光緒十三年(1887)大同書局石印本　一冊

320000－1602－0001493　A000004038
三輔黃圖六卷補遺一卷　(清)畢沅校　長安志二十卷　(宋)宋敏求撰　(清)畢沅校　清光緒十三年(1887)大同書局石印本　三冊

320000－1602－0001494　A000004039
易漢學八卷　(清)惠棟撰　說文解字舊音一卷　(清)畢沅輯　清光緒十三年(1887)大同

書局石印本　一冊

320000－1602－0001495　A000004040

明堂大道錄八卷　（清）惠棟撰　**禘說二卷**
（清）惠棟撰　**關中金石記八卷**　（清）畢沅撰
　清光緒十三年(1887)大同書局石印本
三冊

320000－1602－0001496　A000004041

中州金石記五卷　（清）畢沅撰　清光緒十三
年(1887)大同書局石印本　一冊

320000－1602－0001497　A000004042

音同字異一卷　（清）畢沅撰　清光緒十三年
(1887)大同書局石印本　一冊

320000－1602－0001498　A000004043

妙香室叢話十四卷　（清）張培仁輯　清光緒
十年(1884)申報館鉛印本　六冊

320000－1602－0001499　A000004044

妙香室叢話十四卷　（清）張培仁輯　清光緒
十年(1884)申報館鉛印本　二冊　存五卷
(一至三、七至八)

320000－1602－0001500　A000004045

平定粵匪紀略十八卷附記四卷　（清）杜文瀾
撰　清鉛印本　三冊　存十二卷(七至十三、
十八,附記四卷)

320000－1602－0001501　A000004046

香飲樓賓談二卷　（清）陸長春撰　清光緒三
年(1877)鉛印本　一冊

320000－1602－0001502　A000004047

臺灣外記三十卷　（清）江日昇撰　清鉛印本
　一冊　存五卷(二十六至三十)

320000－1602－0001503　A000004048

詳註聊齋志異圖詠十六卷　（清）蒲松齡撰
（清）呂湛恩註　清光緒十二年(1886)同文書
局石印本　五冊　缺六卷(三至四、十一至十
四)

320000－1602－0001504　A000004049

賈誼新書十卷　（漢）賈誼撰　**文中子十卷**
（宋）阮逸註　清光緒十九年(1893)上海鴻文

書局石印本　一冊

320000－1602－0001505　A000004050

南渡錄四卷　（宋）辛棄疾撰　清光緒六年
(1880)刻本　一冊　存三卷(一至三)

320000－1602－0001506　A000004051

小豆棚十六卷　（清）曾衍東撰　清光緒鉛印
本　三冊　存八卷(一至二、十一至十六)

320000－1602－0001507　A000004052

客窗閒話八卷續客窗閒話八卷　（清）吳熾昌
撰　清光緒申報館鉛印本　七冊　缺二卷
(續七至八)

320000－1602－0001508　A000004053

桯史十五卷附錄一卷　（宋）岳珂撰　清光緒
申報館鉛印本　四冊

320000－1602－0001509　A000004054

潛庵漫筆八卷　（清）程畹撰　清光緒申報館
鉛印本　一冊　存四卷(一至四)

320000－1602－0001510　A000004055

風月夢三十二回　題(清)邗上蒙人撰　清光
緒申報館鉛印本　一冊　存八回(一至八)

320000－1602－0001511　A000004056

欽定萬年書不分卷　（□）□□撰　清光緒刻
本　一冊

320000－1602－0001512　A000004057

兩當軒集二十二卷攷異二卷附錄四卷　（清）黃
景仁撰　清光緒刻本　五冊　缺三卷(一至三)

320000－1602－0001513　A000004058

金薤琳琅二十卷補遺一卷　（明）都穆撰
（清）宋振譽補遺　清光緒刻本　二冊　缺九
卷(一至九)

320000－1602－0001514　A000004059

說文凝錦錄一卷　（清）萬光泰撰　**金石略三
卷**　（宋）鄭樵撰　清光緒刻本　二冊

320000－1602－0001515　A000004060

金石續錄四卷　（清）劉青藜撰　清光緒刻本
　一冊

320000－1602－0001516　A000004061

地理辨正再辨直解合編五卷　（清）蔣平階補傳　清刻本　一冊　存一卷(三)

320000－1602－0001517　A000004062

地理辨正五卷　（清）蔣平階補傳　清刻本　一冊　存二卷(四至五)

320000－1602－0001518　A000004063

大雲山房十二章圖說二卷　（清）惲敬撰　大雲山房雜記二卷　（清）惲敬撰　棠湖詩稿一卷　（宋）岳珂撰　春草堂遺稿一卷　（清）姚陽元撰　清光緒咫進齋刻本　一冊

320000－1602－0001519　A000004064

書法離鉤十卷　（明）潘之淙撰　清刻本　一冊　存六卷(五至十)

320000－1602－0001520　A000004065

順治丙戌搢紳錄略一卷　易順鼎編　清琴志樓刻本　一冊

320000－1602－0001521　A000004066

鑑史輯要圖說不分卷　（清）萬卓志繪　清光緒三十三年(1907)石印本　一冊

320000－1602－0001522　A000004067

人心交與上帝不分卷　（□）□□撰　清光緒二十九年(1903)廣學會鉛印本　一冊

320000－1602－0001523　A000004068

烏石山房詩存十二卷　（清）龔易圖撰　清光緒九年(1883)雙駿園刻本　四冊

320000－1602－0001524　A000004069

雙白燕堂外集八卷　（清）陸耀遹撰　清光緒四年(1878)刻本　二冊　存六卷(一至四、七至八)

320000－1602－0001525　A000004070

古唐詩合解十二卷　（清）王堯衢註　清光緒十二年(1886)紫文閣刻本　四冊　缺四卷(五至六、十一至十二)

320000－1602－0001526　A000004071

字說一卷　（清）吳大澂撰　清光緒十四年(1888)刻本　一冊

320000－1602－0001527　A000004072

黃孄餘話八卷　（清）陳錫路撰　清光緒二年(1876)刻本　一冊　存四卷(一至四)

320000－1602－0001528　A000004073

陰騭界報圖注不分卷　（清）彭啟豐編　清光緒十七年(1891)石印本　一冊

320000－1602－0001529　A000004074

古唐詩合解十二卷　（清）王堯衢註　清光緒九年(1883)刻本　三冊　存八卷(一至二、五至七、十至十二)

320000－1602－0001530　A000004075

汗簡七卷目錄一卷　（宋）郭忠恕撰　清光緒十一年(1885)刻本　二冊

320000－1602－0001531　A000004076

古唐詩合解十二卷　（清）王堯衢註　清刻本　五冊　缺二卷(一至二)

320000－1602－0001532　A000004077

古唐詩合解四卷　（清）王堯衢註　清刻本　二冊

320000－1602－0001533　A000004078

來雲閣詩六卷　（清）金和撰　清光緒二十一年(1895)丹陽束氏刻本　二冊

320000－1602－0001534　A000004079

古唐詩合解四卷　（清）王堯衢註　清刻本　一冊　存二卷(一至二)

320000－1602－0001535　A000004080

古唐詩合解四卷　（清）王堯衢註　清刻本　一冊

320000－1602－0001536　A000004081

古唐詩合解十二卷　（清）王堯衢註　清刻本　一冊　存二卷(十一至十二)

320000－1602－0001537　A000004082

古唐詩合解十二卷　（清）王堯衢註　清刻本　一冊　存三卷(六至八)

320000－1602－0001538　A000004083

策學備纂三十二卷目錄三十二卷首一卷　（清）吳潁炎等纂　清光緒二十年(1894)點石齋石印本　一冊　存五卷(目錄一至四、首一卷)

320000 - 1602 - 0001539　A000004084

漢西域圖考七卷首一卷　（清）李光廷撰　清光緒十九年(1893)寶善書局石印本　一冊　存一卷(首)

320000 - 1602 - 0001540　A000004085

[道光]欽定新疆識略十二卷首一卷　（清）松筠纂修　清光緒石印本　六冊　存六卷(一至二、九至十二)

320000 - 1602 - 0001541　A000004086

西域水道記五卷　（清）徐松撰　清石印本　三冊　存三卷(三至五)

320000 - 1602 - 0001542　A000004087

增訂四書備旨十卷　（明）鄧林撰　（清）杜定基增訂　清光緒七年(1881)刻本　一冊　存一卷(一)

320000 - 1602 - 0001543　A000004088

琴清閣詞一卷　（清）楊芸撰　生香館詞一卷　（清）李佩金撰　衍波詞一卷　（清）孫蓀意撰　芭香詞一卷　（清）顧翎羽撰　清光緒刻本　一冊

320000 - 1602 - 0001544　A000004089

唐陸宣公制誥十卷　（唐）陸贄撰　清光緒十一年(1885)淮南書局刻本　一冊

320000 - 1602 - 0001545　A000004090

論語十卷　（三國魏）何晏集解　清光緒八年(1882)影刻本　二冊

320000 - 1602 - 0001546　A000004091

鏡花水月八卷　題(清)夐東羽衣客撰　清光緒申報館鉛印本　一冊　存二卷(一至二)

320000 - 1602 - 0001547　A000004092

尸子二卷存疑一卷　（清）汪繼培輯　莊子十卷　（晉）郭象注　（唐）陸德明音義　清光緒十九年(1893)鴻文書局石印本　一冊

320000 - 1602 - 0001548　A000004093

江左校士錄不分卷　（清）黃體芳輯　清光緒刻本　一冊

320000 - 1602 - 0001549　A000004094

士禮居藏書題跋記六卷　（清）黃丕烈撰　清光緒鉛印本　二冊

320000 - 1602 - 0001550　A000004095

清河書畫舫十二卷　（明）張丑撰　清光緒元年(1875)刻本　十二冊

320000 - 1602 - 0001551　A000004097

附釋音尚書注疏二十卷校勘記二十卷　（漢）孔安國傳　（唐）陸德明音義　（唐）孔穎達疏　清光緒十三年(1887)上海脈望仙館石印本　二冊

320000 - 1602 - 0001552　A000004098

江左書林書目不分卷　（清）江左書林編　清光緒十二年(1886)上海江左書林刻本　一冊

320000 - 1602 - 0001553　A000004099

益幼雜字一卷　（□）□□撰　清刻本　一冊

320000 - 1602 - 0001554　A000004100

三字經不分卷　（□）□□撰　清聚珍書局刻本　一冊

320000 - 1602 - 0001555　A000004101

三字經不分卷　（□）□□撰　清聚珍書局刻本　一冊

320000 - 1602 - 0001556　A000004102

三字經不分卷　（□）□□撰　清聚珍書局刻本　一冊

320000 - 1602 - 0001557　A000004103

繪像正文千家詩二卷　（□）□□撰　清聚珍書局刻本　一冊

320000 - 1602 - 0001558　A000004104

奇門遁甲統宗十二卷　（三國蜀）諸葛亮撰　清刻本　三冊　存六卷(七至十二)

320000 - 1602 - 0001559　A000004105

鑑略四字書不分卷　（清）王仕雲撰　清李光明莊刻本　一冊

320000 - 1602 - 0001560　A000004106

經籍纂詁一百〇六卷首一卷　（清）阮元譔集　清光緒六年(1880)淮南書局補刻本　四十八冊

320000－1602－0001561　A000004107

文中子中說十卷　（宋）阮逸註　山海經十八卷　（晉）郭璞傳　（清）畢沅校　清光緒十九年(1893)鴻文書局石印本　一冊

320000－1602－0001562　A000004108

文中子中說十卷　（宋）阮逸註　清光緒二十三年(1897)圖書集成局石印本　一冊

320000－1602－0001563　A000004109

左傳紀事本末五十三卷　（清）高士奇撰　清光緒二十四年(1898)文瀾書局石印本　一冊　存九卷(四十五至五十三)

320000－1602－0001564　A000004110

西夏紀事本末三十六卷首二卷　（清）張鑑撰　清光緒二十四年(1898)文瀾書局石印本　二冊

320000－1602－0001565　A000004111

元史紀事本末二十七卷　（明）陳邦瞻編　（明）張溥論正　清光緒二十四年(1898)文瀾書局石印本　二冊

320000－1602－0001566　A000004112

三藩紀事本末二十二卷　（清）楊陸榮撰　清光緒二十四年(1898)文瀾書局石印本　一冊

320000－1602－0001567　A000004113

中東戰紀本末八卷　蔡爾康編　清光緒廣學會鉛印本　七冊　缺一卷(一)

320000－1602－0001568　A000004114

第五才子書水滸傳七十五卷七十回　（元）施耐庵撰　（清）金聖歎評　清刻本　十六冊　缺四卷(八至十一)

320000－1602－0001569　A000004116

名賢手札不分卷　（清）郭慶藩輯　清光緒十一年(1885)同文書局石印本　四冊

320000－1602－0001570　A000004117

徐霞客游記十卷補編一卷　（明）徐宏祖撰　（清）葉廷甲補編　清光緒三十四年(1908)集成圖書公司鉛印本　八冊

320000－1602－0001571　A000004118

南天痕二十六卷附錄一卷　（清）凌雪纂修　清宣統二年(1910)復古社鉛印本　六冊

320000－1602－0001572　A000004119

藏書紀事詩六卷　葉昌熾撰　清光緒二十三年(1897)長沙學使署刻本　六冊

320000－1602－0001573　A000004121

書目答問不分卷　（清）張之洞撰　清光緒元年(1875)刻本　一冊

320000－1602－0001574　A000004122

振綺堂叢書二集十二種　（清）汪康年輯　清光緒二十年(1894)泉唐汪氏振綺堂刻本　八冊

320000－1602－0001575　A000004123

鐵琴銅劍樓藏宋元本書目四卷　（清）瞿鏞編　清光緒二十三年(1897)元和江氏刻本　二冊

320000－1602－0001576　A000004124

豐順丁氏持靜齋書目五卷　（清）丁日昌藏並編　清光緒二十一年(1895)元和江氏刻本　一冊

320000－1602－0001577　A000004125

海源閣藏書目不分卷　（清）楊以增藏　（清）楊紹和編　清光緒十四年(1888)元和江氏刻本　一冊

320000－1602－0001578　A000004131

在官法戒錄四卷　（清）陳宏謀編　清刻本　一冊

320000－1602－0001579　A000004132

漁洋山人自撰年譜二卷附錄一卷　（清）王士禎撰　（清）惠棟註補　清紅豆齋刻本　一冊

320000－1602－0001580　A000004135

瀛環志略十卷續集四卷末一卷　（清）徐繼畬撰　清光緒二十八年(1902)點石齋石印本　八冊

320000－1602－0001581　A000004136

續金瓶梅十卷六十四回　（清）丁耀亢撰　清木活字印本　二冊　存二卷(七至八)

320000－1602－0001582　A000004138

夢筆生花四編三十二卷　（清）繆艮輯　清光
緒二十年(1894)積山書局石印本　四冊　缺
八卷(第四編一至八)

320000－1602－0001583　A000004139

寄傲山房塾課纂輯春秋備旨十二卷　（清）鄒
聖脈纂輯　清鉛印本　一冊　存四卷(九至
十二)

320000－1602－0001584　A000004140

增廣便讀昔時賢文不分卷　（□）□□□撰　清
李光明莊刻本　一冊

320000－1602－0001585　A000004141

歷代鐘鼎彝器款識法帖二十卷札記一卷
（宋）薛尚功輯　清光緒二十九年(1903)刻本
四冊

320000－1602－0001586　A000004143

十竹齋書畫譜八種　（清）胡正言輯並繪　清
光緒五年(1879)刻彩色套印本　八冊

320000－1602－0001587　A000004144

雨邨小景不分卷　（日本）雨邨繪　清光緒十
四年(1888)刻本　一冊

320000－1602－0001588　A000004145

江蘇教育總會文牘三編不分卷　江蘇教育總
會編　清光緒三十四年(1908)中國圖書公司
鉛印本　一冊

320000－1602－0001589　A000004146

金陵雜誌不分卷　徐炎森編　清宣統二年
(1910)南洋勸業會鉛印本　一冊

320000－1602－0001590　A000004147

來生福彈詞三十六回　題（清）橘中逸叟編
清刻本　八冊　存十二回(十至十四、十八至
十九、二十一至二十二、二十四、三十一至三
十二)

320000－1602－0001591　A000004148

三字經訓詁一卷　（宋）王應麟纂　（清）王相
注　清刻本　一冊

320000－1602－0001592　A000004149

儒門事親十五卷　（金）張子和撰　清千頃堂
書局鉛印本　六冊

320000－1602－0001593　A000004150

四大奇書第一種五十一卷百二十回　（明）羅
貫中撰　（清）毛宗崗　（清）金聖歎評　清刻
本　十三冊　缺二十卷(十一至十三、十七、
十九、二十七至三十五、四十至四十五)

320000－1602－0001594　A000004151

重訂幼學須知句解四卷　（清）程允升撰
（清）錢元龍校　清刻本　一冊　存一卷(三)

320000－1602－0001595　A000004152

東華錄三十二卷　（清）蔣良騏編　清刻本
十冊　存二十二卷(四至十一、十四至二十
三、二十六至二十九)

320000－1602－0001596　A000004153

經籍纂詁五卷首一卷　（清）阮元譔集　清石
印本　五冊

320000－1602－0001597　A000004154

洗冤錄詳義四卷　（清）許槤輯　清刻本　一
冊　存一卷(一)

320000－1602－0001598　A000004155

古文釋義新編八卷　（清）余誠評註　清鉛印
本　二冊

320000－1602－0001599　A000004156

增像全圖三國演義十六卷首一卷一百二十回
（明）羅貫中撰　（清）毛宗崗評　清天寶書
局石印本　四冊　存九卷(一至八、首一卷)

320000－1602－0001600　A000004157

稼軒長短句十二卷　（宋）辛棄疾撰　花外集
一卷　（宋）王沂孫撰　清四印齋刻本　一冊
缺六卷(稼軒長短句一至六)

320000－1602－0001601　A000004158

桂月樓重訂古文釋義新編八卷　（清）余誠評
註　清刻本　三冊　存五卷(一至五)

320000－1602－0001602　A000004159

說文引經例辨三卷　（清）雷浚撰　清光緒刻
本　一冊

320000－1602－0001603　A000004161

辨字通俗編一卷　（清）佛嬾老人編　清刻本
一冊

320000－1602－0001604　A000004162

吳耿尚孔四王合傳一卷　（□）□□撰　**揚州
十日記一卷**　（清）王秀楚撰　清刻本　一冊

320000－1602－0001605　A000004163

望溪先生全集三十卷年譜一卷附錄一卷
（清）方苞撰　（清）戴鈞衡編　清刻本　二冊
存五卷(集外文八至十、年譜一卷、附錄一
卷)

320000－1602－0001606　A000004164

南華真經正義內篇七卷外篇十五卷雜篇十一
卷　（清）陳壽昌輯　清刻本　二冊　存十二
卷(雜篇十一卷、識餘一卷)

320000－1602－0001607　A000004165

妙法蓮華經通義二十卷　（明）釋德清述　清
刻本　一冊　存四卷(九至十二)

320000－1602－0001608　A000004166

桃花泉奕譜二卷　（清）范世勳撰　清刻本
一冊　存一卷(下)

320000－1602－0001609　A000004167

增評全圖石頭記十六卷一百二十回首一卷
（清）曹霑　（清）高鶚撰　清鉛印本　四冊
存四卷(八、十二至十四)

320000－1602－0001610　A000004168

春草堂琴譜六卷　（清）曹尚絅　（清）蘇璟
（清）戴源輯　清刻本　二冊　存三卷(一至
三)

320000－1602－0001611　A000004169

賦學正鵠十卷　（清）李元度編　清刻本　一
冊　存一卷(九)

320000－1602－0001612　A000004170

傷寒總病論六卷　（宋）龐安時撰　清刻本
二冊

320000－1602－0001613　A000004173

楹聯叢話十二卷　（清）梁章鉅輯　清刻本

一冊　存六卷(七至十二)

320000－1602－0001614　A000004174

諧聲譜二卷　（清）丁顯撰　清刻本　一冊
存一卷(下)

320000－1602－0001615　A000004175

御選唐宋詩醇四十七卷目錄二卷　（清）高宗
弘曆選　清刻本　二冊　存五卷(九至十、二
十七至二十九)

320000－1602－0001616　A000004176

御選唐宋詩醇四十七卷目錄二卷　（清）高宗
弘曆選　清刻本　一冊　存三卷(三十一至
三十三)

320000－1602－0001617　A000004177

乾坤正氣集五百七十四卷首一卷　（清）潘錫
恩輯　清刻本　七冊　存十六卷(一百九十
一至二百○六)

320000－1602－0001618　A000004178

春秋紀傳五十一卷　（清）李鳳雛撰　清光緒
二十一年(1895)刻本　十冊　缺六卷(一至
六)

320000－1602－0001619　A000004179

三才發秘九種　（清）陳雯撰　清刻本　二冊
存二卷(地部一卷、天部一卷)

320000－1602－0001620　A000004182

庾子山集十六卷總釋一卷　（清）倪璠注釋
清刻本　六冊　存八卷(六至十三)

320000－1602－0001621　A000004183

四書改錯二十二卷　（清）毛奇齡撰　清刻本
一冊　存四卷(十九至二十二)

320000－1602－0001622　A000004185

四禮翼不分卷　（明）呂坤撰　清刻本　存一
冊(昏後翼等一冊)

320000－1602－0001623　A000004186

碧腴齋詩存八卷　（清）胡德琳撰　清刻本
一冊

320000－1602－0001624　A000004187

附釋音春秋左傳注疏六十卷校勘記六十卷

（晉）杜預注 （唐）陸德明音義 （唐）孔穎
達疏 清刻本 六冊 存十二卷（十至十一、
三十三至三十五、四十三至四十九）

320000－1602－0001625 A000004188
杜詩雙聲疊韻譜括略八卷 （清）周春撰 清
刻本 一冊 存四卷（五至八）

320000－1602－0001626 A000004189
重訂文選集評十五卷首一卷末一卷 （南朝
梁）蕭統選 （清）于光華編 清刻本 一冊
存一卷（十四）

320000－1602－0001627 A000004190
佩文齋書畫譜一百卷 （清）孫岳頒等纂 清
刻本 一冊 存二卷（三十八至三十九）

320000－1602－0001628 A000004191
尚友錄二十二卷 （明）廖用賢編纂 （清）張
伯琮補輯 清刻本 一冊 存二卷（六至七）

320000－1602－0001629 A000004192
通鑑紀事本末二百三十九卷 （宋）袁樞編輯
（明）張溥論正 清光緒二十四年（1898）文
瀾書局石印本 二十四冊

320000－1602－0001630 A000004194
碧腴齋詩存八卷 （清）胡德琳撰 清刻本
一冊

320000－1602－0001631 A000004195
通鑑紀事本末二百三十九卷 （宋）袁樞編輯
（明）張溥論正 清石印本 一冊 存十五
卷（二百二十五至二百三十九）

320000－1602－0001632 A000004196
比目魚傳奇二卷三十二折 （清）湖上笠翁撰
清刻本 二冊

320000－1602－0001633 A000004197
御選唐宋詩醇四十七卷目錄二卷 （清）高宗
弘曆選 清石印本 五冊 缺十卷（一至十）

320000－1602－0001634 A000004198
御選唐宋詩醇四十七卷目錄二卷 （清）高宗
弘曆選 清刻本 五冊 存九卷（八至十、十
五至十六、三十二至三十三、三十八，目錄下）

320000－1602－0001635 A000004199
御選唐宋詩醇四十七卷目錄二卷 （清）高宗
弘曆選 清刻本 十七冊 缺七卷（二十至
二十三、三十四至三十五，目錄部分）

320000－1602－0001636 A000004202
尺牘輯要八卷 （清）虞世英輯 清刻本 二
冊 存三卷（一至三）

320000－1602－0001637 A000004203
增補事類統編九十三卷首一卷 （清）黃葆真
增輯 清光緒十四年（1888）上海積山書局石
印本 六冊 存四十六卷（一至八、二十三至
五十、七十六至八十四，首一卷）

320000－1602－0001638 A000004204
增補事類統編九十三卷首一卷 （清）黃葆真
增輯 清石印本 一冊 存八卷（三十五至
四十二）

320000－1602－0001639 A000004205
重訂王鳳洲先生綱鑑會纂四十六卷 （明）王
世貞纂 清刻本 一冊 存二卷（四十一至
四十二）

320000－1602－0001640 A000004208
明文小題傳薪六卷 （清）臧岳評釋 清刻本
一冊 存三卷（大學、中庸、下孟）

320000－1602－0001641 A000004209
法界安立圖三卷首一卷 （明）釋仁潮集錄
清刻本 一冊 存二卷（上、中之上）

320000－1602－0001642 A000004210
退思軒詩集六卷補遺一卷 （清）張百熙撰
清刻本 一冊 存四卷（四至六、補遺一卷）

320000－1602－0001643 A000004211
詩傳孔氏傳一卷 （春秋）端木賜撰 詩說一
卷 （漢）申培撰 清刻本 一冊

320000－1602－0001644 A000004212
元經薛氏傳十卷 （隋）王通撰 （唐）薛收傳
（宋）阮逸注 清刻本 一冊 存四卷（七
至十）

320000－1602－0001645 A000004213

說文引經考異十六卷 （清）柳榮宗撰 清刻本 一冊 存四卷（一至四）

320000－1602－0001646　A000004214
批點春秋左傳綱目句解彙雋六卷 （清）韓菼重訂 清刻本 一冊 存一卷（二）

320000－1602－0001647　A000004215
方輿考證總部六卷 （清）許鴻磐撰 清刻本 一冊 存一卷（六）

320000－1602－0001648　A000004216
列朝詩集乾集二卷甲集前編十一卷甲集二十二卷乙集八卷丙集十六卷丁集十六卷閏集六卷 （清）錢謙益輯 清刻本 六冊 存二十一卷（甲集五至八、十六至十八，乙集八卷，丙集一至四，閏集五至六）

320000－1602－0001649　A000004217
百家姓攷略一卷 （清）王相纂 （清）徐士業校 清刻本 一冊

320000－1602－0001650　A000004218
嘯亭雜錄十卷續錄三卷 （清）昭槤撰 清光緒鉛印本 二冊 存五卷（六至十）

320000－1602－0001651　A000004219
初學行文語類四卷 （清）孫上登編 清刻本 一冊 存二卷（一至二）

320000－1602－0001652　A000004220
結水滸全傳七十卷末一卷 （清）俞萬春撰 清刻本 一冊 存三卷（十四至十六）

320000－1602－0001653　A000004221
御製圓明園詩不分卷 （清）世宗胤禛輯 清石印本 一冊

320000－1602－0001654　A000004222
尊經課藝三刻六卷 （□）□□撰 清鉛印本 二冊 存二卷（三至四）

320000－1602－0001655　A000004223
四大奇書第一種五十一卷百二十回 （明）羅貫中撰 （清）毛宗崗 （清）金聖歎評 清刻本 一冊 存一卷（十）

320000－1602－0001656　A000004224

唐代叢書第三集三十三卷 （清）陳世熙輯 清刻本 一冊 存十種十卷（吳地記一卷、南部煙花記一卷、粧樓記一卷、教坊記一卷、北里志一卷、終南十志一卷、洞天福地記一卷、湘中怨詞一卷、歌者葉記一卷、嘯旨一卷）

320000－1602－0001657　A000004225
風俗通義十卷 （漢）應劭撰 清刻本 一冊 存六卷（一至六）

320000－1602－0001658　A000004226
嘉祐集二十卷 （宋）蘇洵撰 清刻本 一冊 存四卷（五至八）

320000－1602－0001659　A000004227
存笥稿前集十六卷後集四卷 （明）王維楨撰 清刻本 一冊 存一卷（前集二）

320000－1602－0001660　A000004228
居易錄三十四卷 （清）王士禛撰 清刻本 三冊 存三卷（二十二至三十四）

320000－1602－0001661　A000004229
晚笑堂畫傳不分卷 （清）上官周編並繪 清刻本 一冊

320000－1602－0001662　A000004230
慎其餘齋文集二十卷 （清）王贈芳撰 清刻本 三冊 存十一卷（七至十七）

320000－1602－0001663　A000004231
納書楹南柯記全譜二卷 （清）葉堂訂譜 清刻本 一冊

320000－1602－0001664　A000004232
說文解字十五卷 （漢）許慎撰 （宋）徐鉉校定 清刻本 三冊 存十一卷（四下至十四）

320000－1602－0001665　A000004233
說文解字十五卷 （漢）許慎撰 （宋）徐鉉校定 清刻本 一冊 存三卷（十三至十五）

320000－1602－0001666　A000004234
說文解字十五卷 （清）段玉裁注 清刻本 一冊 存一卷（十）

320000－1602－0001667　A000004235
行在陽秋二卷 （明）劉湘客撰 兩廣紀畧一

卷 （明）華復蠡撰 清刻本 一冊 缺一卷
(行在陽秋上卷)

320000－1602－0001668 A000004236
李義山文集三卷 （唐）李商隱撰 （清）徐樹
穀箋 （清）徐炯註 清刻本 一冊 存二卷
(一至二)

320000－1602－0001669 A000004237
明文才調集不分卷 （清）許振禕輯 清光緒
刻本 五冊 缺第一冊

320000－1602－0001670 A000004238
國朝文才調集不分卷 （清）許振禕集評
(清)鄧輔綸參訂 清光緒十九年(1893)刻本
六冊 存(論語、孟子部分)

320000－1602－0001671 A000004242
卷施閣詩二十卷 （清）洪亮吉撰 清刻本
二冊 存十卷(七至十一、十二至十六)

320000－1602－0001672 A000004243
埤垢山房詩鈔十二卷 （清）黃文暘撰 清闕
里刻本 一冊 存六卷(七至十二)

320000－1602－0001673 A000004244
陳檢討集二十卷 （清）陳維崧撰 （清）程師
恭注 清刻本 一冊 存三卷(十六至十八)

320000－1602－0001674 A000004245
施注蘇詩四十二卷目錄二卷 （宋）蘇軾撰
(宋)施元之注 （清）顧嗣立 （清）邵長蘅
等刪補 清刻本 二冊 存十二卷(七至十
八)

320000－1602－0001675 A000004246
四書人物類典串珠四十卷 （清）臧志仁輯
清刻本 二冊 存八卷(六至十三)

320000－1602－0001676 A000004247
圖注脈訣辨真四卷 （晉）王叔和撰 （明）張
世賢注 清刻本 一冊 存一卷(二)

320000－1602－0001677 A000004248
九靈山房集三十卷 （元）戴良撰 清刻本
一冊 存四卷(四至七)

320000－1602－0001678 A000004249

評論出像水滸傳二十卷七十回 （元）施耐庵
撰 清刻本 十九冊 缺一卷(一)

320000－1602－0001679 A000004250
明詩綜一百卷 （清）朱彝尊輯 清刻本 三
冊 存九卷(一至六、十四至十六)

320000－1602－0001680 A000004251
十八家詩鈔二十八卷 （清）曾國藩輯 清刻
本 三冊 存四卷(二十五至二十八)

320000－1602－0001681 A000004252
新齊諧二十四卷 （清）袁枚撰 清刻本 二
冊 存十卷(八至十七)

320000－1602－0001682 A000004253
新齊諧二十四卷 （清）袁枚撰 清刻本 一
冊 存三卷(二十二至二十四)

320000－1602－0001683 A000004254
本草備要四卷 （清）汪昂撰輯 醫方集解六
卷 （清）汪昂撰輯 清刻本 三冊 存五卷
(本草備要三至四,醫方集解三至四、六)

320000－1602－0001684 A000004255
醫方集解十四卷 （清）汪昂撰 清鉛印本
三冊 存七卷(一至七)

320000－1602－0001685 A000004256
摹印傳燈二卷 （清）葉爾寬撰 紅術軒紫泥
法定本一卷 （清）汪鎬京撰 琴學八則一卷
(清)程雄撰 裝潢志一卷 （清）周嘉冑著
桐階副墨一卷 （明）黎遂球撰 清刻本
一冊

320000－1602－0001686 A000004257
廣韻五卷 （宋）陳彭年等修 佩觿三卷
(宋)郭忠恕撰 清刻本 一冊 存四卷(廣
韻五、佩觿三卷)

320000－1602－0001687 A000004260
欽定四庫全書簡明目錄二十卷 （清）紀昀等
編 清刻本 八冊

320000－1602－0001688 A000004261
江湖後集二十四卷 （宋）陳起編 清讀書齋
刻本 八冊

320000－1602－0001689　A000004262

續新齊諧十卷　（清）袁枚撰　清隨園藏版刻本　一冊　存三卷（四至六）

320000－1602－0001690　A000004263

續新齊諧十卷　（清）袁枚撰　清隨園藏版刻本　二冊　存七卷（一至七）

320000－1602－0001691　A000004264

隨園女弟子詩選六卷　（清）袁枚輯　清嘉慶元年（1796）新安汪毅刻本　二冊

320000－1602－0001692　A000004265

南園詩選二卷　（清）何士顒撰　清刻本一冊

320000－1602－0001693　A000004266

箏船詞一卷　（清）劉嗣綰撰　綠秋草堂詞一卷　（清）顧翰撰　玉山堂詞選一卷　（清）汪度撰　清刻本　一冊

320000－1602－0001694　A000004267

筱雲詩集二卷　（清）陸應宿撰　清刻本一冊

320000－1602－0001695　A000004268

湄君詩集二卷　（清）陸建撰　清刻本　一冊

320000－1602－0001696　A000004269

紅豆村人詩稿十四卷　（清）袁樹撰　清刻本三冊　缺三卷（一至三）

320000－1602－0001697　A000004270

隨園詩話十六卷補遺十卷　（清）袁枚撰　清刻本　三冊　存十卷（補遺十卷）

320000－1602－0001698　A000004271

東周列國全志二十三卷一百〇八回　（清）蔡昇評　清刻本　四冊　存四卷（五、七、二十二至二十三）

320000－1602－0001699　A000004272

東周列國全志二十三卷一百〇八回　（清）蔡昇評　清刻本　一冊　存一卷（十）

320000－1602－0001700　A000004274

字鑑五卷　（元）李文仲撰　清澤存堂刻本一冊

320000－1602－0001701　A000004275

日下尊聞錄五卷　（□）□□撰　清石印本一冊　存二卷（一至二）

320000－1602－0001702　A000004276

履園叢話二十四卷　（清）錢泳撰　清刻本一冊　存三卷（十至十二）

320000－1602－0001703　A000004277

守山閣叢書一百十種　（□）□□撰　清刻本九冊　存五十卷（論語集註箋義三,孟子集註箋義一至三,四書箋義補遺一卷續遺一卷,孫氏唐韻攷四至五,越史略一至三,吳郡志一至四,荒政叢書一至八,能改齋漫錄七至九、十四至十八,潁川語小一至二,愛日齋叢鈔一至三,古今姓氏書辨證一至十,餘師錄三至四,詞源一至二）

320000－1602－0001704　A000004278

李太白文集三十卷　（唐）李白撰　清繆曰芑刻本　一冊　存八卷（二十三至三十）

320000－1602－0001705　A000004279

李太白文集三十六卷　（唐）李白撰　（清）王琦輯注　清繆曰芑刻本　十四冊　缺三卷（一、六至七）

320000－1602－0001706　A000004280

國朝畫識十七卷　（清）馮金伯輯　清刻本五冊　存十卷（三至四、七至十四）

320000－1602－0001707　A000004281

墨香居畫識十卷　（清）馮金伯撰　清刻本一冊　存二卷（六至七）

320000－1602－0001708　A000004282

新增說文韻府羣玉二十卷　（元）陰時夫輯（元）陰中夫註　清刻本　一冊　存一卷（十三）

320000－1602－0001709　A000004283

傷寒論淺註補正七卷首一卷　（漢）張仲景撰　（清）陳念祖淺註　（清）唐宗海補正　清石印本　一冊　存一卷（一）

320000－1602－0001710　A000004284

笠翁偶集六卷　（清）李漁撰　清刻本　一冊
存一卷（三）

320000－1602－0001711　A000004285
慈恩玉歷彙錄五卷續錄一卷　（清）俞大文輯
清刻本　一冊　存二卷（四至五）

320000－1602－0001712　A000004286
温病條辨六卷　（清）吳鞠通撰　清刻本　一
冊　存一卷（二）

320000－1602－0001713　A000004287
國語選四卷　（清）儲欣撰　清刻本　一冊

320000－1602－0001714　A000004288
十國春秋一百十四卷　（清）吳任臣撰　清刻
本　一冊　存八卷（四十至四十七）

320000－1602－0001715　A000004289
諸蕃志二卷　（宋）趙汝適撰　（清）李調元校
清刻本　一冊

320000－1602－0001716　A000004290
荀子二十卷首一卷　（唐）楊倞注　王先謙集
解　清刻本　一冊　存五卷（十三至十七）

320000－1602－0001717　A000004292
出使英法義比四國日記六卷　（清）薛福成撰
清石印本　一冊　存一卷（四）

320000－1602－0001718　A000004293
江湖異人傳圖詠四卷　（清）靜庵撰　清石印
本　一冊　存二卷（一至二部分）

320000－1602－0001719　A000004294
增評補像全圖金玉緣一百二十回首一卷
（清）曹霑　（清）高鶚撰　清石印本　十五冊
缺一冊（金玉緣圖像一冊）

320000－1602－0001720　A000004295
醫學實在易八卷醫學從衆錄八卷　（清）陳念
祖撰　清石印本　一冊　存六卷（醫學實在
易八、醫學從衆錄一至五）

320000－1602－0001721　A000004296
新刻玉釧緣全傳三十二卷　（□）□□撰　清
刻本　三十冊　缺二卷（四、二十七）

320000－1602－0001722　A000004297
富文堂綱鑑易知錄九十二卷　（清）吳乘權等
輯　清刻本　一冊　存二卷（五十七至五十
八）

320000－1602－0001723　A000004298
綱鑑易知錄九十二卷　（清）吳乘權等輯　清
光緒二十七年（1901）上海文瑞樓鉛印本　四
冊　存二十五卷（一至四、四十至五十三、六
十至六十六）

320000－1602－0001724　A000004299
寶經堂綱鑑易知錄九十二卷　（清）吳乘權等
輯　清刻本　一冊　存二卷（八十九至九十）

320000－1602－0001725　A000004300
尺木堂綱鑑易知錄九十二卷　（清）吳乘權等
輯　清鉛印本　二冊　存十四卷（三十三至
四十六）

320000－1602－0001726　A000004301
尺木堂綱鑑易知錄九十二卷　（清）吳乘權等
輯　清鉛印本　一冊　存六卷（八十一至八
十六）

320000－1602－0001727　A000004302
尺木堂綱鑑易知錄九十二卷　（清）吳乘權等
輯　清鉛印本　二冊　存十五卷（六至十二、
三十三至四十）

320000－1602－0001728　A000004303
綱目志疑一卷　（清）華湛恩撰　清鉛印本
一冊

320000－1602－0001729　A000004304
讀書鏡二卷　（明）陳繼儒撰　清刻本　一冊
存一卷（二）

320000－1602－0001730　A000004305
御批續資治通鑑綱目二十七卷　（明）商輅撰
清石印本　一冊　存五卷（二十三至二十
七）

320000－1602－0001731　A000004306
巧對錄八卷　（清）梁章鉅輯　清刻本　一冊
存五卷（四至八）

320000－1602－0001732　A000004307

舊五代史一百五十卷　（宋）薛居正撰　清石
印本　一冊　存二十九卷（一百二十一至一
百四十九）

320000－1602－0001733　A000004308

［道光］欽定新疆識略十二卷首一卷　（清）松
筠纂修　清石印本　五冊　存四卷（二至三、
六，首一卷）

320000－1602－0001734　A000004309

新疆賦一卷　（清）徐松撰　清石印本　一冊

320000－1602－0001735　A000004310

增評補像全圖金玉緣一百二十回首一卷
（清）曹霑　（清）高鶚撰　清石印本　十一冊
缺四十三回（一至八、七十七至一百〇三、
一百十三至一百二十）

320000－1602－0001736　A000004311

增評補像全圖金玉緣一百二十回首一卷
（清）曹霑　（清）高鶚撰　清石印本　一冊
存九回（一百〇四至一百十二）

320000－1602－0001737　A000004312

樂譜不分卷　（清）祝純嘏撰　清刻本　一冊

320000－1602－0001738　A000004313

舞譜不分卷　（清）祝純嘏撰　清刻本　一冊

320000－1602－0001739　A000004314

茗柯文三編一卷四編一卷　（清）張惠言撰
清刻本　一冊

320000－1602－0001740　A000004315

白香山詩集四十卷目錄一卷　（唐）白居易撰
（清）汪立名編　清一隅草堂刻本　一冊
存一卷（目錄一卷）

320000－1602－0001741　A000004316

蜀碧四卷附記一卷　（清）彭遵泗撰　清刻本
一冊

320000－1602－0001742　A000004318

澗泉日記三卷　（宋）韓淲撰　清刻本　一冊

320000－1602－0001743　A000004319

禹貢指南四卷　（宋）毛晃撰　清刻本　二冊

320000－1602－0001744　A000004320

海島算經一卷　（晉）劉徽撰　（唐）李淳風注
清刻本　一冊

320000－1602－0001745　A000004321

歲寒堂詩話二卷　（宋）張戒撰　浩然齋雅談
三卷　（宋）周密撰　清刻本　二冊

320000－1602－0001746　A000004322

嶺表錄異三卷　（唐）劉恂撰　鄴中記一卷
（晉）陸翽撰　清刻本　一冊

320000－1602－0001747　A000004323

麟臺故事五卷　（宋）程俱撰　清刻本　一冊

320000－1602－0001748　A000004324

老子道德經二卷　（三國魏）王弼注　清刻本
二冊

320000－1602－0001749　A000004325

攷古質疑六卷　（宋）葉大慶撰　清刻本
二冊

320000－1602－0001750　A000004326

春秋傳說例一卷　（宋）劉敞撰　清刻本
一冊

320000－1602－0001751　A000004327

儀禮識誤三卷　（宋）張淳撰　清刻本　一冊

320000－1602－0001752　A000004328

拙軒集六卷　（金）王寂撰　清刻本　二冊

320000－1602－0001753　A000004329

傅子一卷　（晉）傅元撰　清刻本　一冊

320000－1602－0001754　A000004330

敬齋古今黈八卷　（元）李冶撰　清刻本
三冊

320000－1602－0001755　A000004331

甕牖閒評八卷　（宋）袁文撰　清刻本　二冊

320000－1602－0001756　A000004332

雲谷雜紀四卷首一卷末一卷　（宋）張淏撰
清刻本　一冊　存三卷（一至二、首一卷）

320000－1602－0001757　A000004333

金淵集六卷　（元）仇遠撰　清刻本　二冊

320000 – 1602 – 0001758　A000004334

茶山集八卷　（宋）曾幾撰　清刻本　一冊
　　存四卷（五至八）

320000 – 1602 – 0001759　A000004335

拙軒集六卷　（金）王寂撰　清刻本　一冊
　　存四卷（三至六）

320000 – 1602 – 0001760　A000004336

芙蓉山館文鈔不分卷　（清）楊芳燦撰　清刻
本　一冊

320000 – 1602 – 0001761　A000004337

賦鈔箋略十五卷　（清）雷琳　（清）張杏濱箋
　　清刻本　一冊　存三卷（三至五）

320000 – 1602 – 0001762　A000004338

詩經傳註八卷　（清）李塨撰　清刻本　三冊
　　存三卷（二至四）

320000 – 1602 – 0001763　A000004339

句溪雜著五卷　（清）陳立撰　清刻本　一冊
　　存二卷（四至五）

320000 – 1602 – 0001764　A000004340

南漳子二卷　（清）孫之騄輯　清刻本　一冊

320000 – 1602 – 0001765　A000004341

本事詩十二卷　（清）徐釚輯　清刻本　二冊
　　存七卷（三至五、九至十二）

320000 – 1602 – 0001766　A000004342

重訂路史餘論十卷　（宋）羅泌撰　（明）吳弘
基訂　清刻本　一冊　存五卷（六至十）

320000 – 1602 – 0001767　A000004343

焦氏易林四卷　（漢）焦延壽撰　清刻本　一
冊　存一卷（二）

320000 – 1602 – 0001768　A000004346

杜詩鏡銓二十卷　（唐）杜甫撰　（清）楊倫輯
　　清刻本　一冊　存二卷（十九至二十）

320000 – 1602 – 0001769　A000004347

斜川集六卷　（宋）蘇過撰　清刻本　一冊
　　存二卷（五至六）

320000 – 1602 – 0001770　A000004348

艮齋雜說十卷　（清）尤侗撰　清刻本　二冊

320000 – 1602 – 0001771　A000004349

有不為齋隨筆十卷　（清）光聰諧撰　清刻本
　　一冊　存六卷（戊至癸）

320000 – 1602 – 0001772　A000004350

外形篇四卷　（朝鮮）許浚撰　清刻本　五冊

320000 – 1602 – 0001773　A000004351

唐賢三昧集三卷　（清）王士禛輯　清刻本
一冊　存一卷（中）

320000 – 1602 – 0001774　A000004352

西遊原旨二十四卷一百回　（清）劉一明解
清刻本　十一冊　存四十七回（五十至九十
三、九十八至一百）

320000 – 1602 – 0001775　A000004353

御纂七經綱領不分卷　（清）潘任輯　清江楚
書局刻本　一冊　存（周易、書經、詩經、儀
禮）

320000 – 1602 – 0001776　A000004354

安陽縣金石錄十二卷　（清）武億撰　清鐵嶺
貴泰刻本　一冊　存三卷（一至三）

320000 – 1602 – 0001777　A000004355

字學舉隅不分卷　（清）龍啟瑞撰　清刻本
一冊

320000 – 1602 – 0001778　A000004356

皇朝輿地韻編二卷　（清）李兆洛輯　清刻本
　　一冊

320000 – 1602 – 0001779　A000004357

莊子獨見三十三卷　（清）胡文英評釋　清刻
本　一冊　存十卷（九至十八）

320000 – 1602 – 0001780　A000004358

甌北詩鈔二十卷　（清）趙翼撰　清刻本　一
冊　存三卷（三至五）

320000 – 1602 – 0001781　A000004359

管子二十四卷　清刻本　一冊　存一卷（一）

320000 – 1602 – 0001782　A000004360

醫學心悟六卷　（清）程國彭撰　清刻本　二

冊　存二卷(二至三)

320000 - 1602 - 0001783　A000004361

博雅十卷　（三國魏）張揖撰　清刻本　一冊

320000 - 1602 - 0001784　A000004362

武夷山志十九卷　（明）衷仲孺撰　清刻本
四冊　存十五卷(二至十六)

320000 - 1602 - 0001785　A000004363

廣金石韻府五卷附玉篇字略一卷　（清）林尚
葵撰　清理董軒刻本　四冊　存四卷(一至
四)

320000 - 1602 - 0001786　A000004364

晏子春秋七卷音義二卷校勘記二卷　（清）孫
星衍校並音義　（清）黃以周校勘　清光緒刻
本　二冊　存四卷(音義二卷、校勘記二卷)

320000 - 1602 - 0001787　A000004366

飛花豔想十八回　（清）樵雲山人撰　清石印
本　一冊　存八回(十一至十八)

320000 - 1602 - 0001788　A000004367

針灸大成十卷　（明）楊繼洲撰　清刻本　二
冊　存二卷(七、九)

320000 - 1602 - 0001789　A000004368

舊五代史一百五十卷目錄二卷附考證　（宋）
薛居正撰　清刻本　一冊　存一卷(九十九)

320000 - 1602 - 0001790　A000004369

舊五代史一百五十卷目錄二卷附考證　（宋）
薛居正撰　清刻本　十一冊　存一百〇六卷
(十六至二十三、三十二至九十二、一百〇二
至一百一十二、一百二十五至一百五十)

320000 - 1602 - 0001791　A000004370

**古香齋新刻袖珍淵鑑類函四百五十卷目錄四
卷**　（清）張英等編　清刻本　一冊　存三卷
(十二至十四)

320000 - 1602 - 0001792　A000004371

定國志二十卷　（□）□□撰　清刻本　三冊
　存三卷(五、九、十四)

320000 - 1602 - 0001793　A000004372

說文解字三十二卷　（清）段玉裁注　清石印

本　二冊　存二篇(第十二篇下、第十三篇
下)

320000 - 1602 - 0001794　A000004373

焦氏易林十六卷　（漢）焦延壽撰　清石印本
　一冊　存八卷(九至十六)

320000 - 1602 - 0001795　A000004374

陳檢討集二十卷　（清）陳維崧撰　（清）程師
恭注　清刻本　一冊　存一卷(五)

320000 - 1602 - 0001796　A000004375

衛濟餘編十八卷　（清）王纕堂編　清刻本
三冊　存九卷(六至十二、十四至十五)

320000 - 1602 - 0001797　A000004376

衛濟餘編十八卷　（清）王纕堂編　清刻本
四冊　存三卷(二至四)

320000 - 1602 - 0001798　A000004378

五百家註音辯昌黎先生文集四十卷　（唐）韓
愈撰　清刻本　一冊　存三卷(六至八)

320000 - 1602 - 0001799　A000004379

景岳全書十六種二十四集六十四卷　（明）張
介賓撰　清刻本　一冊　存一種(雜證謨十
一)

320000 - 1602 - 0001800　A000004380

天籟軒詞譜六卷　（清）葉申薌編　清刻本
一冊　存一卷(一)

320000 - 1602 - 0001801　A000004381

對山書屋墨餘錄十六卷　（清）毛祥麟撰　清
刻本　一冊　存二卷(十五至十六)

320000 - 1602 - 0001802　A000004382

法苑珠林一百卷　（唐）釋道世撰　清刻本
六冊　存十九卷(六十三至六十八、七十二至
七十五、八十六至八十八、九十二至九十七)

320000 - 1602 - 0001803　A000004383

于湖詞三卷　（宋）張孝祥撰　清汲古閣刻本
　一冊

320000 - 1602 - 0001804　A000004384

千頃堂書目三十二卷　（清）黃虞稷撰　清鉛
印本　七冊　存十四卷(一至二、五至十、十

五至二十)

320000 – 1602 – 0001805　A000004385

醫醇賸義四卷　(清)費伯雄撰　(清)費應蘭編　清刻本　一冊　存一卷(三)

320000 – 1602 – 0001806　A000004386

醫醇賸義四卷　(清)費伯雄撰　(清)費應蘭編　清刻本　三冊　存二卷(二、四)

320000 – 1602 – 0001807　A000004387

名山文約續編十卷　錢振鍠撰　清刻本　一冊　存七卷(四至十)

320000 – 1602 – 0001808　A000004392

聊齋志異新評十六卷　(清)蒲松齡撰　(清)王士正評　(清)但明倫新評　清刻本　一冊　存二卷(十三至十四)

320000 – 1602 – 0001809　A000004393

繡像後西遊記四十回　(□)□□撰　清石印本　一冊

320000 – 1602 – 0001810　A000004394

春秋世論五卷　(清)王夫之撰　清刻本　一冊　存二卷(四至五)

320000 – 1602 – 0001811　A000004395

蘇文忠公詩合註五十卷首一卷　(宋)蘇軾撰　(清)馮應榴輯訂　清刻本　一冊　存三卷(二十六至二十八)

320000 – 1602 – 0001812　A000004396

初學求源啓蒙捷訣二卷　(清)曹原亮撰　清刻本　一冊

320000 – 1602 – 0001813　A000004397

唐人萬首絕句選七卷　(宋)洪邁元本　(清)王士禎選本　清刻本　一冊　存四卷(一至四)

320000 – 1602 – 0001814　A000004398

御選語錄十九卷　(清)世宗胤禛選　清刻本　一冊　存一卷(十四)

320000 – 1602 – 0001815　A000004399

唐賢三昧集三卷　(清)王士禎輯　清刻本　一冊　存一卷(下)

320000 – 1602 – 0001816　A000004400

詞學集成八卷　(清)江順詒纂輯　清刻本　一冊

320000 – 1602 – 0001817　A000004403

詩經八卷　(宋)朱熹集傳　清刻本　一冊　存一卷(三)

320000 – 1602 – 0001818　A000004404

唐詩三百首續選不分卷　(清)于慶元編　清刻本　一冊

320000 – 1602 – 0001819　A000004405

論語二卷　(□)□□撰　清刻本　二冊

320000 – 1602 – 0001820　A000004406

孝經一卷　(清)秦鐄訂正　清刻本　一冊

320000 – 1602 – 0001821　A000004407

新刻玉釧緣全傳三十二卷　(□)□□撰　清刻本　十六冊　存十三卷(九至十、十二、十五至十九、二十三、二十八至二十九、三十、三十二)

320000 – 1602 – 0001822　A000004408

笠翁一家言全集十六卷　(清)李漁撰　清刻本　六冊　存六卷(文集一卷、詩集一卷、餘集一卷、別集一卷、偶集二卷)

320000 – 1602 – 0001823　A000004409

斷易金鑑三卷　(□)□□撰　清刻本　一冊　存一卷(中)

320000 – 1602 – 0001824　A000004410

養蒙針度五卷　(清)潘子聲撰　清刻本　一冊　存一卷(二)

320000 – 1602 – 0001825　A000004411

御纂醫宗金鑑九十卷　(清)吳謙等纂　清刻本　三冊　存四卷(七至八、三十六至三十七)

320000 – 1602 – 0001826　A000004412

經驗方鈔不分卷　(□)□□撰　清刻本　二冊

320000 – 1602 – 0001827　A000004413

四雪草堂重訂通俗隋唐演義二十卷　題(清)

没世農夫撰　清刻本　一冊　存一卷(二十)

320000－1602－0001828　A000004414

南北宋志傳二十卷　（明)研石山樵訂正　清刻本　一冊　存二卷(北宋志傳五至六)

320000－1602－0001829　A000004416

嶽餘集一卷　（清)王夫之撰　清刻本　一冊

320000－1602－0001830　A000004417

御製數理精蘊上編五卷下編四十卷表八卷　（清)何國宗　（清)梅毅成編　清刻本　二冊　存四卷(下編三十至三十三)

320000－1602－0001831　A000004418

增像全圖三國演義一百二十回　（明)羅貫中撰　（清)毛宗崗評　清鉛印本　一冊　存十二回(八十一回至九十二回)

320000－1602－0001832　A000004424

廿二史劄記三十六卷補遺一卷　（清)趙翼撰　清石印本　六冊　存二十九卷(五至二十四、二十九至三十六,補遺一卷)

320000－1602－0001833　A000005001

天問閣集三卷　（明)李長祥撰　（清)趙之謙輯　清光緒刻本　一冊

320000－1602－0001834　A000005002

搴紅詞一卷　（清)陳如升撰　清咸豐八年(1858)刻本　一冊

320000－1602－0001835　A000005003

文獻徵存錄十卷　（清)錢林輯　（清)王藻編　清咸豐八年(1858)刻本　十冊

320000－1602－0001836　A000005004

楚辭七卷首一卷末一卷　（戰國)屈原撰　清光緒二年(1876)黎陽端木氏刻本　一冊

320000－1602－0001837　A000005005

樊川文集二十卷外集一卷別集一卷　（唐)杜牧撰　清光緒二十二年(1896)景蘇園刻本　十冊

320000－1602－0001838　A000005006

松雨軒集八卷補遺一卷附錄一卷　（明)平顯撰　清光緒二十年(1894)錢塘丁氏嘉惠堂刻本　二冊

320000－1602－0001839　A000005007

續金陵詩徵六卷首一卷　（清)朱緒曾等輯　清光緒二十年(1894)刻本　六冊

320000－1602－0001840　A000005008

南宋樂府不分卷　（清)章季英撰　（清)趙葆燧纂注　清光緒刻本　二冊

320000－1602－0001841　A000005009

後山先生集二十四卷首一卷　（宋)陳師道撰　清光緒十一年(1885)番禺陶福祥刻本　六冊

320000－1602－0001842　A000005010

姜貞毅先生自著年譜一卷補遺一卷　（明)姜埰編　（清)姜安節續編　清光緒十五年(1889)山東書局刻本　四冊

320000－1602－0001843　A000005011

古漁詩概六卷　（清)陳毅撰　清光緒二十四年(1898)木活字印本　二冊

320000－1602－0001844　A000005012

十國宮詞一百首不分卷　（清)吳省蘭撰　清刻本　一冊

320000－1602－0001845　A000005013

知止堂詞錄三卷　（清)朱綬撰　清光緒二十年(1894)刻本　一冊

320000－1602－0001846　A000005014

舒藝室詩存七卷索笑詞二卷　（清)張文虎撰　清光緒七年(1881)刻本　二冊

320000－1602－0001847　A000005015

心安隱室詩集九卷　（清)詹肇堂撰　清光緒十年(1884)成德堂刻本　三冊

320000－1602－0001848　A000005016

讀雪齋詩集九卷　（清)孫文川撰　清光緒刻本　二冊

320000－1602－0001849　A000005018

集義軒詠史詩鈔六十卷　（清)羅惇衍撰　清光緒元年(1875)刻本　四冊

320000－1602－0001850　A000005019

唐五代詞選三卷　（清）成肇麐　馮煦輯　清光緒十三年(1887)刻本　一冊

320000－1602－0001851　A000005020

宋六十一家詞選十二卷　馮煦輯　清光緒十三年(1887)冶城山館刻本　四冊

320000－1602－0001852　A000005021

評花仙館合詞二卷　（清）金繩武　（清）汪淑娟撰　清咸豐三年(1853)錢塘金氏刻本　一冊

320000－1602－0001853　A000005023

唐五代詞選三卷　（清）成肇麐編　宋四家詞選不分卷　（清）周濟輯　清光緒十三年(1887)刻本　一冊

320000－1602－0001854　A000005025

薇省詞鈔十卷附錄一卷　況周儀輯　清光緒二十四年(1898)廣陵刻本　四冊

320000－1602－0001855　A000005026

長安宮詞一卷　（清）胡延撰　清光緒二十八年(1902)刻本　一冊

320000－1602－0001856　A000005027

東海褰冥氏三十以前舊學四種八卷　（清）譚嗣同撰　清光緒二十三年(1897)金陵刻本　一冊

320000－1602－0001857　A000005033

納蘭詞五卷補遺一卷　（清）納蘭性德撰　清光緒六年(1880)仁和許增娛園刻本　二冊

320000－1602－0001858　A000005055

秋林琴雅四卷　（清）厲鶚撰　清光緒九年(1883)泉唐汪氏酒邊人倚紅樓刻本　一冊

320000－1602－0001859　A000005056

濯絳宧存稿一卷　劉毓盤撰　虛碧詞一卷　陶隆僎撰　憶香詞一卷　孫正礽撰　清宣統元年(1909)刻本　一冊

320000－1602－0001860　A000005059

志學編二卷　（清）余寅止編　清光緒元年(1875)務本堂刻本　二冊

320000－1602－0001861　A000005060

屈子正音三卷　（清）方績撰　清光緒六年(1880)網舊聞齋刻本　一冊

320000－1602－0001862　A000005061

雪鴻偶鈔詩四卷詞一卷　（清）倪世珍輯　清光緒四年(1878)吳縣倪氏刻本　一冊

320000－1602－0001863　A000005062

詩韻析五卷首一卷末一卷　（清）汪烜撰　清光緒九年(1883)婺源紫陽書院刻本　四冊

320000－1602－0001864　A000005063

湛淵遺稿三卷補遺一卷附錄一卷　（元）白珽撰　清光緒二十一年(1895)八千卷樓刻本　一冊

320000－1602－0001865　A000005064

海叟詩集四卷集外詩一卷附錄一卷　（明）袁凱撰　（清）曹炳曾輯　清宣統三年(1911)江西印刷局石印本　二冊

320000－1602－0001866　A000005065

抱山樓詞錄四卷　（清）張炳堃撰　清光緒十五年(1889)刻本　一冊

320000－1602－0001867　A000005067

大小雅堂詩集四卷詩餘一卷　（清）承齡撰　清光緒十八年(1892)刻本　二冊

320000－1602－0001868　A000005068

湘縻閣遺詩四卷　（清）陶方琦撰　清光緒十六年(1890)鄂局刻本　一冊

320000－1602－0001869　A000005069

明湖四客詞鈔四卷　（清）趙國華輯　清同治十三年至光緒三十四年(1874－1908)刻本　一冊

320000－1602－0001870　A000005070

曝書亭詞拾遺三卷　（清）朱彝尊撰　（清）翁之潤輯　曝書亭詞志異一卷　（清）翁之潤撰　清光緒二十二年(1896)常塾翁氏刻本　二冊

320000－1602－0001871　A000005071

苾芻館詞集六卷　（清）胡延撰　清光緒二十

九年(1903)金陵糧儲道廨刻本　二冊

320000－1602－0001872　A000005073

和珠玉詞一卷　（清）張祥齡等撰　清光緒二
十年(1894)刻本　一冊

320000－1602－0001873　A000005074

侯鯖詞五卷　（清）吳唐林輯　清光緒十一年
(1885)刻本　四冊

320000－1602－0001874　A000005075

新蘅詞十卷外集一卷　（清）張景祁撰　清光
緒九年(1883)百億梅花仙館刻本　二冊

320000－1602－0001875　A000005076

二家詞鈔五卷　樊增祥編　清光緒二十八年
(1902)刻本　二冊

320000－1602－0001876　A000005077

鴛鴦宜福館吹月詞二卷　（清）陳元鼎撰　清
同治小羽琹山館刻本光緒十六年(1890)補修
本　一冊

320000－1602－0001877　A000005078

詩餘偶鈔六卷　（清）張祖同輯　清光緒十六
年(1890)長沙王氏刻本　一冊

320000－1602－0001878　A000005079

蕙雪詞四卷　（清）張絢撰　夢龕詞一卷
（清）張府修撰　清光緒十一年(1885)刻本
二冊

320000－1602－0001879　A000005080

江甯金石記八卷　（清）嚴觀輯　清宣統二年
(1910)江楚編譯書局刻本　二冊

320000－1602－0001880　A000005081

宋七家詞選七卷　（清）戈載輯　清光緒十一
年(1885)刻本　三冊

320000－1602－0001881　A000005083

碧血錄五卷　（清）莊仲方撰　清光緒八年
(1882)同文書局石印本　五冊

320000－1602－0001882　A000005084

小檀欒室彙刻閨秀詞十集　徐乃昌輯　清光
緒二十一年至二十二年(1895－1896)小檀欒
室刻本　二十冊

320000－1602－0001883　A000005086

詩韻審音六卷　（清）謝元淮輯　清光緒二年
(1876)衡陽魏家刻本　二冊

320000－1602－0001884　A000005087

可園文存十六卷　陳作霖撰　清宣統元年
(1909)刻本　四冊

320000－1602－0001885　A000100001

隨園詩話十六卷　（清）袁枚撰　清乾隆五十
五年(1790)刻本　四冊

320000－1602－0001886　A000100002

唐堂集五十卷補遺二卷續八卷冬錄一卷
（清）黃之雋撰　清乾隆刻本　四冊　存二十
卷(四十二至五十、補遺二卷、續八卷、冬錄一
卷)

320000－1602－0001887　A000100003

史記一百三十卷　（漢）司馬遷撰　（南朝宋）
裴駰集解　（唐）司馬貞索隱　（唐）張守節正
義　明萬曆二十六年(1598)劉應秋刻本　二
十六冊

320000－1602－0001888　A000100004

宋十四家詩集　（明）潘是仁輯　明刻本　十
六冊

320000－1602－0001889　A000100005

楚辭五卷　（戰國）屈原撰　（清）梁惠亭鑒定
（清）蘇嶺甫注　清乾隆九年(1744)楚黃奚
氏刻本　二冊

320000－1602－0001890　A000100006

高季迪先生大全集十八卷　（明）高啓撰　清
長洲許氏刻本　四冊

320000－1602－0001891　A000100007

梁書五十六卷　（唐）姚思廉撰　清順治十五
年(1658)刻本　八冊

320000－1602－0001892　A000100008

李長吉歌詩四卷外集一卷　（唐）李賀撰
（清）王琦彙解　清乾隆二十五年(1760)刻本
一冊

320000－1602－0001893　A000100009

金石錄三十卷　（宋）趙明誠撰　清乾隆二十七年(1762)雅雨堂刻本　十二冊

320000－1602－0001894　A000100010
詞科掌錄十七卷　（清）杭世駿輯　清乾隆刻本　九冊

320000－1602－0001895　A000100011
詞律二十卷　（清）萬樹編　清康熙刻本　十冊

320000－1602－0001896　A000100012
壯悔堂文集十卷　（清）侯方域撰　清康熙五十一年(1712)刻本　六冊

320000－1602－0001897　A000100013
音學五書十三卷　（清）顧炎武輯　清林春祺福田書海銅活字印本　六冊

320000－1602－0001898　A000100014
鈞天樂二卷　（清）尤侗撰　清刻本　一冊

320000－1602－0001899　A000100015
九靈山房集三十卷　（元）戴良撰　清乾隆三十七年(1772)刻本　七冊

320000－1602－0001900　A000100016
新刻張太岳先生詩文集四十六卷　（明）張居正撰　太師張文忠公行實一卷　（□）□□撰　明刻本　十二冊

320000－1602－0001901　A000100017
禪林僧寶傳三十卷　（宋）釋惠洪撰　臨濟宗旨一卷　（宋）釋惠洪撰　補禪林僧寶傳一卷　（宋）釋慶老撰　明刻本　三冊

320000－1602－0001902　A000100018
壽山堂易說四卷　題（□）無極呂子撰　清嘉慶四年(1799)刻本　六冊

320000－1602－0001903　A000100019
扁善齋詩存一卷文存二卷　（清）鄧嘉緝撰　清光緒二十七年(1901)刻本　三冊

320000－1602－0001904　A000100020
讀史鏡古編三十二卷　（清）潘世恩輯　清同治十三年(1874)冶城飛霞閣刻本　六冊

320000－1602－0001905　A000100021
二程文集十二卷　（宋）程頤　（宋）程顥撰　（清）張伯行訂　清康熙儀封張伯行正誼堂刻本　四冊

320000－1602－0001906　A000100022
避暑錄話二卷　（宋）葉夢得撰　清道光二十五年(1845)吳縣葉廷琯刻本　二冊

320000－1602－0001907　A000100023
周書集訓校釋十卷周書逸文一卷　（清）朱右曾集訓校釋　清道光二十六年(1846)嘉定朱氏刻本　二冊

320000－1602－0001908　A000100024
履園叢話二十四卷　（清）錢泳撰　清道光十八年(1838)刻同治九年(1870)錢日壽重修本　七冊　缺三卷(二十二至二十四)

320000－1602－0001909　A000100025
臨川夢二卷　（清）蔣士銓撰　（清）明新正譜　（清）錢世錫評　清漁古堂刻本　二冊

320000－1602－0001910　A000100026
臨川夢二卷　（清）蔣士銓撰　（清）明新正譜　（清）錢世錫評　清乾隆刻本　一冊

320000－1602－0001911　A000100027
閑餘吟稿一卷　（清）顧瑛撰　清道光二十八年(1848)潯州郡署刻本　一冊

320000－1602－0001912　A000100028
欽定錢錄十六卷　（清）梁詩正等撰　清刻本　二冊

320000－1602－0001913　A000100029
養正遺規二卷　（清）陳宏謀輯　清同治七年(1868)上海普育堂刻本　一冊

320000－1602－0001914　A000100030
歐陽文忠公集選二卷　（宋）歐陽修撰　（明）孫鑛評　明刻本　一冊

320000－1602－0001915　A000100031
金壺字考二集二十一卷補錄一卷補注一卷　（清）田朝恒撰　清乾隆刻本　二冊

320000－1602－0001916　A000100032

錫山秦氏詩鈔首一卷前集八卷今集十卷
（清）秦殿楹等輯　清道光十九年(1839)刻本
八冊

320000－1602－0001917　A000100033
笠翁十種　（清）湖上笠翁撰　清刻本　十冊

320000－1602－0001918　A000100034
怡柯草堂詩鈔六卷　（清）姚錫華撰　清同治
八年(1869)刻本　二冊

320000－1602－0001919　A000100035
怡柯草堂詩鈔六卷　（清）姚錫華撰　清同治
八年(1869)刻本　二冊

320000－1602－0001920　A000100036
御纂性理精義十二卷　（清）李光地等撰　清
刻本　十冊

320000－1602－0001921　A000100037
管子校正二十四卷　（清）戴望撰　清同治十
一年(1872)刻本　四冊

320000－1602－0001922　A000100038
新編算學啟蒙三卷總括一卷後記一卷識誤一
卷　（元）朱世傑撰　清道光十九年(1839)惟
揚羅士琳刻本　一冊

320000－1602－0001923　A000100039
第二碑一卷　題（清）藏園居士撰藏　題（清）
見亭外史正譜　題（清）蒼厓老人評　清刻本
一冊

320000－1602－0001924　A000100040
荆園小語一卷　（清）申涵光撰　荆園進語一
卷　（清）申涵光撰　省吾錄二卷　（清）余華
撰　清同治五年(1866)常熟龐鍾璐刻本
一冊

320000－1602－0001925　A000100041
廬陵宋丞相信國公文忠烈先生全集十六卷
（宋）文天祥撰　清道光二十八年(1848)刻本
十二冊

320000－1602－0001926　A000100042
文獻徵存錄十卷　（清）錢林撰　（清）王藻編
清咸豐八年(1858)刻本　十冊

320000－1602－0001927　A000100043
吾學錄初編二十四卷　（清）吳榮光撰　清同
治九年(1870)江蘇書局刻本　六冊

320000－1602－0001928　A000100044
周禮節訓六卷　（清）黃叔琳撰　（清）姚培謙
重訂　清刻本　二冊

320000－1602－0001929　A000100045
新訂醒閨編一卷　（清）廖免驕撰　清刻本
一冊

320000－1602－0001930　A000100046
訓俗遺規四卷補編一卷　（清）陳宏謀輯　清
刻本　二冊

320000－1602－0001931　A000100047
甕芳錄一卷　（清）高德泰輯　清同治十三年
(1874)江寧高德泰刻本　一冊

320000－1602－0001932　A000100048
龍經三卷　（唐）楊益撰　（清）甘福校　清道
光二年(1822)刻本　一冊

320000－1602－0001933　A000100049
玉井山館集二十三卷　（清）許宗衡撰　清同
治四年至九年(1865－1870)刻本　五冊

320000－1602－0001934　A000100050
玉井山館集二十三卷　（清）許宗衡撰　清同
治四年至九年(1865－1870)刻本　五冊

320000－1602－0001935　A000100051
東坡題跋六卷目錄一卷　（宋）蘇軾撰　明汲
古閣刻本　七冊

320000－1602－0001936　A000100052
白石詞一卷　（宋）姜夔撰　明毛氏汲古閣刻
本　一冊

320000－1602－0001937　A000100053
梁書五十六卷　（唐）姚思廉撰　清順治余有
丁刻本　六冊

320000－1602－0001938　A000100055
晁氏客語一卷　（宋）晁說之撰　明刻本
一冊

320000 - 1602 - 0001939　A000100056

匏翁家藏集七十七卷　（明）吳寬撰　明正德三年(1508)吳奭刻本　二冊　存六卷(一至六)

320000 - 1602 - 0001940　A000100057

左氏條貫十八卷　（清）曹基編　清康熙五十一年(1712)致和堂刻本　八冊

320000 - 1602 - 0001941　A000100058

無聲詩史七卷　（清）姜紹書輯　清康熙五十九年(1720)刻本　六冊

320000 - 1602 - 0001942　A000100059

太湖備考十六卷　（清）金友理撰　清乾隆十五年(1750)山藝蘭圃刻本　八冊

320000 - 1602 - 0001943　A000100060

蜀道驛程記二卷　（清）王士禛撰　清康熙三十年(1691)刻本　二冊

320000 - 1602 - 0001944　A000100061

韓柳年譜八卷　（宋）魏仲舉　（宋）文安禮撰　清雍正八年(1730)小玲瓏山館馬氏刻本　六冊

320000 - 1602 - 0001945　A000100062

石湖居士詩集三十四卷　（宋）范成大撰　（清）顧嗣皋等重訂　清康熙二十七年(1688)依園刻本　八冊

320000 - 1602 - 0001946　A000100063

六書通不分卷　（明）閔齊伋撰　清刻本　五冊

320000 - 1602 - 0001947　A000100064

錦字箋四卷　（清）黃漌纂　清康熙五十三年(1714)芸經堂刻本　二冊

320000 - 1602 - 0001948　A000100065

黃劬雲先生年譜二卷　（清）黃劬雲撰　清光緒二十六年(1900)木活字印本　一冊

320000 - 1602 - 0001949　A000100066

埤雅二十卷　（宋）陸佃撰　清刻本　四冊

320000 - 1602 - 0001950　A000100067

古今韻略五卷　（清）邵長蘅撰　清康熙三十五年(1696)宋犖刻本　四冊

320000 - 1602 - 0001951　A000100068

漁洋山人精華錄箋注十二卷補注一卷　（清）王士禛撰　（清）金榮箋注　清鳳翽堂刻本　八冊

320000 - 1602 - 0001952　A000100069

明史紀事本末八十卷　（清）谷應泰撰　清順治十五年(1658)刻本　十五冊

320000 - 1602 - 0001953　A000100070

溫飛卿詩集九卷　（唐）溫庭筠撰　（明）曾益謙原注　清康熙三十六年(1697)長洲顧嗣立秀野草堂刻本　四冊

320000 - 1602 - 0001954　A000100071

漁洋山人精華錄十卷　（清）王士禛撰　（清）林佶編　清康熙林佶刻本　四冊

320000 - 1602 - 0001955　A000100072

板橋詩鈔三卷　（清）鄭燮撰　清乾隆十四年(1749)司徒文膏刻本　四冊

320000 - 1602 - 0001956　A000100073

水道提綱二十八卷　（清）齊召南撰　清乾隆四十一年(1776)傳經書屋刻本　六冊

320000 - 1602 - 0001957　A000100074

鐵畫樓詩續鈔二卷　（清）張蔭桓撰　清光緒二十八年(1902)觀補齋刻本　一冊

320000 - 1602 - 0001958　A000100075

亭林文集六卷　（清）顧炎武撰　清刻本　二冊

320000 - 1602 - 0001959　A000100076

白香亭詩存一卷　（清）鄭輔綸撰　清咸豐十一年(1861)刻本　一冊

320000 - 1602 - 0001960　A000100077

古文辭類纂七十五卷　（清）姚鼐輯　清同治八年(1869)刻本　十六冊

320000 - 1602 - 0001961　A000100078

述學內篇三卷外篇一卷補遺一卷別錄一卷　(清)汪中撰　**校勘記一卷**　（清）方濬頤撰　清同治八年(1869)揚州書局刻本　二冊

320000 – 1602 – 0001962　A000100079

雪中人一卷　（清）蔣士銓撰　（清）李士珠正譜　（清）錢世錫評點　清漁古堂刻本　一冊

320000 – 1602 – 0001963　A000100080

雪門詩草十四卷　（清）許瑤光撰　清同治十三年(1874)刻本　六冊

320000 – 1602 – 0001964　A000100081

雪心賦一卷　（唐）卜則巍撰　（清）甘福校訂　清道光八年(1828)金陵甘氏友恭堂刻本　一冊

320000 – 1602 – 0001965　A000100082

池北偶談二十六卷　（清）王士禎撰　清康熙四十年(1701)文粹堂刻本　八冊

320000 – 1602 – 0001966　A000100083

暖春書屋試律偶存一卷　（清）方俊撰　清同治四年(1865)宏運書院刻本　一冊

320000 – 1602 – 0001967　A000100084

逆臣傳四卷　（清）國史館編　清道光都城琉璃廠半松居木活字印本　二冊

320000 – 1602 – 0001968　A000100085

海秋詩集二十六卷後集一卷　（清）湯鵬撰　清道光十八年(1838)刻同治十二年(1873)補刻本　十冊

320000 – 1602 – 0001969　A000100086

冷香閣詩草一卷　（清）張慧撰　清同治刻本　一冊

320000 – 1602 – 0001970　A000100087

通奉公年譜一卷　（清）顧爾昌撰　清道光二十八年(1848)刻本　一冊

320000 – 1602 – 0001971　A000100088

通甫詩存四卷　（清）魯一同撰　清咸豐九年(1859)刻本　一冊

320000 – 1602 – 0001972　A000100089

通俗編三十八卷　（清）翟灝撰　清乾隆十六年(1751)無不宜齋刻本　十二冊

320000 – 1602 – 0001973　A000100090

瀾溪贈詠題詞一卷　（清）顧若曾輯　清道光二十八年(1848)潯州郡署刻本　一冊

320000 – 1602 – 0001974　A000100091

湖海文傳七十五卷　（清）王昶輯　清同治五年(1866)經訓堂刻本　十五冊

320000 – 1602 – 0001975　A000100092

湖海詩傳四十六卷　（清）王昶編　清嘉慶八年(1803)三泖漁莊刻本　二十六冊

320000 – 1602 – 0001976　A000100093

暖春書屋詩刪三卷　（清）方俊撰　清咸豐十年(1860)刻本　一冊

320000 – 1602 – 0001977　A000100094

投筆集一卷　（清）錢謙益撰　清刻本　一冊

320000 – 1602 – 0001978　A000100095

四弦秋一卷　題（清）清容主人撰　題（清）鶴亭居士正拍　題（清）夢樓居士題評　清漁古堂刻本　一冊

320000 – 1602 – 0001979　A000100096

四書人物類典串珠四十卷　（清）臧志仁輯　清尚德堂刻本　十二冊

320000 – 1602 – 0001980　A000100097

困學紀聞注二十卷　（宋）王應麟撰　（清）翁元圻輯注　清道光五年(1825)餘姚翁氏守福堂刻本　十二冊

320000 – 1602 – 0001981　A000100098

墨法集要一卷　（明）沈繼孫撰　清刻本　一冊

320000 – 1602 – 0001982　A000100099

新編四元玉鑑三卷附一卷增一卷　（元）朱世傑撰　（清）羅士琳補　清道光十六年(1836)刻本　四冊

320000 – 1602 – 0001983　A000100100

日知薈說四卷　（清）高宗弘曆撰　清乾隆元年(1736)内府刻本　一冊

320000 – 1602 – 0001984　A000100101

山堂肆攷二百二十八卷補遺十二卷　（明）彭大翼撰　明萬曆刻本　三十冊　存一百十八卷(宮集一至四十,商集一至六,十八至三十,

角集二十五至二十九、四十三至四十八,羽集一至三十六;補遺十二卷)

320000－1602－0001985　A000100102
春秋左傳標釋三十卷　(明)戴文光撰　明天啟五年(1625)必有齋刻本　五冊

320000－1602－0001986　A000100103
東坡先生詩集注三十二卷　(宋)蘇軾撰　(宋)王十朋集注　明刻本　十冊

320000－1602－0001987　A000100104
宋大家蘇文定公文抄二十卷　(宋)蘇轍撰　(明)茅坤評　明刻本　十二冊

320000－1602－0001988　A000100105
古文品外錄二十四卷　(明)陳繼儒編　明刻本　十一冊　存十一卷(五、十二、十四、十七至二十四)

320000－1602－0001989　A000100106
周易象義十卷　(明)章潢撰　明刻本　十冊

320000－1602－0001990　A000100107
芝龕記六卷　題(清)繁露樓居士填　清乾隆十六年(1751)刻本　六冊

320000－1602－0001991　A000100108
檀弓二卷　(清)孫濩孫評訂　清康熙六十年(1721)天心閣刻本　二冊

320000－1602－0001992　A000100109
篋衍集十二卷　(清)陳維崧輯　清乾隆二十六年(1761)刻本　九冊　存十卷(一至十)

320000－1602－0001993　A000100110
左氏條貫十八卷　(清)曹基編　清康熙五十一年(1712)致和堂刻本　八冊

320000－1602－0001994　A000100111
吳詩集覽二十卷附談藪二卷補注一卷　(清)吳偉業撰　(清)靳榮藩輯　清乾隆凌雲亭刻本　十二冊

320000－1602－0001995　A000100112
四書左國彙纂四卷　(清)高其名　(清)鄭師成撰　清乾隆三十五年(1770)本立堂刻本　六冊

320000－1602－0001996　A000100113
四書釋地一卷續一卷二續一卷三續一卷孟子生卒年月攷一卷　(清)閻若璩撰　清乾隆五十三年(1788)吳照聽雨齋刻本　六冊

320000－1602－0001997　A000100114
昌黎先生詩集注十一卷年譜一卷　(唐)韓愈撰　(清)顧嗣立刪補　(清)朱彝尊　(清)何焯評　清光緒九年(1883)廣州翰墨園刻三色套印本　四冊

320000－1602－0001998　A000100115
笠翁一家言全集十六卷　(清)李漁撰　清雍正八年(1730)芥子園刻本　十五冊　缺一卷(笠翁餘集一卷)

320000－1602－0001999　A000100116
雲川閣集不分卷　(清)杜詔撰　清乾隆刻本　二冊

320000－1602－0002000　A000100117
五知齋琴譜八卷　(清)周魯封輯　清乾隆二年(1737)刻本　四冊

320000－1602－0002001　A000100118
漁洋山人詩集二十二卷　(清)王士禛撰　清康熙八年(1669)吳郡沂詠堂刻本　八冊

320000－1602－0002002　A000100119
漁洋山人詩集二十二卷　(清)王士禛撰　清康熙八年(1669)吳郡沂詠堂刻本　二冊

320000－1602－0002003　A000100120
五百家註音辯昌黎先生文集四十卷　(唐)韓愈撰　(宋)魏仲舉編　清乾隆刻本　十二冊

320000－1602－0002004　A000100121
列子八卷　(晉)張湛注　明刻本　四冊

320000－1602－0002005　A000100122
繹史一百六十卷世系圖一卷年表一卷　(清)馬驌撰　清康熙刻本　四十四冊

320000－1602－0002006　A000100123
文選六十卷　(南朝梁)蕭統撰　(唐)李善注　清康熙二十五年(1686)錢士謐刻本　八冊

320000－1602－0002007　A000100124

白香山詩集四十卷年譜二卷　（唐）白居易撰
（清）汪立名編　清康熙一隅草堂刻本
十冊

320000－1602－0002008　A000100125

古岡初政錄一卷　（清）顧嗣協撰　清道光二
十八年(1848)潯州郡署刻本　一冊

320000－1602－0002009　A000100126

古夫于亭雜錄五卷　（清）汪士禛撰　清康熙
刻本　二冊

320000－1602－0002010　A000100127

浮邱子十二卷　（清）湯鵬撰　清同治四年
(1865)刻本　四冊

320000－1602－0002011　A000100128

心嚮往齋詩集二卷　（清）孔繼鑅撰　清道光
二十九年(1849)刻本　一冊

320000－1602－0002012　A000100129

淩谿先生集十八卷補遺一卷　（明）朱應登撰
清道光十五年(1835)金陵劉文楷刻本
六冊

320000－1602－0002013　A000100130

滌齋公自訂年譜一卷　（清）顧若曾撰　清道
光二十八年(1848)潯州郡署刻本　一冊

320000－1602－0002014　A000100131

大清壹統輿圖首一卷中一卷南十卷北二十卷
（清）胡林翼　（清）嚴樹森主持　（清）鄒
世詒　（清）晏啟鎮編繪　（清）李廷簫
（清）汪士鐸核校　清同治二年(1863)湖北撫
署刻本　十二冊

320000－1602－0002015　A000100132

大清壹統輿圖首一卷中一卷南十卷北二十卷
（清）胡林翼　（清）嚴樹森主持　（清）鄒
世詒　（清）晏啟鎮編繪　（清）李廷簫
（清）汪士鐸核校　清同治二年(1863)湖北撫
署刻本　十二冊

320000－1602－0002016　A000100133

勝朝殉揚錄三卷　（清）劉寶楠撰　清同治十

年(1871)淮南書局刻本　二冊

320000－1602－0002017　A000100134

四憶堂詩集六卷　（清）侯方域撰　（清）賈開
宗等選注　清同治十三年(1874)刻本　二冊

320000－1602－0002018　A000100135

思適齋集十八卷　（清）顧廣圻撰　清道光二
十九年(1849)上海徐渭仁刻本　十冊

320000－1602－0002019　A000100136

揚子法言十三卷音義一卷　（漢）揚雄撰
（晉）李軌注　清嘉慶二十三年(1818)江都秦
恩復石研齋刻本　二冊

320000－1602－0002020　A000100137

思菴野錄三卷　（明）薛敬之撰　賓興綵旗聯
一卷　（明）薛楹編　思菴薛先生行實一卷
（明）薛楹編　清咸豐元年(1851)武鴻模刻本
二冊

320000－1602－0002021　A000100138

重訂路史全本四十七卷　（宋）羅泌撰　清酉
山堂刻本　十六冊

320000－1602－0002022　A000100139

鳴原堂論文二卷　（清）曾國藩撰　清同治十
二年(1873)勘志齋刻本　二冊

320000－1602－0002023　A000100140

吟紅閣詩鈔五卷　（清）夏伊蘭撰　清道光二
十九年(1849)刻本　二冊

320000－1602－0002024　A000100141

鶴歸來傳奇二卷　（清）瞿頡撰　（清）周昂評
點　清湖北官書處刻本　二冊

320000－1602－0002025　A000100142

鶴徵錄八卷首一卷　（清）李集纂　（清）李富
孫　（清）李遇孫續纂　清嘉慶漾葭老屋刻本
四冊

320000－1602－0002026　A000100143

鶴徵後錄十二卷首一卷　（清）李富孫輯　清
嘉慶十六年(1811)漾葭老屋刻同治十一年
(1872)補刻本　六冊

320000－1602－0002027　A000100144

胡文忠公遺集八十六卷首一卷　（清）胡林翼撰　（清）鄭敦謹　（清）曾國荃編　清同治六年(1867)刻本　三十二冊

320000－1602－0002028　A000100145
桐陰清話八卷　（清）倪鴻撰　清同治十三年(1874)申江刻本　四冊

320000－1602－0002029　A000100146
農政全書六十卷　（明）徐光啟撰　清道光二十三年(1843)上海太原氏曙海樓刻本　二十四冊

320000－1602－0002030　A000100147
農政全書六十卷　（明）徐光啟撰　清道光二十三年(1843)上海太原氏曙海樓刻本　十六冊

320000－1602－0002031　A000100148
教女遺規二卷　（清）陳宏謀輯　清刻本　一冊

320000－1602－0002032　A000100149
史案二十卷首一卷　（清）吳裕垂撰　清道光六年(1826)刻本　六冊

320000－1602－0002033　A000100150
增補貢舉攻略六卷　（清）黃崇蘭纂　（清）趙學曾續纂　清道光二十四年(1844)雙桂齋刻本　二冊

320000－1602－0002034　A000100151
合諸名家評註三蘇文選十八卷　（宋）蘇洵（宋）蘇軾　（宋）蘇轍撰　（明）楊慎原選（明）李維楨評註　明崇禎五年(1632)豹雯齋刻本　八冊

320000－1602－0002035　A000100152
檀弓二卷　（宋）謝枋得批點　明萬曆四十四年(1616)閔齊伋刻朱墨套印本　二冊

320000－1602－0002036　A000100153
五知齋琴譜八卷　（清）周魯封輯　清乾隆十一年(1746)懷德堂刻本　四冊

320000－1602－0002037　A000100154
江左三大家詩鈔九卷　（清）顧孝有　（清）趙澐輯　清康熙刻本　三冊

320000－1602－0002038　A000100155
尚書大傳四卷補遺一卷鄭司農集一卷　（漢）鄭玄撰　清乾隆二十一年(1756)雅雨堂刻本　二冊

320000－1602－0002039　A000100156
諸葛丞相集四卷　（三國蜀）諸葛亮撰　（清）朱璘輯　清康熙三十七年(1698)萬卷堂刻本　四冊

320000－1602－0002040　A000100157
誠意伯文集二十卷　（明）劉基撰　清雍正八年(1730)果育堂刻本　十二冊

320000－1602－0002041　A000100158
施愚山先生別集二卷年譜四卷　（清）施閏章撰　清刻本　二冊

320000－1602－0002042　A000100159
金淵集六卷　（元）仇遠撰　清乾隆四十年(1775)木活字印本　二冊

320000－1602－0002043　A000100160
紅藕莊詞二卷　（清）龔翔麟撰　清刻本　一冊

320000－1602－0002044　A000100161
世說新語補二十卷　（明）王世貞編　清乾隆二十七年(1762)黃氏刻本　六冊

320000－1602－0002045　A000100162
中晚唐詩叩彈集十二卷叩彈續集三卷　（清）杜詔　（清）杜庭珠編　清康熙四十三年(1704)刻本　四冊

320000－1602－0002046　A000100163
晚笑堂畫傳不分卷　（清）上官周撰　清乾隆八年(1743)刻本　一冊

320000－1602－0002047　A000100164
呂晚村文集八卷附錄一卷　（清）呂留良撰　清木活字印本　四冊

320000－1602－0002048　A000100165
評注才子古文大家十七卷歷朝九卷　（清）金聖嘆原選　（清）王之績評注　清文源堂書坊

刻本 八冊

320000 – 1602 – 0002049 A000100166

高僧傳十三卷 （南朝梁）釋慧皎撰 明萬曆
三十九年(1611)徑山寂照庵刻本 三冊

320000 – 1602 – 0002050 A000100167

戰國策十卷 （宋）鮑彪校注 （元）吳師道重
校 明萬曆九年(1581)張一鯤刻本 六冊

320000 – 1602 – 0002051 A000100168

謝宣城集不分卷 （南朝齊）謝朓撰 明刻本
一冊

320000 – 1602 – 0002052 A000100169

松桂堂全集三十七卷延露詞三卷南淮集三卷
（清）彭孫遹撰 清乾隆八年(1743)刻本
八冊

320000 – 1602 – 0002053 A000100170

考工記二卷 （明）郭正域批點 明閔齊伋刻
朱墨套印本 二冊

320000 – 1602 – 0002054 A000100171

李太白文集輯注三十六卷 （清）王琦撰 清
乾隆刻本 八冊

320000 – 1602 – 0002055 A000100172

明史稿三百十卷首五卷 （清）王鴻緒撰 清
雍正敬慎堂刻本 八十冊

320000 – 1602 – 0002056 A000100173

梁山來知德先生易經集註十六卷雜說一卷易
學六十四卦啓蒙一卷 （明）來知德撰 清康
熙二十七年(1688)崔華刻本 八冊 存九卷
(一至八、啓蒙一卷)

320000 – 1602 – 0002057 A000100174

周易本義四卷 （宋）朱熹撰 清道光六年
(1826)立本齋刻本 二冊

320000 – 1602 – 0002058 A000100175

分甘餘話四卷 （清）王士禛撰 清康熙四十
八年(1709)程哲七略書堂刻本 四冊

320000 – 1602 – 0002059 A000100176

增訂春秋世族源流圖攷六卷 （清）陳厚耀撰
（清）常茂徠增訂 清道光三十年(1850)夷

門怡古堂刻本 三冊

320000 – 1602 – 0002060 A000100177

春在堂詩編六卷 （清）俞樾撰 清同治七年
(1868)刻本 二冊

320000 – 1602 – 0002061 A000100178

春在堂詞編二卷 （清）俞樾撰 清同治九年
(1870)刻本 一冊

320000 – 1602 – 0002062 A000100179

春草堂琴譜六卷 （清）曹尚絅撰 清同治五
年(1866)雙清館刻本 三冊

320000 – 1602 – 0002063 A000100180

春暉堂叢書三十六卷 （清）林侗撰 （清）徐
渭仁校 清道光至咸豐上海徐氏寒木春華館
刻同治九年(1870)補刻本 十二冊

320000 – 1602 – 0002064 A000100181

東塾讀書記二十五卷 （清）陳澧撰 清刻本
六冊 缺四卷(二十二至二十五)

320000 – 1602 – 0002065 A000100182

秦輶日記一卷 （清）潘祖蔭撰 清刻本
二冊

320000 – 1602 – 0002066 A000100183

未灰齋文集八卷 （清）徐鼒撰 清咸豐十一
年至光緒三十四年(1861 – 1908)刻本 二冊

320000 – 1602 – 0002067 A000100184

載詠樓重鎸硃批孟子二卷 （宋）蘇洵評 清
刻朱墨套印本 二冊

320000 – 1602 – 0002068 A000100185

徐氏三種三卷 （清）徐士業增補 清同治六
年(1867)三益堂刻本 三冊

320000 – 1602 – 0002069 A000100186

堪輿管見一卷 （明）謝廷柱撰 （清）甘福校訂
清道光九年(1829)江寧友恭堂刻本 一冊

320000 – 1602 – 0002070 A000100187

堊栢先生類稿八種十六卷 （清）宋在詩撰
清道光七年(1827)刻本 四冊

320000 – 1602 – 0002071 A000100188

校定地理犀精二卷 （清）甘福撰 清嘉慶二
十四年(1819)金陵甘氏刻本 二冊

320000－1602－0002072 A000100189
楚辭集注八卷後語六卷辯證二卷 （宋）朱熹
撰 明萬曆二十五年(1597)刻本 十冊

320000－1602－0002073 A000100190
且園賡唱集三卷 （清）方鼎銳手訂 清同治
十三年(1874)刻本 一冊

320000－1602－0002074 A000100191
李義山詩集三卷 （唐）李商隱撰 （清）朱鶴
齡注 （清）沈厚塽輯評 清同治九年(1870)
廣州倅署刻三色套印本 四冊

320000－1602－0002075 A000100192
周義本義四卷 （宋）朱熹撰 清道光六年
(1826)立本齋刻本 二冊

320000－1602－0002076 A000100193
劍南詩稿八十五卷 （宋）陸游撰 明汲古閣
刻本 六十四冊

320000－1602－0002077 A000100194
好雲樓集不分卷 （清）李聯琇撰 清咸豐十
一年至同治二年(1861－1863)恩養堂刻本
七冊

320000－1602－0002078 A000100195
瀾溪贈詠一卷 （清）顧若曾輯 清道光二十
八年(1848)潯州郡署刻本 一冊

320000－1602－0002079 A000100196
詞選二卷 （清）張惠言錄 續詞選二卷附錄
一卷 （清）董毅 （清）鄭善長錄 清光緒四
年(1878)刻本 二冊

320000－1602－0002080 A000100197
詞選二卷 （清）張惠言錄 續詞選二卷附錄
一卷 （清）董毅 （清）鄭善長錄 清光緒四
年(1878)刻本 二冊

320000－1602－0002081 A000100198
續詞選二卷附錄一卷 （清）董毅錄 清光緒
四年(1878)刻本 一冊

320000－1602－0002082 A000100199

困學紀聞二十卷首一卷 （宋）王應麟撰
（清）萬希槐集證 清嘉慶刻本 十冊

320000－1602－0002083 A000100200
困學紀聞二十卷首一卷 （宋）王應麟撰
（清）何焯等箋釋 清嘉慶十七年(1812)刻本
十二冊

320000－1602－0002084 A000100201
春秋穀梁傳不分卷 （明）閔齊伋注 明天啟
元年(1621)敦化堂刻本 二冊

320000－1602－0002085 A000100202
春秋公羊傳不分卷 （明）閔齊伋注 明天啟
元年(1621)敦化堂刻本 二冊

320000－1602－0002086 A000100203
李太白文集三十卷 （唐）李白撰 清康熙五
十六年(1717)繆曰芑刻本 四冊

320000－1602－0002087 A000100204
詞綜三十卷 （清）朱彝尊輯 （清）汪森增定
清康熙十七年(1678)汪氏裘杼樓刻本
四冊

320000－1602－0002088 A000100205
陳檢討集二十卷 （清）陳維崧撰 清康熙三
十三年(1694)刻本 四冊

320000－1602－0002089 A000100206
昌黎先生詩集注十一卷年譜一卷 （唐）韓愈
撰 （清）顧嗣立刪補 清康熙三十八年
(1699)長洲顧氏秀野草堂刻本 二冊

320000－1602－0002090 A000100207
國朝六家詩鈔八卷 （清）劉執玉輯 清乾隆
三十二年(1767)刻本 八冊

320000－1602－0002091 A000100208
山中白雲詞八卷 （宋）張炎撰 清雍正四年
(1726)曹炳曾刻本 二冊

320000－1602－0002092 A000100209
玉井山館集二十三卷 （清）許宗衡撰 清同
治四年至九年(1865－1870)刻本 五冊

320000－1602－0002093 A000100210
靈芬館詩續集九卷 （清）郭麐撰 清道光陸

貞一刻本　一冊

320000－1602－0002094　A000100211

玉臺新刻二卷　（清）顧嗣協輯　清道光二十八年(1848)潯州郡署刻本　二冊

320000－1602－0002095　A000100212

一片石一卷　（清）蔣士銓撰　（清）王興吾評定　（清）吳承緒正譜　清刻本　一冊

320000－1602－0002096　A000100213

談徵四卷　題(清)外方山人撰　清道光三年(1823)刻本　四冊

320000－1602－0002097　A000100214

詩品一卷　（唐）司空圖撰　**詩品詩課鈔不分卷**　（唐）司空圖撰　（清）鍾寶學課鈔　清嘉慶二十一年(1816)刻本　一冊

320000－1602－0002098　A000100215

詞選二卷　（清）張惠言錄　**續詞選二卷**（清）董毅錄　清同治六年(1867)刻本　二冊

320000－1602－0002099　A000100216

望溪先生全集三十二卷　（清）方苞撰　（清）戴鈞衡編　清咸豐元年(1851)桐城戴氏刻本　十五冊　缺二卷(年譜一至二)

320000－1602－0002100　A000100217

說文解字義證五十卷　（清）桂馥撰　清同治九年(1870)湖北崇文書局刻本　三十二冊

320000－1602－0002101　A000100218

說文蟲篆十四卷　（清）潘弈雋撰　清同治十三年(1874)刻本　四冊

320000－1602－0002102　A000100219

三白寶海三卷　（元）釋幕講撰　清乾隆五十五年(1790)刻本　一冊

320000－1602－0002103　A000100220

孟廬札記八卷　（清）沈銘彝撰　清道光刻本　二冊

320000－1602－0002104　A000100221

箋注繪像第六才子西廂釋解八卷　（元）王實甫撰　（清）金聖歎評　清刻本　六冊

320000－1602－0002105　A000100222

張宗道先生地理全書五卷　（明）張亙撰　清刻本　二冊

320000－1602－0002106　A000100223

覆瓿集四種續刻九種　（清）張文虎撰　清同治至光緒刻本　十冊

320000－1602－0002107　A000100224

麗濩萕錄十四卷　（清）蔣超伯撰　清同治五年(1866)刻本　八冊

320000－1602－0002108　A000100225

水雲集一卷　（宋）汪元量撰　清乾隆知不足齋刻本　一冊

320000－1602－0002109　A000100226

奎陽全集三十六卷　（明）鄭鄤撰　清木活字印本　八冊

320000－1602－0002110　A000100227

聽鶯館詩鈔四卷　（清）張炑撰　清咸豐刻本　一冊

320000－1602－0002111　A000100228

孫文定公奏疏十二卷　（清）孫嘉淦撰　清太原孫鑄刻本　十二冊

320000－1602－0002112　A000100229

硃批諭旨不分卷　（清）胤禛批　（清）允禄（清）鄂爾泰等編　清光緒十三年(1887)上海點石齋刻朱墨套印本　五十九冊　缺一冊(第一冊)

320000－1602－0002113　A000100230

水經注圖一卷附錄一卷　（清）汪士鐸撰　清咸豐十一年至同治元年(1861－1862)刻本　一冊

320000－1602－0002114　A000100231

羣經宮室圖二卷　（清）焦循撰　清道光六年(1826)江都焦氏半九書塾刻本　二冊

320000－1602－0002115　A000100232

兩漢刊誤補遺十卷　（宋）吳仁傑撰　清同治七年(1868)金陵書局木活字印本　二冊

320000－1602－0002116　A000100233

平浙紀略十六卷 （清）秦緗業 （清）陳鍾英撰 清同治十三年(1874)浙江書局刻本 四冊

320000－1602－0002117　A000100234
水法宗旨節錄一卷 （清）程永芳輯　楊公消納水法外向順逆八局圖說一卷 （清）高其倬撰 清道光三十年(1850)金陵甘氏津逮樓木活字印本 一冊

320000－1602－0002118　A000100235
命理窮通寶鑑攔江網二卷 （明）余春臺編輯　增補月談賦一卷 （□）□□撰 清善成堂刻本 一冊

320000－1602－0002119　A000100236
疏影樓詞一卷 （清）姚燮撰　種玉詞不分卷 （清）孫家穀撰 清道光十三年(1833)鎮海上湖草堂刻本 一冊

320000－1602－0002120　A000100237
空谷香二卷 （清）蔣士銓撰 （清）高東井題評 清漁古堂刻本 二冊

320000－1602－0002121　A000100238
寄園寄所寄十二卷 （清）趙吉士輯 清三益堂刻本 十冊

320000－1602－0002122　A000100239
潛夫論十卷 （漢）王符撰 清刻本 四冊

320000－1602－0002123　A000100240
綠雪堂遺集二十卷 （清）王衍梅撰 清道光二十年(1840)刻本 八冊

320000－1602－0002124　A000100241
江泠閣文集四卷續編二卷補遺一卷 （清）泠士嵋撰 清咸豐十年(1860)橫山草堂刻本 一冊

320000－1602－0002125　A000100242
瀛奎律髓刊誤四十九卷 （元）方回選 （清）紀昀批點 （清）李光垣校刊 清道光清來堂刻本 十二冊

320000－1602－0002126　A000100243
河工器具圖說四卷 （清）麟慶撰 清道光十

六年(1836)雲蔭堂刻本 二冊

320000－1602－0002127　A000100244
江蘇詩徵一百八十三卷 （清）王豫輯 清道光元年(1821)焦山海西庵詩徵閣刻本 四十冊

320000－1602－0002128　A000100245
新鐫工師雕斫正式魯班木經匠家鏡二卷 （明）午榮編 （明）章嚴集 清刻本 二冊

320000－1602－0002129　A000100246
實政錄七卷 （明）呂坤撰 清同治十一年(1872)浙江書局刻本 六冊

320000－1602－0002130　A000100247
瀛環志略十卷 （清）徐繼畬撰 清同治十二年(1873)揆雲樓刻本 四冊

320000－1602－0002131　A000100248
鄉黨圖攷十卷 （清）江永撰 清刻本 六冊

320000－1602－0002132　A000100249
儀禮圖六卷 （清）張惠言撰 清同治九年(1870)楚北崇文書局刻本 三冊

320000－1602－0002133　A000100250
紀元編三卷末一卷 （清）李兆洛撰 （清）六承如訂 清同治十年(1871)刻本 一冊

320000－1602－0002134　A000100251
歷代紀元彙攷五卷 （清）萬斯同編 清中葉(1736－1820)知不足齋刻本 一冊

320000－1602－0002135　A000100252
觀古閣叢刻八種十二卷 （清）鮑康等撰 清同治十二年至光緒二年(1873－1876)歙縣鮑氏刻本 八冊

320000－1602－0002136　A000100253
隸釋二十七卷 （宋）洪适撰　汪本隸釋刊誤一卷 （清）黃丕烈撰 清同治七年至十一年(1868－1872)皖南洪氏晦木齋摹刻本 八冊

320000－1602－0002137　A000100254
陸宣公集二十二卷 （唐）陸贄撰 清同治五年(1866)楊氏問竹軒刻本 六冊

320000 – 1602 – 0002138　A000100255

皇朝經世文編一百二十卷　（清）賀長齡輯
清同治十二年(1873)撫郡饒氏雙峰書屋刻本
八十冊

320000 – 1602 – 0002139　A000100256

禹貢會箋十二卷　（清）徐文靖撰　清同治十
三年(1874)慈溪何氏刻本　六冊

320000 – 1602 – 0002140　A000100257

毛詩異義四卷　（清）汪龍撰　清光緒四年
(1878)絜齋鮑氏刻本　四冊

320000 – 1602 – 0002141　A000100258

經韻集字析解二卷首韻字一卷　（清）熊守謙
參訂　（清）彭良敞集注　清刻本　六冊

320000 – 1602 – 0002142　A000100259

綏寇紀略十二卷補遺三卷　（清）吳偉業撰
清嘉慶十四年(1809)張海鵬照曠閣影刻本
六冊

320000 – 1602 – 0002143　A000100260

隸辨八卷　（清）顧藹吉撰　清同治十二年
(1873)漁古山房刻本　八冊

320000 – 1602 – 0002144　A000100261

陽明按索五卷　（元）陳復心撰　（明）陳漢卿
補注　清乾隆五十五年(1790)姑蘇顧鶴庭樂
真堂刻朱墨套印本　一冊

320000 – 1602 – 0002145　A000100262

蘭山課業風騷補編三卷　（清）周樽輯　清乾
隆五十七年(1792)臨洮吳鎮刻本　二冊

320000 – 1602 – 0002146　A000100263

巢經巢詩鈔九卷　（清）鄭珍撰　清咸豐二年
(1852)刻本　二冊

320000 – 1602 – 0002147　A000100264

劉端臨先生遺書八卷　（清）劉台拱撰　清道
光十四年(1834)阮思海刻本　四冊

320000 – 1602 – 0002148　A000100265

蘇詩選二卷　（清）萬廷蘭輯　清刻本　二冊

320000 – 1602 – 0002149　A000100266

**角山樓蘇詩評注彙鈔二十卷目錄二卷附錄三

卷**　（宋）蘇軾撰　（清）趙克宜輯　清咸豐刻
本　八冊

320000 – 1602 – 0002150　A000100267

釣翁類稿三卷　（清）單學傳輯　清咸豐八年
(1858)拜詩閣刻本　一冊

320000 – 1602 – 0002151　A000100268

魏叔子文鈔十二卷　（清）宋犖　（清）許汝霖
選　清刻本　四冊

320000 – 1602 – 0002152　A000100269

甌北詩話十卷續二卷　（清）趙翼撰　清湛貽
堂刻本　二冊

320000 – 1602 – 0002153　A000100270

甌北詩話十卷續二卷　（清）趙翼撰　清湛貽
堂刻本　二冊

320000 – 1602 – 0002154　A000100271

蕉軒摭錄十二卷　（清）俞夢蕉撰　清咸豐二
年(1852)雙桂樓刻本　四冊

320000 – 1602 – 0002155　A000100272

冬青樹二卷　（清）蔣士銓撰　清漁古堂刻本
一冊

320000 – 1602 – 0002156　A000100273

香祖樓二卷　題（清）藏園居士撰藏　題（清）
兩峰外史評文　題（清）種木山人訂譜　清漁
古堂刻本　二冊

320000 – 1602 – 0002157　A000100274

冬青館古宮詞三卷　（清）張鑑撰　清刻本
二冊

320000 – 1602 – 0002158　A000100275

槐廳載筆二十卷　（清）法式善撰　清嘉慶四
年(1799)刻本　四冊

320000 – 1602 – 0002159　A000100276

鷦園隨筆四卷　（清）吳覲撰　清道光元年
(1821)刻本　一冊

320000 – 1602 – 0002160　A000100277

改亭集二十二卷　（清）計東撰　清乾隆讀書
樂園刻本　六冊

320000 - 1602 - 0002161　A000100278

阮亭選古詩十七卷　（清）王士禛選　清康熙
刻本　六冊

320000 - 1602 - 0002162　A000100279

枕經堂文鈔二卷　（清）方朔撰　清同治十一
年(1872)刻本　一冊

320000 - 1602 - 0002163　A000100280

枕經堂文鈔二卷　（清）方朔撰　清同治十一
年(1872)刻本　一冊

320000 - 1602 - 0002164　A000100281

南部新書十卷　（宋）錢易撰　清道光三十年
(1850)南海伍氏刻本　二冊

320000 - 1602 - 0002165　A000100282

中吳紀聞六卷　（宋）龔明之撰　清道光三十
年(1850)南海伍氏刻本　二冊

320000 - 1602 - 0002166　A000100283

志雅堂雜鈔二卷　（宋）周密撰　清道光三十
年(1850)南海伍氏刻本　一冊

320000 - 1602 - 0002167　A000100284

焦氏筆乘六卷續八卷　（明）焦竑撰　清道光
三十年(1850)南海伍氏刻本　七冊

320000 - 1602 - 0002168　A000100285

東城雜記二卷　（清）厲鶚撰　清道光三十年
(1850)南海伍氏刻本　一冊

320000 - 1602 - 0002169　A000100286

月泉吟社一卷同送詩賞劄一卷送詩賞小劄一
卷　（宋）吳渭輯　清咸豐元年(1851)南海伍
氏刻本　一冊

320000 - 1602 - 0002170　A000100287

谷音二卷　（元）杜本輯　河汾諸老詩集八卷
（元）房祺輯　清咸豐元年至二年(1851 -
1852)南海伍氏刻本　一冊

320000 - 1602 - 0002171　A000100288

揭文安公文粹二卷　（元）揭傒斯撰　清咸豐
元年(1851)南海伍氏刻本　一冊

320000 - 1602 - 0002172　A000100289

玉笥集十卷　（元）張憲撰　清咸豐元年

(1851)南海伍氏刻本　二冊

320000 - 1602 - 0002173　A000100290

潞水客談一卷　（明）徐貞明撰　陶庵夢憶八
卷　（明）張岱撰　清咸豐元年至二年(1851
－1852)南海伍氏刻本　二冊

320000 - 1602 - 0002174　A000100291

天香閣隨筆二卷集一卷　（明）李介撰　清咸
豐二年(1852)南海伍氏刻本　一冊

320000 - 1602 - 0002175　A000100292

芻蕘奧論二卷　（宋）張方平撰　唐史論斷三
卷　（宋）孫甫撰　清咸豐元年(1851)南海伍
氏刻本　二冊

320000 - 1602 - 0002176　A000100293

叔苴子內編六卷外編二卷　（明）莊元臣撰
西洋朝貢典錄三卷　（明）黃省曾撰　清道光
三十年至咸豐二年(1850 - 1852)南海伍氏刻
本　三冊

320000 - 1602 - 0002177　A000100294

五代詩話十卷　（清）王士禛輯　（清）鄭方坤
刪補　清咸豐元年(1851)南海伍氏刻本
五冊

320000 - 1602 - 0002178　A000100295

易圖明辨十卷　（清）胡渭撰　四書逸箋六卷
（清）程大中撰　清道光三十年至咸豐二年
(1850 - 1852)南海伍氏刻本　四冊

320000 - 1602 - 0002179　A000100296

古韻標準四卷　（清）江永撰　（清）戴震參定
清咸豐二年(1852)南海伍氏刻本　一冊

320000 - 1602 - 0002180　A000100297

四聲切韻表一卷　（清）江永撰　清咸豐二年
(1852)南海伍氏刻本　一冊

320000 - 1602 - 0002181　A000100298

緒言三卷　（清）戴震撰　清道光三十年
(1850)南海伍氏刻本　一冊

320000 - 1602 - 0002182　A000100299

聲類四卷　（清）錢大昕撰　（清）錢侗增補
清道光二十九年至咸豐二年(1849 - 1852)南

海伍氏刻本　二冊

320000－1602－0002183　A000100300
國史經籍志五卷附錄一卷　（明）焦竑撰　清咸豐元年(1851)南海伍氏刻本　一冊

320000－1602－0002184　A000100301
文史通義八卷　（清）章學誠撰　清咸豐元年(1851)南海伍氏刻本　五冊

320000－1602－0002185　A000100302
經義攷補正十二卷　（清）翁方綱撰　清道光三十年(1850)南海伍氏刻本　二冊

320000－1602－0002186　A000100303
小石帆亭五言詩續鈔八卷首一卷　（清）翁方綱輯　清道光三十年(1850)南海伍氏刻本　二冊

320000－1602－0002187　A000100304
蘇詩補注八卷　（清）翁方綱撰　志道集一卷　（宋）顧禧撰　清咸豐元年(1851)南海伍氏刻本　二冊

320000－1602－0002188　A000100305
石洲詩話八卷　（清）翁方綱撰　清咸豐元年(1851)南海伍氏刻本　一冊

320000－1602－0002189　A000100306
北江詩話六卷　（清）洪亮吉撰　清咸豐四年(1854)南海伍氏刻本　一冊

320000－1602－0002190　A000100307
玉山草堂續集六卷　（清）錢林撰　清道光二十九年(1849)南海伍氏刻本　一冊

320000－1602－0002191　A000100308
虎鈐經二十卷　（宋）許洞撰　打馬圖經一卷　（宋）李清照撰　攷古千文一卷　（宋）胡寅撰　（宋）黃灝注　清道光三十年至咸豐二年(1850－1852)南海伍氏刻本　三冊

320000－1602－0002192　A000100309
草廬經畧十二卷　（明）□□撰　清道光三十年(1850)南海伍氏刻本　三冊

320000－1602－0002193　A000100310
字觸六卷　（清）周亮工撰　今世說八卷

（清）王晫撰　飲水詩集一卷詞集一卷　（清）納蘭性德撰　清咸豐元年(1851)南海伍氏刻本　四冊

320000－1602－0002194　A000100311
雙溪集十五卷遺言一卷　（宋）蘇籀撰　清咸豐元年(1851)南海伍氏刻本　三冊

320000－1602－0002195　A000100312
日湖漁唱一卷補遺一卷續補遺一卷　（宋）陳允平撰　瑟譜六卷　（元）熊朋來撰　清咸豐元年至二年（1851－1852）南海伍氏刻本　二冊

320000－1602－0002196　A000100313
秋笳集八卷　（清）吳兆騫撰　清咸豐二年(1852)南海伍氏刻本　一冊

320000－1602－0002197　A000100314
燕樂考原六卷　（清）凌廷堪撰　清咸豐元年(1851)南海伍氏刻本　三冊

320000－1602－0002198　A000100315
絳雲樓書目四卷　（清）錢謙益撰　（清）陳景雲注　清道光三十年(1850)南海伍氏刻本　一冊

320000－1602－0002199　A000100316
述古堂藏書目四卷宋板書目一卷　（清）錢曾撰　清道光三十年（1850）南海伍氏刻本　一冊

320000－1602－0002200　A000100317
石柱記箋釋五卷　（清）鄭元慶撰　清道光三十年(1850)南海伍氏刻本　一冊

320000－1602－0002201　A000100318
林屋唱酬錄一卷　（清）馬曰琯等輯　清道光三十年至咸豐元年(1850－1851)南海伍氏刻本　二冊

320000－1602－0002202　A000100319
南齋集六卷詞二卷　（清）馬曰璐撰　清咸豐元年(1851)南海伍氏刻本　三冊

320000－1602－0002203　A000100320
九國志十二卷　（宋）路振撰　（宋）張唐英補

清道光三十年(1850)南海伍氏刻本　二冊

320000－1602－0002204　A000100321

胡子知言六卷疑義一卷附錄一卷　(宋)胡宏撰　清道光三十年(1850)南海伍氏刻本一冊

320000－1602－0002205　A000100322

嵩庵閒話二卷　(清)張爾岐撰　清道光三十年(1850)南海伍氏刻本　一冊

320000－1602－0002206　A000100323

後漢書補注二十四卷　(清)惠棟撰　清咸豐元年(1851)南海伍氏刻本　六冊

320000－1602－0002207　A000100324

後漢書補表八卷　(清)錢大昭撰　清咸豐二年(1852)南海伍氏刻本　二冊

320000－1602－0002208　A000100325

詩書古訓六卷　(清)阮元撰　清咸豐五年(1855)南海伍氏刻本　五冊

320000－1602－0002209　A000100326

十三經音略十三卷附錄一卷　(清)周春撰　清咸豐四年(1854)南海伍氏刻本　四冊

320000－1602－0002210　A000100327

說文聲系十四卷　(清)姚文田撰　清咸豐五年(1855)南海伍氏刻本　二冊

320000－1602－0002211　A000100328

新校鄭志三卷附錄一卷　(三國魏)鄭小同編　(清)錢東垣　(清)錢繹　(清)錢侗按
文館詞林(殘)不分卷　(唐)許敬宗等輯　清咸豐三年(1853)南海伍氏刻本　一冊

320000－1602－0002212　A000100329

兩京新記殘四卷　(唐)韋述撰　華嚴經音義四卷　(唐)釋慧苑撰　清咸豐三年至四年(1853－1854)南海伍氏刻本　一冊

320000－1602－0002213　A000100330

道德眞經註四卷　(元)吳澄撰　清咸豐五年(1855)南海伍氏刻本　一冊

320000－1602－0002214　A000100331

太上感應篇註二卷　(清)惠棟撰　清咸豐五年(1855)南海伍氏刻本　一冊

320000－1602－0002215　A000100332

歷代帝王年表三卷　(清)齊召南撰　(清)阮福續　清咸豐五年(1855)南海伍氏刻本三冊

320000－1602－0002216　A000100333

紀元編三卷末一卷　(清)李兆洛撰　(清)六承如錄　清咸豐五年(1855)南海伍氏刻本一冊

320000－1602－0002217　A000100334

中興禦侮錄二卷　(宋)□□撰　襄陽守城錄一卷　(宋)趙萬年撰　清咸豐四年(1854)南海伍氏刻本　一冊

320000－1602－0002218　A000100335

宋季三朝政要五卷附錄一卷　(宋)□□撰　清咸豐四年(1854)南海伍氏刻本　一冊

320000－1602－0002219　A000100336

詞源二卷　(宋)張炎撰　清咸豐三年(1853)南海伍氏刻本　一冊

320000－1602－0002220　A000100337

元草堂詩餘三卷　(元)鳳林書院輯　清咸豐三年(1853)南海伍氏刻本　一冊

320000－1602－0002221　A000100338

樓山堂集二十七卷　(明)吳應箕撰　清咸豐三年(1853)南海伍氏刻本　六冊

320000－1602－0002222　A000100339

朱子年譜四卷考異四卷附錄二卷　(清)王懋竑撰　清咸豐三年(1853)南海伍氏刻本四冊

320000－1602－0002223　A000100340

韓柳年譜八卷　(清)馬曰璐輯　清咸豐五年(1855)南海伍氏刻本　二冊

320000－1602－0002224　A000100341

疑年錄四卷　(清)錢大昕撰　續疑年錄四卷　(清)吳撰修　清咸豐四年至五年(1854－1855)南海伍氏刻本　一冊

320000－1602－0002225　A000100342

米海嶽年譜一卷　（清）翁方綱撰　清咸豐五年(1855)南海伍氏刻本　一冊

320000 – 1602 – 0002226　A000100343

崇文總目輯釋五卷補遺一卷　（宋）王欽若等編　（清）錢東垣　（清）錢繹　（清）錢侗輯釋　（清）錢侗輯補遺　清咸豐三年(1853)南海伍氏刻本　五冊

320000 – 1602 – 0002227　A000100344

菉竹堂書目六卷　（明）葉盛撰　菉竹堂碑目六卷　（明）葉盛撰　寒山堂金石林時地攷二卷　（明）趙均撰　清咸豐三年至四年(1853 – 1854)南海伍氏刻本　三冊

320000 – 1602 – 0002228　A000100345

勝飲編十八卷　（清）郎廷極撰　清咸豐三年(1853)南海伍氏刻本　二冊

320000 – 1602 – 0002229　A000100346

采硫日記三卷　（清）郁永河撰　嵩洛訪碑日記一卷　（清）黃易撰　清咸豐三年至四年(1853 – 1854)南海伍氏刻本　一冊

320000 – 1602 – 0002230　A000100347

通志堂經解目錄一卷　（清）翁方綱撰　清咸豐三年(1853)南海伍氏刻本　二冊

320000 – 1602 – 0002231　A000100348

石渠隨筆八卷　（清）阮元撰　清咸豐四年(1854)南海伍氏刻本　二冊

320000 – 1602 – 0002232　A000100349

周官新義十六卷附二卷　（宋）王安石撰　清咸豐三年(1853)南海伍氏刻本　六冊

320000 – 1602 – 0002233　A000100350

爾雅新義二十卷附錄一卷　（宋）陸佃撰　（清）宋大樽校　爾雅新義敘錄一卷　（清）宋大樽撰　清咸豐三年(1853)南海伍氏刻本　五冊

320000 – 1602 – 0002234　A000100351

孫氏周易集解十卷　（清）孫星衍撰　清咸豐五年(1855)南海伍氏刻本　三冊

320000 – 1602 – 0002235　A000100352

春秋穀梁傳時月日書法釋例四卷　（清）許桂林撰　清咸豐四年(1854)南海伍氏刻本　一冊

320000 – 1602 – 0002236　A000100353

羣經音辨七卷　（宋）賈昌朝撰　清咸豐四年(1854)南海伍氏刻本　一冊

320000 – 1602 – 0002237　A000100354

相臺書塾刊正九經三傳沿革例一卷　（宋）岳珂撰　九經補韻一卷附錄一卷　（宋）楊伯嵒撰　（清）錢侗攷證　詞林韻釋二卷　（宋）□□撰　清咸豐三年(1853)南海伍氏刻本　二冊

320000 – 1602 – 0002238　A000100355

漢書地理志稽疑六卷　（清）全祖望撰　清咸豐三年(1853)南海伍氏刻本　二冊

320000 – 1602 – 0002239　A000100356

國策地名考二十卷首一卷　（清）程恩澤撰　（清）狄子奇箋　清咸豐三年(1853)南海伍氏刻本　七冊

320000 – 1602 – 0002240　A000100357

儀禮石經校勘記四卷　（清）阮元撰　清咸豐四年(1854)南海伍氏刻本　一冊

320000 – 1602 – 0002241　A000100358

隸經文四卷　（清）江藩撰　清咸豐四年(1854)南海伍氏刻本　二冊

320000 – 1602 – 0002242　A000100359

國朝漢學師承記八卷經師經義目錄一卷　（清）江藩撰　清咸豐四年(1854)南海伍氏刻本　三冊

320000 – 1602 – 0002243　A000100360

國朝宋學淵源記二卷附記一卷　（清）江藩撰　清咸豐四年(1854)南海伍氏刻本　一冊

320000 – 1602 – 0002244　A000100361

顧亭林先生年譜四卷　（清）張穆撰　清咸豐三年(1853)南海伍氏刻本　二冊

320000 – 1602 – 0002245　A000100362

閻潛邱先生年譜四卷　（清）張穆撰　清咸豐

三年(1853)南海伍氏刻本　二冊

320000－1602－0002246　A000100363

秋園雜佩一卷　(明)陳貞慧撰　**倪文正公年
譜四卷**　(清)倪會鼎撰　清咸豐四年(1854)
南海伍氏刻本　一冊

320000－1602－0002247　A000100364

南雷文定前集十一卷後集四卷三集三卷詩歷
四卷世譜一卷附錄一卷　(清)黃宗羲撰　清
咸豐三年(1853)南海伍氏刻本　九冊

320000－1602－0002248　A000100365

程侍郎遺集初編十卷附錄一卷　(清)程恩澤
撰　清咸豐五年(1855)南海伍氏刻本　四冊

320000－1602－0002249　A000100366

李元賓集六卷　(唐)李觀撰　**文編三卷**
(唐)陸希聲編　**外編二卷**　(宋)趙昂編　**續
編一卷**　(清)秦恩復編　清咸豐四年(1854)
南海伍氏刻本　一冊

320000－1602－0002250　A000100367

呂衡州集十卷坿考證一卷　(唐)呂溫撰
(清)顧廣圻撰考證　清咸豐四年(1854)南海
伍氏刻本　二冊

320000－1602－0002251　A000100368

西崑詶唱集二卷　(宋)楊億等撰　清咸豐四
年(1854)南海伍氏刻本　一冊

320000－1602－0002252　A000100369

羅鄂州小集六卷　(宋)羅願撰　清咸豐三年
(1853)南海伍氏刻本　二冊

320000－1602－0002253　A000100370

樂府雅詞六卷拾遺二卷　(宋)曾慥輯　清咸
豐三年(1853)南海伍氏刻本　三冊

320000－1602－0002254　A000100371

陽春白雪八卷外集一卷　(宋)趙聞禮輯　清
咸豐三年(1853)南海伍氏刻本　三冊

320000－1602－0002255　A000100372

揅經室詩錄五卷　(清)阮元撰　清咸豐五年
(1855)南海伍氏刻本　一冊

320000－1602－0002256　A000100373

孟子音義二卷　(宋)孫奭撰　**兩漢博聞十二
卷**　(宋)楊侃撰　清咸豐十年(1860)南海伍
氏刻本　四冊

320000－1602－0002257　A000100374

春秋五禮例宗十卷　(宋)張大亨撰　清咸豐
十一年(1861)南海伍氏刻本　一冊

320000－1602－0002258　A000100375

兒易外儀十五卷　(明)倪元璐撰　**春秋國都
爵姓考一卷坿補一卷**　(清)陳鵬撰　(清)曾
釗撰補　清咸豐十一年(1861)南海伍氏刻本
　三冊

320000－1602－0002259　A000100376

儀禮管見三卷坿錄一卷　(清)褚寅亮撰　清
咸豐十一年(1861)南海伍氏刻本　二冊

320000－1602－0002260　A000100377

孝肅包公奏議十卷　(宋)包拯撰　清同治元
年(1862)南海伍氏刻本　二冊

320000－1602－0002261　A000100378

續世說十二卷　(宋)孔平仲撰　清咸豐十年
(1860)南海伍氏刻本　三冊

320000－1602－0002262　A000100379

寶刻類編八卷　(宋)□□撰　清咸豐十一年
(1861)南海伍氏刻本　二冊

320000－1602－0002263　A000100380

書義主意六卷坿羣英書義二卷　(元)王充耘
　(元)張泰撰　清咸豐十一年(1861)南海伍
氏刻本　二冊

320000－1602－0002264　A000100381

焦氏類林八卷　(明)焦竑撰　清同治元年
(1862)南海伍氏刻本　五冊

320000－1602－0002265　A000100382

西域釋地一卷西陲要畧四卷　(清)祁韻士撰
　清同治元年(1862)南海伍氏刻本　一冊

320000－1602－0002266　A000100383

續談助五卷　(宋)晁載之輯　**益齋亂藁十卷拾
遺一卷集誌一卷**　(元)李齊賢撰　清同治元年
至十三年(1862－1874)南海伍氏刻本　四冊

320000－1602－0002267　A000100384

至正直記四卷　（元）孔齊撰　清同治元年(1862)南海伍氏刻本　二冊

320000－1602－0002268　A000100385

鳳氏經說三卷　（清）鳳韶撰　清同治元年(1862)南海伍氏刻本　一冊

320000－1602－0002269　A000100386

比雅十九卷　（清）洪亮吉撰　清咸豐七年(1857)南海伍氏刻本　一冊

320000－1602－0002270　A000100387

廣釋名二卷　（清）張金吾撰　清咸豐十年(1860)南海伍氏刻本　一冊

320000－1602－0002271　A000100388

對數簡法二卷續一卷外切密率四卷假數測圓二卷　（清）戴煦撰　清同治二年(1863)南海伍氏刻本　五冊

320000－1602－0002272　A000100389

乾道臨安志十五卷首一卷　（宋）周淙纂修　清光緒元年(1875)南海伍氏刻本　一冊

320000－1602－0002273　A000100390

京口耆舊傳九卷　（宋）□□撰　清光緒元年(1875)南海伍氏刻本　三冊

320000－1602－0002274　A000100391

輿地碑記目四卷　（宋）王象之撰　紹興題名錄一卷　（□）□□撰　清咸豐十年至光緒元年(1860－1875)南海伍氏刻本　二冊

320000－1602－0002275　A000100392

寶祐登科錄一卷　（□）□□撰　清光緒元年(1875)南海伍氏刻本　一冊

320000－1602－0002276　A000100393

河朔訪古記三卷　（元）迺賢撰　清光緒元年(1875)南海伍氏刻本　一冊

320000－1602－0002277　A000100394

長物志十二卷　（明）文震亨撰　墨志一卷　（明）麻三衡撰　清同治十三年(1874)南海伍氏刻本　二冊

320000－1602－0002278　A000100395

320000－1602－0002278　A000100395

唐昭陵石蹟考畧五卷　（清）林侗撰　清同治十三年(1874)南海伍氏刻本　一冊

320000－1602－0002279　A000100396

瘞鶴銘考一卷　（清）汪士鋐撰　小山畫譜二卷　（清）鄒一桂撰　雲中紀程二卷　（清）高懋功撰　清同治元年至光緒元年(1862－1875)南海伍氏刻本　三冊

320000－1602－0002280　A000100397

太清神鑒六卷　（五代）王朴撰　清同治十三年(1874)南海伍氏刻本　一冊

320000－1602－0002281　A000100398

漢唐事箋前集十二卷後集八卷　（元）朱禮撰　清光緒元年(1875)南海伍氏刻本　三冊

320000－1602－0002282　A000100399

馭交紀十二卷　（明）張鏡心撰　清光緒元年(1875)南海伍氏刻本　三冊

320000－1602－0002283　A000100400

三國志補注六卷　（清）杭世駿撰　述學内篇三卷外篇一卷補遺一卷別錄一卷　（清）汪中撰　清光緒元年(1875)南海伍氏刻本　五冊

320000－1602－0002284　A000100401

黔書四卷　（清）田雯撰　清光緒元年(1875)南海伍氏刻本　一冊

320000－1602－0002285　A000100402

續黔書八卷　（清）張澍撰　清光緒元年(1875)南海伍氏刻本　一冊

320000－1602－0002286　A000100403

烟霞萬古樓文集六卷詩選二卷仲瞿詩錄一卷　（清）王曇撰　梅邊吹笛譜二卷補錄一卷（清）淩廷堪撰　清光緒元年(1875)南海伍氏刻本　四冊

320000－1602－0002287　A000100404

帝範二卷　（唐）太宗李世民撰　（唐）□□注　臣軌二卷　（唐）武則天撰　（唐）□□注　清咸豐六年(1856)南海伍氏刻本　一冊

320000－1602－0002288　A000100405

羣書治要五十卷　（唐）魏徵等輯　四聲等子

一卷 （□）□□撰　清咸豐七年至十一年
(1857－1861)南海伍氏刻本　十三冊

320000－1602－0002289　A000100406
周易新講義十卷　（宋）龔原撰　清咸豐十一
年(1861)南海伍氏刻本　五冊

320000－1602－0002290　A000100407
泰軒易傳六卷　（宋）李中正撰　清同治元年
(1862)南海伍氏刻本　三冊

320000－1602－0002291　A000100408
崔舍人玉堂類藁二十卷西垣類藁二卷附錄一
卷　（宋）崔敦詩撰　清同治元年(1862)南海
伍氏刻本　四冊

320000－1602－0002292　A000100409
唐才子傳十卷　（元）辛文房撰　清同治元年
(1862)南海伍氏刻本　三冊

320000－1602－0002293　A000100410
樂經律呂通解五卷　（清）汪紱撰　清同治元
年(1862)南海伍氏刻本　四冊

320000－1602－0002294　A000100411
六書轉注錄十卷　（清）洪亮吉撰　清咸豐七
年(1857)南海伍氏刻本　四冊

320000－1602－0002295　A000100412
季滄葦藏書目一卷　（清）季振宜撰　清光緒
元年(1875)南海伍氏刻本　一冊

320000－1602－0002296　A000100413
墨緣彙觀錄四卷　（清）安岐撰　清光緒元年
(1875)南海伍氏刻本　四冊

320000－1602－0002297　A000100414
兒易內儀以六卷　（明）倪元璐撰　清光緒十
一年(1885)南海伍氏刻本　一冊

320000－1602－0002298　A000100415
蜀中名勝記三十卷　（明）曹學佺撰　清光緒
元年(1875)南海伍氏刻本　八冊

320000－1602－0002299　A000100416
補宋書刑法志一卷　（清）郝懿行撰　清光緒
元年(1875)南海伍氏刻本　一冊

320000－1602－0002300　A000100417
姑溪居士文集五十卷後集二十卷　（宋）李之
儀撰　清光緒元年(1875)南海伍氏刻本
七冊

320000－1602－0002301　A000100418
授堂文鈔八卷　（清）武億撰　清光緒元年
(1875)南海伍氏刻本　三冊

320000－1602－0002302　A000100419
南北朝文鈔二卷　（清）彭兆蓀輯　清光緒元
年(1875)南海伍氏刻本　二冊

320000－1602－0002303　A000100420
[同治]上江兩縣志二十九卷首一卷　（清）莫
祥芝　（清）甘紹盤修　（清）汪士鐸等纂　清
同治十三年(1874)刻本　十二冊

320000－1602－0002304　A000100421
[同治]上江兩縣志二十九卷首一卷　（清）莫
祥芝　（清）甘紹盤修　（清）汪士鐸等纂　清
同治十三年(1874)刻本　九冊　缺六卷(二
下、三至六、十二)

320000－1602－0002305　A000100422
[同治]上江兩縣志二十九卷首一卷　（清）莫
祥芝　（清）甘紹盤修　（清）汪士鐸等纂　清
同治十三年(1874)刻本　十二冊

320000－1602－0002306　A000100423
寶華山志十五卷首一卷　（清）劉名芳纂修
清乾隆刻本　四冊

320000－1602－0002307　A000100424
寶華山志十五卷首一卷　（清）劉名芳纂修
清乾隆刻本　四冊

320000－1602－0002308　A000100425
桂林霜二卷　（清）蔣士銓撰　（清）張三禮評
文　（清）楊迎鶴正譜　清漁古堂刻本　一冊

320000－1602－0002309　A000100426
聖安皇帝本紀二卷　（清）顧炎武撰　清刻本
一冊

320000－1602－0002310　A000100461
子夏易傳十一卷　（春秋）卜商撰　清康熙十

九年(1680)刻本　二冊

320000－1602－0002311　A000100462

易數鈎隱圖三卷　(宋)劉枚撰　**遺論九事一卷**　(宋)劉枚撰　**横渠先生易說三卷**　(宋)張載撰　**易學一卷**　(宋)王湜撰　清康熙十九年(1680)刻本　二冊

320000－1602－0002312　A000100463

紫巌居士易傳十卷　(宋)張浚撰　清康熙十九年(1680)刻本　四冊

320000－1602－0002313　A000100464

童溪王先生易傳三十卷　(宋)王宗傳撰　清康熙十九年(1680)刻本　六冊

320000－1602－0002314　A000100465

易裨傳一卷外篇一卷　(宋)林至撰　**易圖說三卷**　(宋)吳仁傑撰　清康熙十九年(1680)刻本　一冊

320000－1602－0002315　A000100466

周易玩辭十六卷　(宋)項安世撰　清康熙十九年(1680)刻本　三冊

320000－1602－0002316　A000100467

東谷鄭先生易翼傳二卷　(宋)鄭汝諧撰　清康熙十九年(1680)刻本　二冊

320000－1602－0002317　A000100468

三易備遺十卷　(宋)朱元昇撰　清康熙十九年(1680)刻本　三冊

320000－1602－0002318　A000100469

丙子學易編一卷　(宋)李心傳撰　**易學啓蒙小傳一卷**　(宋)稅與權撰　清康熙十九年(1680)刻本　一冊

320000－1602－0002319　A000100470

易學啓蒙通釋二卷　(宋)胡方平撰　清康熙十九年(1680)刻本　一冊

320000－1602－0002320　A000100471

水村易鏡一卷　(宋)林光世撰　清康熙十九年(1680)刻本　一冊

320000－1602－0002321　A000100472

晦庵先生朱文公易說二十三卷　(宋)朱鑑輯

清康熙十九年(1680)刻本　八冊

320000－1602－0002322　A000100473

大易緝說十卷　(元)王申子撰　清康熙十九年(1680)刻本　五冊

320000－1602－0002323　A000100474

周易輯聞六卷　(宋)趙汝楳撰　清康熙十九年(1680)刻本　六冊

320000－1602－0002324　A000100475

周易傳義附錄十四卷首一卷　(宋)董楷撰　清康熙十九年(1680)刻本　十冊

320000－1602－0002325　A000100476

周易發明啓蒙翼傳三卷　(元)胡一桂撰　清康熙十九年(1680)刻本　二冊

320000－1602－0002326　A000100477

周易經傳集程朱解附錄纂注十四卷首一卷附一卷　(元)董真卿撰　清康熙十九年(1680)刻本　六冊

320000－1602－0002327　A000100478

易象圖說內篇三卷外篇三卷　(元)張理撰　**易圖通變五卷**　(宋)雷思齊撰　清康熙十九年(1680)刻本　一冊

320000－1602－0002328　A000100479

大易象數鈎深圖三卷　(元)張理撰　清康熙十九年(1680)刻本　一冊

320000－1602－0002329　A000100480

周易參義十二卷　(元)梁寅撰　清康熙十九年(1680)刻本　四冊

320000－1602－0002330　A000100481

合訂刪補大易集義粹言八十卷　(清)納蘭性德撰　清康熙十九年(1680)刻本　十九冊

320000－1602－0002331　A000100482

書古文訓十六卷　(宋)薛季宣撰　清康熙十九年(1680)刻本　四冊

320000－1602－0002332　A000100483

三山拙齋林先生尚書全解四十卷　(宋)林之奇撰　清康熙十九年(1680)刻本　十六冊

320000－1602－0002333　A000100484

程尚書禹貢論二卷後論一卷山川地理圖二卷
（宋）程大昌撰　清康熙十九年(1680)刻本
二册

320000－1602－0002334　A000100485

尚書說七卷　（宋）黃度撰　清康熙十九年
(1680)刻本　二册

320000－1602－0002335　A000100486

增修東萊書說三十五卷首一卷　（宋）呂祖謙
撰　（宋）時瀾修定　清康熙十九年(1680)刻
本　六册

320000－1602－0002336　A000100487

書疑九卷　（宋）王柏撰　清康熙十九年
(1680)刻本　一册

320000－1602－0002337　A000100488

書集傳或問二卷　（宋）陳大猷撰　清康熙十
九年(1680)刻本　二册

320000－1602－0002338　A000100489

杏溪傅氏禹貢集解二卷　（宋）傅寅撰　清康
熙十九年(1680)刻本　二册

320000－1602－0002339　A000100490

尚書詳解十三卷　（宋）胡士行撰　清康熙十
九年(1680)刻本　三册

320000－1602－0002340　A000100491

尚書表注二卷　（宋）金履祥撰　清康熙十九
年(1680)刻本　一册

320000－1602－0002341　A000100492

尚書纂傳四十六卷　（元）王天與撰　清康熙
十九年(1680)刻本　四册

320000－1602－0002342　A000100493

書蔡氏傳輯錄纂注六卷首一卷　（元）董鼎撰
清康熙十九年(1680)刻本　三册

320000－1602－0002343　A000100494

尚書句解十三卷　（元）朱祖義撰　清康熙十
九年(1680)刻本　一册

320000－1602－0002344　A000100495

書集傳纂疏六卷首一卷　（元）陳櫟撰　清康

熙十九年(1680)刻本　三册

320000－1602－0002345　A000100496

尚書通攷十卷　（元）黃鎮成撰　清康熙十九
年(1680)刻本　四册

320000－1602－0002346　A000100497

王耕野先生讀書管見二卷　（元）王充耘撰
清康熙十九年(1680)刻本　一册

320000－1602－0002347　A000100498

定正洪範集說一卷首一卷　（元）胡一中撰
清康熙十九年(1680)刻本　一册

320000－1602－0002348　A000100499

毛詩指說一卷　（唐）成伯璵撰　清康熙十九
年(1680)刻本　一册

320000－1602－0002349　A000100500

詩本義十五卷　（宋）歐陽修撰　清康熙十九
年(1680)刻本　一册　缺七卷(一至七)

320000－1602－0002350　A000100501

李迂仲黃實夫毛詩集解四十二卷首一卷
(宋)李樗　（宋）黃櫄講義　（宋）呂祖謙釋
音　清康熙十九年(1680)刻本　十二册　缺
五卷(三十四至三十八)

320000－1602－0002351　A000100502

毛詩名物解二十卷　（宋）蔡卞撰　清康熙十
九年(1680)刻本　一册

320000－1602－0002352　A000100503

詩說一卷　（宋）張耒撰　**詩疑二卷**　（宋）王
柏撰　**詩傳遺說六卷**　（宋）朱鑑撰　清康熙
十九年(1680)刻本　二册

320000－1602－0002353　A000100504

逸齋詩補傳三十卷篇目一卷　（宋）范處義撰
清康熙十九年(1680)刻本　七册

320000－1602－0002354　A000100505

詩集傳名物鈔八卷　（元）許謙撰　清康熙十
九年(1680)刻本　四册

320000－1602－0002355　A000100506

詩經疑問七卷　（元）朱倬撰　**附編一卷**
(宋)趙惪撰　**詩解頤四卷**　（明）朱善撰　清

117

康熙十九年(1680)刻本　二冊

320000－1602－0002356　A000100507

春秋尊王發微十二卷附錄一卷　（宋)孫復撰
　清康熙十九年(1680)刻本　二冊

320000－1602－0002357　A000100508

春秋皇綱論五卷　（宋)王晳撰　清康熙十九
年(1680)刻本　一冊

320000－1602－0002358　A000100509

春秋劉氏傳十五卷　（宋)劉敞撰　清康熙十
九年(1680)刻本　二冊

320000－1602－0002359　A000100510

春秋權衡十七卷　（宋)劉敞撰　清康熙十九
年(1680)刻本　三冊

320000－1602－0002360　A000100511

劉氏春秋意林二卷　（宋)劉敞撰　清康熙十
九年(1680)刻本　二冊

320000－1602－0002361　A000100512

春秋年表一卷　（□)□□撰　**春秋名號歸一
圖二卷**　（五代)馮繼先撰　清康熙十九年
(1680)刻本　一冊

320000－1602－0002362　A000100513

春秋臣傳三十卷　（宋)王當撰　清康熙十九
年(1680)刻本　三冊

320000－1602－0002363　A000100514

木訥先生春秋經筌十六卷　（宋)趙鵬飛撰
清康熙十九年(1680)刻本　八冊

320000－1602－0002364　A000100515

石林先生春秋傳二十卷　（宋)葉夢得撰　清
康熙十九年(1680)刻本　四冊

320000－1602－0002365　A000100516

止齋先生春秋後傳十二卷　（宋)陳傅良撰
清康熙十九年(1680)刻本　二冊

320000－1602－0002366　A000100517

春秋集解三十卷　（宋)呂祖謙撰　清康熙十
九年(1680)刻本　十冊

320000－1602－0002367　A000100518

左氏傳說二十卷　（宋)呂祖謙撰　清康熙十
九年(1680)刻本　三冊

320000－1602－0002368　A000100519

春秋左氏傳事類始末五卷附錄一卷　（宋)章
衝撰　清康熙十九年(1680)刻本　三冊

320000－1602－0002369　A000100520

春秋提綱十卷　（宋)陳則通撰　清康熙十九
年(1680)刻本　二冊

320000－1602－0002370　A000100521

春秋王霸列國世紀編三卷　（宋)李琪撰　清
康熙十九年(1680)刻本　一冊

320000－1602－0002371　A000100522

春秋通說十三卷　（宋)黃仲炎撰　清康熙十
九年(1680)刻本　三冊

320000－1602－0002372　A000100523

春秋集注十一卷綱領一卷　（宋)張洽撰　清
康熙十九年(1680)刻本　三冊

320000－1602－0002373　A000100524

春秋或問二十卷　（宋)呂大圭撰　清康熙十
九年(1680)刻本　四冊

320000－1602－0002374　A000100525

則堂先生春秋集傳詳說三十卷綱領一卷
（宋)家鉉翁撰　清康熙十九年(1680)刻本
八冊

320000－1602－0002375　A000100526

春秋類對賦一卷　（宋)徐晉卿撰　**春秋諸國
統紀六卷**　（元)齊履謙撰　清康熙十九年
(1680)刻本　二冊

320000－1602－0002376　A000100527

春秋本義三十卷首一卷　（元)程端學撰　清
康熙十九年(1680)刻本　九冊

320000－1602－0002377　A000100527

春秋本義三十卷首一卷　（元)程端學撰　清
康熙十九年(1680)刻本　九冊

320000－1602－0002378　A000100528

春秋或問十卷　（元)程端學撰　清康熙十九
年(1680)刻本　二冊

320000 - 1602 - 0002379　A000100529

春秋集傳十五卷　（元）趙汸撰　（明）倪尚誼校定　清康熙十九年(1680)刻本　四冊

320000 - 1602 - 0002380　A000100530

春秋屬辭十五卷　（元）趙汸撰　清康熙十九年(1680)刻本　六冊

320000 - 1602 - 0002381　A000100531

春秋師說三卷附錄二卷　（元）趙汸撰　清康熙十九年(1680)刻本　一冊

320000 - 1602 - 0002382　A000100532

春秋左氏傳補注十卷　（元）趙汸撰　清康熙十九年(1680)刻本　一冊

320000 - 1602 - 0002383　A000100533

春秋諸傳會通二十四卷首一卷　（元）李廉撰　清康熙十九年(1680)刻本　五冊

320000 - 1602 - 0002384　A000100534

春秋集傳釋義大成十二卷首一卷　（元）俞皐撰　清康熙十九年(1680)刻本　五冊

320000 - 1602 - 0002385　A000100535

清全齋讀春秋編十二卷　（元）陳深撰　清康熙十九年(1680)刻本　二冊

320000 - 1602 - 0002386　A000100536

春秋春王正月攷一卷辨疑一卷　（明）張以寧撰　清康熙十九年(1680)刻本　一冊

320000 - 1602 - 0002387　A000100537

東嵓周禮訂義八十卷首一卷　（宋）王與之撰　清康熙十九年(1680)刻本　二十冊

320000 - 1602 - 0002388　A000100538

鬳齋攷工記解二卷　（宋）林希逸撰　清康熙十九年(1680)刻本　二冊

320000 - 1602 - 0002389　A000100539

儀禮圖十七卷　（宋）楊復撰　清康熙十九年(1680)刻本　六冊

320000 - 1602 - 0002390　A000100540

禮記集說一百六十卷　（宋）衛湜撰　清康熙十九年(1680)刻本　四十冊

320000 - 1602 - 0002391　A000100541

禮經會元四卷　（宋）葉時撰　清康熙十九年(1680)刻本　四冊

320000 - 1602 - 0002392　A000100542

太平經國之書十一卷首一卷　（宋）鄭伯謙撰　夏小正戴氏傳四卷　（宋）傅崧卿注　清康熙十九年(1680)刻本　二冊

320000 - 1602 - 0002393　A000100543

儀禮集說十七卷　（元）敖繼公撰　清康熙十九年(1680)刻本　十冊

320000 - 1602 - 0002394　A000100544

孝經注解一卷　（唐）玄宗李隆基注　（宋）司馬光解　（宋）范祖禹說　清康熙十九年(1680)刻本　一冊

320000 - 1602 - 0002395　A000100545

南軒先生論語解十卷　（宋）張栻撰　清康熙十九年(1680)刻本　二冊

320000 - 1602 - 0002396　A000100546

論語集說十卷　（宋）蔡節撰　清康熙十九年(1680)刻本　三冊

320000 - 1602 - 0002397　A000100547

南軒先生孟子說七卷　（宋）張栻撰　清康熙十九年(1680)刻本　三冊

320000 - 1602 - 0002398　A000100548

孟子集注集疏十四卷　（宋）蔡模撰　孟子音義二卷　（宋）孫奭撰　清康熙十九年(1680)刻本　三冊

320000 - 1602 - 0002399　A000100549

大學纂疏一卷　（宋）趙順孫撰　清康熙十九年(1680)刻本　十二冊

320000 - 1602 - 0002400　A000100550

大學集編一卷　（宋）真德秀撰　清康熙十九年(1680)刻本　六冊

320000 - 1602 - 0002401　A000100551

大學通一卷　（元）胡炳文撰　清康熙十九年(1680)刻本　五冊

320000 - 1602 - 0002402　A000100552

大學章句纂箋一卷 （元）詹道傳撰 清康熙十九年(1680)刻本 十冊

320000 - 1602 - 0002403 A000100553
大學集說啓蒙一卷 （元）景星撰 清康熙十九年(1680)刻本 二冊

320000 - 1602 - 0002404 A000100554
經典釋文三十卷 （唐）陸德明撰 清康熙十九年(1680)刻本 十冊

320000 - 1602 - 0002405 A000100555
公是先生七經小傳三卷 （宋）劉敞撰 清康熙十九年(1680)刻本 一冊

320000 - 1602 - 0002406 A000100556
六經奧論六卷首一卷 （宋）鄭樵撰 清康熙十九年(1680)刻本 二冊

320000 - 1602 - 0002407 A000100557
六經正誤六卷 （宋）毛居正撰 清康熙十九年(1680)刻本 二冊

320000 - 1602 - 0002408 A000100558
熊先生經說七卷 （元）熊朋來撰 清康熙十九年(1680)刻本 二冊

320000 - 1602 - 0002409 A000100559
十一經問對五卷 （元）何異孫撰 清康熙十九年(1680)刻本 一冊

320000 - 1602 - 0002410 A000100560
五經蠡測六卷 （明）蔣悌生撰 清康熙十九年(1680)刻本 二冊

320000 - 1602 - 0002411 A000100561
三國志六十五卷 （晉）陳壽撰 （南朝宋）裴松之注 清同治九年(1870)金陵書局刻本 八冊

320000 - 1602 - 0002412 A000100562
陳書三十六卷 （唐）姚思廉撰 清同治十一年(1872)金陵書局刻本 四冊

320000 - 1602 - 0002413 A000100563
晉略六十六卷 （清）周濟撰 清道光十九年(1839)味雋齋刻本 十二冊

320000 - 1602 - 0002414 A000100564
後漢書一百二十卷 （南朝宋）范曄撰 （唐）李賢注 （晉）司馬彪續 （南朝梁）劉昭注補 清同治八年(1869)金陵書局刻本 十六冊

320000 - 1602 - 0002415 A000100565
前漢書一百二十卷 （漢）班固撰 （漢）班昭續 （唐）顏師古注 清同治八年(1869)金陵書局刻本 八冊 缺三十二卷(一至三十二)

320000 - 1602 - 0002416 A000100566
梁書五十六卷 （唐）姚思廉撰 清同治十三年(1874)金陵書局刻本 五冊 缺六卷(一至六)

320000 - 1602 - 0002417 A000100567
遼史一百十六卷 （元）脫脫等撰 明嘉靖八年(1529)刻清順治十六年(1659)、康熙三十九年(1700)遞修本 八冊 存四十七卷(本紀一至三十、志一至十七)

320000 - 1602 - 0002418 A000100568
北齊書五十卷 （唐）李百藥撰 清同治十三年(1874)金陵書局刻本 四冊

320000 - 1602 - 0002419 A000100569
晉書一百三十卷 （□）□□撰 清同治十年(1871)金陵書局刻本 二十冊

320000 - 1602 - 0002420 A000100570
前漢書一百二十卷 （漢）班固撰 （漢）班昭續 （唐）顏師古注 清同治八年(1869)金陵書局刻本 十六冊

320000 - 1602 - 0002421 A000100571
北史一百卷 （唐）李延壽撰 清同治十一年(1872)金陵書局刻本 二十冊

320000 - 1602 - 0002422 A000100572
後漢書一百二十卷 （南朝宋）范曄撰 （唐）李賢注 （晉）司馬彪續 （南朝梁）劉昭注補 清同治八年(1869)金陵書局刻本 五冊 存三十五卷(十八至二十五、三十二至三十九、四十六至五十三、六十八至七十四、八十二至八十五)

320000－1602－0002423　A000100573

通俗編三十八卷　（清）翟灝撰　清乾隆仁和翟灝無不宜齋刻本　八冊

320000－1602－0002424　A000100574

二家宮詞不分卷　（明）毛晉輯　明天啟毛氏綠君亭刻本　一冊

320000－1602－0002425　A000100575

三家宮詞三卷　（明）毛晉輯　明天啟毛氏綠君亭刻本　一冊

320000－1602－0002426　A000100576

金臺集二卷　（元）廼賢撰　（明）危素編　明毛氏汲古閣刻本　二冊

320000－1602－0002427　A000100577

新安二布衣詩八卷　（清）王士禎選　清康熙四十三年(1704)新安汪洪度刻本　二冊

320000－1602－0002428　A000100578

綿津山人詩集三十二卷　（清）宋犖撰　清康熙刻本　十二冊

320000－1602－0002429　A000100579

簡齋集十六卷　（宋）陳與義撰　清乾隆四十六年(1781)武英殿木活字印本　四冊

320000－1602－0002430　A000100580

薩天錫詩集三卷　（元）薩都剌撰　明海虞毛氏汲古閣刻本　三冊

320000－1602－0002431　A000100581

中說十卷　（隋）王通撰　（宋）阮逸注　明敬忍居刻本　二冊

320000－1602－0002432　A000100582

桐城方氏詩輯二卷　（清）方觀承撰　清同治七年(1868)方廷掄、方濤抄本　二冊

320000－1602－0002433　A000100583

李義山文集十卷　（唐）李商隱撰　（清）徐樹穀箋　（清）徐炯注　清康熙四十七年(1708)徐氏花豀草堂刻本　五冊

320000－1602－0002434　A000100584

文心雕龍十卷　（南朝梁）劉勰撰　（清）黃叔琳輯注　清乾隆六年(1741)養素堂刻本　四冊

320000－1602－0002435　A000100585

中州樂府一卷　（金）元好問輯　明毛氏汲古閣刻本　一冊

320000－1602－0002436　A000100586

六朝事迹編類十四卷　（宋）張敦頤輯　清光緒十三年(1887)寶章閣刻本　二冊

320000－1602－0002437　A000100587

石林詞一卷　（宋）葉夢得撰　明虞山毛晉汲古閣刻本　一冊

320000－1602－0002438　A000100588

珂雪詞二卷補遺一卷　（清）曹貞吉撰　清康熙十五年(1676)刻本　二冊

320000－1602－0002439　A000100589

衆妙集一卷　（宋）趙師秀輯　明海虞毛氏汲古閣刻本　一冊

320000－1602－0002440　A000100590

范忠宣公集文集二十卷奏議二卷遺文一卷附錄一卷補編一卷　（宋）范純仁撰　（清）范能浚編　清康熙四十六年(1707)范時崇歲寒堂刻本　六冊

320000－1602－0002441　A000100591

毛詩古音攷四卷讀詩拙言一卷　（明）陳第編　（明）焦竑訂　清乾隆二十七年(1762)徐時作崇本山堂刻本　五冊

320000－1602－0002442　A000100592

明史雜詠四卷　（清）嚴遂成撰　清乾隆刻本　一冊

320000－1602－0002443　A000100593

溫飛卿詩集九卷　（唐）溫庭筠撰　（明）曾益謙原注　（清）顧予咸補注　（清）顧嗣立重校　清康熙三十六年(1697)長洲顧嗣立秀野草堂刻本　四冊

320000－1602－0002444　A000100594

屈宋古音義三卷　（明）陳第撰　（明）焦竑閱　（清）徐時作訂　清乾隆三十二年(1767)刻本　三冊

320000－1602－0002445　A000100595

晁具茨先生詩集十五卷 （宋）晁沖之撰 清
刻本 四冊

320000－1602－0002446 A000100596
昌黎先生詩集注十一卷年譜一卷 （唐）韓愈
撰 （清）顧嗣立刪補 清康熙三十八年
(1699)長洲顧氏秀野草堂刻本 四冊

320000－1602－0002447 A000100597
隸辨八卷 （清）顧藹吉撰 清乾隆八年
(1743)天都黃晟刻本 八冊

320000－1602－0002448 A000100598
東坡烏臺詩案一卷 （宋）朋九萬撰 清乾隆
刻本 一冊

320000－1602－0002449 A000100599
唐才子傳十卷 （元）辛文房撰 清同治元年
(1862)木活字印本 三冊

320000－1602－0002450 A000100600
白燕倡和集六卷 （清）王之佐編 清嘉慶十
九年(1814)刻本 二冊

320000－1602－0002451 A000100601
啟禎宮詞二卷 （清）瞿紹基編 清嘉慶十六
年(1811)海隅鐵琴銅劍樓刻本 四冊

320000－1602－0002452 A000100602
盧陵歐陽文忠公全集一百五十三卷首一卷附
錄五卷 （宋）歐陽修撰 清嘉慶二十四年
(1819)友善書屋刻本 二十四冊

320000－1602－0002453 A000100603
李義山詩集三卷 （唐）李商隱撰 （清）朱鶴
齡箋注 （清）沈厚塽輯評 清同治九年
(1870)廣州倅署刻三色套印本 四冊

320000－1602－0002454 A000100604
李義山詩集三卷 （唐）李商隱撰 （清）朱鶴
齡箋注 （清）沈厚塽輯評 清同治九年
(1870)廣州倅署刻三色套印本 四冊

320000－1602－0002455 A000100605
玉井山館筆記一卷 （清）許宗衡撰 清同治
十三年(1874)吳縣潘氏刻本 一冊

320000－1602－0002456 A000100606

玉井山館詩餘一卷 （清）許宗衡撰 清同治
五年(1866)吳縣潘氏刻本 一冊

320000－1602－0002457 A000100607
十六國宮詞二卷 （清）周昇撰並注 清道光
二十年(1840)櫻西書屋刻本 二冊

320000－1602－0002458 A000100608
全史宮詞二十卷 （清）史夢蘭撰 清咸豐刻
本 六冊

320000－1602－0002459 A000100610
滄溟先生集三十卷附錄一卷 （明）李攀龍撰
清道光二十七年(1847)景福堂刻本 八冊

320000－1602－0002460 A000100611
白香山詩集四十卷年譜二卷 （唐）白居易撰
（清）汪立名編 清康熙一隅草堂刻本
六冊

320000－1602－0002461 A000100612
國朝詞綜續編二十四卷 （清）黃燮清編 清
同治十二年(1873)鄂垣刻本 八冊

320000－1602－0002462 A000100613
菊壽盦詞稿四卷 （清）姚輝第撰 清同治八
年(1869)木活字印本 二冊

320000－1602－0002463 A000100614
茂陵秋雨詞四卷 （清）王錫振撰 清咸豐九
年(1859)嘉平京師寓廬刻本 一冊

320000－1602－0002464 A000100615
水雲樓詞二卷 （清）蔣春霖撰 清同治十二
年(1873)湖南思賢書局刻本 一冊

320000－1602－0002465 A000100616
淮海秋笳集一卷 （清）李肇增編 清咸豐十
年(1860)遲雲山館刻本 一冊

320000－1602－0002466 A000100617
綠雪館詞五卷百合詞一卷 （清）張鴻卓撰
清道光刻本 三冊

320000－1602－0002467 A000100618
詞品六卷拾遺一卷 （明）楊慎撰 （清）李調
元校 清刻本 一冊

320000 – 1602 – 0002468　　A000100619

聚紅樹雅集詞四卷　　（清）高思齊　（清）謝章
鋌　（清）宋謙等撰　清咸豐六年（1856）刻本
二冊

320000 – 1602 – 0002469　　A000100620

紫雲詞一卷　　（清）丁煒撰　（清）朱彝尊選
清咸豐四年（1854）雁江景義堂刻本　　一冊

320000 – 1602 – 0002470　　A000100621

墨林今話十八卷續編一卷　　（清）蔣寶齡撰
（清）蔣茞生續編　清咸豐二年（1852）刻本
六冊

320000 – 1602 – 0002471　　A000100622

五代詩話十二卷　　（清）王士禎輯　（清）黃叔
琳校訂　清刻本　　四冊　　缺四卷（七至十）

320000 – 1602 – 0002472　　A000100623

念一史彈詞注二卷　　（明）楊慎撰　（明）吳如
珩注　清乾隆刻本　　二冊

320000 – 1602 – 0002473　　A000100624

中興閒氣集二卷　　（唐）高仲武輯　明崇禎元
年（1628）毛氏汲古閣刻本　　二冊

320000 – 1602 – 0002474　　A000100625

搜玉小集一卷　　（明）毛晉編　明崇禎元年
（1628）毛氏汲古閣刻本　　一冊

320000 – 1602 – 0002475　　A000100626

石湖詩集一卷　　（宋）范成大撰　月泉吟社一
卷　（宋）吳渭輯　明海虞毛氏汲古閣刻本
二冊

320000 – 1602 – 0002476　　A000100627

青邱高季迪先生詩集十八卷首一卷補遺一卷
扣舷集一卷鳧藻集五卷附錄一卷　　（明）高啟
撰　（清）金檀輯注　清雍正六年（1728）墨華
池館重印刻本　　十六冊

320000 – 1602 – 0002477　　A000100628

文恭集四十卷　　（宋）胡宿撰　清乾隆四十年
（1775）武英殿木活字印本　　十二冊

320000 – 1602 – 0002478　　A000100629

二十四泉草堂集十二卷　　（清）王蘋撰　清康

熙五十六年（1717）刻本　　四冊

320000 – 1602 – 0002479　　A000100630

重訂李義山詩集箋注三卷集外詩箋注一卷年
譜一卷　　（唐）李商隱撰　（清）朱鶴齡箋注
（清）程夢星刪補　清乾隆八年（1743）東河草
堂刻本　　八冊

320000 – 1602 – 0002480　　A000100631

瘦人詩餘四卷　　（清）李葵輯　清刻本　　一冊

320000 – 1602 – 0002481　　A000100632

湖海文傳七十五卷　　（清）王昶輯　清道光十
七年（1837）王紹基刻本　　十六冊

320000 – 1602 – 0002482　　A000100633

明三十家詩選初集八卷二集八卷　　（清）汪端
輯　清同治十二年（1873）蘊蘭吟館刻本
八冊

320000 – 1602 – 0002483　　A000100634

小學弦歌八卷　　（清）李元度選輯　清光緒刻
本　　四冊

320000 – 1602 – 0002484　　A000100635

清尊集十六卷　　（清）汪遠孫編　清道光十九
年（1839）錢唐汪氏振綺堂刻本　　四冊

320000 – 1602 – 0002485　　A000100636

後山詩注十二卷　　（宋）陳師道撰　（宋）任淵
注　清木活字印本　　六冊

320000 – 1602 – 0002486　　A000100637

燭湖集二十卷附編二卷　　（宋）孫應時撰　清
嘉慶八年（1803）孫氏靜遠軒刻本　　六冊

320000 – 1602 – 0002487　　A000100638

誠齋詩集十六卷　　（宋）楊萬里撰　清嘉慶刻
本　　十六冊

320000 – 1602 – 0002488　　A000100639

太師誠意伯劉文成公集二十卷首一卷　　（明）
劉基撰　清乾隆十一年（1746）南田劉氏果育
堂刻本　　十冊

320000 – 1602 – 0002489　　A000100640

卷施閣詩二十卷　　（清）洪亮吉撰　清刻本
六冊

320000 – 1602 – 0002490　A000100641

樹經堂詠史詩八卷　（清）謝啟昆撰　清刻本
二冊

320000 – 1602 – 0002491　A000100642

飲水詩集一卷　（清）納蘭性德撰　清道光二
十五年(1845)華亭張祥河刻本　二冊

320000 – 1602 – 0002492　A000100643

蓬萊閣詩錄四卷　（清）陳克家撰　清同治二
年(1863)刻本　二冊

320000 – 1602 – 0002493　A000100644

明宮雜詠四卷　（清）毛遇順撰　清道光十九
年(1839)刻本　二冊

320000 – 1602 – 0002494　A000100645

茶夢盦稿不分卷　（清）高望曾撰　寫糜樓遺
詞不分卷　（清）陳嘉撰　清同治九年(1870)
福州刻本　一冊

320000 – 1602 – 0002495　A000100646

曝書亭集詞注七卷　（清）朱彝尊撰　（清）李
富孫注　（清）嚴榮參　清道光九年(1829)嘉
興李富孫校經廎刻本　二冊

320000 – 1602 – 0002496　A000100647

絳跗山館詞錄三卷　（清）張金鏞撰　清同治
十年(1871)刻本　一冊

320000 – 1602 – 0002497　A000100648

拜石山房詞鈔四卷　（清）顧翰撰　清道光刻
本　一冊

320000 – 1602 – 0002498　A000100649

冬巢居士詞四卷　（清）汪潮生撰　清道光六
年(1826)刻本　一冊

320000 – 1602 – 0002499　A000100650

荔牆詞一卷　（清）汪曰楨撰　翠薇雅詞一卷
（清）戈載撰　清同治至光緒烏程汪曰楨刻
本　一冊

320000 – 1602 – 0002500　A000100651

藝概六卷　（清）劉熙載撰　清同治古桐書屋
刻本　四冊

320000 – 1602 – 0002501　A000100652

清異錄二卷　（宋）陶穀撰　清康熙刻本
二冊

320000 – 1602 – 0002502　A000100654

梅苑十卷　（宋）黃大輿輯　清刻本　二冊

320000 – 1602 – 0002503　A000100673

空青館詞稿三卷　（清）邊浴禮撰　清刻本
一冊

320000 – 1602 – 0002504　A000100674

詞綜三十八卷　（清）朱彝尊輯　（清）汪森增
定　（清）柯崇樸編次　（清）周篔僞辨　明詞
綜十二卷　（□）□□撰　國朝詞綜四十八卷
二集八卷　（清）王昶纂　清同治四年(1865)
亦西齋刻本　二十四冊

320000 – 1602 – 0002505　A000100675

詞選二卷附錄一卷　（清）張惠言錄　續詞選
二卷　（清）董毅錄　詞源二卷　（宋）張炎撰
詞旨一卷　（元）陸輔之撰　樂府指迷一卷
（宋）沈義父撰　清道光十年(1830)刻本
一冊

320000 – 1602 – 0002506　A000100678

草堂詩餘四集十七卷　（明）沈際飛　（明）錢
允治　（明）顧從敬等編　（明）沈際飛評點
明刻本　十五冊　缺一卷(草堂詩餘別集一)

320000 – 1602 – 0002507　A000100679

百末詞五卷詞餘一卷　（清）尤侗撰　清康熙
刻本　二冊

320000 – 1602 – 0002508　A000100684

東觀漢記二十四卷　（清）劉珍等撰　清乾隆
六十年(1795)掃葉山房刻本　二冊

320000 – 1602 – 0002509　A000100685

蓼懷堂琴譜不分卷　（清）雲志高編訂　清康
熙蓼懷堂刻本　四冊

320000 – 1602 – 0002510　A000100686

歷代循吏傳八卷　（清）朱軾　（清）蔡世遠輯
（清）張福昶纂　清雍正七年(1729)刻本
一冊

320000 – 1602 – 0002511　A000100687

四書典林三十卷　（清)江永編　（清)汪基參定　清雍正十三年(1735)糊經齋刻本　十冊

320000－1602－0002512　A000100688

玉堂鑑綱七十二卷總論一卷　（明)葉向高纂　明萬曆刻本　十四冊　缺二十六卷(一至四、八至十二、三十至三十二、四十至四十三、五十一至六十)

320000－1602－0002513　A000100689

東坡先生年譜一卷附宋史本傳一卷　（宋)王宗稷編　明刻本　一冊

320000－1602－0002514　A000100690

梅村集四十卷　（清)吳偉業撰　（清)顧湄（清)許旭訂　清刻本　六冊　缺四卷(二十一至二十四)

320000－1602－0002515　A000100691

篆字彙十二集　（清)佟世男編　清康熙多山堂刻本　十二冊

320000－1602－0002516　A000100692

正字通十二集卷首一卷　（明)張自烈撰（清)廖文英輯　清康熙刻本　二十一冊　缺半集(辰集下部)

320000－1602－0002517　A000100693

野客叢書三十卷附錄野老紀聞一卷　（宋)王楙撰　明萬曆會稽商氏半野堂刻本　四冊缺十卷(十七至二十六)

320000－1602－0002518　A000100694

古文賞音十二卷　（清)謝有煇輯　清康熙五十四年(1715)師儉閣刻本　一冊　存一卷(一)

320000－1602－0002519　A000100695

晚邨精選八大家古文不分卷　（清)呂留良輯　清康熙呂氏刻本　八冊

320000－1602－0002520　A000100696

漁洋山人精華錄訓纂十卷　（清)惠棟撰　清紅豆齋刻本　一冊　存一卷(三)

320000－1602－0002521　A000100697

重刻劍川姚氏本戰國策札記三卷　（清)黃丕烈撰　清嘉慶八年(1803)刻本　二冊

320000－1602－0002522　A000100698

古詩箋三十二卷　（清)王士禛編　（清)聞人倓箋　清乾隆芷蘭堂刻本　十冊　缺八卷(五言詩七至八、七言詩八至十三)

320000－1602－0002523　A000100699

後村雜著三卷　（清)王文治撰　清康熙四十七年(1708)挹香居刻本　六冊

320000－1602－0002524　A000100700

評注才子古文大家十七卷歷朝九卷　（清)王之績評注　（清)登淩士　（清)尚帝佐參訂清刻本　六冊　存十六卷(大家四至十七、歷朝一至二)

320000－1602－0002525　A000100701

廣東新語二十八卷　（清)屈大均撰　清康熙木天閣刻本　六冊

320000－1602－0002526　A000100702

東岳艸堂評訂唐詩鼓吹十卷　（元)郝天挺註（明)廖文炳解　（清)朱三錫評　清康熙自怡居刻本　二冊　存四卷(一至二、九至十)

320000－1602－0002527　A000100703

古文淵鑒六十四卷　（清)徐乾學等輯並注清康熙內府刻五色套印本　一冊　存二卷(三十六至三十七)

320000－1602－0002528　A000100704

唐荊川先生文集十八卷補遺一卷　（明)唐順之撰　清朱印刻本　一冊　存二卷(十三至十四)

320000－1602－0002529　A000100705

韓詩外傳十卷　（漢)韓嬰撰　清乾隆刻本一冊　存六卷(一至六)

320000－1602－0002530　A000100706

白香山詩集四十卷年譜二卷　（唐)白居易撰（清)汪立名編　清康熙一隅草堂刻本　二冊　存七卷(後集五至九、年譜二卷)

320000－1602－0002531　A000100707

書法正傳十卷　（清)馮武編　清世彩堂刻本

三冊　缺三卷(八至十)

320000 - 1602 - 0002532　A000100708
宋大家曾文定公文選二卷首一卷　(宋)曾鞏
撰　(清)彭期編　(清)湯爆評點　清康熙刻
本　一冊

320000 - 1602 - 0002533　A000100709
四大奇書第一種五十一卷百二十回　(明)羅
貫中撰　(清)毛宗崗　(清)金聖歎評　清經
綸堂刻本　十冊

320000 - 1602 - 0002534　A000100710
前漢書一百二十卷　(漢)班固撰　(唐)顏師
古注　清金陵書局刻本　十五冊　存一百十
三卷(八至一百二十)

320000 - 1602 - 0002535　A000100711
直齋書錄解題二十二卷　(宋)陳振孫撰　清
刻本　六冊

320000 - 1602 - 0002536　A000100712
揚州畫舫錄十八卷　(清)李斗撰　清乾隆六
十年(1795)刻同治十一年(1872)重修本
六冊

320000 - 1602 - 0002537　A000100713
揚州畫舫錄十八卷　(清)李斗撰　清乾隆六
十年(1795)刻同治十一年(1872)重修本
六冊

320000 - 1602 - 0002538　A000100714
茅山志十四卷　(清)笪蟾光編　清康熙古吳
朱茂如刻本　六冊

320000 - 1602 - 0002539　A000100715
啓雋類函一百〇七卷目錄九卷　(明)俞安期
輯　明刻本　四十七冊　缺三卷(近體五十
八至六十)

320000 - 1602 - 0002540　A000100716
前漢書一百二十卷　(漢)班固撰　(漢)班昭
續　(唐)顏師古注　清同治八年(1869)金陵
書局刻本　十三冊　缺八卷(十六至二十、二
十六至二十七、三十三)

320000 - 1602 - 0002541　A000100717

孝經注疏九卷校勘記九卷　(宋)邢昺注疏
清嘉慶二十年(1815)江西書局刻同治十二年
(1873)重修本　二冊

320000 - 1602 - 0002542　A000100718
**周易兼義九卷音義一卷注疏校勘記九卷釋文
校勘記一卷**　(三國魏)王弼注　(唐)孔穎達
正義　清嘉慶二十年(1815)江西書局刻清同
治十二年(1873)重修本　八冊

320000 - 1602 - 0002543　A000100719
附釋音尚書注疏二十卷校勘記二十卷　(漢)
孔安國傳　(唐)陸德明音義　(唐)孔穎達疏
　清嘉慶二十年(1815)江西書局刻同治十二
年(1873)重修本　十冊

320000 - 1602 - 0002544　A000100720
附釋音周禮注疏四十二卷校勘記四十二卷
(漢)鄭玄注　(唐)陸德明音義　(唐)賈公
彥疏　清嘉慶二十年(1815)江西書局刻同治
十二年(1873)重修本　二十冊

320000 - 1602 - 0002545　A000100721
儀禮疏五十卷校勘記五十卷　(漢)鄭玄注
(唐)陸德明音義　(唐)賈公彥疏　清嘉慶二
十年(1815)江西書局刻同治十二年(1873)重
修本　十六冊

320000 - 1602 - 0002546　A000100722
附釋音禮記注疏六十三卷校勘記六十三卷
(漢)鄭玄注　(唐)陸德明音義　(唐)孔穎
達疏　清嘉慶二十年(1815)江西書局刻同治
十二年(1873)重修本　三十二冊

320000 - 1602 - 0002547　A000100723
附釋音春秋左傳注疏六十卷校勘記六十卷
(晉)杜預注　(唐)陸德明音義　(唐)孔穎
達疏　清嘉慶二十年(1815)江西書局刻同治
十二年(1873)重修本　三十二冊

320000 - 1602 - 0002548　A000100724
**監本附音春秋公羊注疏二十八卷校勘記二十
八卷**　(漢)何休注　(唐)陸德明音義　清嘉
慶二十年(1815)江西書局刻同治十二年
(1873)重修本　十冊

320000 - 1602 - 0002549　A000100725

監本附音春秋穀梁注疏二十卷校勘記二十卷　（晉）范甯集解　（唐）陸德明音義　（唐）楊士勳疏　清嘉慶二十年(1815)江西書局刻同治十二年(1873)重修本　六冊

320000 - 1602 - 0002550　A000100726

論語注疏解經二十卷校勘記二十卷　（三國魏）何晏集解　（宋）邢昺疏　清嘉慶二十年(1815)江西書局刻同治十二年(1873)重修本　六冊

320000 - 1602 - 0002551　A000100727

爾雅疏十卷校勘記十卷　（晉）郭璞注　（宋）邢昺校　清嘉慶二十年(1815)江西書局刻同治十二年(1873)重修本　六冊

320000 - 1602 - 0002552　A000100728

孟子注疏解經十四卷校勘記十四卷　（漢）趙岐注　（宋）孫奭疏　清嘉慶二十年(1815)江西書局刻同治十二年(1873)重修本　八冊

320000 - 1602 - 0002553　A000100729

昌黎先生集四十卷外集十卷遺文一卷　（唐）韓愈撰　清同治八年(1869)江蘇書局刻本　六冊

320000 - 1602 - 0002554　A000100730

長沙藥解四卷　（清）黃元御撰　（清）徐樹銘校　清燮龢精舍刻本　二冊

320000 - 1602 - 0002555　A000100731

孝經集傳四卷　（明）黃道周輯　（清）鄭開極重訂　清康熙刻本　四冊

320000 - 1602 - 0002556　A000100732

易象正十二卷初二卷終二卷　（明）黃道周輯　（清）鄭開極重訂　清康熙刻本　一冊　存（序、凡例、目次）

320000 - 1602 - 0002557　A000100733

三易洞璣十六卷　（明）黃道周輯　（清）鄭開極重訂　清康熙刻本　五冊

320000 - 1602 - 0002558　A000100734

西湖志纂十二卷首一卷　（清）沈德潛　（清）傅王露輯　（清）梁詩正纂　清乾隆二十年(1755)刻本　五冊

320000 - 1602 - 0002559　A000100735

資治通鑑綱目五十九卷　（宋）朱熹撰　明經廠刻本　七冊　存十三卷（三十八至四十一、四十六至四十七、五十至五十四、五十八至五十九）

320000 - 1602 - 0002560　A000100736

[同治]焦山志二十六卷首一卷　（清）吳雲輯　清同治十三年(1874)刻本　八冊

320000 - 1602 - 0002561　A000100737

廣陵通典十卷　（清）汪中撰　清同治八年(1869)揚州書局刻本　二冊

320000 - 1602 - 0002562　A000100738

揚州水道記四卷　（清）劉文淇撰　清同治十一年(1872)淮南書局刻本　二冊

320000 - 1602 - 0002563　A000100739

[同治]續纂揚州府志二十四卷　（清）方濬頤修　（清）晏端書等纂　清同治十三年(1874)刻本　八冊

320000 - 1602 - 0002564　A000100740

京口山水志十八卷首一卷末一卷　（清）楊棨撰　清道光二十七年(1847)刻本　四冊

320000 - 1602 - 0002565　A000100741

廣陵通典十卷　（清）汪中撰　清道光三年(1823)刻本　三冊

320000 - 1602 - 0002566　A000100742

釣翁類稿三卷　（清）單學傅輯　清咸豐八年(1858)拜詩閣刻本　一冊

320000 - 1602 - 0002567　A000100743

說文解字十四卷標目一卷　（漢）許慎撰　（宋）徐鉉校定　清嘉慶十二年(1807)藤花榭刻本　一冊　存八卷（說文解字一至七、標目一卷）

320000 - 1602 - 0002568　A000100744

野獲編三十卷首一卷補遺四卷　（明）沈德符撰　（清）錢枋輯　清道光七年(1827)錢塘姚芋田扶荔山房刻本　二十冊

320000 – 1602 –0002569　A000100745

江蘇詩徵一百八十三卷　（清）王豫輯　清刻本　二十冊　存一百卷（八十四至一百八十三）

320000 – 1602 –0002570　A000100746

七十生辰集不分卷　（清）甘延年編　清道光二十六年(1846)甘氏友恭堂刻本　一冊

320000 – 1602 –0002571　A000100747

史記一百三十卷　（漢）司馬遷撰　（南朝宋）裴駰集解　（唐）司馬貞索隱　（唐）張守節正義　清同治五年至九年(1866 – 1870)金陵書局刻本　二十冊

320000 – 1602 –0002572　A000100748

南史八十卷　（唐）李延壽撰　清同治十一年(1872)金陵書局刻本　十二冊

320000 – 1602 –0002573　A000100749

一切經音義二十五卷　（唐）釋元應撰　（清）莊炘　（清）錢坫　（清）孫星衍校正　清同治八年(1869)武林張氏寶晉齋刻本　四冊

320000 – 1602 –0002574　A000100750

白芙堂算學叢書二十三種　（清）丁取忠輯　清同治十一年至光緒三年(1872 – 1877)長沙古荷花池精舍刻本　三十二冊

320000 – 1602 –0002575　A000100751

北史識小錄十四卷　（清）沈名蓀　（清）朱昆田輯　（清）張應昌補正　清同治十年(1871)武林吳氏清來堂刻本　十二冊

320000 – 1602 –0002576　A000100752

輿地廣記三十八卷　（宋）歐陽忞撰　校勘輿地廣記札記二卷　（清）黃丕烈撰　清嘉慶十七年(1812)黃氏士禮居刻本　四冊

320000 – 1602 –0002577　A000100753

九章算術細草圖說九卷　（清）李潢撰　清嘉慶二十五年(1820)語鴻堂刻本　八冊

320000 – 1602 –0002578　A000100754

梅氏叢書輯要二十三種六十二卷首一卷　（清）梅文鼎撰　（清）梅毂成輯　清同治十三

年(1874)刻本　二十冊

320000 – 1602 –0002579　A000100755

春秋經傳集解三十卷　（晉）杜預注　清刻本　十二冊

320000 – 1602 –0002580　A000100756

李義山詩集三卷　（唐）李商隱撰　（清）朱鶴齡注　（清）沈厚塽輯評　清同治九年(1870)廣州倅署刻三色套印本　四冊

320000 – 1602 –0002581　A000100757

小腆紀年坿考二十卷　（清）徐鼒撰　清咸豐十一年(1861)刻本　十六冊

320000 – 1602 –0002582　A000100758

壬辰科直省同年錄不分卷　（□）□□撰　清道光二十六年(1846)龍文齋刻本　一冊

320000 – 1602 –0002583　A000100759

明史紀事本末八十卷　（清）谷應泰撰　清同治十三年(1874)江西書局刻本　二十冊

320000 – 1602 –0002584　A000100760

嶺南三大家詩選二十四卷　（清）王隼選　清同治七年(1868)南海陳氏刻本　四冊

320000 – 1602 –0002585　A000100761

周禮十二卷　（漢）鄭玄注　（唐）陸德明音義　清同治七年(1868)湖北崇文書局刻本　六冊

320000 – 1602 –0002586　A000100762

帝王表十四卷　（清）齊召南撰　（清）阮福續編　帝王廟諡年諱譜一卷　（清）陸費墀撰　清道光四年(1824)小琅嬛仙館刻本　六冊

320000 – 1602 –0002587　A000100763

附釋音毛詩注疏七十卷校勘記七十卷　（漢）毛亨傳　（漢）鄭玄箋　（唐）陸德明音義　（唐）孔穎達疏　清嘉慶二十年(1815)江西書局刻同治十二年(1873)重修本　二十四冊

320000 – 1602 –0002588　A000100764

史略八十七卷　（清）朱堃輯　清同治六年(1867)鄂城冷文秀堂刻本　十八冊

320000 – 1602 –0002589　A000100765

切問齋文鈔三十卷 （清）陸燿編 清同治八年(1869)金陵錢氏刻本 十一冊 缺三卷(六至八)

320000－1602－0002590 A000100766

[紹熙]雲間志三卷續一卷 （宋）楊潛纂修 清嘉慶十九年(1814)金陵華亭沈氏刻本 二冊

320000－1602－0002591 A000100767

陳文恭公手剳節要三卷 （清）陳宏謀撰 清同治七年(1868)湖北崇文書局刻本 一冊

320000－1602－0002592 A000100768

陶文毅公全集六十四卷首一卷末一卷 （清）陶澍撰 清道光二十年(1840)淮北士民刻本 三十九冊 缺二卷(一、首一卷)

320000－1602－0002593 A000100769

史記一百三十卷首一卷 （漢）司馬遷撰 （明）徐孚遠 （明）陳子龍測議 清道光十四年(1834)三元堂刻本 三十冊

320000－1602－0002594 A000100770

欽定書經圖說五十卷 （清）孫家鼐等修 清光緒三十一年(1905)刻本 十六冊

320000－1602－0002595 A000100771

道光己酉科直省舉貢同年錄不分卷 （清）蔣彬蔚等纂輯 清同治十二年(1873)刻本 六冊 存(順天、奉天、江南、江蘇、安徽、江西、浙江、福建、湖北、湖南、河南、山東、山西、廣東、廣西)

320000－1602－0002596 A000100772

歸餘鈔四卷 （清）高塘集評 清乾隆五十三年(1788)雙桐書屋刻本 八冊

320000－1602－0002597 A000100773

自遠堂琴譜十二卷 （清）吳灯輯 （清）李廷敬等鑒定 清嘉慶七年(1802)自遠堂刻本 十二冊

320000－1602－0002598 A000100774

汲古閣珍藏秘本書目一卷 （清）毛扆撰 季滄葦藏書目一卷 （清）季振宜撰 清嘉慶五年至十年(1800－1805)黃氏士禮居刻本 一冊

320000－1602－0002599 A000100775

河洛理數七卷 （宋）陳希夷撰 （明）史應選重訂 清文奎堂刻本 七冊

320000－1602－0002600 A000100776

洪範明義四卷 （明）黃道周輯 （清）鄭開極重訂 清康熙刻本 二冊

320000－1602－0002601 A000100777

表記集傳二卷 （明）黃道周輯 （清）鄭開極重訂 清康熙刻本 二冊

320000－1602－0002602 A000100778

坊記集傳二卷 （明）黃道周輯 （清）鄭開極重訂 清康熙刻本 二冊

320000－1602－0002603 A000100779

徐詩二卷 （清）徐夜撰 （清）王士禛批點 清刻本 一冊

320000－1602－0002604 A000100780

蕭亭詩選六卷 （清）張實居撰 （清）王士禛批點 清康熙刻本 一冊 缺三卷(四至六)

320000－1602－0002605 A000100781

柏梘山房文集十六卷後集一卷詩集十卷續集二卷駢體文二卷 （清）梅曾亮撰 清咸豐六年(1856)刻本 四冊 存十一卷(文集四至五、七至十三,詩續集二卷)

320000－1602－0002606 A000100782

古列女傳八卷 （漢）劉向撰 列女傳考證一卷 （清）顧廣圻撰 清嘉慶元年(1796)元和顧之逵小讀書堆刻本 四冊

320000－1602－0002607 A000100783

柳文四十三卷別集二卷外集二卷附錄一卷 （唐）柳宗元撰 （唐）劉禹錫編 清同治七年(1868)永江祠堂刻本 十二冊 缺五卷(別集二卷、外集二卷、附錄一卷)

320000－1602－0002608 A000100784

帶經堂集九十二卷 （清）王士正撰 （清）程哲校編 清乾隆七略書堂刻本 十五冊 缺

四十卷(鼉尾集詩一至二、續詩一至十、文一至八、續文一至二十)

320000－1602－0002609　A000100785
百苗圖不分卷　（□）□□撰　清石印本
一冊

320000－1602－0002610　A000100786
漢上易傳十一卷周易卦圖三卷周易叢說一卷
　（宋）朱震撰　清同治十二年（1873）廣州粵東書局刻本　五冊

320000－1602－0002611　A000100787
周易本義通釋十二卷輯錄雲峰文集易義一卷
　（元）胡炳文撰　清同治十二年（1873）廣州粵東書局刻本　四冊

320000－1602－0002612　A000100788
平平錄十卷　（清）楊芳撰　清道光十三年（1833）梓潼橋刻本　一冊

320000－1602－0002613　A000100789
易纂言十二卷首一卷　（元）吳澄撰　清同治十二年（1873）廣州粵東書局刻本　三冊

320000－1602－0002614　A000100790
周易本義集成十二卷首一卷　（元）熊良輔撰　清同治十二年（1873）廣州粵東書局刻本　三冊

320000－1602－0002615　A000100791
俞氏易集說十三卷　（元）俞琰撰　清同治十二年（1873）廣州粵東書局刻本　六冊

320000－1602－0002616　A000100792
學易記九卷首一卷　（元）李簡撰　讀易私言一卷　（元）許衡撰　清同治十二年（1873）廣州粵東書局刻本　六冊

320000－1602－0002617　A000100793
周易本義附錄纂注十五卷　（元）胡一桂撰　清同治十三年（1874）廣州粵東書局刻本　二冊

320000－1602－0002618　A000100794
吳中水利書一卷　（宋）單鍔撰　（清）路保和校訂　清同治十三年（1874）刻本　一冊

320000－1602－0002619　A000100795
史忠正公集四卷首一卷末一卷　（明）史可法撰　（清）史山清輯　清咸豐六年（1856）刻本　二冊

320000－1602－0002620　A000100796
飛鴻堂印譜五集四十卷　（清）汪啟淑藏並輯　清影印本　二十冊

320000－1602－0002621　A000100797
徐霞客遊記十卷補編一卷　（明）徐宏祖撰　（清）葉廷甲輯　清嘉慶十三年（1808）葉廷甲水心齋增刻本　二十冊

320000－1602－0002622　A000100798
詩句題解韻編六卷　（清）陳維屏輯　清道光十七年（1837）刻本　六冊

320000－1602－0002623　A000100799
述學內篇三卷外篇一卷補遺一卷別錄一卷　（清）汪中撰　清同治八年（1869）揚州書局刻本　二冊

320000－1602－0002624　A000100800
述學內篇三卷外篇一卷補遺一卷別錄一卷　（清）汪中撰　清同治八年（1869）揚州書局刻本　二冊

320000－1602－0002625　A000100801
五朝名臣言行錄十卷　（宋）朱熹輯　（宋）李衡校　三朝名臣言行錄十四卷　（宋）朱熹輯　（宋）李衡校　皇朝名臣言行續錄八卷　（宋）李幼武輯　清道光元年（1821）洪氏歙績學堂刻同治七年（1868）臨川桂氏重修本　五冊

320000－1602－0002626　A000100802
四朝名臣言行錄二十六卷　（宋）李幼武纂　清道光元年（1821）洪氏歙績學堂刻同治七年（1868）臨川桂氏重修本　四冊

320000－1602－0002627　A000100803
皇朝道學名臣言行外錄十七卷　（宋）李幼武輯　清道光元年（1821）洪氏歙績學堂刻同治七年（1868）臨川桂氏重修本　三冊

320000－1602－0002628　A000100804

湖海樓全集五十二卷　（清）陳維崧撰　（清）陳淮等編　清乾隆六十年(1795)浩然堂刻本　十六冊

320000－1602－0002629　A000100805

靳文襄公奏疏八卷　（清）靳輔撰　（清）靳治豫編　清刻本　八冊

320000－1602－0002630　A000100806

文選六十卷　（南朝梁）蕭統選　（唐）李善注　（清）何焯評　（清）葉樹藩訂　清學庫山房刻本　十一冊　缺六卷(三十九至四十四)

320000－1602－0002631　A000100807

瀛環志略十卷　（清）徐繼畬撰　清道光三十年(1850)福建刻本　六冊

320000－1602－0002632　A000100808

馮氏錦囊秘錄八種　（清）馮兆張纂輯　清嘉慶十八年(1813)會成堂刻本　十二冊　缺三十四卷(女科精要一至三,脈訣纂要一卷,外科精要一卷,修養靜功一卷,痘疹全集一至十五,雜症痘疹藥性主治合參首、一至十二)

320000－1602－0002633　A000100809

易話二卷　（清）焦循撰　清道光八年(1828)半九書塾刻本　一冊

320000－1602－0002634　A000100810

周易補疏二卷　（清）焦循撰　清道光八年(1828)半九書塾刻本　一冊

320000－1602－0002635　A000100811

春秋左傳補疏五卷　（清）焦循撰　清道光八年(1828)半九書塾刻本　一冊

320000－1602－0002636　A000100812

論語補疏三卷　（清）焦循撰　清道光八年(1828)半九書塾刻本　一冊

320000－1602－0002637　A000100813

禮記補疏三卷　（清）焦循撰　清道光八年(1828)半九書塾刻本　一冊

320000－1602－0002638　A000100814

毛詩補疏五卷　（清）焦循撰　清道光六年(1826)半九書塾刻本　一冊

320000－1602－0002639　A000100815

禹貢鄭注釋二卷　（清）焦循撰　清道光八年(1828)半九書塾刻本　一冊

320000－1602－0002640　A000100816

易通釋二十卷　（清）焦循撰　清道光八年(1828)半九書塾刻本　一冊　存三卷(十八至二十)

320000－1602－0002641　A000100817

滂喜齋叢書五十種　（清）潘祖蔭輯　清同治至光緒吳縣潘氏刻本　六冊　存二十種(虞氏易消息圖說初稿一卷、大誓答問一卷、求古錄禮說補遺一卷續一卷、公羊逸禮考徵一卷、吳頊儒遺書一卷、京畿金石考二卷、止觀輔行傳宏決一卷、炳燭編一至三、春秋左氏古義五至六、說文管見三卷、古韻論三卷、別雅訂五卷、許印林遺著一卷、鈕非石遺文一卷、鈕非石日記一卷、炳燭室雜文一卷、天馬山房詩別錄一卷、劉貴陽說經殘稿一卷、劉氏遺箸一卷、寶鐵齋金石文跋尾三卷)

320000－1602－0002642　A000100818

後漢書一百二十卷　（南朝宋）范曄撰　（唐）李賢注　（晉）司馬彪續　（南朝梁）劉昭注補　清同治八年(1869)金陵書局刻本　十二冊　缺三十卷(十一至十七、六十八至七十、八十一至一百)

320000－1602－0002643　A000100819

秣陵集六卷　（清）陳文述輯　清道光三年(1823)刻本　四冊

320000－1602－0002644　A000100820

蒙齋年譜一卷續一卷補一卷　（清）田雯撰　（清）田肇麗補編　清康熙德州田氏刻本　一冊　缺二卷(年譜一卷、續一卷)

320000－1602－0002645　A000100821

廿一史四譜五十四卷　（清）沈炳震鈔　清同治十年(1871)武林吳氏清來堂刻本　十二冊

320000－1602－0002646　A000100822

五代史記七十四卷　（宋）歐陽修撰　（宋）徐

無黨原注 （清）彭元瑞增注 清刻本 四十冊

320000－1602－0002647 A000100823
雲陽冷氏宗譜三十六卷 （□）□□撰 清同治十二年(1873)獻樂堂刻本 七冊 存七卷（一至二、四至六、九至十）

320000－1602－0002648 A000100824
吳郡圖經續記三卷 （宋）朱長文編 清同治十二年(1873)江蘇書局刻本 一冊

320000－1602－0002649 A000100825
人譜一卷 （明）劉宗周撰 清同治七年(1868)蕺山書院刻本 二冊

320000－1602－0002650 A000100826
熙朝宰輔錄不分卷 （清）潘世恩編 清道光二十八年(1848)刻本 一冊

320000－1602－0002651 A000100827
四聖懸樞五卷 （清）黃元御撰 （清）徐樹銘校 清燮酥精舍刻本 一冊

320000－1602－0002652 A000100828
傷寒說意十卷首一卷 （清）黃元御撰 （清）徐樹銘校 清燮酥精舍刻本 二冊

320000－1602－0002653 A000100829
未灰齋文外集一卷 （清）徐鼒撰 清咸豐刻本 一冊

320000－1602－0002654 A000100830
未灰齋文集八卷 （清）徐鼒撰 清咸豐刻本 一冊 存二卷(四至五)

320000－1602－0002655 A000100831
詞林正韻三卷發凡一卷 （清）戈載輯 清同治十二年(1873)刻本 二冊

320000－1602－0002656 A000100832
金精廖公秘授地學心法正傳書筴扒砂經四卷補遺一卷 （宋）廖禹撰 （宋）彭大雄集 （明)江之棟輯 （明）汪元標校 清嘉慶二十五年(1820)刻本 四冊 存四卷(一至二、四部分,補遺一卷）

320000－1602－0002657 A000100833

泛槎圖一卷 （清）張寶繪 清嘉慶二十四年(1819)刻本 一冊

320000－1602－0002658 A000100834
續泛槎圖一卷 （清）張寶編繪 清嘉慶二十五年(1820)刻本 一冊

320000－1602－0002659 A000100835
續泛槎圖三集一卷 （清）張寶編繪 清道光五年(1825)刻本 一冊

320000－1602－0002660 A000100836
灕江泛棹圖五集一卷 （清）張寶編繪 清道光十一年(1831)刻本 一冊

320000－1602－0002661 A000100837
續泛槎圖六集一卷 （清）張寶編繪 清道光十一年(1831)刻本 一冊

320000－1602－0002662 A000100838
皇清敕授修職郎誥封朝議大夫顯考警石府君年譜一卷 （清）錢應溥編 清同治三年(1864)刻本 一冊

320000－1602－0002663 A000100839
增補地理直指原真大全三卷首一卷 （清）釋如玉撰 清康熙三十五年(1696)指歸菴刻本 七冊

320000－1602－0002664 A000100840
金匱懸解二十二卷 （清）黃元御撰 清長沙徐樹銘燮酥精舍刻本 四冊

320000－1602－0002665 A000100841
燕子箋彈詞四卷十八回 （清）澹園氏編 清嘉慶九年(1804)刻本 三冊 缺一卷(三)

320000－1602－0002666 A000100842
拙修集十卷 （清）吳廷棟撰 清同治十年(1871)六安求我齋刻本 四冊

320000－1602－0002667 A000100843
青囊心印二卷 （清）王宗臣撰 清刻本 一冊

320000－1602－0002668 A000100844
正體類要二卷 （明）薛己撰 清刻本 一冊

320000－1602－0002669　A000100845

白石詩詞不分卷　（宋）姜夔撰　清刻本
一冊

320000－1602－0002670　A000100846

聽雨軒續紀一卷　題（清）清涼道人撰　清刻
本　一冊

320000－1602－0002671　A000100847

四書集注不分卷　（宋）朱熹撰　清同治十一
年（1872）金陵書局刻本　一冊　存二種（大
學、中庸）

320000－1602－0002672　A000100848

理學宗傳辨正十六卷附錄一卷　（清）劉廷詔
撰　（清）倭仁　（清）吳廷棟校訂　清同治十
一年（1872）六安求我齋刻本　六冊

320000－1602－0002673　A000100849

唐代叢書初集十七種　（清）王文誥輯　清刻
本　四冊　缺一種（松窗雜記）

320000－1602－0002674　A000100850

唐代叢書二集十八種　（清）王文誥輯　清刻
本　四冊

320000－1602－0002675　A000100851

唐代叢書三集三十一種　（清）王文誥輯　清
刻本　四冊

320000－1602－0002676　A000100852

唐代叢書四集三十八種　（清）王文誥輯　清
刻本　四冊

320000－1602－0002677　A000100853

唐代叢書五集二十九種　（清）王文誥輯　清
刻本　四冊

320000－1602－0002678　A000100854

唐代叢書六集三十一種　（清）王文誥輯　清
刻本　四冊

320000－1602－0002679　A000100855

諸葛忠武侯兵法六卷首一卷　（三國蜀）諸葛
亮撰　（清）張澍編　清刻本　一冊　存二卷
（二至三）

320000－1602－0002680　A000100856

忠武侯諸葛先生奇門遁甲六卷　（三國蜀）諸
葛亮撰　清刻本　一冊　存二卷（一至二）

320000－1602－0002681　A000100857

六如居士外集六卷　（明）唐寅撰　（清）唐仲
冕編　清刻本　三冊

320000－1602－0002682　A000100858

六如居士畫譜三卷　（明）唐寅輯　（清）唐仲
冕訂　清刻本　二冊

320000－1602－0002683　A000100859

六如居士制義一卷　（明）唐寅撰　（清）唐仲
冕編　清刻本　一冊

320000－1602－0002684　A000100860

史記一百三十卷　（漢）司馬遷撰　清金陵書
局刻本　三冊　存二十六卷（四十五至五十
二、八十四至九十三、一百十五至一百二十
二）

320000－1602－0002685　A000100861

左傳紀事本末五十三卷　（清）高士奇撰　清
同治十二年（1873）江西書局刻本　十二冊

320000－1602－0002686　A000100862

宋史紀事本末一百〇九卷　（明）馮琦原編
（明）陳邦瞻增訂　（明）張溥論正　清同治十
三年（1874）江西書局刻本　二十冊

320000－1602－0002687　A000100863

宋史紀事本末一百〇九卷　（明）馮琦原編
（明）陳邦瞻增訂　（明）張溥論正　清同治十
三年（1874）江西書局刻本　六冊　存三十五
卷（一至十四、二十九至四十九）

320000－1602－0002688　A000100864

元史紀事本末二十七卷　（明）陳邦瞻編
（明）張溥論正　清同治十三年（1874）江西書
局刻本　四冊

320000－1602－0002689　A000100865

通鑑紀事本末二百三十九卷　（宋）袁樞編輯
（明）張溥論正　清同治十三年（1874）江西
書局刻本　八十冊

320000－1602－0002690　A000100866

蔣丹林先生自紀年譜一卷 （清）蔣丹林撰
清道光刻本 一冊

320000－1602－0002691 A000100867
史餘二十卷 （清）陳堯松撰 （清）陳慶颺注
清同治三年(1864)刻本 五冊 存十九卷
（一至十九）

320000－1602－0002692 A000100868
增訂唐詩摘鈔十六卷 （清）朱之荊集注 清
乾隆十五年(1750)南屏草堂刻本 一冊 存
二卷(一至二)

320000－1602－0002693 A000100869
瀛環志略十卷 （清）徐繼畬撰 清同治十二
年(1873)揉雲樓刻本 三冊 存五卷(一至
二、六至八)

320000－1602－0002694 A000100870
歸田瑣記八卷 （清）梁章鉅撰 清刻本 三
冊 存六卷(三至八)

320000－1602－0002695 A000100871
王漁洋古體詩選三十二卷 （清）王士禎撰
清刻本 三冊 存十四卷(五言詩十二至十
七、七言詩一至八)

320000－1602－0002696 A000100872
硃批諭旨不分卷 （□）□□撰 清刻朱墨套
印本 存一冊(硃批袁立相奏摺等人一冊)

320000－1602－0002697 A000100873
煙霞萬古樓文集六卷 （清）王曇撰 清道光
刻本 二冊

320000－1602－0002698 A000100874
大六壬大全十三卷 （清）郭載騋輯 清刻本
一冊 存二卷(八至九)

320000－1602－0002699 A000100875
五知齋琴譜八卷 （清）周魯封輯 清刻本
一冊 存一卷(一)

320000－1602－0002700 A000100876
五知齋琴譜八卷 （清）周魯封輯 清刻本
一冊 存二卷(二至三)

320000－1602－0002701 A000100877

五知齋琴譜八卷 （清）周魯封輯 清刻本
一冊 存二卷(五至六)

320000－1602－0002702 A000100878
五知齋琴譜八卷 （清）周魯封輯 清刻本
一冊 存一卷(八)

320000－1602－0002703 A000100879
琴學入門二卷 （清）祝桐君鑒定 （清）李士
芳重較 （清）張靜薌輯 （清）吳嗣昭參訂
清同治十二年(1873)刻本 一冊 存一卷
（下)

320000－1602－0002704 A000100880
新刊便覽大學衍義補節要四卷 （宋）陳埴纂
輯 明刻本 八冊

320000－1602－0002705 A000100881
揚州畫舫錄十八卷 （清）李斗撰 清乾隆六
十年(1795)刻本 四冊

320000－1602－0002706 A000100882
宸垣識略十六卷 （清）吳長元輯 清刻本
五冊 存十卷(七至十六)

320000－1602－0002707 A000100883
說文管見三卷 （清）胡秉虔撰 清刻本
一冊

320000－1602－0002708 A000100884
持靜齋書目五卷 （清）丁日昌藏並編 清同
治九年(1870)豐順丁氏刻本 四冊 缺一卷
（一)

320000－1602－0002709 A000100885
文山先生文集二卷 （宋）文天祥撰 （清）張
伯行訂 清同治五年(1866)刻本 一冊 存
一卷(下)

320000－1602－0002710 A000100886
湖山類稿五卷 （宋）汪元量撰 （宋）劉辰翁
批點 清乾隆三十年(1765)知不足齋刻本
一冊 存三卷(三至五)

320000－1602－0002711 A000100887
治河方略十卷首一卷 （清）靳輔撰 清刻本
八冊 存八卷(三至十)

320000－1602－0002712　A000100888

說文引經考異十六卷　（清）柳榮宗撰　清同治六年(1867)刻本　三冊　存十二卷(五至十六)

320000－1602－0002713　A000100889

白香山詩集四十卷　（唐）白居易撰　（清）汪立名編　清康熙一隅草堂刻本　一冊　存五卷(後集十六至十七、別集一卷、補遺一至二)

320000－1602－0002714　A000100890

史記一百三十卷首一卷　（漢）司馬遷撰　（明）徐孚遠　（明）陳子龍測議　清道光十四年(1834)三元堂刻本　三十冊　缺五卷(十六至十七、二十二至二十四)

320000－1602－0002715　A000100891

古文分編集評四集二十二卷　（清）于光華編　清刻本　八冊　存十二卷(初集二、三集二至八、四集一至四)

320000－1602－0002716　A000100892

莊子因六卷　（清）林雲銘評述　清刻本　三冊　存三卷(四至六)

320000－1602－0002717　A000100893

春秋公羊傳不分卷　（漢）何休學　（明）閔齊伋裁注　清稽古樓刻本　四冊

320000－1602－0002718　A000100894

周易九卷　（三國魏）王弼注　（晉）韓康伯補注　清稽古樓刻本　四冊

320000－1602－0002719　A000100895

孟子七卷　（漢）趙岐注　（宋）朱熹集注　清稽古樓刻本　七冊

320000－1602－0002720　A000100896

新訂四書補注備旨十卷　（明）鄧林撰　（清）杜定基增訂　清刻本　一冊　存二卷(下論三至四)

320000－1602－0002721　A000100897

新增四書備旨靈捷解八卷　（清）張素存撰　（清）鄒蒼崖增補　清三讓堂刻本　五冊　缺二卷(五至六)

320000－1602－0002722　A000100898

周書五十卷　（唐）令狐德棻等撰　清同治十三年(1874)金陵書局刻本　四冊

320000－1602－0002723　A000100899

金陵水利論不分卷　（清）金濬撰　（清）甘福校　清道光十四年(1834)津逮樓刻本　一冊

320000－1602－0002724　A000100900

金陵水利論不分卷　（清）金濬撰　（清）甘福校　清道光十四年(1834)津逮樓刻本　一冊

320000－1602－0002725　A000100901

江南鄉試硃卷不分卷　（□）□□撰　清刻本　一冊

320000－1602－0002726　A000100902

江南鄉試題名錄同治六年丁卯科並補行辛酉科不分卷　（□）□□撰　清同治六年(1867)刻本　一冊

320000－1602－0002727　A000100903

宋元舊本書經眼錄三卷附錄二卷　（清）莫友芝編　清同治十二年(1873)刻本　一冊

320000－1602－0002728　A000100904

金陵韓氏族譜一卷　（清）韓印纂修　清同治九年(1870)李光明莊刻本　一冊

320000－1602－0002729　A000100905

重修鷲峰寺大殿碑記不分卷　（清）蔡世松撰　（清）祁寯藻書　清道光十九年(1839)金陵黃起鑴拓本　一冊

320000－1602－0002730　A000100906

金陵朱氏家集三十種　（清）朱廷佐等撰　清道光二十年(1840)金陵劉文楷刻本　四冊

320000－1602－0002731　A000100907

丁卯科江南棘闈聞見錄不分卷　（清）薛淇輯　清同治六年(1867)刻本　一冊

320000－1602－0002732　A000100909

金陵百詠一卷附錄一卷　（宋）曾極撰　清道光二十年(1840)金陵吳繼曾雙梧軒刻本　一冊

320000－1602－0002733　A000100910

石林居士建康集八卷補遺一卷　（宋）葉夢得撰　建康紀年略一卷　（清）孫廷瑄撰　清道光二十三年(1843)刻本　二冊

320000－1602－0002734　A000100912

寶華山志十五卷首一卷　（清）劉名芳纂修　清乾隆刻本　四冊

320000－1602－0002735　A000100913

鐘山書院志十六卷　（清）湯椿年纂輯　（清）金增編校　清雍正三年(1725)刻本　二冊

320000－1602－0002736　A000100914

金陵瑣事四卷　（明）周暉撰　（清）張燨補輯　清道光元年(1821)江寧李鼇文浩堂刻本　四冊

320000－1602－0002737　A000100915

金陵諸山形勢考不分卷　（清）蔣繡岑撰　（清）甘福校　清道光十二年(1832)津逮樓刻本　一冊

320000－1602－0002738　A000100918

邵位西遺文一卷　（清）邵懿辰撰　清同治四年(1865)望三益齋刻本　一冊

320000－1602－0002739　A000100919

南齊書五十九卷　（南朝梁）蕭子顯撰　清同治十三年(1874)金陵書局刻本　六冊

320000－1602－0002740　A000100920

居士傳五十六卷　（清）彭際清編　清刻本　一冊　存十四卷(十三至二十六)

320000－1602－0002741　A000100921

袁太史稿不分卷　（清）袁枚撰　（清）秦大士編　清道光十三年(1833)希樸齋刻本　一冊　存(論語部分)

320000－1602－0002742　A000100922

新鐫曆法便覽象吉備要通書大全二十九卷　（清）魏鑑彙述　清善成堂刻本　十一冊

320000－1602－0002743　A000100923

附釋音周禮注疏四十二卷校勘記四十二卷　（漢）鄭玄注　（唐）陸德明音義　（唐）賈公彥疏　清同治十二年(1873)刻本　十二冊

存二十三卷(二至三、五至十、十七至十八、二十一至二十二、二十四至二十七、三十一至三十二、三十五至三十六、三十九至四十一)

320000－1602－0002744　A000100924

儀禮疏五十卷校勘記五十卷　（漢）鄭玄注　（唐）陸德明音義　（唐）賈公彥疏　清同治十二年(1873)刻本　七冊　存十八卷(十三至十七、二十一至二十二、二十五至三十、四十至四十二、四十九至五十)

320000－1602－0002745　A000100925

東洲草堂詩鈔三十卷　（清）何紹基撰　清刻本　一冊　存二卷(五至六)

320000－1602－0002746　A000100926

石湖先生詩鈔不分卷　（宋）范成大撰　（清）周之鱗　（清）柴升選　清刻本　一冊

320000－1602－0002747　A000100927

三命通會十二卷　（明）萬民英撰　清刻本　一冊　存一卷(一)

320000－1602－0002748　A000100928

兩般秋雨盦隨筆八卷　（清）梁紹壬撰　清刻本　七冊　缺一卷(一)

320000－1602－0002749　A000100929

鳴原堂論文二卷　（清）曾國藩撰　清同治十二年(1873)勸志齋刻本　一冊　存一卷(上)

320000－1602－0002750　A000100930

明季北略二十四卷　（清）計六奇撰　清都城半松居士木活字印本　七冊　缺七卷(十二至十五、二十二至二十四)

320000－1602－0002751　A000100931

吳徵士遺集不分卷　（清）吳徵士撰　清同治二年(1863)刻本　一冊

320000－1602－0002752　A000100932

即山先生文鈔二卷　（明）沈承撰　即山先生詩鈔一卷　（明）沈承撰　螯泣集不分卷　（明）薄少君撰　清同治四年(1865)刻本　一冊

320000－1602－0002753　A000100933

六書音均表不分卷　（清）段玉裁撰　清同治十一年(1872)湖北崇文書局刻本　一冊　存（表一至三）

320000－1602－0002754　A000100934
心嚮往齋用陶韻詩二卷　（清）孔繼鑅撰　清道光二十九年(1849)刻本　一冊

320000－1602－0002755　A000100935
重訂文選集評十五卷首一卷末一卷　（南朝梁）蕭統選　（清）于光華編　清刻本　十一冊　缺五卷(一、七、九、十四,首一卷)

320000－1602－0002756　A000100936
昭代叢書二集五十卷　（清）張潮輯　清刻本　二冊　存六卷(三十七至三十八、四十至四十三)

320000－1602－0002757　A000100937
橘天園詩鈔四卷　（清）招茂章撰　清刻本　一冊

320000－1602－0002758　A000100938
水道提綱二十八卷　（清）齊召南撰　清乾隆四十一年(1776)刻本　七冊　缺三卷(一至三)

320000－1602－0002759　A000100939
明清進士題名碑錄不分卷　（□）□□撰　清刻本　存一冊(正德三年至嘉靖二年進士題名錄)

320000－1602－0002760　A000100940
廬陵宋丞相信國公文忠烈先生全集十六卷　(宋)文天祥撰　清道光二十八年(1848)仕江周日新堂刻本　八冊　缺三卷(一至二、十六)

320000－1602－0002761　A000100941
方輿紀要簡覽三十四卷　（清）顧祖禹撰　（清）潘鐸輯錄　清咸豐八年(1858)紅杏書屋刻本　十三冊　缺六卷(七至十、二十五至二十六)

320000－1602－0002762　A000100942
宋史紀事本末一百〇九卷　（明）馮琦原編　(明)陳邦瞻增訂　（明）張溥論正　清同治十

三年(1874)江西書局刻本　一冊　存五卷(二十九至三十三)

320000－1602－0002763　A000100943
宋史紀事本末一百〇九卷　（明）馮琦原編(明)陳邦瞻增訂　（明）張溥論正　清同治十三年(1874)江西書局刻本　二冊　存九卷(八十二至九十)

320000－1602－0002764　A000100944
元史紀事本末二十七卷　（明）陳邦瞻編(明)張溥論正　清刻本　一冊　存六卷(八至十三)

320000－1602－0002765　A000100945
浣花集十卷　（五代）韋莊撰　清刻本　二冊

320000－1602－0002766　A000100946
說文提要不分卷　（清）陳建侯撰　清同治十二年(1873)湖北崇文書局刻本　一冊

320000－1602－0002767　A000100947
盤山志十六卷首五卷　（清）蔣溥　（清）汪由敦　（清）董邦達纂修　清乾隆二十年(1755)刻本　一冊　缺二十卷(一至二、四至十六,首五卷)

320000－1602－0002768　A000100948
方望溪先生年譜一卷附錄一卷　（清）蘇惇元編　清咸豐刻本　一冊

320000－1602－0002769　A000100949
修真蒙引六十篇　（清）伍子先撰　清道光二十二年(1842)悟真齋刻本　一冊

320000－1602－0002770　A000100950
簷曝雜記六卷　（清）趙翼撰　清刻本　二冊

320000－1602－0002771　A000100951
香祖筆記十二卷　（清）王士禎撰　清刻本　二冊　存七卷(一至三、九至十二)

320000－1602－0002772　A000100952
香祖筆記十二卷　（清）王士禎撰　清刻本　一冊　存二卷(十一至十二)

320000－1602－0002773　A000100953
約退齋辨症錄六卷　（清）胡達縣輯　清道光

二十五年(1845)刻本　一冊　存三卷(一至三)

320000－1602－0002774　A000100954
百將圖傳二卷　(清)丁日昌編　清刻本　一冊　存一卷(下)

320000－1602－0002775　A000100955
隸辨八卷　(清)顧藹吉撰　清康熙五十七年(1718)刻本　一冊　缺七卷(二至八)

320000－1602－0002776　A000100956
藏書紀要一卷　(清)孫從添撰　裝潢志一卷　(清)周嘉冑撰　畫筌析覽一卷　(清)湯貽汾撰　清同治十年(1871)藏修書屋刻本　一冊

320000－1602－0002777　A000100957
清秘藏二卷　(明)張應文撰　南陽法書表一卷　(明)張丑撰　南陽名畫表一卷　(明)張丑撰　法書名畫見聞表一卷　(明)張丑撰　清河秘篋書畫表一卷　(明)張丑撰　清同治十年(1871)藏修書屋刻本　一冊

320000－1602－0002778　A000100958
張仲景注解傷寒百證歌五卷　(宋)許叔微撰　經絡歌訣一卷　(清)汪昂撰　傷寒六經定法一卷　(清)舒詔撰　傷寒問答一卷　(清)舒詔撰　清同治十年(1871)藏修書屋刻本　二冊

320000－1602－0002779　A000100959
藥證忌宜一卷　(清)陳澈撰　清同治十年(1871)藏修書屋刻本　一冊

320000－1602－0002780　A000100960
昭代名人尺牘小傳二十四卷　(清)吳修編　清同治十年(1871)藏修書屋刻本　二冊

320000－1602－0002781　A000100961
靈棋經二卷　(漢)東方朔撰　(晉)顏幼明(宋)何承天注　(元)陳師凱　(明)劉基解　清同治十年(1871)藏修書屋刻本　二冊

320000－1602－0002782　A000100962
獸經一卷　(明)黃省曾撰　虎苑二卷　(明)

王穉登撰　清同治十年(1871)藏修書屋刻本　一冊

320000－1602－0002783　A000100963
御覽書苑菁華二十卷　(宋)陳思纂　清同治十三年(1874)藏修書屋刻本　六冊

320000－1602－0002784　A000100964
遼詩話二卷　(清)周春輯　清同治十三年(1874)藏修書屋刻本　二冊

320000－1602－0002785　A000100965
無聲詩史七卷　(清)姜紹書輯　清同治十三年(1874)藏修書屋刻本　二冊

320000－1602－0002786　A000100966
馬氏南唐書三十卷　(宋)馬令撰　清光緒五年(1879)藏修書屋刻本　五冊

320000－1602－0002787　A000100967
陸氏南唐書十八卷音釋一卷　(宋)陸游撰　(元)戚光音釋　清光緒五年(1879)藏修書屋刻本　三冊

320000－1602－0002788　A000100968
玉臺書史一卷　(清)厲鶚撰　清光緒五年(1879)藏修書屋刻本　一冊

320000－1602－0002789　A000100969
玉臺畫史五卷別錄一卷　(清)湯漱玉輯　清光緒五年(1879)藏修書屋刻本　一冊

320000－1602－0002790　A000100970
詒晉齋集八卷　(清)成親王永瑆撰　清光緒五年(1879)藏修書屋刻本　三冊

320000－1602－0002791　A000100971
芳堅館題跋四卷　(清)郭尚先撰　清光緒五年(1879)藏修書屋刻本　二冊

320000－1602－0002792　A000100972
太乙照神經三卷　(清)劉學誠輯　清光緒五年(1879)藏修書屋刻本　三冊

320000－1602－0002793　A000100973
神相證驗百條二卷　(清)劉學誠輯　月波洞中記一卷　(三國吳)張仲元傳本　(宋)潘時竦述　清光緒五年(1879)藏修書屋刻本　二冊

320000 – 1602 – 0002794　A000100974

文選六十卷　（南朝梁）蕭統選　（唐）李善注
　　清同治八年(1869)金陵書局刻本　七冊
缺十八卷(七至十八、三十至三十五)

320000 – 1602 – 0002795　A000100975

麈談拾雅十種十卷　（清）劉節卿輯　清同治
八年(1869)藏修書屋刻本　一冊

320000 – 1602 – 0002796　A000100976

戰國策三十三卷　（漢）高誘注　清刻本　五
冊　存七卷(十一至十七)

320000 – 1602 – 0002797　A000100977

戰國策三十三卷　（漢）高誘注　清同治八年
(1869)湖北崇文書局刻本　四冊

320000 – 1602 – 0002798　A000100978

前漢書一百二十卷　（漢）班固撰　（唐）顏師
古注　清金陵書局刻本　一冊　存九卷(七
十至七十八)

320000 – 1602 – 0002799　A000100979

三國志六十五卷　（晉）陳壽撰　（南朝宋）裴
松之注　清刻本　二冊　存十一卷(十四至
二十四)

320000 – 1602 – 0002800　A000100980

淮軍平捻記十二卷　（清）周世澄撰　清刻本
　　一冊　存二卷(十一至十二)

320000 – 1602 – 0002801　A000100981

青邱高季迪先生詩集十八卷　（明）高啟撰
清刻本　三冊　存九卷(七至十五)

320000 – 1602 – 0002802　A000100982

三字經註解備旨二卷　（宋）王應麟撰　（清）
賀興思註解　清刻本　一冊　存一卷(下)

320000 – 1602 – 0002803　A000100983

三字經註解備旨二卷　（宋）王應麟撰　（清）
賀興思註解　清刻本　一冊　存一卷(下)

320000 – 1602 – 0002804　A000100984

三字經註解備要一卷　（宋）王應麟撰　（清）
賀興思註解　清刻本　一冊

320000 – 1602 – 0002805　A000100985

三十家詩鈔六卷　（清）曾國藩纂　（清）王定
安增輯　清刻本　六冊　缺五卷(一至三、五
至六)

320000 – 1602 – 0002806　A000100986

歷代年號記略一卷　（清）□□撰　清同治十
年(1871)亦園刻本　一冊

320000 – 1602 – 0002807　A000100987

惜抱軒詩集十卷後集十卷　（清）姚鼐撰　清
嘉慶三年(1798)刻本　二冊

320000 – 1602 – 0002808　A000100988

尚簡堂詩稿九卷　（清）韓印撰　清同治十三
年(1874)蘿川官廨刻本　二冊

320000 – 1602 – 0002809　A000100989

孝行錄不分卷　（□）□□撰　清道光二十四
年(1844)刻本　一冊

320000 – 1602 – 0002810　A000100990

有懷堂詩稿六卷　（清）韓菼撰　清刻本　一
冊　存一卷(一)

320000 – 1602 – 0002811　A000100991

文選六十卷　（南朝梁）蕭統選　（唐）李善注
　　清海祿軒刻本　十四冊　存七卷(一至二、
五十二至五十六)

320000 – 1602 – 0002812　A000100992

文選六十卷　（南朝梁）蕭統選　（唐）李善注
　　清刻本　二冊　存五卷(五十二至五十六)

320000 – 1602 – 0002813　A000100993

伊蒿室文集六卷　（清）王效成撰　清咸豐五
年(1855)刻本　一冊　存三卷(四至六)

320000 – 1602 – 0002814　A000100994

資治通鑑二百九十四卷目錄一卷　（宋）司馬
光撰　（元）胡三省音注　清刻本　一冊　存
一卷(目錄一卷)

320000 – 1602 – 0002815　A000100995

監本附音春秋穀梁注疏二十卷校勘記二十卷
　　（晉）范甯集解　（唐）楊士勳疏　清同治十
二年(1873)江西書局刻本　一冊　存三卷
(一至三)

320000－1602－0002816　A000100996

春秋三傳補注三卷　（清）姚鼐撰　清嘉慶十一年(1806)刻本　一冊

320000－1602－0002817　A000100997

書經體注大全合參六卷　（清）范翔鑒定　（清）張聖度訂　（清）錢希祥參　清致和堂刻本　四冊

320000－1602－0002818　A000100998

吳門畫舫錄二卷　題(清)西溪山人編　**吳門畫舫續錄三卷**　（清）箇中生編　**畫舫續錄投贈三卷**　（清）箇中生編　清同治十三年(1874)木活字印本　四冊

320000－1602－0002819　A000100999

吳門畫舫錄二卷　題(清)西溪山人編　**吳門畫舫續錄三卷**　（清）箇中生編　**畫舫續錄投贈三卷**　（清）箇中生編　清同治十三年(1874)木活字印本　三冊　缺一卷(吳門畫舫錄上)

320000－1602－0002820　A000101000

孟子注疏解經十四卷校勘記十四卷　（漢）趙岐注　（宋）孫奭疏　清刻本　二冊　存二卷(二、四)

320000－1602－0002821　A000101001

聊齋志異十六卷　（清）蒲松齡撰　（清）王士正評　清青柯亭刻本　十一冊　存十一卷(一、三至五、七、九、十一至十三、十五至十六)

320000－1602－0002822　A000101002

聊齋志異新評十六卷　（清）蒲松齡撰　（清）王士正評　（清）但明倫新評　清刻朱墨套印本　二冊　存二卷(九、十五)

320000－1602－0002823　A000101003

新書十卷　（漢）賈誼撰　清刻本　一冊　存五卷(一至五)

320000－1602－0002824　A000101004

繹史一百六十卷世系圖一卷年表一卷　（清）馬驌撰　清刻本　二十四冊　存九十卷(一至二十一、二十三至二十四、三十二至四十

四、五十一至五十五、六十六至九十六、一百〇一至一百〇六、一百三十五至一百四十、一百四十六至一百四十七、一百五十七至一百六十)

320000－1602－0002825　A000101005

五朝名臣言行錄十卷　（宋）朱熹輯　清刻本　一冊　存五卷(六至十)

320000－1602－0002826　A000101006

三朝名臣言行錄十四卷　（宋）朱熹輯　（宋）李衡校　清刻本　二冊

320000－1602－0002827　A000101007

皇朝名臣言行續錄八卷　（宋）李幼武輯　清刻本　一冊

320000－1602－0002828　A000101008

四朝名臣言行錄二十六卷　（宋）李幼武纂　清刻本　四冊

320000－1602－0002829　A000101009

皇朝道學名臣言行外錄十七卷　（宋）李幼武輯　清刻本　二冊　存十一卷(一至五、十二至十七)

320000－1602－0002830　A000101010

御纂周易折中二十二卷首一卷　（清）李光地等撰　清刻本　六冊　存十四卷(五至十八)

320000－1602－0002831　A000101011

南巡盛典一百二十卷　（清）高晉等纂　清刻本　六冊　存十二卷(九十四至一百〇五)

320000－1602－0002832　A000101012

繡像南北宋志傳二十卷　（明）研石山樵訂正　清刻本　十冊

320000－1602－0002833　A000101013

國朝先正事略六十卷　（清）李元度撰　清刻本　八冊　存十九卷(二十至三十四、三十七至四十)

320000－1602－0002834　A000101014

國朝先正事略六十卷　（清）李元度撰　清同治循陔草堂刻本　十二冊　存三十八卷(一至三、九至十二、十七至二十三、二十七至三

十、三十五至三十八、四十五至六十）

320000－1602－0002835　A000101015

國朝先正事略六十卷　（清）李元度撰　清同
治循陔草堂刻本　二十一冊　缺十一卷（二
十二、二十九至三十一、五十四至六十）

320000－1602－0002836　A000101016

**大清律例彙輯便覽四十卷督捕則例二卷五軍
道里表一卷三流道里表一卷**　（清）刑部制訂
　（清）湖北讞局彙輯　清同治十一年（1872）
湖北讞局刻本　二十三冊　缺十卷（二至三、
五至六、二十三至二十五、三十五，督捕則例
二卷）

320000－1602－0002837　A000101017

**國朝閨秀正始集二十卷附錄一卷補遺一卷題
詞一卷**　（清）惲珠輯　清道光十一年（1831）
紅香館刻本　七冊　存三卷（十八至二十）

320000－1602－0002838　A000101018

國朝閨秀正始續集十卷附錄一卷補遺一卷
（清）惲珠選　清道光十六年（1836）紅香館刻
本　四冊

320000－1602－0002839　A000101019

金匱要略淺注十卷　（漢）張仲景撰　（清）陳
念祖集注　清咸豐五年（1855）刻本　二冊
存四卷（七至十）

320000－1602－0002840　A000101020

經進文稿六卷　（清）高士奇撰　清刻本　四
冊　缺一卷（六）

320000－1602－0002841　A000101021

芥子園畫傳四集四卷　（清）丁皋等撰　清小
酉山房刻本　四冊

320000－1602－0002842　A000101022

芥子園畫傳四集四卷　（清）丁皋等撰　清刻
本　一冊　存一卷（寫真秘訣）

320000－1602－0002843　A000101023

芥子園畫傳四集四卷　（清）丁皋等撰　清刻
本　二冊　存二卷（三至四）

320000－1602－0002844　A000101024

芥子園畫傳初集六卷　（清）王概臨並編　清
刻本　二冊　存二卷（三至四）

320000－1602－0002845　A000101025

有正味齋駢體文二十四卷　（清）吳錫麒撰
（清）王廣業箋　清咸豐九年（1859）青箱塾刻
本　六冊

320000－1602－0002846　A000101026

六一山房詩集十卷　（清）董沛撰　清刻本
一冊　存五卷（六至十）

320000－1602－0002847　A000101027

亦有生齋集樂府二卷　（清）趙懷玉撰　清嘉
慶至道光刻本　一冊

320000－1602－0002848　A000101028

亦有生齋集詩三十二卷目錄一卷　（清）趙懷
玉撰　清嘉慶至道光刻本　十一冊

320000－1602－0002849　A000101029

亦有生齋集詞五卷　（清）趙懷玉撰　清嘉慶
至道光刻本　一冊

320000－1602－0002850　A000101030

亦有生齋集文二十卷　（清）趙懷玉撰　清嘉
慶至道光刻本　七冊

320000－1602－0002851　A000101031

桃花扇傳奇二卷四十出　題（清）雲亭山人撰
　清刻本　一冊　存一卷（上一至八出）

320000－1602－0002852　A000101032

桃花扇傳奇二卷四十出　題（清）雲亭山人撰
　清刻本　一冊　存一卷（下三十二至四十
出）

320000－1602－0002853　A000101033

南宋雜事詩七卷　（清）沈嘉轍等撰　清刻本
　二冊

320000－1602－0002854　A000101034

十國宮詞一百首一卷　（清）吳省蘭撰　清同
治十二年（1873）淮南書局刻本　一冊

320000－1602－0002855　A000101035

琴隱園詞稿一卷　（清）湯貽汾撰　**西湖櫓唱
詞一卷**　（清）薛時雨撰　清咸豐三年（1853）

刻本　一冊

320000－1602－0002856　A000101036
國地異名錄一卷　（清）林謙撰　清同治十年
(1871)刻本　一冊

320000－1602－0002857　A000101037
耐歌詞四卷首一卷　（清）李漁撰　清刻本
一冊　存二卷(三至四)

320000－1602－0002858　A000101038
笠翁一家言文集四卷　（清）李漁撰　清刻本
二冊　存五卷(文集四、詩集五至八)

320000－1602－0002859　A000101039
笠翁一家言別集二卷　（清）李漁撰　清刻本
一冊

320000－1602－0002860　A000101040
笠翁一家言二集十三卷　（清）李漁撰　清刻
本　三冊　存九卷(一至九)

320000－1602－0002861　A000101041
重刊補注洗冤錄集證五卷　（宋）宋慈撰
（清）王又槐增輯　（清）李觀瀾補輯　（清）
阮其新補注　清道光二十四年(1844)刻四色
套印本　三冊　存三卷(一至二、五)

320000－1602－0002862　A000101042
東周列國全志二十三卷　（清）蔡昇評點　清
咸豐四年(1854)書成山房刻本　十七冊　缺
七卷(二、五、十二至十四、十九、二十一)

320000－1602－0002863　A000101043
最樂編六卷　（明）高道淳輯　清同治二年
(1863)刻本　一冊　存一卷(一)

320000－1602－0002864　A000101044
周易外傳七卷　（清）王夫之撰　清刻本
四冊

320000－1602－0002865　A000101045
子史精華一百六十卷　（清）吳士玉輯　（清）
吳襄等輯　清刻本　四十八冊

320000－1602－0002866　A000101046
經史百家簡編二卷　（清）曾國藩纂　（清）曾
國荃訂　清同治十三年(1874)傳忠書局刻本

一冊　存一卷(上)

320000－1602－0002867　A000101047
圖注本草醫方合編六卷　（清）汪昂輯　清刻
本　一冊　存一卷(一)

320000－1602－0002868　A000101048
暖春書屋時文略一卷　（清）方俊撰　清同治
五年(1866)宏運書院刻本　一冊

320000－1602－0002869　A000101049
白門新柳記一卷題詞一卷附記一卷　（清）許
豫編　清同治十一年(1872)刻本　一冊

320000－1602－0002870　A000101050
十三經集字不分卷　（□）□□撰　清同治七
年(1868)刻本　存一冊

320000－1602－0002871　A000101051
詞選二卷　（清）張惠言輯　茗柯詞一卷
(清)張惠言撰　立山詞一卷　（清）張琦撰
清官書處刻本　一冊

320000－1602－0002872　A000101052
采石磯傳奇一卷　（清）蔣士銓填詞　（清）江
春正譜　清刻本　一冊

320000－1602－0002873　A000101053
御撰資治通鑑綱目三編二十卷　（清）張廷玉
等撰　清刻本　三冊　存十五卷(六至二十)

320000－1602－0002874　A000101054
資治通鑑二百九十四卷　（宋）司馬光撰
（元）胡三省音注　清刻本　三冊　存九卷
(三十七至三十九、四十九至五十一、一百六
十九至一百七十一)

320000－1602－0002875　A000101055
嬰童百問十卷　（明）魯伯嗣撰　清刻本
四冊

320000－1602－0002876　A000101056
婦嬰新說一卷　（英國）合信氏　（清）管茂材
撰　清咸豐八年(1858)刻本　一冊

320000－1602－0002877　A000101057
南疆繹史勘本三十卷首二卷　（清）溫睿臨撰
清都城琉璃廠半松居士刻本　二冊　存五

卷(二十二至二十四、首二卷)

320000－1602－0002878　A000101058
繹史摭遺十八卷　(清)李瑤撰　清道光十年(1830)古高易氏補刻本　三冊　存九卷(一至七、十三至十四)

320000－1602－0002879　A000101059
庾子山集十六卷總釋一卷　(清)倪璠注釋　清刻本　七冊　存十卷(三至七、十三至十六,總釋一卷)

320000－1602－0002880　A000101060
國朝駢體正宗十二卷　(清)曾燠輯　清嘉慶十一年(1806)刻本　二冊　存六卷(一至六)

320000－1602－0002881　A000101061
說文釋例二十卷　(清)王筠撰　清刻本　六冊　存十二卷(一至十二)

320000－1602－0002882　A000101062
濂洛風雅九卷　(清)張伯行輯　清刻本　一冊　存五卷(一至五)

320000－1602－0002883　A000101063
全人矩矱摘鈔四卷首一卷末一卷　(清)孫念劬編　清同治七年(1868)槐蔭書屋刻本　二冊

320000－1602－0002884　A000101064
駱賓王文集十卷　(唐)駱賓王撰　清道光十年(1830)江都石研齋刻本　一冊

320000－1602－0002885　A000101065
秘授命理須知滴天髓二卷　(明)劉基注　(清)程芝雲校　清百二漢鏡齋刻本　一冊

320000－1602－0002886　A000101066
駢體文鈔三十一卷　(清)李兆洛輯　清合河康氏刻本　八冊　存三卷(二十九至三十一)

320000－1602－0002887　A000101067
本草綱目五十二卷圖三卷　(明)李時珍撰　清同治十一年(1872)芥子園刻本　十八冊　缺二十九卷(三下、十六至十七、二十七至五十二)

320000－1602－0002888　A000101068
廿一史約編八卷首一卷　(清)鄭元慶纂　清康熙三十六年(1697)刻本　一冊　存一卷(首一卷)

320000－1602－0002889　A000101069
重訂古文雅正十四卷　(清)蔡世遠原本　(清)李矦立　(清)張季長參訂　清乾隆四十二年(1777)石竹山房刻本　四冊

320000－1602－0002890　A000101070
五子近思錄十四卷　(清)汪佑合編　(清)汪星溪訂補　清乾隆刻本　四冊

320000－1602－0002891　A000101071
朱子周易本義啓蒙四卷首一卷　(清)吳六書重訂　清雍正十二年(1734)光德堂刻本　一冊

320000－1602－0002892　A000101072
新纂門目五臣音註揚子法言十卷　(晉)李軌　(唐)柳宗元　(宋)宋咸　(宋)吳祕　(宋)司馬光撰　明嘉靖刻本　三冊

320000－1602－0002893　A000101073
新鐫歷法總覽合節鰲頭通書大全十卷　(清)熊守立纂　(清)熊秉懋重訂　清乾隆九年(1744)三多齋刻本　十冊

320000－1602－0002894　A000101074
新刻古今原始十五卷　(明)趙釴撰　(明)胡文煥校　明萬曆刻本　六冊　缺三卷(五至七)

320000－1602－0002895　A000101075
宋周公謹雲煙過眼錄四卷　(宋)周密撰　(明)陳繼儒訂　明刻本　四冊

320000－1602－0002896　A000101076
杜韓詩句集韻三卷　(清)汪文柏輯　清康熙四十五年至四十六年(1706－1707)練江汪氏古香樓刻本　十冊

320000－1602－0002897　A000101077
堯峰文鈔四十卷　(清)汪琬撰　(清)林佶編　清康熙三十年至三十一年(1691－1692)刻本　六冊

320000－1602－0002898　A000101078

說郛一百二十卷　（明）陶宗儀輯　明刻本
二十二冊　存十一卷（十二部分、十四至十
六、七十至七十六）

320000－1602－0002899　A000101079

遼史一百十六卷　（元）脫脫等撰　明嘉靖八
年（1529）刻清順治十六年（1659）遞修刻本
八冊　存二十六卷（一至十五、三十一至四十
一）

320000－1602－0002900　A000101080

性理大全書七十卷　（明）胡廣明撰　明刻本
四冊　存十二卷（五至七、二十八至三十、
四十四至四十六、六十八至七十）

320000－1602－0002901　A000101081

地藏菩薩本願經三卷　（唐）實叉難陀譯　清
乾隆五十三年（1788）刻本　三冊

320000－1602－0002902　A000101082

青在堂竹譜二卷　（清）王蓍輯　清康熙四十
年（1701）刻彩色套印本　一冊

320000－1602－0002903　A000101083

述學內篇三卷外篇一卷補遺一卷別錄一卷附
錄一卷　（清）汪中撰　清同治八年（1869）刻
本　一冊　缺四卷（內篇三卷、補遺一卷）

320000－1602－0002904　A000101084

朱文公校昌黎先生文集四十卷外集十卷遺文
一卷傳一卷　（唐）韓愈撰　（唐）李漢編
（明）朱吾弼重編　明萬曆刻本　十一冊　缺
五卷（文集三十六至四十）

320000－1602－0002905　A000101085

帝鑑圖說不分卷　（明）張居正等輯　清刻本
四冊

320000－1602－0002906　A000101086

綱鑑正史約三十六卷　（明）顧錫疇原編
（清）陳弘謀增訂　清乾隆二年（1737）刻本
十六冊

320000－1602－0002907　A000101087

歐陽文忠公新唐書抄二卷　（宋）歐陽修撰

（明）茅坤批評　明刻本　六冊

320000－1602－0002908　A000101088

朱子周易本義不分卷　（宋）朱熹撰　清乾隆
十年（1745）刻本　二冊

320000－1602－0002909　A000101089

淳化閣帖釋文十卷　（清）朱家標校訂　清康
熙二十二年（1683）龍潭絅錦堂刻本　二冊

320000－1602－0002910　A000101090

凝香室鴻雪因緣圖記不分卷　（清）麟慶撰
清道光二十一年（1841）刻本　四冊

320000－1602－0002911　A000101091

奕妙一卷　（清）施襄夏鑒定　清刻本　一冊

320000－1602－0002912　A000101092

周易說畧四卷　（清）張爾岐撰　清刻本　一
冊　存一卷（四上下）

320000－1602－0002913　A000101093

論語注疏解經二十卷校勘記二十卷　（三國
魏）何晏集解　（宋）邢昺疏　清刻本　一冊
存二卷（十至十一）

320000－1602－0002914　A000101094

繡像八美圖五卷三十二回　（□）□□撰　清
刻本　一冊　存一卷（一）

320000－1602－0002915　A000101095

四聖心源十卷　（清）黃元御撰　（清）徐樹銘
校　清長沙徐樹銘變穌精舍刻本　一冊　存
三卷（四至六）

320000－1602－0002916　A000101096

玉楸藥解八卷　（清）黃元御撰　（清）徐樹銘
校　清長沙徐樹銘變穌精舍刻本　一冊

320000－1602－0002917　A000101097

藝文備覽十二集一百二十卷　（清）沙木集注
清刻本　三冊　存十一卷（酉集一至四,戌
集一至四、八至十）

320000－1602－0002918　A000101098

欽定戶部則例一百卷　（清）載齡等纂　清刻
本　二十九冊　存四十一卷（六十至一百）

320000－1602－0002919　A000101099

觀河集四卷　（清）彭紹升撰　清同治元年
（1862）合肥劉朝侍刻本　一冊

320000－1602－0002920　A000101100

月令明義四卷　（明）黃道周輯　（清）鄭開極
重訂　清康熙刻本　二冊

320000－1602－0002921　A000101101

儒行集傳二卷　（明）黃道周輯　（清）鄭開極
重訂　清康熙刻本　二冊

320000－1602－0002922　A000101102

緇衣集傳四卷　（明）黃道周輯　（清）鄭開極
重訂　清康熙刻本　四冊

320000－1602－0002923　A000101103

李義山詩集三卷目錄一卷　（唐）李商隱撰
（清）朱鶴齡箋注　清金陵葉永茹刻本　五冊

320000－1602－0002924　A000101104

難經本義二卷　（元）滑壽注　明刻本　二冊

320000－1602－0002925　A000101105

明朝紀事本末八十卷　（清）谷應泰撰　清順
治十五年（1658）刻本　十六冊　存二十二卷
（五十九至八十）

320000－1602－0002926　A000101106

西洋算法大全四卷　（清）程遹溪輯　清乾隆
四年（1739）務尚堂刻本　二冊

320000－1602－0002927　A000101107

元經薛氏傳十卷　（隋）王通撰　（唐）薛收傳
（宋）阮逸注　明刻本　八冊

320000－1602－0002928　A000101108

百家類纂四十卷　（明）沈津纂輯　明刻本
十一冊　存十二卷（十八至十九、二十二至二
十九、三十六至三十七）

320000－1602－0002929　A000101109

全唐詩十二函九百卷　（□）□□撰　清康熙
刻本　十冊　存八十一卷（第二函第九冊七
卷,第九函第二冊五、第三冊九卷、第四冊
四卷、第五冊十卷、第六冊五卷、第七冊九卷、
第八冊九卷、第九冊九卷、第十冊十四卷）

320000－1602－0002930　A000101110

漁洋山人精華錄訓纂十卷總目一卷　（清）惠
棟撰　清乾隆紅豆齋刻本　二十二冊

320000－1602－0002931　A000101111

鹿門先生批點漢書九十三卷　（明）茅坤評釋
（明）陶國柱　（明）茅琛徵全訂　明崇禎八
年（1635）刻本　四十冊

320000－1602－0002932　A000101112

陋軒詩十二卷續二卷　（清）吳嘉紀撰　清道
光二十年（1840）泰州夏氏刻本　五冊

320000－1602－0002933　A000101113

澳門記畧二卷首一卷末一卷　（清）印光任
（清）張汝霖撰　清嘉慶五年（1800）刻本
二冊

320000－1602－0002934　A000101114

欽定日下舊聞攷一百六十卷譯語總目一卷
（清）于敏中等修　（清）竇光鼐等纂　清乾隆
刻本　四十冊

320000－1602－0002935　A000101115

彙刻書目初編十卷補編一卷　（清）顧修編
清同治九年（1870）群玉齋刻本　十冊

320000－1602－0002936　A000101116

隨園續同人集不分卷　（清）袁枚撰　清刻本
三冊

320000－1602－0002937　A000101117

山洋指迷原本四卷　（明）周景一撰　（清）俞
歸璞　（清）吳卿瞻增注　清乾隆兩義堂刻本
二冊　存二卷（一至二）

320000－1602－0002938　A000101118

泊如齋重修宣和博古圖錄三十卷　（宋）王黼
等輯　明泊如齋刻本　一冊　存二卷（六、十
九）

320000－1602－0002939　A000101119

三國文二十卷　（明）張采輯　明崇禎刻本
九冊　存二卷（八至九）

320000－1602－0002940　A000101120

詞律二十卷　（清）萬樹論次　清康熙二十六

年(1687)陽羨萬樹堆絮園刻本　六冊

320000－1602－0002941　A000101121

增補地理直指原真大全三卷首一卷　（清）釋
如玉撰　清康熙指歸菴刻本　七冊

320000－1602－0002942　A000101122

孟子七卷　（宋）朱熹集註　清初刻本　七冊

320000－1602－0002943　A000101123

新鐫曆法便覽象吉備要通書大全二十九卷
（清）魏鑑彙述　清康熙英德堂刻本　十二冊

320000－1602－0002944　A000101124

文心雕龍十卷　（南朝梁）劉勰撰　（清）黃淑
琳注　（清）紀昀評　清道光十三年(1833)兩
廣節署刻朱墨套印本　四冊

320000－1602－0002945　A000101125

劉稚川先生稿不分卷　（清）劉子壯撰　（清）
儲中子評點　清乾隆元年(1736)光霽堂、敬
業堂刻本　一冊

320000－1602－0002946　A000101126

國朝名文約編不分卷　（清）陳澹巖輯　清乾
隆四十七年(1782)刻本　一冊

320000－1602－0002947　A000101127

［雍正］江西通志一百六十二卷首三卷　（清）
謝旻輯　清雍正十年(1732)刻本　五十一冊
　缺九十四卷(七至八、五十一、六十六至六
十七、七十三至七十七、七十九至一百六十
二)

320000－1602－0002948　A000101128

性理大全書七十卷　（明）胡廣明撰　明刻本
　七十二冊

320000－1602－0002949　A000101129

黃勉齋先生文集八卷　（宋）黃幹撰　清康熙
正誼堂刻本　二冊

320000－1602－0002950　A000101130

孟子集註十四卷　（宋）蔡模集疏　孟子音義
二卷　（宋）孫奭撰　清康熙刻本　二冊

320000－1602－0002951　A000101133

四書經注集證十九卷　（清）吳昌宗輯　清嘉

慶三年(1798)江都汪廷機刻本　二冊　存二
卷(大學、論語)

320000－1602－0002952　A000101134

孟子十四卷　（宋）趙順孫纂疏　清康熙刻本
　三冊

320000－1602－0002953　A000101135

論語十卷　（宋）趙順孫纂疏　清康熙刻本
三冊

320000－1602－0002954　A000101136

中庸一卷　（宋）趙順孫纂疏　清康熙刻本
一冊

320000－1602－0002955　A000101137

禮經會元四卷　（宋）葉時撰　清康熙通志堂
刻本　二冊

320000－1602－0002956　A000101138

孝經一卷　（唐）唐玄宗注　（宋）司馬光解
（宋）范祖禹說　清康熙十九年(1680)刻本
一冊

320000－1602－0002957　A000101139

元詩選不分卷　（□）□□撰　清雍正刻本
一冊

320000－1602－0002958　A000101140

枕經堂文鈔二卷　（清）方朔撰　清同治十一
年(1872)刻本　一冊

320000－1602－0002959　A000101141

說文新附攷六卷續考一卷　（清）鈕樹玉撰
清同治七年(1868)碧螺山館刻本　二冊

320000－1602－0002960　A000101142

論語話解十卷　（清）陳澹述　清同治求在我
齋刻本　三冊　缺四卷(三至四、九至十)

320000－1602－0002961　A000101143

經義雜記三十卷　（清）臧琳撰　敘錄一卷
（清）臧庸輯　清刻本　六冊

320000－1602－0002962　A000101144

元史藝文志四卷　（清）錢大昕撰　清嘉慶五
年(1800)江蘇書局刻本　一冊

320000 – 1602 – 0002963　A000101145

國語二十一卷　（三國吳）韋昭解　（宋）宋庠補音　清嘉慶十一年（1806）姑蘇書業堂刻本　六冊

320000 – 1602 – 0002964　A000101146

淮南鴻烈解二十一卷　（漢）劉安撰　（漢）許慎注　清刻本　三冊　存十七卷（五至二十一）

320000 – 1602 – 0002965　A000101147

袁文箋正十六卷　（清）袁枚撰　（清）石韞玉箋　清嘉慶十七年（1812）鶴壽山堂刻本　二冊　存三卷（一至二、十三）

320000 – 1602 – 0002966　A000101148

牧令書輯要十卷　（清）徐棟編　（清）丁日昌選評　清同治七年（1868）江蘇書局刻本　九冊　缺一卷（十）

320000 – 1602 – 0002967　A000101149

牧令書二十三卷　（清）徐棟編　清刻本　八冊　存十二卷（二至六、九至十、十二至十六）

320000 – 1602 – 0002968　A000101150

詞綜補遺二十卷　（清）陶樑輯　清道光十四年（1834）刻本　七冊　缺三卷（三至五）

320000 – 1602 – 0002969　A000101151

七巧圖字略十二集補遺一卷　題（清）八寶君幹氏撰　題（清）雙桂齋主人書　清道光十一年（1831）雙桂齋刻本　一冊

320000 – 1602 – 0002970　A000101152

廣東水道通攷一卷　（清）汪日暉撰　清乾隆四十八年（1783）刻本　一冊

320000 – 1602 – 0002971　A000101153

京省水道攷六卷　（清）汪日暉撰　清乾隆四十八年（1783）刻本　三冊　存三卷（一、四、六）

320000 – 1602 – 0002972　A000101154

重訂文選集評十五卷首一卷末一卷　（南朝梁）蕭統選　（清）于光華編　清嘉慶二十一年（1816）寶經堂刻本　十四冊　缺二卷（一、八）

320000 – 1602 – 0002973　A000101155

子良詩錄二卷　（清）馮詢撰　清咸豐十年（1860）覺園刻本　二冊

320000 – 1602 – 0002974　A000101156

論語集註大全二十卷　（宋）朱熹集註　明刻本　三冊　存十卷（十一至二十）

320000 – 1602 – 0002975　A000101157

孟子集註大全十四卷　（宋）朱熹集註　明刻本　五冊

320000 – 1602 – 0002976　A000101158

理瀹駢文略言二卷續增略言二卷　（清）吳尚先撰　清同治四年（1865）刻本　四冊

320000 – 1602 – 0002977　A000101159

船山詩草選六卷　（清）張問陶撰　（清）石韞玉錄　清嘉慶二十二年（1817）吳門學耕堂刻本　一冊　存三卷（一至三）

320000 – 1602 – 0002978　A000101160

謝疊山先生文章軌範七卷　（宋）謝枋得原本　（清）邱維屏評定　清刻朱墨套印本　二冊

320000 – 1602 – 0002979　A000101161

古文尚書辨偽二卷　（清）崔述撰　清道光四年（1824）東陽縣署刻本　一冊

320000 – 1602 – 0002980　A000101162

外科證治全書五卷　（清）許克昌　（清）畢法輯　清同治四年（1865）刻本　二冊　存二卷（一至二）

320000 – 1602 – 0002981　A000101163

御纂周易折中二十二卷首一卷　（清）李光地等撰　清康熙刻本　六冊　存十二卷（一至二、七至八、十五至十九、二十一至二十二，首一卷）

320000 – 1602 – 0002982　A000101164

山谷題跋三卷　（宋）黃庭堅撰　清同治十一年（1872）又賞齋刻本　三冊

320000 – 1602 – 0002983　A000101165

異談隨筆二十三卷　（清）鄧晅輯　清嘉慶海陵書屋刻本　一冊　存一卷（一）

320000 – 1602 – 0002984　A000101166

普濟應驗良方八卷末一卷續補一卷　（□）
□□撰　清同治元年(1862)刻本　一冊

320000 – 1602 – 0002985　A000101167

履園叢話二十四卷　（清）錢泳撰　清道光刻
同治九年(1870)重修本　六冊　存七卷(四、
十至十二、二十二至二十四)

320000 – 1602 – 0002986　A000101168

曝書亭集箋注二十三卷　（清）朱彝尊撰
（清）孫銀槎注　清刻本　一冊　存四卷(六
至九)

320000 – 1602 – 0002987　A000101169

唐書二百二十五卷　（宋）宋祁等撰　清遞修
刻本　一冊　存五卷(一百九十六至二百)

320000 – 1602 – 0002988　A000101170

魏書一百十四卷　（北齊）魏收撰　明萬曆二
十四年(1596)刻本　二冊　存八卷(十三至
二十)

320000 – 1602 – 0002989　A000101171

古文淵鑒六十四卷　（清）徐乾學等輯並注
清康熙内府刻五色套印本　三冊　存三卷
(九至十、十三)

320000 – 1602 – 0002990　A000101172

同文攷證五卷　（清）管蘭皐編　清同治七年
(1868)刻本　二冊

320000 – 1602 – 0002991　A000101173

易經本義十二卷首一卷末一卷　（宋）朱熹本
義　清同治四年(1865)金陵書局刻本　二冊

320000 – 1602 – 0002992　A000101174

隋書八十五卷　（唐）魏徵　（唐）長孫無忌等
撰　清同治八年(1869)嶺南葄古堂刻本　二
冊　存九卷(一至九)

320000 – 1602 – 0002993　A000101175

大金國志四十卷　（宋）宇文懋昭撰　清嘉慶
二年(1797)埽葉山房刻本　四冊

320000 – 1602 – 0002994　A000101176

欽定國朝詩別裁集三十二卷　（清）沈德潛纂

評　清刻本　一冊　存二卷(三十一至三十
二)

320000 – 1602 – 0002995　A000101177

六友齋重訂唐詩歸三十六卷　（明）鍾惺
（明）譚元春評選　清六友齋刻本　一冊　存
三卷(三十一至三十三)

320000 – 1602 – 0002996　A000101178

皇清經解一千四百〇八卷　（清）阮元編　清
道光九年(1829)廣東學海堂刻咸豐十一年
(1861)補刻本　一冊　存一卷(五百六十五)

320000 – 1602 – 0002997　A000101179

歷代名臣言行錄二十四卷　（清）朱桓編　清
嘉慶二年(1797)刻本　二十六冊　缺六卷
(一至二、五、九、十五上、二十上)

320000 – 1602 – 0002998　A000101180

綱鑑正史約三十六卷　（明）顧錫疇原編
（清）陳弘謀增訂　清乾隆二年(1737)刻本
九冊　存十四卷(二十一至二十二、二十五至
三十六)

320000 – 1602 – 0002999　A000101181

尚書古文疏證八卷　（清）閻若璩撰　清乾隆
眷西堂刻本　七冊　缺二卷(一、三)

320000 – 1602 – 0003000　A000101182

駢體文鈔三十一卷　（清）李兆洛輯　清刻本
一冊　存三卷(一至三)

320000 – 1602 – 0003001　A000101183

悔餘菴詩稿十三卷　（清）何栻撰　清同治四
年(1865)半畝園刻本　二冊　存六卷(七至
十二)

320000 – 1602 – 0003002　A000101184

悔餘菴樂府四卷　（清）何栻撰　清同治四年
(1865)半畝園刻本　一冊　存二卷(一至二)

320000 – 1602 – 0003003　A000101185

吳氏醫學述第三種六卷　（清）吳儀洛輯　清
刻本　一冊　存一卷(一上)

320000 – 1602 – 0003004　A000101186

羅經指南撥霧集三卷　（清）葉泰撰　清康熙

三十二年(1693)三德堂刻本　一册　存二卷
(上中)

320000－1602－0003005　A000101187
秘傳花鏡六卷　(清)陳淏子輯　清刻本
六册

320000－1602－0003006　A000101188
古文苑二十一卷　(宋)章樵註　清刻本
二册

320000－1602－0003007　A000101189
萬壽仙書四卷　(明)羅洪先撰　(清)曹無極
增輯　清道光十二年(1832)刻本　一册

320000－1602－0003008　A000101190
淮安藝文志十卷　(□)□□撰　清同治十二
年(1873)刻本　四册　存四卷(七至十)

320000－1602－0003009　A000101191
樊南文集詳註八卷　(唐)李商隱撰　(清)馮
浩編訂　清同治刻本　一册　存一卷(一)

320000－1602－0003010　A000101192
直省釋奠禮樂記六卷首一卷末一卷　(清)應
寶時等輯　清同治刻本　四册　存五卷(二
至六)

320000－1602－0003011　A000101193
**欒城集初集四十八卷後集二十四卷三集十卷
應詔集十二卷目錄二卷**　(宋)蘇轍撰　清道
光十二年(1832)眉州三蘇祠刻本　二十一册
　存四十二卷(初集一至三十五、後集二十
四、三集十、應詔集一至五)

320000－1602－0003012　A000101194
欒城後集二十四卷　(宋)蘇轍撰　清道光十
二年(1832)刻本　七册　缺二卷(一至二)

320000－1602－0003013　A000101195
**隱居通議三十一卷汪本隸釋刊誤一卷隸續二
十一卷**　(元)劉壎撰　(清)劉冠寰輯　清嘉
慶六年(1801)刻本　四册

320000－1602－0003014　A000101196
**隸釋二十七卷隸續二十一卷汪本隸釋刊誤一
卷**　(宋)洪适撰　清同治十年(1871)皖南洪

氏晦木齋刻本　四册　存十六卷(隸釋一至
十五、汪本隸釋刊誤一卷)

320000－1602－0003015　A000101197
唐人萬首絕句選七卷　(宋)洪邁元本　(清)
王士禛選本　清同治九年(1870)刻本　二册

320000－1602－0003016　A000101198
唐人萬首絕句選七卷　(宋)洪邁元本　(清)
王士禛選本　清康熙四十七年(1708)刻本
一册　存二卷(一至二)

320000－1602－0003017　A000101199
世說新語三卷　(南朝宋)劉義慶撰　(南朝
梁)劉孝標注　清思賢講舍刻本　二册　存
一卷(卷下)

320000－1602－0003018　A000101200
袁太史稿不分卷　(清)袁枚撰　(清)秦大士
編　清道光十三年(1833)希樸齋刻本　一册
　存(論語部分)

320000－1602－0003019　A000101201
袁太史稿不分卷　(清)袁枚撰　清道光十三
年(1833)刻本　存一册(第二册)

320000－1602－0003020　A000101202
字鑑五卷　(元)李文仲撰　清刻本　一册
存一卷(四)

320000－1602－0003021　A000101203
武經七書講義全彙合參十卷　(清)朱墉輯
(清)王安邦參補　清刻本　九册　存八卷
(三至十)

320000－1602－0003022　A000101204
梻花盦詩二卷　(清)葉廷琯撰　清同治元年
(1862)刻本　一册

320000－1602－0003023　A000101205
博物新編三集　(英國)合信氏撰　清咸豐五
年(1855)上海墨海書館刻本　一册

320000－1602－0003024　A000101206
經餘必讀八卷　(清)雷琳等輯　清嘉慶八年
(1803)大中堂刻本　四册　存四卷(一至四)

320000－1602－0003025　A000101207

竹書紀年二卷 （清）張宗泰校補 清嘉慶二年(1797)石梁學署刻本 一冊

320000－1602－0003026 A000101208
瞿忠宣公集十卷 （明）瞿式耜撰 清道光十五年(1835)蕉雨軒刻本 四冊

320000－1602－0003027 A000101209
通鑑紀事本末二百三十九卷 （宋）袁樞編輯 （明）張溥論正 清刻本 十七冊 存五十四卷(五至十四、二十八、三十三至三十七、四十六至四十七、六十四上、六十九至七十四、七十八至八十、一百十三至一百十六、一百五十七、一百六十五至一百六十七、一百八十七至一百九十一、二百十六至二百十七、二百二十一至二百二十三、二百二十六至二百二十七、二百三十至二百三十五)

320000－1602－0003028 A000101210
搜神後記二卷 （晉）陶潛撰 清刻本 一冊

320000－1602－0003029 A000101211
而菴說唐詩二十二卷 （清）徐增述 清刻本 四冊 存十七卷(六至二十二)

320000－1602－0003030 A000101212
山海經十八卷 （晉）郭璞注 清刻本 一冊 存十四卷(五至十八)

320000－1602－0003031 A000101213
毛詩草木鳥獸蟲魚疏二卷 （三國吳）陸璣撰 （清）丁晏校 清咸豐五年(1855)刻本 一冊

320000－1602－0003032 A000101214
紀元編三卷末一卷 （清）李兆洛撰 （清）六承如訂 清同治十年(1871)刻本 一冊

320000－1602－0003033 A000101215
紀元編三卷末一卷 （清）李兆洛撰 （清）六承如訂 清同治十年(1871)刻本 三冊

320000－1602－0003034 A000101216
四家詩話二十一卷 （□）□□撰 清刻本 一冊 存四卷(韓詩一至四)

320000－1602－0003035 A000101217

朱子語類輯略八卷 （宋）朱熹撰 （清）張伯行輯訂 清正誼堂刻本 二冊

320000－1602－0003036 A000101218
重訂幼學須知句解四卷 （清）程允升撰 （清）錢元龍校 清同治十三年(1874)刻本 三冊 存三卷(一至三)

320000－1602－0003037 A000101219
紀元編三卷末一卷 （清）李兆洛撰 （清）六承如訂 清刻本 一冊 存一卷(卷中紀元甲子表)

320000－1602－0003038 A000101220
清河書畫舫十二卷 （明）張丑撰 清乾隆二十八年(1763)池北草堂刻本 十二冊

320000－1602－0003039 A000101221
揖山樓遺詩不分卷 （清）宗晉撰 清同治十二年(1873)刻本 一冊

320000－1602－0003040 A000101222
增補事類統編九十三卷首一卷 （清）黃葆真增輯 清道光二十九年(1849)丹陽黃氏敦好堂刻本 七冊 存十九卷(一至十九)

320000－1602－0003041 A000101223
更事良言二十六卷 （清）周百順輯 清道光刻本 十二冊

320000－1602－0003042 A000101224
楹聯叢話十二卷 （清）梁章鉅輯 清道光十年(1830)懷德堂刻本 四冊

320000－1602－0003043 A000101225
周禮六卷首一卷 （漢）鄭氏註 清同治稽古樓刻本 七冊

320000－1602－0003044 A000101226
儀禮十七卷 （漢）鄭氏註 清同治刻本 八冊

320000－1602－0003045 A000101227
姑妄聽之四卷 題（清）紀昀撰 清羊城緯文堂刻本 一冊

320000－1602－0003046 A000101228
鬼谷四友志三卷 （清）楊景淐評輯 清嘉慶

八年(1803)刻本　二冊　存二卷(一至二)

320000－1602－0003047　A000101229
古文析義十六卷　(清)林雲銘評註　清康熙
五十五年(1716)刻本　二冊　存四卷(一至
二、十五至十六)

320000－1602－0003048　A000101230
千金裘二十七卷二集二十六卷　(清)蔣義彬
(清)徐元麟纂　清咸豐二年(1852)刻本
六冊

320000－1602－0003049　A000101231
鐘鼎款識不分卷　(宋)王厚之輯　清積古齋
刻本　一冊

320000－1602－0003050　A000101232
尚書大傳四卷補遺一卷續補遺一卷攷異一卷
(漢)鄭氏註　清嘉慶五年(1800)刻本
一冊

320000－1602－0003051　A000101233
**有正味齋詩集十六卷續集八卷有正味齋駢體
文二十四卷續集八卷有正味齋詞集八卷續集
二卷外集二卷有正味齋外集五卷**　(清)吳錫
麒撰　清嘉慶刻本　十五冊　缺八卷(有正
味齋駢體文一至四、駢體文續集五至八)

320000－1602－0003052　A000101234
杜工部集二十卷　(唐)杜甫撰　清刻五色套
印本　一冊　存十卷(十至十九)

320000－1602－0003053　A000101235
周髀算經二卷音義一卷　(漢)趙君卿注
(北周)甄鸞述　(唐)李淳風等釋　(宋)李
籍音義　清刻本　一冊

320000－1602－0003054　A000101236
九章算術九卷音義一卷　(晉)劉徽注　(唐)
李淳風等釋　(宋)李籍音義　清刻本　二冊

320000－1602－0003055　A000101237
海島算經一卷　(晉)劉徽撰　**孫子算經三卷**
(唐)李淳風等釋　清刻本　一冊

320000－1602－0003056　A000101238
五曹算經五卷　(北周)甄鸞撰　(唐)李淳風

等釋　**夏侯陽算經三卷**　(隋)韓延傳　清刻
本　一冊

320000－1602－0003057　A000101239
張邱建算經三卷　(北周)甄鸞注　(唐)李淳
風等釋　(唐)劉孝孫細草　清刻本　一冊

320000－1602－0003058　A000101240
五經算術二卷考證一卷　(北周)甄鸞撰
(唐)李淳風等釋　**輯古算經一卷**　(唐)王孝
通撰並注　清刻本　一冊

320000－1602－0003059　A000101241
數術記遺一卷　(漢)徐嶽撰　(北周)甄鸞註
句股割圜記三卷　(清)戴震撰　(清)吳思
孝註　清刻本　一冊

320000－1602－0003060　A000101242
海秋詩集二十六卷後集一卷　(清)湯鵬撰
清道光十八年(1838)刻同治十二年(1873)補
刻本　八冊　存二十三卷(二至六、十至二十
六,後集一卷)

320000－1602－0003061　A000101243
文選六十卷　(南朝梁)蕭統選　(唐)李善注
清海祿軒刻朱墨套印本　九冊　存三十五
卷(一至四、三十至六十)

320000－1602－0003062　A000101244
周易參義十二卷　(元)梁寅撰　清康熙刻本
八冊　存十卷(一至十)

320000－1602－0003063　A000101245
昌黎先生集四十卷　(唐)韓愈撰　清同治八
年(1869)江蘇書局刻本　五冊　存二十卷
(一、五至八、十三至二十七)

320000－1602－0003064　A000101246
地理唊蔗錄八卷　(清)袁守定撰並釋　清刻
本　五冊　缺一卷(一)

320000－1602－0003065　A000101247
憺園文集三十八卷　(清)徐乾學撰　清刻本
三冊　存十四卷(十五至二十三)

320000－1602－0003066　A000101248
青在堂梅譜二卷　(清)王概　(清)王蓍

（清）王翬繪　清康熙四十年(1701)刻彩色套印本　一册

320000－1602－0003067　A000101249
尚史七十二卷　（清）李鍇纂　清刻本　二十册　存五十三卷(本紀五卷,列傳一至十、十五至二十二、二十六至三十一、三十四至三十八,世家一至七、十一至十二,志一至十)

320000－1602－0003068　A000101250
西湖志四十八卷　（清）李衛等纂修　清雍正十三年(1735)刻本　五册　存十二卷(一至六、二十四至二十六、三十二至三十四)

320000－1602－0003069　A000101251
淮南子二十一卷　（漢）高誘注　（清）莊逵吉校　清乾隆五十三年(1788)刻本　六册

320000－1602－0003070　A000101252
西游真詮一百回　（清）陳士斌撰　清康熙刻本　二十册

320000－1602－0003071　A000101253
夷堅志十集二十卷　（宋）洪邁撰　清乾隆四十三年(1778)耕烟草堂刻本　九册　缺二卷(庚集上下)

320000－1602－0003072　A000101254
陔餘叢考四十三卷　（清）趙翼撰　清刻本　七册　存二十四卷(十三至十六、二十一至二十三、二十七至四十三)

320000－1602－0003073　A000101255
歷代地理志韻編今釋二十卷　（清）李兆洛編　清同治九年(1870)合肥李氏刻本　四册　存十三卷(一至五、十三至二十)

320000－1602－0003074　A000101256
道光壬辰科鄉試同年全錄不分卷　（□）□□撰　清道光刻本　存四册(江南省、江西省、浙江省、福建省、湖南省、湖北省、河南省、山東省、山西省、陝甘省、四川省、廣東省、廣西省、雲南省、貴州省)

320000－1602－0003075　A000101257
湖東集四卷　（清）范淩雙撰　清咸豐十一年

(1861)刻本　一册

320000－1602－0003076　A000101258
說文聲類二卷　（清）嚴可均述　清嘉慶七年(1802)刻本　一册

320000－1602－0003077　A000101259
論語十卷　（三國魏）何晏集解　（宋）朱熹集註　清稽古樓刻本　六册

320000－1602－0003078　A000101260
冷廬雜識八卷　（清）陸以湉撰　清咸豐六年(1856)刻本　七册　存七卷(一至七)

320000－1602－0003079　A000101261
產寶百問五卷　（元）朱震亨輯　（明）王肯堂訂正　明刻本　二册

320000－1602－0003080　A000101262
明進士題名錄不分卷　（□）□□撰　清刻本　存一册

320000－1602－0003081　A000101263
蜨庵詩鈔八卷　（清）楊棨撰　清同治二年(1863)刻本　一册　存四卷(一至四)

320000－1602－0003082　A000101264
雲陽集四卷　（元）李希蓮撰　清嘉慶十九年(1814)刻本　三册

320000－1602－0003083　A000101265
定盦別集一卷　（清）龔自珍撰　清刻本　一册

320000－1602－0003084　A000101266
分類字錦六十四卷　（清）張廷玉等編　清刻本　四十册

320000－1602－0003085　A000101267
素靈微蘊四卷　（清）黃元御撰　（清）徐樹銘校　清燮龢精舍刻本　一册　存二卷(三至四)

320000－1602－0003086　A000101268
李翰林集十卷　（唐）李白撰　清嘉慶八年(1803)蘇州王氏刻本　一册

320000－1602－0003087　A000101269

天目中峰禪師垂示法語一卷 （□）□□撰
清刻本 一冊

320000－1602－0003088 A000101270

漁洋山人精華錄箋注十二卷 （清）王士禎撰
（清）金榮箋注 清鳳翽堂刻本 一冊 存
一卷（十一）

320000－1602－0003089 A000101271

傷寒懸解十四卷首一卷末一卷 （清）黃元御
撰 （清）徐樹銘校 清燮龢精舍刻本 五冊

320000－1602－0003090 A000101272

寒支二集四卷 （清）李世熊撰 清同治十三
年（1874）刻本 二冊 存二卷（一至二）

320000－1602－0003091 A000101273

上蔡先生語錄三卷 （宋）謝良佐撰 （清）張
伯行重訂 清道光二年（1822）刻本 一冊

320000－1602－0003092 A000101274

暗室燈二卷 （□）□□撰 清嘉慶二十年
（1815）刻本 一冊 存一卷（上）

320000－1602－0003093 A000101275

周禮六卷 （明）秦鑅訂正 明刻本 二冊

320000－1602－0003094 A000101276

呂氏春秋二十六卷 （秦）呂不韋撰 （漢）高
誘注 （清）畢沅校 清乾隆五十三年（1788）
刻本 四冊

320000－1602－0003095 A000101277

釣磯立談一卷附錄一卷 （宋）史溫撰 清刻
本 一冊

320000－1602－0003096 A000101278

四朝聞見錄五卷附錄一卷 （宋）葉紹翁撰
清刻本 三冊

320000－1602－0003097 A000101279

南窗紀談一卷 （宋）□□撰 茗香詩論一卷
（清）宋大樽撰 清刻本 一冊

320000－1602－0003098 A000101280

山靜居畫論二卷 （清）方薰撰 清刻本
一冊

320000－1602－0003099 A000101281

袁氏世範三卷 （宋）袁采撰 清刻本 二冊

320000－1602－0003100 A000101282

金石史二卷 （明）郭宗昌撰 清刻本 一冊

320000－1602－0003101 A000101283

洛陽搢紳舊聞記五卷 （宋）張齊賢集 清刻
本 一冊

320000－1602－0003102 A000101284

孫子算經三卷 （唐）李淳風等釋 清刻本
一冊

320000－1602－0003103 A000101285

御覽闕史二卷 （唐）高彥休撰 清刻本
一冊

320000－1602－0003104 A000101286

孝經一卷 （漢）孔安國傳 （日本）太宰純音
清刻本 一冊

320000－1602－0003105 A000101287

寓簡十卷附錄一卷 （宋）沈作喆撰 清刻本
二冊

320000－1602－0003106 A000101288

兩漢刊誤補遺十卷附錄一卷 （宋）吳仁傑撰
清刻本 二冊

320000－1602－0003107 A000101289

涉史隨筆一卷附錄一卷 （宋）葛洪撰 客杭
日記一卷 （元）郭畀撰 清刻本 一冊

320000－1602－0003108 A000101290

韻石齋筆談二卷 （清）姜紹書撰 七頌堂識
小錄一卷 （清）劉體仁撰 清刻本 一冊

320000－1602－0003109 A000101291

公是先生弟子記一卷 （宋）劉敞撰 經筵玉
音問答一卷 （宋）胡銓撰 清刻本 一冊

320000－1602－0003110 A000101292

碧溪詩話十卷 （宋）黃徹撰 清刻本
一冊

320000－1602－0003111 A000101293

獨醒雜志十卷附錄一卷 （宋）曾敏行撰 清

刻本　二冊

320000 – 1602 – 0003112　A000101294
梁谿漫志十卷附錄一卷　（宋）費袞撰　清刻
本　二冊

320000 – 1602 – 0003113　A000101295
赤雅三卷　（明）鄺露撰　清刻本　一冊

320000 – 1602 – 0003114　A000101296
諸史然疑一卷　（清）杭世駿撰　清刻本
一冊

320000 – 1602 – 0003115　A000101297
入蜀記六卷　（宋）陸游撰　清刻本　一冊

320000 – 1602 – 0003116　A000101298
猗覺寮雜記二卷　（宋）朱翌撰　清刻本
二冊

320000 – 1602 – 0003117　A000101299
對牀夜語五卷　（宋）范晞文撰　清刻本
一冊

320000 – 1602 – 0003118　A000101300
歸田詩話三卷　（明）瞿佑撰　清刻本　一冊

320000 – 1602 – 0003119　A000101301
南濠詩話一卷　（明）都穆撰　麓堂詩話一卷
（明）李東陽撰　清刻本　一冊

320000 – 1602 – 0003120　A000101302
石墨鐫華八卷　（明）趙崡撰　清刻本　二冊

320000 – 1602 – 0003121　A000101303
孫子算經三卷　（唐）李淳風等釋　清刻本
一冊

320000 – 1602 – 0003122　A000101304
釣磯立談一卷附錄一卷　（宋）史溫撰　清刻
本　一冊

320000 – 1602 – 0003123　A000101305
洛陽搢紳舊聞記五卷　（宋）張齊賢集　清刻
本　一冊

320000 – 1602 – 0003124　A000101306
四朝聞見錄五卷附錄一卷　（宋）葉紹翁撰
清刻本　四冊

320000 – 1602 – 0003125　A000101307
金石史二卷　（明）郭宗昌撰　閒者軒帖攷一
卷　（清）孫承澤述　清刻本　一冊

320000 – 1602 – 0003126　A000101308
清虛雜著三種三卷補闕一卷　（宋）王鞏撰
清刻本　一冊

320000 – 1602 – 0003127　A000101309
補漢兵志一卷　（宋）錢文子撰　清刻本
一冊

320000 – 1602 – 0003128　A000101310
臨漢隱居詩話一卷　（宋）魏泰撰　滹南詩話
三卷　（金）王若虛撰　清刻本　一冊

320000 – 1602 – 0003129　A000101311
歸潛志十四卷附錄一卷　（元）劉祁撰　清刻
本　三冊

320000 – 1602 – 0003130　A000101312
黃孝子紀程二卷附一卷　（清）黃向堅撰　虎
口餘生記一卷　（清）邊大綬撰　清刻本
一冊

320000 – 1602 – 0003131　A000101313
澹生堂藏書約一卷　（明）祁承㸁撰　苦瓜和
尚畫語錄一卷　（清）釋道濟撰　清刻本
一冊

320000 – 1602 – 0003132　A000101314
玉壺清話十卷　（清）釋文瑩撰　清刻本
二冊

320000 – 1602 – 0003133　A000101315
愧郯錄十五卷　（宋）岳珂撰　清刻本　四冊

320000 – 1602 – 0003134　A000101316
碧雞漫志五卷　（宋）王灼撰　清刻本　一冊

320000 – 1602 – 0003135　A000101317
樂府補題一卷　（元）陳恕可輯　蛻巖詞二卷
（元）張翥撰　清刻本　一冊

320000 – 1602 – 0003136　A000101318
論語集解義疏十卷　（三國魏）何晏集解
（南朝梁）皇侃義疏　清刻本　五冊

320000 – 1602 – 0003137　A000101319

游宦紀聞十卷　（宋）張世南撰　清刻本
二冊

320000 – 1602 – 0003138　A000101320

張丘建算經三卷　（北周）甄鸞注　（唐）李淳
風等注釋　（唐）劉孝孫細草　緝古算經一卷
（唐）王孝通撰並注　清刻本　二冊

320000 – 1602 – 0003139　A000101321

默記一卷　（宋）王銍撰　清刻本　一冊

320000 – 1602 – 0003140　A000101322

金樓子六卷　（南朝梁）元帝蕭繹撰　清刻本
二冊

320000 – 1602 – 0003141　A000101323

鐵圍山叢談六卷　（宋）蔡絛撰　清刻本
二冊

320000 – 1602 – 0003142　A000101324

農書三卷　（宋）陳旉撰　於潛令樓公進耕織
二圖詩一卷　（宋）樓璹撰　清刻本　一冊

320000 – 1602 – 0003143　A000101325

湛淵靜語二卷　（元）白珽撰　（元）周暕編
清刻本　一冊

320000 – 1602 – 0003144　A000101326

責備餘談二卷附錄一卷　（明）方鵬撰　清刻
本　二冊

320000 – 1602 – 0003145　A000101327

續孟子二卷　（唐）林慎思撰　清刻本　一冊

320000 – 1602 – 0003146　A000101328

麟角集一卷附錄一卷　（唐）王棨撰　清刻本
一冊

320000 – 1602 – 0003147　A000101329

蘭亭考十二卷　（宋）桑世昌撰　清刻本
三冊

320000 – 1602 – 0003148　A000101330

蘭亭續考二卷　（宋）俞松撰　清刻本　一冊

320000 – 1602 – 0003149　A000101331

石刻鋪敘二卷附錄一卷　（宋）曾宏父撰　清

刻本　一冊

320000 – 1602 – 0003150　A000101332

江西詩社宗派圖錄一卷　（清）張泰來撰　江
西詩派小序一卷　（宋）劉克莊撰　萬柳溪邊
舊話一卷　（元）尤玘撰　清刻本　一冊

320000 – 1602 – 0003151　A000101333

詩傳注疏三卷　（宋）謝枋得撰　清刻本
一冊

320000 – 1602 – 0003152　A000101334

顏氏家訓七卷考證一卷　（北齊）顏之推撰
清刻本　二冊

320000 – 1602 – 0003153　A000101335

江南餘載二卷　（宋）鄭文寶撰　五國故事二
卷　（□）□□撰　故宮遺錄一卷　（明）蕭洵
撰　清刻本　一冊

320000 – 1602 – 0003154　A000101336

伯牙琴一卷續補一卷　（宋）鄧牧撰　清刻本
一冊

320000 – 1602 – 0003155　A000101337

洞霄詩集十四卷　（元）孟宗寶輯　清刻本
二冊

320000 – 1602 – 0003156　A000101338

昌武段氏詩義指南一卷　（宋）段昌武撰　清
刻本　一冊

320000 – 1602 – 0003157　A000101339

離騷集傳一卷　（宋）錢杲之撰　江淮異人錄
一卷　（宋）吳淑撰　清刻本　一冊

320000 – 1602 – 0003158　A000101340

慶元黨禁一卷　（宋）樵川樵叟撰　酒經三卷
（宋）大隱翁撰　清刻本　一冊

320000 – 1602 – 0003159　A000101341

鬼董五卷　（□）□□撰　清刻本　一冊

320000 – 1602 – 0003160　A000101342

今水經一卷表一卷　（清）黃宗羲撰　清刻本
一冊

320000 – 1602 – 0003161　A000101343

155

佐治藥言一卷續一卷　（清）汪輝祖撰　清刻本　一冊

320000－1602－0003162　A000101344
相臺書塾刊正九經三傳沿革例一卷　（宋）岳珂撰　元真子三卷　（唐）張志和撰　清刻本　一冊

320000－1602－0003163　A000101345
翰苑群書二卷　（宋）洪遵輯　清刻本　二冊

320000－1602－0003164　A000101346
朝野類要五卷　（宋）趙升撰　清刻本　一冊

320000－1602－0003165　A000101347
碧血錄二卷　（明）黃煜輯　清刻本　二冊

320000－1602－0003166　A000101348
逍遙集一卷　（宋）潘閬撰　百正集三卷　（宋）連文鳳撰　清刻本　一冊

320000－1602－0003167　A000101349
張子野詞二卷補遺二卷　（宋）張先撰　貞居詞一卷補遺一卷　（元）張天雨撰　清刻本　一冊

320000－1602－0003168　A000101350
籟紀一卷　（南朝陳）陳叔齊撰　潛虛一卷　（宋）司馬光撰　清刻本　一冊

320000－1602－0003169　A000101351
袁氏世範三卷　（宋）袁采撰　清刻本　二冊

320000－1602－0003170　A000101352
天水冰山錄一卷　（□）□□□撰　清刻本　五冊

320000－1602－0003171　A000101353
新唐書糾謬二十卷　（宋）吳縝撰　清刻本　四冊

320000－1602－0003172　A000101354
洞霄圖志六卷　（宋）鄧牧撰　（元）孟宗寶集　清刻本　三冊

320000－1602－0003173　A000101355
聱隅子歔欷瑣微論二卷　（宋）黃晞撰　世緯二卷附錄一卷　（明）袁褧撰　清刻本　一冊

320000－1602－0003174　A000101356
皇宋書錄三卷外篇一卷　（宋）董史撰　清刻本　一冊

320000－1602－0003175　A000101357
宣和奉使高麗圖經四十卷附錄一卷　（□）□□撰　清刻本　三冊

320000－1602－0003176　A000101358
武林舊事十卷附錄一卷　題（宋）四水潛夫輯　錢塘先賢傳贊一卷附錄一卷　（宋）袁韶撰　清刻本　四冊

320000－1602－0003177　A000101359
五代史纂誤三卷　（宋）吳縝撰　清刻本　一冊

320000－1602－0003178　A000101360
嶺外代答十卷　（宋）周去非撰　南窗紀談一卷　（□）□□撰　清刻本　二冊　存六卷（五至十）

320000－1602－0003179　A000101361
蘇沈內翰良方十卷　（宋）蘇軾　（宋）沈括撰　清刻本　三冊

320000－1602－0003180　A000101362
浦陽人物記二卷　（明）宋濂撰　清刻本　一冊

320000－1602－0003181　A000101363
宜州乙酉家乘一卷　（宋）黃庭堅撰　吳船錄二卷　（宋）范成大撰　清刻本　一冊

320000－1602－0003182　A000101364
清波雜志十二卷　（宋）周煇撰　清刻本　四冊

320000－1602－0003183　A000101365
蜀難敘略一卷　（清）沈荀蔚述　清刻本　一冊

320000－1602－0003184　A000101366
灊山集三卷補遺一卷附錄一卷　（宋）朱翌撰　頤庵居士集二卷　（宋）劉應時撰　清刻本　二冊

320000－1602－0003185　A000101367

文苑英華辨證十卷 （宋）彭叔夏撰 馮汝言
詩紀匡謬一卷 （清）馮舒撰 清刻本 二冊

320000－1602－0003186 A000101368
西塘集耆舊續聞十卷 （宋）陳鵠撰 山房隨
筆一卷 （元）蔣子正撰 清刻本 二冊

320000－1602－0003187 A000101369
勿庵歷算書目一卷 （清）梅文鼎撰 （清）梅
毅成校 清刻本 一冊

320000－1602－0003188 A000101370
黃山領要錄二卷 （清）汪洪度撰 清刻本
一冊

320000－1602－0003189 A000101371
世善堂藏書目錄二卷 （明）陳第編 清刻本
二冊

320000－1602－0003190 A000101372
測圓海鏡細草十二卷 （元）李冶撰 清刻本
四冊

320000－1602－0003191 A000101373
蘆浦筆記十卷 （宋）劉昌詩撰 清刻本
一冊

320000－1602－0003192 A000101374
五代史記纂誤補四卷 （清）吳蘭庭撰 清刻
本 二冊

320000－1602－0003193 A000101375
山靜居畫論二卷 （清）方薰撰 茗香詩論一
卷 （清）宋大樽撰 清刻本 一冊

320000－1602－0003194 A000101376
孝經鄭註一卷 （漢）鄭玄撰 孝經鄭註補證
一卷 （漢）鄭玄撰 （清）洪頤煊補證 孝經
鄭氏解輯一卷 （漢）鄭玄撰 （清）臧庸輯
清刻本 一冊

320000－1602－0003195 A000101377
益古演段三卷 （元）李冶撰 弧矢算術細草
一卷 （清）李銳撰 清刻本 二冊

320000－1602－0003196 A000101378
五總志一卷 （宋）吳炯撰 黃氏日抄古今紀
要逸編一卷 （宋）黃震撰 清刻本 一冊

320000－1602－0003197 A000101379
丙寅北行日譜一卷 （明）朱祖文撰 清刻本
一冊

320000－1602－0003198 A000101380
粵行紀事三卷 （清）瞿昌文撰 滇黔土司婚
禮記一卷 （清）陳鼎撰 清刻本 一冊

320000－1602－0003199 A000101381
三山鄭菊山先生清雋集一卷 （宋）鄭起
（元）仇遠選 所南翁一百二十圖詩集一卷
（宋）鄭思肖撰 清刻本 一冊

320000－1602－0003200 A000101382
鄭所南先生文集一卷 （宋）鄭思肖撰 清刻
本 一冊

320000－1602－0003201 A000101383
重雕足本鑑誡錄十卷 （五代）何光遠撰 清
刻本 二冊

320000－1602－0003202 A000101384
侯鯖錄八卷 （宋）趙令畤撰 清刻本 二冊

320000－1602－0003203 A000101385
松窗百說一卷 （宋）李季可撰 北軒筆記一
卷 （元）陳世隆撰 清刻本 一冊

320000－1602－0003204 A000101386
藏海詩話一卷 （宋）吳可撰 吳禮部詩話一
卷 （元）吳師道撰 清刻本 一冊

320000－1602－0003205 A000101387
畫墁集八卷補遺一卷 （宋）張舜民撰 清刻
本 二冊

320000－1602－0003206 A000101388
讀易別錄三卷 （清）全祖望撰 古今偽書考
一卷 （清）姚際恒撰 清刻本 一冊

320000－1602－0003207 A000101389
澠水燕談錄十卷 （宋）王闢之撰 清刻本
二冊

320000－1602－0003208 A000101390
攬轡錄一卷 （宋）范成大撰 清刻本 一冊

320000－1602－0003209 A000101391

北行日錄二卷　（宋）樓鑰撰　**放翁家訓一卷**
（宋）陸游撰　清刻本　一冊

320000－1602－0003210　A000101392
庶齋老學叢談三卷附記一卷　（元）盛如梓撰
清刻本　一冊

320000－1602－0003211　A000101393
湛淵遺稿三卷附記一卷　（元）白珽撰　**趙待**
制遺稿一卷　（元）趙雍撰　**灤京雜詠二卷**
（元）楊允孚撰　清刻本　一冊

320000－1602－0003212　A000101394
陽春集一卷　（宋）米友仁撰　**草窗詞二卷補**
二卷　（宋）周密撰　清刻本　一冊

320000－1602－0003213　A000101395
吹劍錄外集一卷　（宋）俞文豹撰　清刻本
一冊

320000－1602－0003214　A000101396
宋遺民錄十五卷　（明）程敏政輯　**天地間集**
一卷　（宋）謝翱編　**宋舊宮人詩詞一卷**
（宋）汪元量輯　清刻本　三冊

320000－1602－0003215　A000101397
竹譜詳錄七卷　（元）李衎撰　清刻本　三冊

320000－1602－0003216　A000101398
書學捷要二卷　（清）朱履貞撰　清刻本
一冊

320000－1602－0003217　A000101398
書學捷要二卷　（清）朱履貞撰　清刻本
一冊

320000－1602－0003218　A000101399
履齋示兒編二十三卷校補一卷　（宋）孫奕撰
清刻本　六冊

320000－1602－0003219　A000101400
霽山先生集五卷首一卷拾遺一卷　（宋）林景
熙撰　清刻本　二冊

320000－1602－0003220　A000101401
五行大義五卷　（宋）蕭吉撰　**負暄野錄二卷**
（宋）陳槱撰　清刻本　三冊

320000－1602－0003221　A000101402
古刻叢鈔一卷　（明）陶宗儀撰　清刻本
一冊

320000－1602－0003222　A000101403
梅花喜神譜二卷　（宋）宋伯仁撰　清刻本
一冊

320000－1602－0003223　A000101404
斜川集六卷附錄二卷訂誤一卷　（宋）蘇過撰
清刻本　三冊

320000－1602－0003224　A000101405
道命錄十卷　（宋）李心傳輯　清刻本　三冊

320000－1602－0003225　A000101406
曲洧舊聞十卷　（宋）朱弁撰　清刻本　二冊

320000－1602－0003226　A000101407
字通一卷　（宋）李從周撰　**透簾細草一卷**
（□）□□撰　**續古摘奇算法一卷**　（宋）楊輝
撰　**丁巨算法一卷**　（元）丁巨撰　清刻本
二冊

320000－1602－0003227　A000101408
緝古算經三卷　（唐）王孝通撰並注　（清）張
敦仁細草　清刻本　一冊

320000－1602－0003228　A000101409
雲林石譜三卷　（宋）杜綰撰　清刻本　一冊

320000－1602－0003229　A000101410
夢粱錄二十卷　（宋）吳自牧撰　清刻本
五冊

320000－1602－0003230　A000101411
靜春堂詩集四卷附錄三卷　（元）袁易撰　清
刻本　二冊

320000－1602－0003231　A000101412
梧溪集七卷　（元）王逢撰　**困學齋雜錄一卷**
（元）鮮于樞撰　清刻本　八冊

320000－1602－0003232　A000101413
克庵先生尊德性齋小集三卷補遺一卷　（宋）
程洵撰　清刻本　二冊

320000－1602－0003233　A000101414

麈史三卷　（宋）王得臣撰　全唐詩逸三卷
（日本）河世寧輯　清刻本　二冊

320000－1602－0003234　A000101415
中吳紀聞六卷　（宋）龔明之撰　清刻本
二冊

320000－1602－0003235　A000101416
廣釋名二卷　（清）張金吾撰　餘姚兩孝子萬
里尋親記一卷　（清）翁廣平撰　畫梅題記一
卷　（清）朱方藹撰　清刻本　二冊

320000－1602－0003236　A000101417
公是先生弟子記一卷　（宋）劉敞撰　經筵玉
音問答一卷　（宋）胡銓撰　清刻本　一冊

320000－1602－0003237　A000101418
碧溪詩話十卷　（宋）黃徹撰　清刻本　一冊

320000－1602－0003238　A000101419
獨醒雜志十卷附錄一卷　（宋）曾敏行撰　清
刻本　二冊

320000－1602－0003239　A000101420
梁谿漫志十卷附錄一卷　（宋）費袞撰　清刻
本　二冊

320000－1602－0003240　A000101421
諸史然疑一卷　（清）杭世駿撰　清刻本
一冊

320000－1602－0003241　A000101422
入蜀記六卷　（宋）陸游撰　清刻本　一冊

320000－1602－0003242　A000101423
對牀夜語五卷　（宋）范晞文撰　清刻本
一冊

320000－1602－0003243　A000101424
歸田詩話三卷　（明）瞿佑撰　清刻本　一冊

320000－1602－0003244　A000101425
釣磯立談一卷附錄一卷　（宋）史溫撰　清刻
本　一冊

320000－1602－0003245　A000101426
洛陽搢紳舊聞記五卷　（宋）張齊賢集　清刻
本　一冊

320000－1602－0003246　A000101427
清虛雜著三種三卷補闕一卷　（宋）王鞏撰
清刻本　一冊

320000－1602－0003247　A000101428
補漢兵志一卷　（宋）錢文子撰　清刻本
一冊

320000－1602－0003248　A000101429
臨漢隱居詩話一卷　（宋）魏泰撰　濟南詩話
三卷　（金）王若虛撰　清刻本　一冊

320000－1602－0003249　A000101430
歸潛志十四卷附錄一卷　（元）劉祁撰　清刻
本　三冊

320000－1602－0003250　A000101431
黃孝子紀程二卷附一卷　（清）黃向堅撰　虎
口餘生記一卷　（清）邊大綏撰　清刻本
一冊

320000－1602－0003251　A000101432
鐵圍山叢談六卷　（宋）蔡絛撰　清刻本
二冊

320000－1602－0003252　A000101433
農書三卷　（宋）陳旉撰　蠶書一卷　（宋）秦
觀撰　於潛令樓公進耕織二圖詩一卷　（宋）
樓璹撰　清刻本　一冊

320000－1602－0003253　A000101434
責備餘談二卷附錄一卷　（明）方鵬撰　清刻
本　二冊

320000－1602－0003254　A000101435
碧溪詩話十卷　（宋）黃徹撰　清刻本　一冊

320000－1602－0003255　A000101436
浦陽人物記二卷　（明）宋濂撰　清刻本
一冊

320000－1602－0003256　A000101437
公是先生弟子記一卷　（宋）劉敞撰　經筵玉
音問答一卷　（宋）胡銓撰　清刻本　一冊

320000－1602－0003257　A000101438
公是先生弟子記一卷　（宋）劉敞撰　清刻本
一冊

320000 – 1602 – 0003258　A000101439
赤雅三卷　（明）鄺露撰　清刻本　一冊

320000 – 1602 – 0003259　A000101440
公是先生弟子記一卷　（宋）劉敞撰　經筵玉
音問答一卷　（宋）胡銓撰　清刻本　一冊

320000 – 1602 – 0003260　A000101441
碧溪詩話十卷　（宋）黃徹撰　清刻本　一冊

320000 – 1602 – 0003261　A000101442
獨醒雜志十卷附錄一卷　（宋）曾敏行撰　清
刻本　二冊

320000 – 1602 – 0003262　A000101443
梁谿漫志十卷附錄一卷　（宋）費袞撰　清刻
本　二冊

320000 – 1602 – 0003263　A000101444
赤雅三卷　（明）鄺露撰　清刻本　一冊

320000 – 1602 – 0003264　A000101445
入蜀記六卷　（宋）陸游撰　清刻本　一冊

320000 – 1602 – 0003265　A000101446
猗覺寮雜記二卷　（宋）朱翌撰　清刻本
二冊

320000 – 1602 – 0003266　A000101447
歸田詩話三卷　（明）瞿佑撰　清刻本　一冊

320000 – 1602 – 0003267　A000101448
南濠詩話一卷　（明）都穆撰　麓堂詩話一卷
（明）李東陽撰　清刻本　一冊

320000 – 1602 – 0003268　A000101449
清虛雜著三種三卷補闕一卷　（宋）王鞏撰
清刻本　一冊

320000 – 1602 – 0003269　A000101450
補漢兵志一卷　（宋）錢文子撰　清刻本
一冊

320000 – 1602 – 0003270　A000101451
臨漢隱居詩話一卷　（宋）魏泰撰　滹南詩話
三卷　（金）王若虛撰　清刻本　一冊

320000 – 1602 – 0003271　A000101452
歸潛志十四卷附錄一卷　（元）劉祁撰　清刻

本　三冊

320000 – 1602 – 0003272　A000101453
黃孝子紀程二卷附一卷　（清）黃向堅撰　虎
口餘生記一卷　（清）邊大綬撰　清刻本
一冊

320000 – 1602 – 0003273　A000101454
補漢兵志一卷　（宋）錢文子撰　清刻本
一冊

320000 – 1602 – 0003274　A000101455
南濠詩話一卷　（明）都穆撰　麓堂詩話一卷
（明）李東陽撰　清刻本　一冊

320000 – 1602 – 0003275　A000101456
經筵玉音問答一卷　（宋）胡銓撰　碧溪詩話
十卷　（宋）黃徹撰　清刻本　一冊

320000 – 1602 – 0003276　A000101457
獨醒雜志十卷附錄一卷　（宋）曾敏行撰　清
刻本　二冊

320000 – 1602 – 0003277　A000101458
諸史然疑一卷　（清）杭世駿撰　清刻本
一冊

320000 – 1602 – 0003278　A000101459
金樓子六卷　（南朝梁）元帝蕭繹撰　清刻本
二冊

320000 – 1602 – 0003279　A000101460
畫墁集八卷補遺一卷　（宋）張舜民撰　清刻
本　一冊　存三卷(六至八)

320000 – 1602 – 0003280　A000101461
論語集解義疏十卷　（三國魏）何晏集解
(南朝梁)皇侃義疏　清刻本　一冊　存一卷
(四)

320000 – 1602 – 0003281　A000101462
蘭亭考十二卷　（宋）桑世昌撰　清刻本　一
冊　存五卷(八至十二)

320000 – 1602 – 0003282　A000101463
張子野詞二卷補遺二卷　（宋）張先撰　貞居
詞一卷補遺一卷　（元）張天雨撰　清刻本
一冊

320000 - 1602 - 0003283　A000101464

蘆浦筆記十卷　（宋）劉昌詩撰　清刻本
一冊

320000 - 1602 - 0003284　A000101465

碧血錄二卷　（明）黃煜輯　清刻本　一冊
存一卷（周端孝先生血疏貼黃冊一）

320000 - 1602 - 0003285　A000101466

江西詩社宗派圖錄一卷　（清）張泰來撰　江
西詩派小序一卷　（宋）劉克莊撰　萬柳溪邊
舊話一卷　（元）尤玘撰　清刻本　一冊

320000 - 1602 - 0003286　A000101467

梧溪集七卷　（元）王逢撰　清刻本　一冊
存一卷（三）

320000 - 1602 - 0003287　A000101468

朱子年譜四卷攷異四卷附錄二卷　（清）王懋
竑撰　清刻本　二冊　存六卷（攷異四卷、附
錄二卷）

320000 - 1602 - 0003288　A000101469

重訂綴白裘十二集　題（清）玩花主人輯
（清）錢沛思增輯　清道光三年（1823）刻本
一冊　存二卷（五集一至二）

320000 - 1602 - 0003289　A000101470

釋奠攷一卷　（清）洪若皋撰　清嘉慶刻本
一冊

320000 - 1602 - 0003290　A000101471

陰騭文圖證不分卷　（清）費丹旭　（清）許光
清撰並繪圖　清道光二十四年（1844）別下齋
刻本　一冊

320000 - 1602 - 0003291　A000101472

字學舉隅不分卷　（清）龍啟瑞撰　清同治十
年（1871）刻本　一冊

320000 - 1602 - 0003292　A000101473

西醫略論三卷　（英國）合信氏　（清）管茂材
撰　清咸豐七年（1857）江蘇上海仁濟醫館刻
本　一冊

320000 - 1602 - 0003293　A000101474

聖武記十四卷　（清）魏源撰　清刻本　八冊

存三卷（十一至十三）

320000 - 1602 - 0003294　A000101475

漸江大師事蹟佚聞一卷　（清）黃賓虹撰　清
刻藍印本　一冊

320000 - 1602 - 0003295　A000101477

學庸二卷　（□）□□撰　清同治六年（1867）
湖北崇文書局刻本　一冊

320000 - 1602 - 0003296　A000101478

論語十卷　（□）□□撰　清同治六年（1867）
湖北崇文書局刻本　二冊

320000 - 1602 - 0003297　A000101479

群經宮室圖二卷　（清）焦循撰　清刻本
二冊

320000 - 1602 - 0003298　A000101480

借庵詩鈔十卷　（清）釋清恒撰　清道光刻本
一冊　存三卷（一至三）

320000 - 1602 - 0003299　A000101481

十三經諸家引書異字同聲攷十三卷　（清）丁
顯撰　清同治至光緒刻本　五冊　存五卷
（一至四、九）

320000 - 1602 - 0003300　A000101482

陶靖節詩集四卷　（晉）陶潛撰　（清）蔣薰注
清貴文堂刻本　一冊

320000 - 1602 - 0003301　A000101483

大清律例刑案彙纂集成四十卷　（清）姚雨薌
輯　（清）胡仰山增修　清咸豐五年（1855）刻
本　二十四冊

320000 - 1602 - 0003302　A000101484

爾雅十一卷　（晉）郭璞注　清稽古樓刻本
四冊

320000 - 1602 - 0003303　A000101485

南沙文集八卷　（清）洪若皋撰　清刻本　三
冊　存三卷（二至四）

320000 - 1602 - 0003304　A000101486

白香山年譜一卷　（清）汪立名編　清康熙一
隅草堂刻本　一冊

320000 – 1602 – 0003305　A000101487

金石索十二卷首一卷　（清）馮雲鵬　（清）馮
雲鵷輯　清刻本　三冊　存三卷(金石索二、
三下、四下）

320000 – 1602 – 0003306　A000101488

龍威秘書十集一百六十八種　（清）馬俊良輯
　清刻本　一冊　存十二種(靈鬼志、玄怪
記、續玄怪錄、昌黎雜說、錄異記、飛燕遺事、
趙后遺事、搜神後記、窮怪錄、幽怪錄、古鏡
記、楊娟傳）

320000 – 1602 – 0003307　A000101489

熙朝新語十六卷　（清）余金輯　清道光四年
(1824)鳴盛堂刻本　一冊　存三卷(一至三)

320000 – 1602 – 0003308　A000101490

春秋穀梁傳不分卷　（晉）范甯集解　（明）閔
齊伋註　清稽古樓刻本　四冊

320000 – 1602 – 0003309　A000101491

春秋左傳註六十卷　（晉）杜預註　清稽古樓
刻本　十三冊　缺十九卷(一至三、三十五至
四十五、五十六至六十)

320000 – 1602 – 0003310　A000101492

說纂十集二十三卷　（□）□□撰　清道光元
年(1821)苕溪邵氏西山堂刻本　一冊　存六
卷(甲集一至三、乙集一至三)

320000 – 1602 – 0003311　A000101493

增廣太平惠民和劑局方十卷　（宋）陳師文等
編　清刻本　六冊

320000 – 1602 – 0003312　A000101494

芥隱筆記一卷　（宋）龔頤正撰　佩觿三卷
（宋）郭忠恕撰　清刻本　一冊

320000 – 1602 – 0003313　A000101495

資暇集三卷　（唐）李濟翁編　符七篇一卷
（清）高承勳校　計倪子一卷　（清）高承勳校
　清刻本　一冊

320000 – 1602 – 0003314　A000101496

古今事物考八卷　（明）王三聘輯　清刻本
四冊

320000 – 1602 – 0003315　A000101497

聽雨紀談一卷　（明）都穆撰　三餘贅筆一卷
　（明）都印撰　物原一卷　（明）羅頎撰　清
刻本　一冊

320000 – 1602 – 0003316　A000101498

山水忠肝集摘要一卷　（明）蕭克撰　大六壬
苗公射覆鬼撮腳三卷　（□）□□撰　宜齋野
乘一卷　（宋）吳枋撰　痛餘雜錄一卷　（明）
史惇撰　清刻本　一冊

320000 – 1602 – 0003317　A000101499

豪譜一卷　（清）高承勳輯　遊戲錄二卷
(清)程景沂撰　清刻本　一冊

320000 – 1602 – 0003318　A000101500

唐人說薈一百六十四種二十卷　（清）蓮塘居
士(陳世熙)輯　清刻本　二十冊　缺七卷
(四至五、七、十一至十四)

320000 – 1602 – 0003319　A000101501

遂初堂書目一卷　（宋）尤袤撰　清道光刻本
　一冊

320000 – 1602 – 0003320　A000101502

讀書敏救記四卷　（清）錢曾撰　清道光刻本
　二冊

320000 – 1602 – 0003321　A000101503

易大義一卷　（清）惠棟撰　尚書註考一卷
(明)陳泰交撰　讀詩拙言一卷　（明）陳第撰
　清道光刻本　一冊

320000 – 1602 – 0003322　A000101504

四書逸箋六卷　（清）程大中撰　清道光刻本
　一冊

320000 – 1602 – 0003323　A000101505

一切經音義二十五卷　（唐）釋玄應撰　（清）
莊炘[等]校　清道光刻本　六冊

320000 – 1602 – 0003324　A000101506

古史輯要六卷首一卷　（□）□□撰　清道光
刻本　三冊

320000 – 1602 – 0003325　A000101507

史記短長說二卷　（明）凌稚隆撰　順宗實錄

五卷 （唐）韓愈撰 清道光刻本 一冊

320000－1602－0003326 A000101508

九國志十二卷 （宋）路振撰 （宋）張唐英補
清道光刻本 二冊

320000－1602－0003327 A000101509

洛陽名園記一卷 （宋）李格非撰 **靖康傳**
信錄三卷 （宋）李綱撰 清道光刻本
一冊

320000－1602－0003328 A000101510

庚申外史二卷 （明）權衡撰 清道光刻本
一冊

320000－1602－0003329 A000101511

二十二史感應錄二卷 （清）彭希涑撰 清道
光刻本 一冊

320000－1602－0003330 A000101512

廣名將傳二十卷 （明）黃道周註斷 清道光
刻本 六冊

320000－1602－0003331 A000101513

高僧傳十三卷 （南朝梁）釋慧皎撰 清道光
刻本 四冊

320000－1602－0003332 A000101514

酌中志二十四卷 （明）劉若愚撰 清道光刻
本 三冊

320000－1602－0003333 A000101515

火攻挈要三卷圖一卷 （德國）湯若望授
（清）焦勖述 清道光刻本 一冊

320000－1602－0003334 A000101516

慎守要錄九卷 （明）韓霖撰 清道光刻本
二冊

320000－1602－0003335 A000101517

明夷待訪錄一卷 （清）黃宗羲撰 清道光刻
本 一冊

320000－1602－0003336 A000101518

考古質疑六卷 （宋）葉大慶撰 清道光刻本
一冊

320000－1602－0003337 A000101519

隱居通議三十一卷 （元）劉壎撰 **洞天清禄**
集一卷 （宋）趙希鵠撰 清道光刻本 六冊

320000－1602－0003338 A000101520

調燮類編四卷 （□）□□撰 清道光刻本
一冊

320000－1602－0003339 A000101521

菰中隨筆一卷 （清）顧炎武撰 清道光刻本
一冊

320000－1602－0003340 A000101522

雲谷雜紀四卷首一卷末一卷 （宋）張淏撰
清道光刻本 一冊

320000－1602－0003341 A000101523

龍筋鳳髓判四卷 （唐）張鷟撰 （明）劉允鵬
注 （清）陳春補正 清道光刻本 二冊

320000－1602－0003342 A000101524

桂苑筆耕集二十卷 （唐）崔致遠撰 清道光
刻本 三冊

320000－1602－0003343 A000101525

敬齋古今黈八卷 （元）李冶撰 清道光刻本
二冊

320000－1602－0003344 A000101526

晁具茨先生詩集十五卷 （宋）晁沖之撰 清
道光刻本 一冊

320000－1602－0003345 A000101527

揭曼碩詩三卷 （元）揭傒斯撰 清道光刻本
一冊

320000－1602－0003346 A000101528

青藤書屋文集三十卷補遺一卷 （明）徐渭撰
婦人集一卷附補一卷 （清）陳維崧撰
（清）冒褒注 清道光刻本 六冊

320000－1602－0003347 A000101529

漁隱叢話前集六十卷後集四十卷 （宋）胡仔
撰 清道光刻本 十二冊

320000－1602－0003348 A000101530

四溟詩話四卷 （明）謝榛撰 清道光刻本
一冊

320000－1602－0003349　A000101531

宋四六話十二卷　（清）彭元瑞撰　清道光刻本　四冊

320000－1602－0003350　A000101532

詞苑叢談十二卷　（清）徐釚撰　清道光刻本　四冊

320000－1602－0003351　A000101533

竹雲題跋四卷　（清）王澍撰　清道光刻本　一冊

320000－1602－0003352　A000101534

讀畫錄四卷　（清）周亮工撰　續三十五舉一卷　（清）桂馥撰　清道光刻本　一冊

320000－1602－0003353　A000101535

茶董補二卷　（明）陳繼儒輯　清道光刻本　一冊

320000－1602－0003354　A000101536

尺牘新鈔十二卷　（□）□□撰　清道光刻本　五冊

320000－1602－0003355　A000101537

顏氏家藏尺牘四卷　（清）顏光敏輯　清道光刻本　五冊

320000－1602－0003356　A000101538

幾何原本六卷　（意大利）利瑪竇口譯　（明）徐光啟筆受　清道光刻本　四冊

320000－1602－0003357　A000101539

同文算指前編二卷通編八卷　（意大利）利瑪竇授　（明）李之藻演　清道光刻本　五冊

320000－1602－0003358　A000101540

圜容較義一卷　（意大利）利瑪竇授　（明）李之藻演　測量法義一卷　（意大利）利瑪竇口譯　（明）徐光啟筆受　測量異同一卷　（明）徐光啟撰　句股義一卷　（明）徐光啟撰　清道光刻本　一冊

320000－1602－0003359　A000101541

翼梅八卷　（清）江永撰　清道光刻本　三冊

320000－1602－0003360　A000101542

女科二卷　（清）傅山撰　產後編二卷　（清）

傅山撰　清道光刻本　三冊

320000－1602－0003361　A000101543

海錄一卷　（清）楊炳南撰　清咸豐元年(1851)刻本　一冊

320000－1602－0003362　A000101544

新釋地理備考全書十卷　（葡萄牙）瑪吉士輯譯　清道光刻本　四冊

320000－1602－0003363　A000101545

全體新論十卷　（英國）合信撰　清咸豐元年(1851)刻本　二冊

320000－1602－0003364　A000101546

康熙字典十二集三十六卷總目一卷檢字一卷辨似一卷等韻一卷備考一卷補遺一卷　（清）張玉書［等］纂　清康熙年刻本　三十七冊　缺一卷(卯上一)

320000－1602－0003365　A000101547

絕妙好詞箋七卷　（宋）周密輯　（清）查為仁　（清）厲鶚箋　清道光刻本　四冊

320000－1602－0003366　A000101548

春秋公羊註疏二十八卷　（漢）何休註　明崇禎汲古閣刻本　十冊

320000－1602－0003367　A000101549

毛詩註疏二十四卷　（漢）鄭氏箋　（唐）孔穎達疏　明崇禎汲古閣刻本　二十冊

320000－1602－0003368　A000101550

周易四卷首一卷　（宋）朱熹注　明崇禎汲古閣刻本　二冊

320000－1602－0003369　A000101551

爾雅註疏十一卷　（晉）郭璞註　（宋）邢昺疏　明崇禎汲古閣刻本　四冊

320000－1602－0003370　A000101552

春秋公羊註疏二十八卷　（漢）何休註　明崇禎汲古閣刻本　十冊

320000－1602－0003371　A000101553

春秋公羊註疏二十八卷　（漢）何休註　明崇禎汲古閣刻本　九冊　缺三卷(六至八)

320000－1602－0003372　A000101554

吳詩集覽二十卷補注二十卷　（清）吳偉業撰
（清）靳榮藩輯　吳詩談藪二卷　（清）靳榮
藩輯　清乾隆刻本　十六冊

320000－1602－0003373　A000101555

精選黃眉故事十卷　（明）鄧百拙編　清刻本
十冊

320000－1602－0003374　A000101556

龍門書經六卷　（宋）蔡沈集傳　清三樂齋刻
本　四冊

320000－1602－0003375　A000101557

寧致堂增訂武經體註不分卷　（清）夏振翼纂
訂　清三多齋刻本　五冊

320000－1602－0003376　A000101558

佩文韻府一百〇六卷　（清）張玉書等編　清
刻本　二冊　存二卷(二十五、七十七)

320000－1602－0003377　A000101559

禮記十卷　（元）陳澔集說　清慎詒堂刻本
十冊

320000－1602－0003378　A000101560

杜詩詳註三十一卷首一卷　（唐）杜甫撰
（清）仇兆鰲輯註　清康熙刻本　十四冊　存
十七卷(一、四至十七、二十,首一卷)

320000－1602－0003379　A000101561

杜詩詳註二十五卷首一卷附編二卷　（唐）杜
甫撰　（清）仇兆鰲輯註　清康熙刻本　二十
一冊　缺七卷(一、十三至十八)

320000－1602－0003380　A000101562

榕村全集四十卷　（清）李光地撰　清刻本
一冊　存二卷(二十七至二十八)

320000－1602－0003381　A000101563

欽定詩經傳說彙纂二十一卷首二卷詩序二卷
（清）王鴻緒撰　清雍正刻本　二十四冊

320000－1602－0003382　A000101564

蘇詩補注八卷　（清）翁方綱撰　志道集一卷
（宋）顧禧撰　清刻本　一冊　存五卷(蘇
詩補注五至八、志道集一卷)

320000－1602－0003383　A000101565

揅經室詩錄五卷　（清）阮元撰　清刻本　一
冊　存二卷(一至二)

320000－1602－0003384　A000101566

朱子年譜四卷攷異四卷　（清）王懋竑撰　清
刻本　六冊

320000－1602－0003385　A000101567

錢氏宗譜四卷　（清）錢氏修　清嘉慶十九年
(1814)刻　四冊

320000－1602－0003386　A000101568

易璇璣三卷　（宋）吳沆撰　周易義海撮要十
二卷　（宋）李衡撰　清康熙通志堂刻本
五冊

320000－1602－0003387　A000101569

復齋易說六卷　（宋）趙彥肅撰　清康熙通志
堂刻本　一冊

320000－1602－0003388　A000101570

古周易不分卷　（宋）呂祖謙編　清康熙通志
堂刻本　一冊

320000－1602－0003389　A000101571

易小傳六卷　（宋）沈該撰　清康熙通志堂刻
本　三冊

320000－1602－0003390　A000101572

紀元編三卷末一卷　（清）李兆洛撰　（清）六
承如錄　清刻本　一冊　存二卷(上中)

320000－1602－0003391　A000101573

廣釋名二卷　（清）張金吾撰　清刻本　一冊

320000－1602－0003392　A000101574

華嚴經音義四卷　（唐）釋慧苑撰　清刻本
一冊

320000－1602－0003393　A000101575

草廬經畧十二卷　（明）□□撰　清刻本
四冊

320000－1602－0003394　A000101576

歷代帝王年表三卷　（清）齊召南編　（清）阮
福續　清刻本　三冊

320000－1602－0003395　A000101577

道德經註四卷　（元）吳澄撰　清刻本　一冊

320000－1602－0003396　A000101578

胡子知言六卷疑義一卷附錄一卷　（宋）胡宏
撰　清刻本　一冊

320000－1602－0003397　A000101579

天香閣隨筆二卷集一卷　（明）李介撰　清刻
本　一冊

320000－1602－0003398　A000101580

北江詩話六卷　（清）洪亮吉撰　清刻本
一冊

320000－1602－0003399　A000101581

南北朝文鈔二卷　（清）彭兆蓀輯　清刻本
一冊　存一卷(上)

320000－1602－0003400　A000101582

漢唐事箋後集八卷　（元）朱禮撰　馭交紀十
二卷　（明）張鏡心編　清刻本　二冊　缺十
卷(馭交紀三至十二)

320000－1602－0003401　A000101583

叔苴子内編六卷外編二卷　（明）莊元臣撰
清刻本　三冊

320000－1602－0003402　A000101584

唐昭陵石蹟考畧五卷　（清）林侗撰　清刻本
一冊

320000－1602－0003403　A000101585

秋笳集八卷附錄一卷　（清）吳兆騫撰　清刻
本　一冊　缺三卷(一至三)

320000－1602－0003404　A000101586

從政遺規二卷　（清）陳宏謀輯　清同治刻本
一冊　存一卷(下)

320000－1602－0003405　A000101587

四朝名臣言行錄二十六卷　（宋）李幼武纂
清刻本　二冊　存十四卷(上集六至十三、下
集一至六)

320000－1602－0003406　A000101588

三朝名臣言行錄十四卷　（宋）朱熹輯　（宋）
李衡校　清刻本　二冊

320000－1602－0003407　A000101589

五朝名臣言行錄十卷　（宋）朱熹輯　清刻本
一冊　存五卷(六至十)

320000－1602－0003408　A000101590

皇朝道學名臣言行外錄十七卷　（宋）李幼武
輯　清刻本　一冊　存六卷(十二至十七)

320000－1602－0003409　A000101591

海陵竹枝詞六卷　（清）王廣業輯　清同治刻
本　一冊

320000－1602－0003410　A000101592

春秋胡傳三十卷　（宋）胡安國傳　諸國興廢
說一卷　（□）□□撰　明刻本　一冊　存六
卷(春秋胡傳一至五、諸國興廢說一卷)

320000－1602－0003411　A000101593

康熙字典十二集三十六卷總目一卷檢字一卷
辨似一卷等韻一卷備考一卷補遺一卷　（清）
張玉書等纂　清康熙刻本　二十四冊　存二
十四卷(等韻一、丑集中下、寅集上下、卯集上
中下、辰集上、巳集上中下、午集上下、未集上
下、申集上中下、酉集上下、戌集上、亥集上
下)

320000－1602－0003412　A000101594

經史百家雜鈔二十六卷　（清）曾國藩纂
（清）曾國荃審訂　清刻本　十五冊　存十五
卷(八至九、十一、十五至二十六)

320000－1602－0003413　A000101595

經史百家簡編二卷　（清）曾國藩纂　（清）曾
國荃審訂　清同治十三年(1874)傳忠書局刻
本　二冊

320000－1602－0003414　A000101596

文選六十卷　（南朝梁）蕭統撰　（唐）李善注
（清）錢士謐重校　清康熙二十五年(1686)
汲古閣刻本　六冊　缺十四卷(十七至三十)

320000－1602－0003415　A000101597

求古精舍金石圖四卷　（清）陳經撰　清刻本
一冊　存二卷(三至四)

320000－1602－0003416　A000101598

東坡集選五十卷　（宋）蘇軾撰　明刻本　一冊　存六卷（一至四、外紀逸編一、外紀下）

320000－1602－0003417　A000101599

淮海集十七卷後集二卷詞一卷補遺一卷（宋）秦觀撰　清道光刻本　三冊

320000－1602－0003418　A000101600

陽春白雪八卷外集一卷　（宋）趙聞禮選　清咸豐三年（1853）南海伍氏刻本　二冊　存六卷（一至三、七至八，外集一卷）

320000－1602－0003419　A000101601

文史通義八卷　（清）章學誠撰　清咸豐元年（1851）南海伍氏刻本　六冊

320000－1602－0003420　A000101602

校讎通義三卷　（清）章學誠撰　清咸豐元年（1851）南海伍氏刻本　一冊

320000－1602－0003421　A000101603

笠翁偶集六卷　（清）李漁撰　清雍正八年（1730）芥子園刻本　一冊　存一卷（三）

320000－1602－0003422　A000201315

辛亥粵亂彙編不分卷　半翁編　清宣統三年（1911）鉛印本　一冊

320000－1602－0003423　A000201692

貨幣論不分卷　（日本）河津暹撰　陳家瓛譯　清宣統三年（1911）群益書社鉛印本　一冊

320000－1602－0003424　A000202099

瀛寰全志七編　（清）謝洪賚編　清光緒三十年（1904）商務印書館刻本　一冊

江蘇省鹽城市圖書館古籍普查登記目録

全國古籍普查登記目録

國家圖書館出版社
National Library of China Publishing House

《江蘇省鹽城市圖書館古籍普查登記目錄》
編委會

主　編：劉 進

編　委：劉 捷　丁魯寧　黃興港

《江蘇省鹽城市圖書館古籍普查登記目録》

前　言

　　鹽城歷史最早可追溯至西漢武帝元狩四年（前119）建立的鹽瀆縣，後於東晉安帝義熙七年（411）時因"環城皆鹽場"更名爲鹽城縣，至今已有2100多年了。由於鹽城地處蘇北里下河腹部，生態環境優美，文化底藴豐厚，因此當今以"東方濕地之都，仙鶴神鹿世界"而聞名。

　　在這片美麗富饒的土地上，勤勞的鹽城人民不僅用汗水創造了燦爛的物質文明和精神文明，而且，還用智慧構建了覆蓋全社會的公共文化服務體系。其中，鹽城市圖書館無疑是這個體系中最閃光的惠民陣地。

　　鹽城市圖書館坐落在市區政治、經濟、文化的中心地帶，建築面積33000平方米（含鹽城市少兒圖書館3000平方米），館藏各類文獻達100萬冊（件），年接待讀者人次與外借冊次均在百萬以上，連續五次被評定爲國家一級圖書館，多次榮獲省級文明圖書館及省、市文明單位，是全國人文社會科學普及基地。其中館藏綫裝古籍是館藏特色之一，古籍書庫建築面積162平方米，古籍閱覽室面積207平方米，古籍書庫建設完全符合《圖書館古籍特藏書庫基本要求》，配備恒温恒濕設施，爲古籍長期收藏提供良好條件。

　　鹽城市圖書館是1983年因建市撤縣由鹽城縣圖書館升格而來的，當年縣圖書館的古籍數量不多，經古籍普查登記，共收藏清以前的古籍1500餘部，近萬冊，主要以明清時期木刻、石印本爲主，其中二級以上古籍有140餘部，最早的是元刻明修本《附釋音春秋左傳注疏》六十卷。這些古籍的來源主要歸功於周夢莊先生。據周先生在《燕南堂題跋》中介紹，周老曾親往蘇州調回綫裝書兩萬冊。這就是目前我們所知道的館藏古籍的來源綫索。

　　直到如今，這批明、清時出版的綫裝書，仍是鹽城市圖書館最珍貴的古籍文獻。在這次全國古籍普查中本館有4部古籍入選《國家珍貴古籍名録》，它們是：元刻明修本《附釋音春秋左傳注疏》六十卷、明嘉靖文始堂刻本《申鑒》五卷、明嘉靖二十四年（1545）李而進刻本《張文獻公集》十二卷（現存六卷）、明正統八年至十一年（1443—1446）刻本《後漢書》九十卷《志》三十卷（現存十卷）；有10部古籍入選《江蘇省珍貴古籍名録》，包括入選《國家珍貴古籍名録》的4部在内，還有明嘉靖刻本《春秋經傳集解》三十卷,明刻套印本《韋蘇州集》五卷、明刻本《黑旋風雙獻功雜劇》一卷、明萬曆三十年(1602)刻本《分類補注李太白詩》二十五卷、明末毛氏汲古閣刻本《史記索隱》三十卷、明末毛氏汲古閣刻本《説文解字》十五卷等6部。

　　鹽城市圖書館館藏古籍目録的登記、編纂工作,是在國家古籍保護中心的正確領導下,在江蘇省古籍保護中心直接指導下進行的。借助全國古籍普查的東風,根據省古籍保護中心的統一安排,我館成立了專門班子負責古籍編目工作,對所藏古籍開展一次全面的梳理和整序,這對於摸清家底,進一步加大保護與利用古籍的力度,都具有重要的價值。首先,對館藏古籍登記造冊,規範管理。經過幾年的時間,幾經修改、審校,最終形成館藏古籍普查登記目録數據庫;其次,對古籍初步鑒定其收藏價值。經過省古籍保護中心派來的專家初步鑒定,館藏古籍如元刻明修本的《附釋音春秋左傳注疏》六十卷等具有重要的收藏價值;再次,在整理過程中發現了一批珍貴的鹽城地方文獻資料,比如清代鹽城慈善家金穀元及其著作《求知齋經解試藝》等等;第四,通過對古籍的收藏整理,形成《江蘇省鹽城市圖書館古籍普查登記目録》電子版,可以方便鹽城本地讀者對館藏古籍的瞭解和利用,有助於增强古籍保護意識,推進對傳統文化的傳承。這對鹽城地方歷史、人文等各方面研究都具有重要意義。

本書編委會
2014 年 7 月

320000 – 1610 – 0000001　156

[道光]澕墅關新志十八卷　（清）凌壽祺纂
清道光抄本　一冊　存九卷（一至九）

320000 – 1610 – 0000002　214

[光緒]常昭合志稿四十八卷首一卷末一卷
（清）鄭鍾祥修　（清）龐鴻文等纂　清光緒三
十年（1904）活字本　九冊　存二十九卷（一
至五、二十一至二十四、二十九至四十八）

320000 – 1610 – 0000003　221

[光緒]處州府志三十卷首一卷末一卷　（清）
潘紹詒修　（清）周榮椿等纂　清光緒三年
（1877）刻本　二十四冊　缺五卷（七、二十
一、二十四至二十五、二十七）

320000 – 1610 – 0000004　206

[光緒]歸安縣志五十二卷　（清）李昱等修
（清）陸心源總修　清光緒七年（1881）刻本
十五冊　缺四卷（四十九至五十二）

320000 – 1610 – 0000005　3061

[光緒]淮安府志四十卷首一卷　（清）孫雲錦
修　（清）吳昆田　（清）高延第纂　清石印本
十六冊

320000 – 1610 – 0000006　201

[道光]吉林外記十卷　（清）薩英額纂　清光
緒二十一年（1895）刻漸西村舍彙刻本　四冊

320000 – 1610 – 0000007　209

江蘇海塘新志八卷首一卷　（清）李慶雲纂
清光緒十六年（1890）刻本　四冊

320000 – 1610 – 0000008　188

焦山續志八卷　（清）陳任暘輯　清光緒三十
一年（1905）刻本　一冊

320000 – 1610 – 0000009　220

金華赤松山志一卷　（宋）倪守約撰　清光緒
十八年（1892）刻本　一冊

320000 – 1610 – 0000010　195

九華山志十卷　（清）謝維喈重修　（清）周贇
纂修　清光緒二十六年（1900）刻本　八冊

320000 – 1610 – 0000011　197

歷陽典錄補六卷　（清）陳廷桂纂輯　清道光
九年（1829）刻本　二冊

320000 – 1610 – 0000012　196

歷陽典錄三十四卷　（清）陳廷桂纂輯　清光
緒二十六年（1900）刻本　十冊

320000 – 1610 – 0000013　310

兩淮鹽法志一百六十卷首一卷　（清）王定安
纂　清光緒三十一年（1905）金陵刻本　六十
四冊

320000 – 1610 – 0000014　160

梅里志十八卷　（清）楊謙纂　清光緒三年
（1877）刻本　六冊

320000 – 1610 – 0000015　208

忍草庵志四卷　（清）劉繼增纂　清光緒十三
年（1887）錫山遂初堂尤氏活字印本　二冊

320000 – 1610 – 0000016　222

日本國志四十卷　（清）黃遵憲編纂　清光緒
十六年（1890）羊城富文齋刻本　十四冊

320000 – 1610 – 0000017　198

[道光]泰州志三十六卷首一卷　（清）王有慶
（清）劉鉿修　（清）陳世鎔輯　清光緒三十
四年（1908）補刻本　十冊

320000 – 1610 – 0000018　223

[光緒]無錫金匱縣志四十卷首一卷　（清）裴
大中修　（清）秦緗業纂　清光緒七年（1881）
刻本　二十冊

320000 – 1610 – 0000019　165

[光緒]鹽城縣志十七卷首一卷　（清）劉崇照
修　（清）龍繼棟　（清）陳玉樹纂　清光緒二
十一年（1895）刻本　八冊

320000 – 1610 – 0000020　180

[光緒]鹽城縣志十七卷首一卷　（清）劉崇照
修　（清）龍繼棟　（清）陳玉樹纂　清光緒二
十一年（1895）刻本　十冊

320000 – 1610 – 0000021　181

[光緒]鹽城縣志十七卷首一卷　（清）劉崇照
修　（清）龍繼棟　（清）陳玉樹纂　清光緒二

十一年(1895)刻本　四冊　存九卷(一至九)

320000－1610－0000022　181－1

[光緒]鹽城縣志十七卷首一卷　(清)劉崇照修　(清)龍繼棟　(清)陳玉樹纂　清光緒二十一年(1895)刻本　六冊　存九卷(一至六、十五至十七)

320000－1610－0000023　181－2

[光緒]鹽城縣志十七卷首一卷　(清)劉崇照修　(清)龍繼棟　(清)陳玉樹纂　清光緒二十一年(1895)刻本　三冊　存五卷(三至五、十五至十六)

320000－1610－0000024　181－3

[光緒]鹽城縣志十七卷首一卷　(清)劉崇照修　(清)龍繼棟　(清)陳玉樹纂　清光緒二十一年(1895)刻本　二冊　存五卷(三至五、九至十)

320000－1610－0000025　182

[光緒]鹽城縣志十七卷首一卷　(清)劉崇照修　(清)龍繼棟　(清)陳玉樹纂　清光緒二十一年(1895)刻本　八冊　缺二卷(十六至十七)

320000－1610－0000026　192

浙志便覽十卷首一卷　(清)李應珏纂　清光緒二十二年(1896)增刻本　四冊

320000－1610－0000027　217

[嘉慶]高郵州志十二卷首一卷　(清)馮馨修　(清)王念孫纂　清嘉慶二十年(1815)增刻本　五冊　缺八卷(四至十、十二)

320000－1610－0000028　216

華陽國志十二卷　(晉)常璩撰　補華陽國志三州郡縣目錄一卷　(清)廖寅撰　清嘉慶十九年(1814)刻本　四冊

320000－1610－0000029　216－1

華陽國志十二卷　(晉)常璩撰　補華陽國志三州郡縣目錄一卷　(清)廖寅撰　清嘉慶十九年(1814)刻本　四冊

320000－1610－0000030　362

乾隆府廳州縣圖志五十卷　(清)洪亮吉撰　清嘉慶七年(1802)刻本　十二冊

320000－1610－0000031　159

乾道臨安志十五卷首一卷　(宋)周淙纂　清光緒四年(1878)章壽康刻式訓堂叢書本(原缺卷四至十五)　二冊

320000－1610－0000032　200

攝山志八卷　(清)陳毅纂　清乾隆五十五年(1790)刻本　四冊

320000－1610－0000033　213

秀山志十八卷　(清)陳弘纂　清乾隆三十七年(1772)刻本　二冊

320000－1610－0000034　164

[乾隆]鹽城縣志十六卷　(清)黃垣續修　(清)沈儼續纂　清乾隆十二年(1747)刻本　三冊　缺三卷(十二至十四)

320000－1610－0000035　193

元豐九域志十卷　(宋)王存等撰　清乾隆五十三年(1788)刻本　十冊

320000－1610－0000037　155

慧山記四卷　(明)邵寶撰　(明)釋圓顯輯續編三卷首一卷　(清)邵涵初輯　清同治七年(1868)二泉書院刻本　六冊

320000－1610－0000038　189

慧山記續編三卷首一卷　(清)邵涵初輯　清同治七年(1868)刻本　四冊

320000－1610－0000039　189－1

慧山記續編三卷首一卷　(清)邵涵初輯　清同治七年(1868)刻本　四冊

320000－1610－0000040　187

[同治]焦山志二十六卷首一卷　(清)吳雲輯　清同治九年(1870)刻本　八冊

320000－1610－0000041　218

蓮花廳志八卷首一卷末一卷　(清)李其昌纂修　清同治四年(1865)刻本　九冊　缺二卷(八、末一卷)

320000－1610－0000042　311

欽定重修兩浙鹽法志三十卷首二卷　（清）延豐等纂　清同治十三年(1874)刻本　二十四冊

320000－1610－0000043　204

[咸豐]清河縣志二十四卷　（清）吳棠修（清）魯一同纂　清同治四年(1865)刻本　三冊　存十一卷(十四至二十四)

320000－1610－0000044　203

[同治]清河縣志附編二卷　（清）吳棠修（清）魯一同纂　清同治四年(1865)刻本　一冊

320000－1610－0000045　190

慧山記四卷　（明）邵寶撰　（明）釋圓顯輯　清咸豐七年(1857)二泉書院刻本　二冊

320000－1610－0000046　432

慧山記四卷　（明）邵寶撰　（明）釋圓顯輯　續編三卷首一卷　（清）邵涵初輯　清同治七年(1868)二泉書院刻本　六冊

320000－1610－0000047　215

[咸豐]邳州志二十卷　（清）董用威　（清）馬軼羣修　（清）魯一同纂　清咸豐元年(1851)刻本　三冊　缺五卷(七至十一)

320000－1610－0000048　450

愛吾廬文鈔一卷　（清）呂世宜撰　清光緒三年(1877)刻本　一冊

320000－1610－0000049　2171

安吳先生藝舟雙楫六卷　（清）包世臣撰　清觀樂堂刻本　一冊　存三卷(四至六)

320000－1610－0000050　1676

八家四六文鈔九卷　（清）吳鼒編　清光緒十八年(1892)上海圖書集成書局石印本　八冊

320000－1610－0000051　1759

八家四六文注八卷　（清）孫星衍著　（清）許貞幹注　補注一卷　陳衍注　清光緒十八年(1892)上海圖書集成書局石印本　八冊

320000－1610－0000052　2255

八銘堂塾鈔初集六卷二集六卷　（清）吳懋政

編　清乾隆四十八年(1783)刻本　五冊　缺三卷(二集四至六)

320000－1610－0000053　1847

八賢手札八卷　（清）曾國藩等撰　（清）郭慶藩輯　清光緒三十四年(1908)上洋海左書局石印本　一冊

320000－1610－0000054　818

跋南雷文定一卷　（清）方東樹著　清宣統元年(1909)江浦陳氏刻本　一冊

320000－1610－0000055　1854

白芙堂算學叢書廿一種　（清）丁取忠輯　清光緒二十三年(1897)上海文瀾書局石印本　八冊

320000－1610－0000056　2230

白石道人歌曲四卷　（宋）姜夔撰　清宣統二年(1910)石印本　一冊

320000－1610－0000057　581

白石道人詩集二卷集外詩一卷附錄一卷附錄補遺一卷　（宋）姜夔撰　清乾隆八年(1743)刻本　四冊

320000－1610－0000058　554

白田風雅二十四卷　（清）朱彬輯　清光緒十二年(1886)金陵刻本　四冊

320000－1610－0000059　600

白香詞譜箋四卷　（清）舒夢蘭輯　（清）謝朝徵箋　清光緒十一年(1885)刻本　一冊

320000－1610－0000060　749

白香詞譜箋四卷　（清）舒夢蘭輯　（清）謝朝徵箋　清光緒十一年(1885)刻本　二冊

320000－1610－0000061　1648

白香山詩長慶集二十卷後集十七卷別集一卷補遺二卷　（唐）白居易撰　（清）汪立名編　年譜一卷　（清）汪立名撰　年譜舊本一卷　（宋）陳振孫撰　清光緒會文堂石印本　十二冊

320000－1610－0000062　1663

白香山詩長慶集二十卷後集十七卷別集一卷補遺二卷　（唐）白居易撰　（清）汪立名編

年譜一卷　（清）汪立名撰　**年譜舊本一卷**
（宋）陳振孫撰　清光緒會文堂石印本　十
二冊

320000－1610－0000063　304

白雲洞志五卷　（清）黃亨纂　清光緒十三年
（1887）刻本　一冊

320000－1610－0000064　2939

白雲居米帖十二卷　（宋）米芾書　（清）姚士
斌輯　清雍正四年（1726）拓本　十二冊

320000－1610－0000065　3442

白醉題襟集四卷首一卷末一卷百花萬卷草堂
自記題贈雜詠一卷　（清）王相輯　清刻本
一冊

320000－1610－0000066　2253

百局象棋譜八卷　題（清）三樂居士編　清刻
本　五冊　存五卷（二至四、六至七）

320000－1610－0000067　791

百獸圖說一卷　（清）韋門道撰　清光緒八年
（1882）刻本　一冊

320000－1610－0000068　2159

百宋一廛賦一卷　（清）顧廣圻撰　（清）黃丕
烈注　清嘉慶十年（1805）刻本　一冊

320000－1610－0000069　590

拜石山房詞鈔四卷　（清）顧翰著　清光緒十
五年（1889）榆園刻本　一冊

320000－1610－0000070　4

班馬字類五卷　（宋）婁機撰　清乾隆揚州馬
氏小玲瓏山館刻本　二冊

320000－1610－0000071　2353

般若波羅密多心經一卷　（唐）釋玄奘譯　清
同治十一年（1872）金陵刻經處刻本　一冊

320000－1610－0000072　448

板橋家書一卷　（清）鄭燮撰　清石印本
一冊

320000－1610－0000073　2558－1

半厂叢書初編十種　（清）譚獻輯　清光緒刻
本　十六冊　存四種六十五卷（西夏紀事本

末三十六卷,白香詞譜箋四卷,篋中詞六卷續
四卷,復堂文四卷、詩十一卷）

320000－1610－0000074　2558

半厂叢書初編十種　（清）譚獻輯　清光緒中
仁和譚氏刻本　十四冊　存七種四十三卷
（西夏紀事本末十至三十六,白香詞譜箋四
卷,篋中詞六卷續四卷,復堂文四卷、詩十一
卷、詞二卷、日記八卷,合肥三家詩錄二卷,待
堂文一卷,池上小集一卷）

320000－1610－0000076　52

半櫻詞續二卷　（清）林鯤翔撰　清光緒四年
（1878）鉛印本　一冊

320000－1610－0000077　891

北齊書五十卷　（唐）李百藥撰　清光緒二十
八年（1902）上海文瀾書局石印本　一冊

320000－1610－0000078　875

北史一百卷　（唐）李延壽撰　清光緒二十八
年（1902）上海文瀾書局石印本　六冊

320000－1610－0000079　905

北史一百卷　（唐）李延壽撰　清末鉛印本
三冊　存九卷（一至二、二十二至二十八）

320000－1610－0000080　1975

北史一百卷　（唐）李延壽撰　清石印本　二
冊　存八卷（五十一至五十三、七十五至七十
九）

320000－1610－0000081　19

北溪先生字義二卷補遺一卷嚴陵講義一卷
（宋）陳淳撰　清康熙五十三年（1714）愛荊堂
刻本　一冊

320000－1610－0000082　481

備急千金要方三十卷攷異一卷　（唐）孫思
邈撰　（宋）林億等編　清光緒四年（1878）
影北宋刻本　十四冊　缺三卷（二十六至二
十八）

320000－1610－0000083　802

本草綱目拾遺十卷奇經八脈攷二卷　（清）趙
學敏輯　**本草萬方鍼線八卷**　（清）蔡烈先輯

清光緒十一年(1885)合肥張氏味古齋刻本
十三冊

320000－1610－0000084　801
本草綱目五十二卷　(明)李時珍撰　清光緒
十一年(1885)合肥張氏味古齋刻本　四十
八冊

320000－1610－0000085　802－1
本草綱目五十二卷　(明)李時珍撰　清刻本
二冊　存四卷(四十九至五十二)

320000－1610－0000086　480
本草綱目五十二卷　(明)李時珍撰　清同治
十一年(1872)芥子園刻本　九冊

320000－1610－0000087　1893
本草綱目五十二卷綱目圖三卷　(明)李時珍
撰　**本草綱目拾遺十卷**　(清)趙學敏輯　**萬
方鍼線八卷**　(清)蔡烈先輯　清光緒十九年
(1893)鴻寶齋石印本　十八冊　缺八卷(本
草綱目三、十至十二、十七至十八,綱目圖一、
三)

320000－1610－0000088　479
本草萬方鍼線八卷　(清)蔡烈先輯　清春明
堂刻本　四冊

320000－1610－0000089　45
本事詩十二卷　(清)徐釚輯　清康熙四十三
年(1704)刻本　四冊

320000－1610－0000090　587
比竹餘音四卷　鄭文焯撰　清光緒二十八年
(1902)吳興沈氏刻本　二冊

320000－1610－0000091　740
比竹餘音四卷　鄭文焯撰　清光緒二十八年
(1902)吳興沈氏刻本　二冊

320000－1610－0000092　369
皕宋樓藏書志一百二十卷　(清)陸心源編
清光緒八年(1882)歸安陸氏十萬卷樓刻本
三十二冊　缺七卷(一百十四至一百二十)

320000－1610－0000093　1628
碧城僊館詩鈔十卷岱游集一卷　(清)陳文述

撰　清宣統三年(1911)國學扶輪社鉛印本
五冊

320000－1610－0000094　2095
碧腴齋詩存八卷　(清)胡德琳著　**南園詩選
二卷**　(清)何士顒著　清光緒十八年(1892)
鉛印本　一冊

320000－1610－0000095　265
辨似一卷　(清)龍光甸撰　清道光二十六年
(1846)刻本　一冊

320000－1610－0000096　689
辨似一卷　(清)龍光甸撰　清道光二十年
(1840)刻本　一冊

320000－1610－0000097　2045
表忠錄一卷　金武祥輯　清光緒二十八年
(1902)江陰金氏粟香室刻本　一冊

320000－1610－0000098　2026
冰泉唱和集一卷閏集一卷　金武祥撰　清光
緒十五年(1889)刻本　一冊

320000－1610－0000099　847
炳燭編四卷　(清)李賡芸撰　**止觀輔行傳宏
決一卷**　(唐)釋湛然述　清同治、光緒吳縣
潘氏京師刻滂喜齋叢書本　二冊

320000－1610－0000100　2623
缾水齋詩集十六卷詩別集二卷詩話一卷
(清)舒位撰　清嘉慶二十一年(1816)刻本
一冊　存三卷(別集二卷、詩話一卷)

320000－1610－0000101　2155
博物志十卷　(晉)張華撰　清嘉慶九年
(1804)刻本　一冊

320000－1610－0000102　494
**補注黃帝內經素問二十四卷素問遺篇一卷黃
帝內經靈樞十二卷**　(唐)王冰注　(宋)林億
等校注　清光緒三年(1877)刻本　十冊

320000－1610－0000103　492
補注洗冤錄集證四卷附刊檢骨圖格一卷　(宋)
宋慈撰　(清)王又槐增輯　(清)阮其新補注
清道光二十三年(1843)三色套印本　四冊

179

320000 - 1610 - 0000104　3369

補註黃帝内經素問二十四卷　（唐）王冰註
清光緒三年(1877)浙江書局刻本　五冊

320000 - 1610 - 0000105　1872

補註黃帝内經素問二十四卷　（唐）王冰註
清光緒十九年(1893)鴻文書局石印本　一冊

320000 - 1610 - 0000106　3195

采訪事宜冊不分卷　（清）□□撰　清同治二
年(1863)抄本　一冊

320000 - 1610 - 0000107　49

粲花齋詩抄二卷　（清）李世望撰　清乾隆二
十六年(1761)刻本　一冊

320000 - 1610 - 0000108　589

滄螺集六卷補遺一卷附錄一卷　（明）孫作撰
清光緒二十二年(1896)刻本　一冊

320000 - 1610 - 0000109　2386

藏教至言三卷　（□）□□撰　清泰州瑞竹堂
刻本　一冊　缺一卷(一)

320000 - 1610 - 0000110　522

藏書紀事詩七卷　葉昌熾撰　清宣統二年
(1910)刻本　六冊

320000 - 1610 - 0000111　2215

草字彙不分卷　（清）石梁集　清光緒十二年
(1886)石印本　四冊

320000 - 1610 - 0000112　1971

測地繪圖十一卷附表一卷　（英國）富路瑪撰
（英國）傅蘭雅口譯　（清）徐壽筆述　清光
緒二十二年(1896)石印本　四冊

320000 - 1610 - 0000113　2264

測地繪圖十一卷附表一卷　（英國）富路瑪撰　（英
國)傅蘭雅口譯　（清）徐壽筆述　清刻本　四冊

320000 - 1610 - 0000114　2598

測繪儀器考一卷　（清）羅長裿輯　清光緒二
十二年(1896)刻本　一冊

320000 - 1610 - 0000115　2279

策算一卷　（清）戴震撰　**海島算經一卷**
(晉)劉徽撰　清光緒十六年(1890)刻算經十

書本　一冊

320000 - 1610 - 0000116　1784

岑嘉州集八卷　（唐）岑參撰　清光緒十年
(1884)上海同文書局石印本　二冊

320000 - 1610 - 0000117　1963

茶山集八卷　（宋）曾幾撰　清刻本　一冊

320000 - 1610 - 0000118　475

產寶諸方一卷　（宋）□□撰　**急救仙方六卷**
（宋）□□撰　清光緒四年(1878)錢塘丁氏
刻當歸草堂醫學叢書初編本　一冊

320000 - 1610 - 0000119　476

產育寶慶集方二卷　（宋）郭稽中纂　清光緒
四年(1878)錢塘丁氏刻當歸草堂醫學叢書初
編本　一冊

320000 - 1610 - 0000120　2172

長短經九卷　（唐）趙蕤撰　清刻本　一冊
存二卷(七至八)

320000 - 1610 - 0000121　2254

長短經九卷　（唐）趙蕤撰　清石印本　一冊
存二卷(五至六)

320000 - 1610 - 0000122　834

長蘆鹽務議略一卷　（清）王守基輯　**黃帝内
經素問校義一卷**　（清）胡澍撰　清同治、光
緒吳縣潘氏京師刻旁喜齋叢書本　一冊

320000 - 1610 - 0000123　2560 - 1

常州先哲遺書　盛宣懷輯　清光緒武進盛氏
刻本　二十一冊　存二十二種(詩傳旁通十
五卷、崇禎朝記事四卷、秋園雜佩、山陽錄、書
事七則、吳中水利書一卷、遂初堂書目一卷、
得月樓書目一卷、景仰撮書一卷、宜齋野乘一
卷、梁谿漫志十卷、萬柳溪邊舊話一卷、陽羨
茗壺系一卷、五行大義五卷、文恭集四十卷、
摛文堂集十五卷、内簡尺牘編註十卷、丹陽集
二十四卷、牆東類稿二十卷、荊川集十八卷、
從野堂集八卷、落落齋遺集十卷)

320000 - 1610 - 0000124　2560

常州先哲遺書　盛宣懷輯　清光緒武進盛氏

刻本　三十五冊　缺三種三十九卷(韻語陽秋二十卷、存餘堂詩話一卷、留溪外傳十八卷)

320000－1610－0000125　65

巢經巢詩抄九卷後集四卷　(清)鄭珍撰　清光緒二十三年(1897)刻本　一冊

320000－1610－0000126　398

朝鮮近世史二卷　(日本)林泰輔編修　清光緒二十九年(1903)鴻寶書局石印本　二冊

320000－1610－0000127　2347

徹悟禪師語錄二卷　(清)釋了亮等集　清同治十年(1871)金陵刻本　一冊

320000－1610－0000128　888

陳書三十六卷　(唐)姚思廉撰　清光緒二十八年(1902)上海文瀾書局石印本　一冊

320000－1610－0000129　1902

陳修園七十種　(清)陳念祖輯　清光緒三十四年(1908)上海章福記書局石印本　二十三冊　存四十四種(醫經溯洄集、海藏癥論萃英、醫案、金匱要略淺註十卷、靈樞素問提要淺注十二卷、咽喉脈證通論、喉痧正的、白喉治法抉微、急救喉診要法、太乙神針方、救迷良方、福幼編、春溫三字訣、痢症三字訣、傷寒論淺注六卷、新方八陣砭、時方妙用四卷、時方歌括二卷、醫學從眾錄八卷、長沙方歌括六卷、易氏醫案、醫疊元戎、養生鏡、瘧疾論、傷寒醫訣串解六卷、傷寒真方歌括五卷、醫學實在易八卷、大生要旨、保嬰要旨、外科證治全生、金匱歌括六卷、引痘畧、濕熱條辨、醫家心法、十藥神書、急救奇痧方、經驗百病内外、霍亂論二卷、刺疔捷法、平辨脈法歌括、本經便讀、名醫別錄、醫法心傳、古今醫論最近經驗良方十六種)

320000－1610－0000130　1903

陳修園先生醫書五十二種　(清)陳念祖輯　清錦章書局石印本　二十三冊

320000－1610－0000131　1909

陳修園醫書四十八種　(清)陳念祖輯　清光緒三十四年(1908)上海章福記書局石印本二十冊

320000－1610－0000132　28

誠齋褾記二卷　(元)林坤輯　瑯嬛記三卷(元)伊世珍輯　明崇禎中虞山毛氏汲古閣刻津逮祕書本　二冊

320000－1610－0000133　561

津逮祕書　(明)毛晉輯　明崇禎中虞山毛氏汲古閣刻本　一冊　存四種五卷(誠齋褾記二卷、甘澤謠一卷、本事詩一卷、五色線一卷)

320000－1610－0000136　50

尺牘清裁六十卷補遺一卷　(明)王世貞輯　明嘉靖刻本　一冊　存十卷(一至十)

320000－1610－0000137　913

尺木堂綱鑑易知錄九十二卷　(清)吳乘權(清)周之炯　(清)周之燦輯　清末石印本二冊　存八卷(五至七、七十四至七十八)

320000－1610－0000138　2217

尺木堂綱鑑易知錄九十二卷　(清)吳乘權輯　清同治元年(1862)刻本　十四冊　存三十二卷(一至二十、二十四至三十三、六十八至六十九)

320000－1610－0000139　537－1

尺木堂古文觀止六卷　(清)吳留村鑒定　清經綸堂刻本　六冊

320000－1610－0000140　2217－1

尺木堂明鑑易知錄十五卷　(清)吳乘權輯清同治五年(1866)刻本　八冊

320000－1610－0000141　996

尺木堂綱鑑易知錄九十二卷　(清)吳乘權(清)周之炯　(清)周之燦輯　清尺木堂刻本二十四冊　缺三十八卷(一至三十三、四十八至五十、六十八至六十九)

320000－1610－0000142　969

尺木堂綱鑑易知錄九十二卷　(清)吳乘權(清)周之炯　(清)周之燦輯　清上海錦章書局石印本　十二冊　存五十四卷(一至五十四)

320000－1610－0000143　328

出使英法義比四國日記六卷　（清）薛福成撰
清光緒十八年(1892)刻本　六冊

320000－1610－0000144　2065

初等小學國文教科書十卷　（□）□□撰　清
光緒三十一年(1905)上海春風館鉛印本　七
冊　缺三卷(一、八至九)

320000－1610－0000145　2242

初學作文秘訣三卷　（□）□□撰　清石印本
三冊

320000－1610－0000146　553

楚辭十七卷　（漢）王逸章句　（宋）洪興祖補
注　清光緒二十一年(1895)刻本　六冊

320000－1610－0000147　275

褚堂間史考證一卷首一卷　（清）趙一清撰
清光緒二十一年(1895)錢塘丁氏嘉惠堂刻本
一冊

320000－1610－0000148　604

船山詩草二十卷　（清）張問陶撰　清嘉慶二
十年(1815)經文堂刻本　六冊

320000－1610－0000149　2158

船山詩草選六卷　（清）張問陶著　**夢境圖唱
和詩集**　（清）黃丕烈輯　清嘉慶二十二年
(1817)刻士禮居黃氏叢書本　一冊

320000－1610－0000150　2158－1

船山詩草選六卷　（清）張問陶著　**夢境圖唱
和詩集**　（清）黃丕烈輯　清嘉慶二十二年
(1817)刻士禮居黃氏叢書本　一冊

320000－1610－0000151　1686

船山遺書六十二種　（清）王夫之撰　清同治
四年(1865)湘鄉曾氏金陵節署刻本　一百二
十八冊

320000－1610－0000152　2187

春秋備旨十二卷　（清）鄒聖脈纂　清光緒十
二年(1886)上海點石齋石印五經備旨本
三冊

320000－1610－0000153　2141

春秋辨疑四卷　（宋）蕭楚撰　清刻本　一冊

320000－1610－0000154　115

春秋公羊傳十一卷　（漢）何休撰　（唐）陸德
明音義　清光緒二十四年(1898)刻本　二冊
存四卷(一至四)

320000－1610－0000155　114

春秋穀梁傳十二卷　（晉）范甯集解　（唐）陸
德明音義　清光緒二十四年(1898)刻本　二
冊　存六卷(一至三、十至十二)

320000－1610－0000156　23

春秋經傳集解三十卷　（晉）杜預撰　（唐）陸
德明釋文　明嘉靖刻本　三十一冊

320000－1610－0000157　103

春秋經傳集解三十卷春秋年表一卷　（晉）杜
預撰　（唐）陸德明釋文　**春秋名號歸一圖二
卷**　（五代）馮繼先撰　清光緒刻本　十六冊

320000－1610－0000158　152

春秋左傳杜注三十卷首一卷　（清）姚培謙撰
清乾隆十一年(1746)刻本　八冊

320000－1610－0000159　118

春秋左傳五十卷　（晉）杜預注　（宋）林堯叟
註釋　（唐）陸德明音義　清光緒十年(1884)
刻本　十四冊　缺七卷(四至八、四十至四十
一)

320000－1610－0000160　2221－2

春秋左傳註疏十二卷附校勘記十二卷　（清）
阮元輯　清光緒二十四年(1898)上海點石齋
石印宋本十三經註疏附校勘記本　六冊

320000－1610－0000161　125

春秋左氏古義六卷　（清）臧壽恭撰　清同治
十二年(1873)刻本　一冊　存三卷(四至六)

320000－1610－0000162　799

春燕唱和詩一卷　（清）汪昌壽撰　清光緒二
十八年(1902)刻本　一冊

320000－1610－0000163　982

詞林正韻三卷　（清）戈載撰　清光緒三年
(1877)刻本　二冊

320000 – 1610 – 0000164　929

詞林正韻三卷　（清）戈載撰　清光緒刻本
四册

320000 – 1610 – 0000165　1942

詞林正韻三卷發凡一卷　（清）戈載撰　清光
緒三年(1877)嘯園刻本　二册

320000 – 1610 – 0000166　558

詞律二十卷　（清）萬樹撰　清康熙二十六年
(1687)堆絮園刻本　六册　缺六卷(一至二、
十三至十四、十九至二十)

320000 – 1610 – 0000167　558 – 1

詞律二十卷　（清）萬樹撰　清康熙二十六年
(1687)堆絮園刻本　八册

320000 – 1610 – 0000168　1979

詞律二十卷　（清）萬樹撰　**拾遺八卷**　（清）
徐本立輯　**補遺一卷**　（清）杜文瀾輯　清光
緒二年(1876)石印本　十二册

320000 – 1610 – 0000169　146

詞律拾遺八卷　（清）徐本立輯　清同治十二
年(1873)刻本　三册　存六卷(一至六)

320000 – 1610 – 0000170　742

詞選二卷　（清）張惠言錄　**續詞選二卷**
（清）董毅輯　**附錄一卷**　（清）鄭善長輯　清
道光十年(1830)刻本　一册

320000 – 1610 – 0000171　742 – 1

詞選二卷　（清）張惠言錄　**續詞選二卷**
（清）董毅輯　**附錄一卷**　（清）鄭善長輯　清
道光十年(1830)刻本　一册

320000 – 1610 – 0000172　779

詞餘叢話三卷續詞餘叢話三卷　（清）楊恩壽
撰　清光緒三年(1877)刻本　二册

320000 – 1610 – 0000173　743

詞源二卷　（宋）張炎撰　**詞旨一卷**　（元）陸
輔之述　**樂府指迷一卷**　（宋）沈義父撰　清
刻本　一册

320000 – 1610 – 0000174　743 – 1

詞源二卷　（宋）張炎撰　**詞旨一卷**　（元）陸

輔之述　**樂府指迷一卷**　（宋）沈義父撰　清
刻本　一册

320000 – 1610 – 0000175　584

詞綜三十八卷　（清）朱彝尊輯　清刻本
八册

320000 – 1610 – 0000176　2128

賜硯齋題畫偶錄一卷　（清）戴熙著　清刻本
　一册

320000 – 1610 – 0000178　449

存悔齋文稿四卷　（清）何嗣焜著　清宣統元
年(1909)刻本　二册

320000 – 1610 – 0000179　449 – 1

存悔齋文稿四卷　（清）何嗣焜著　清宣統元
年(1909)刻本　二册

320000 – 1610 – 0000180　2364

大藏一覽十卷　（明）陳實編　清光緒十五年
(1889)刻本　二册　存四卷(一至二、五至
六)

320000 – 1610 – 0000181　2336

大乘阿毗達磨雜集論述記十六卷　（唐）釋窺
基撰　清刻本　五册　存十二卷(三至十四)

320000 – 1610 – 0000182　2365

大乘起信論直解二卷　（明）釋德清述　清光
緒十六年(1890)金陵刻經處刻本　一册

320000 – 1610 – 0000183　231

大戴禮記補注十三卷　（清）孔廣森撰　清同
治十三年(1874)刻本　三册　缺四卷(十至
十三)

320000 – 1610 – 0000184　2366

大方等如來藏經一卷　（晉）釋佛陀跋陀羅譯
　清刻本　一册

320000 – 1610 – 0000185　2696

大佛頂首楞嚴經十卷　吳芝瑛書　清宣統元
年(1909)石印本　一册　存五卷(一至五)

320000 – 1610 – 0000186　2385

大佛頂首楞嚴經正脈疏四十卷　（明）釋真鑑
述　清刻本　一册　存一卷(二十五)

320000 – 1610 – 0000187　551

大觀亭志六卷首一卷末一卷　李國模纂輯
李丙榮編訂　清宣統三年(1911)慎餘堂活字
印本　四冊

320000 – 1610 – 0000188　402

大美國史略八卷　(美國)蔚利高著譯　清光
緒二十四年(1898)福州美華書局鉛印本
二冊

320000 – 1610 – 0000189　2074

大清一統全省地名問答不分卷　(清)新世界
文化編譯會社編　清光緒二十九年(1903)鉛
印本　一冊

320000 – 1610 – 0000190　339

大日本維新史二卷　(日本)重野安繹撰　清
石印本　二冊

320000 – 1610 – 0000191　2335

大智度論一百卷　(後秦)釋鳩摩羅什譯　清
刻本　二冊　存八卷(六十九至七十二、七十
七至八十)

320000 – 1610 – 0000192　2269

代數難題解法十六卷　(英國)倫德編　(英
國)傅蘭雅口譯　(清)華蘅芳筆述　清刻本
六冊

320000 – 1610 – 0000193　2320

代數術二十五卷首一卷　(英國)華里司輯
(英國)傅蘭雅口譯　(清)華蘅芳筆述　清刻
本　四冊

320000 – 1610 – 0000194　2320 – 1

代數術二十五卷首一卷　(英國)華里司輯
(英國)傅蘭雅口譯　(清)華蘅芳筆述　清刻
本　六冊

320000 – 1610 – 0000195　2320 – 2

代數術二十五卷首一卷　(英國)華里司輯
(英國)傅蘭雅口譯　(清)華蘅芳筆述　清刻
本　六冊

320000 – 1610 – 0000196　2320 – 3

代數術二十五卷首一卷　(英國)華里司輯

(英國)傅蘭雅口譯　(清)華蘅芳筆述　清刻
本　六冊

320000 – 1610 – 0000197　2304

代數一隅一卷海鏡一隅一卷　(清)吳誠撰
清光緒二十四年(1898)刻本　一冊

320000 – 1610 – 0000198　822

岱遊集一卷　(清)陳文述撰　清宣統元年
(1909)江浦陳氏刻本　一冊

320000 – 1610 – 0000199　1693

南山全集十四卷補遺三卷　(清)戴名世著
清末上海文瑞樓石印本　六冊

320000 – 1610 – 0000200　803

唐人五十家小集五十種　(清)江標輯　清光
緒二十一年(1895)元和江氏靈鶼閣影宋刻本
十五冊　存四十四種(戴叔倫集二卷、權德
興集二卷、耿湋詩集一卷、嚴維詩集一卷、唐
靈一詩集一卷、唐皎然詩集一卷、華陽真逸詩
集二卷、戎昱詩集一卷、羊士諤詩集一卷、呂
衡州詩集一卷、朱慶餘詩集一卷、劉滄詩集一
卷、盧全詩集三卷、喻鳧詩集一卷、項斯詩集
一卷、唐求詩集一卷、曹鄴詩集二卷、崔塗詩
集一卷、張蠙詩集一卷、劉駕詩集一卷、唐李
推官披沙集六卷、劉叉诗集三卷、蘇拯詩集一
卷、章孝標詩集一卷、于濆詩集一卷、李丞相
詩集二卷、羅鄴詩集一卷、秦韜玉詩集一卷、
殷文珪詩集一卷、唐尚顏詩集一卷、章碣詩集
一卷、李遠詩集一卷、會昌進士詩集一卷、林
寬詩集一卷、劉兼詩集一卷、王周詩集一卷、
儲嗣宗詩集一卷、唐女郎魚玄機詩集一卷、唐貫
休詩集一卷、唐齊己詩集一卷、僧無可詩集二
卷、于武陵詩集一卷、無名氏詩集一卷、張司
業樂府集一卷)

320000 – 1610 – 0000201　427

丹泉海島錄四卷　(清)徐景福撰　清光緒四
年(1878)遂昌徐氏家塾刻本　二冊

320000 – 1610 – 0000202　595

彈指詞二卷　(清)顧貞觀撰　清末民國海寧
陳氏活字印本　二冊

320000－1610－0000203　3024

道德經不分卷　（元）趙孟頫書　清乾隆四十九年(1784)拓本　一冊

320000－1610－0000204　649；650

德國議院章程一卷德國合盟紀事本末一卷（清）徐建寅譯　清光緒八年(1882)石印本二冊

320000－1610－0000205　618

燈社嬉春集二卷　（清）楊恩壽編　清咸豐六年(1856)刻本　二冊

320000－1610－0000206　3444

鄧子一卷　（春秋）鄧析撰　尸子二卷　（戰國）尸佼撰　清光緒元年(1875)崇文書局刻本　一冊

320000－1610－0000207　726

笛漁小藁十卷　（清）朱昆田撰　清光緒刻本　二冊

320000－1610－0000208　2380

地藏菩薩本願經三卷　（唐）釋實叉難陀譯清光緒十四年(1888)刻本　三冊

320000－1610－0000210　472

地理五訣八卷　（清）趙廷棟著　清刻本四冊

320000－1610－0000211　407

地理質學啟蒙七卷　（英國）艾約瑟譯　清光緒十二年(1886)總稅務司署刻格致啓蒙十六種本　一冊

320000－1610－0000212　297

地球圖說一卷附補圖一卷　（法國）蔣友仁撰（清）何國宗　（清）錢大昕潤色　清嘉慶四年(1799)刻本　一冊

320000－1610－0000213　405

地志啟蒙四卷　（英國）艾約瑟譯　清光緒十二年(1886)總稅務司署刻格致啓蒙十六種本　一冊

320000－1610－0000214　641

弟一生修梅花館詞六卷　況周儀撰　清光緒

十八年(1892)刻本　一冊

320000－1610－0000215　399

歷代帝王年表不分卷　（清）齊召南編　清道光四年(1824)刻本　一冊

320000－1610－0000216　2317

電學綱目一卷　（英國）田大里輯　（英國）傅蘭雅口譯　（清）周郇筆述　清末江南機器製造總局刻本　一冊

320000－1610－0000217　2310

電學十卷首一卷　（英國）瑙挨德著　（英國）傅蘭雅口譯　（清）徐建寅筆述　清末江南機器製造總局刻本　六冊

320000－1610－0000218　2321

電學十卷首一卷　（英國）瑙挨德著　（英國）傅蘭雅口譯　（清）徐建寅筆述　清末江南機器製造總局刻本　六冊

320000－1610－0000219　2604

丁戊之間行卷九卷　易順鼎撰　清光緒五年(1879)刻本　三冊

320000－1610－0000220　277

定盦先生年譜一卷　（清）吳昌綬編　清宣統二年(1910)鉛印本　一冊

320000－1610－0000221　572

定香亭筆談四卷　（清）阮元撰　清光緒二十五年(1899)浙江書局刻本　四冊

320000－1610－0000222　3378

訂補明醫指掌十卷　（明）皇甫中撰注　（明）王肯堂訂補　清光緒二十一年(1895)刻本六冊

320000－1610－0000223　1908

訂正東醫寶鑑二十二卷　（朝鮮）許浚撰　清光緒十六年(1890)上海校經山房石印本　十六冊

320000－1610－0000224　3416

東坡遺意不分卷　（明）顧杲書　清光緒二十六年(1900)石印本　一冊

320000－1610－0000225　2406

東古文存一卷　（朝鮮）金正喜輯　清刻本　一冊

320000－1610－0000226　33

東觀餘論二卷附錄一卷　（宋）黃伯思撰　明末毛氏汲古閣刻本　四冊

320000－1610－0000227　997

東華錄一百九十五卷　王先謙編　清光緒十七年（1891）上海廣百宋齋鉛印本　三十二冊

320000－1610－0000228　921

東華錄詳節二十四卷　（清）鄔樹庭編　清光緒二十六年（1900）上海東文學堂石印本　十六冊

320000－1610－0000229　922

東華續錄六十九卷　（清）潘頤福編　清光緒十八年（1892）上海圖書集成印書局鉛印本　十六冊

320000－1610－0000230　513

東萊博議四卷　（宋）呂祖謙撰　清光緒十七年（1891）刻本　四冊

320000－1610－0000231　1964

東洋史要二卷　（日本）桑原隲藏著　樊炳清譯　清光緒二十五年（1899）東文學社石印本　二冊

320000－1610－0000232　3057

東周列國全志八卷一百○八回　（清）蔡昇批評　清光緒三十一年（1905）上海章福記書局石印本　一冊

320000－1610－0000233　2130

董氏諏吉新書一卷　（明）董德彰撰　清光緒二十四年（1898）江蘇書局刻本　一冊

320000－1610－0000234　406

動物學啟蒙八卷　（英國）艾約瑟譯　清光緒十二年（1886）總稅務司署刻格致啟蒙十六種本　一冊

320000－1610－0000235　3382

痘疹定論四卷　（清）朱純嘏編輯　清嘉慶十一年（1806）三讓堂刻本　一冊

320000－1610－0000236　3436

獨斷一卷　（漢）蔡邕著　清光緒元年（1875）崇文書局刻子書百家本　一冊

320000－1610－0000237　580

讀杜小箋三卷二箋二卷　（清）錢謙益撰　清宣統三年（1911）國學扶輪社石印本　一冊

320000－1610－0000238　654

讀杜小箋三卷二箋二卷　（清）錢謙益撰　清宣統三年（1911）國學扶輪社石印本　一冊

320000－1610－0000239　2633

讀畫齋叢書四十六種　（清）顧修輯　清嘉慶四年（1799）銅川顧氏刻本　五十七冊　存三十九種一百七十三卷（文選理學權輿八卷，文選理學權輿補一卷，文選考異四卷，文選李注補正四卷，李氏易解勝義三卷，錦里耆舊傳五至八，明畫錄一至四，好古堂書畫記二卷，香研居詞麈五卷，隱居通議三十一卷，金華子雜編三卷，五代春秋二卷，泊宅編十卷，泊宅編三卷，遂昌雜錄一卷，名儒草堂詩餘三卷，北牕炙輠二卷，洞天清祿集一卷，清波小志二卷補一卷，皇朝武功紀盛四卷，文淵閣書目一至十二、十九至二十，儒門經濟長短經九卷，琴操二卷補一卷，郎官石柱題名一卷，乾元秘旨一卷，質疑二卷，吹劍錄一卷，佩韋齋輯聞四卷，文瑞樓藏書目錄十二卷，學治臆說二卷續說一卷說贅一卷，蕉窗日記二卷，月滿樓詩別集八卷，宣和北苑貢茶錄一卷垆北苑別錄一卷，負暄野錄二卷，古刻叢鈔一卷，雲莊四六餘話一卷，玉山璞稾二卷，玉山逸稾四卷附錄一卷，滄浪櫂歌一卷）

320000－1610－0000240　2077

讀律瑣朗一卷　（清）梁他山著　清光緒五年（1879）刻本　一冊

320000－1610－0000241　281

讀史方輿紀要十卷　（清）顧祖禹輯　清光緒二十八年（1902）湖南書局刻本　十冊

320000－1610－0000242　3106

讀史方輿紀要十卷　（清）顧祖禹輯　清光緒二十八年（1902）湖南書局刻本　六冊

320000 – 1610 – 0000243　727

讀書堂杜工部文集注解二卷　（清）張溍注
清刻本　一冊

320000 – 1610 – 0000244　2180

讀書堂杜工部文集注解二卷　（唐）杜甫撰
（清）張溍評注　清光緒十八年（1892）著易堂
石印本　一冊

320000 – 1610 – 0000245　582

杜工部集二十卷　（唐）杜甫撰　清同治十一
年（1872）致一齋刻玉勾草堂本　十冊

320000 – 1610 – 0000246　9

杜工部集箋注二十卷　（清）錢謙益撰　清康
熙六年（1667）刻本　八冊

320000 – 1610 – 0000247　520

杜詩鏡銓二十卷附錄一卷年譜一卷　（清）楊
倫箋注　清刻本　四冊　存八卷（十三至二
十）

320000 – 1610 – 0000248　2551

盾墨拾餘十四卷　易順鼎撰　清光緒二十二
年（1896）刻本　二冊　存六卷（一至六）

320000 – 1610 – 0000249　991

鈍吟雜錄十卷　（清）馮班撰　清石印本　三
冊　缺五卷（一至五）

320000 – 1610 – 0000250　391

鄂國金佗稡編二十八卷　（宋）岳珂編　清光
緒九年（1883）浙江書局刻本　六冊

320000 – 1610 – 0000251　392

鄂國金佗稡續編三十卷　（宋）岳珂編　清光
緒九年（1883）浙江書局刻本　六冊

320000 – 1610 – 0000252　105

爾雅十一卷　（晉）郭璞注　（明）金蟠訂　清
永懷堂刻本　三冊

320000 – 1610 – 0000253　106

爾雅十一卷　（晉）郭璞注　（明）金蟠訂　清
永懷堂刻本　三冊

320000 – 1610 – 0000254　102

爾雅直音二卷　（清）孫佩撰　清嘉慶四年

（1799）刻本　二冊

320000 – 1610 – 0000255　101

爾雅注疏十一卷　（晉）郭璞注　（宋）邢昺疏
清乾隆五十一年（1786）刻本　五冊　缺二
卷（六至七）

320000 – 1610 – 0000256　2140

二林居集二卷　（清）彭紹升撰　清光緒六年
（1880）刻本　一冊　存一卷（一）

320000 – 1610 – 0000257　421

二如亭群芳譜三十卷　（明）王象晉纂輯　明
末刻本　十一冊　存十三卷（亨部果譜三至
四,利部藥譜一至二,木譜一至二,貞部花譜
一至四、卉譜一至二、鶴魚譜一）

320000 – 1610 – 0000258　37

二申野錄八卷　（清）孫之騄輯　清乾隆四十
六年（1781）吟香館刻本　四冊

320000 – 1610 – 0000259　368

二十二史劄記三十六卷　（清）趙翼撰　清嘉
慶五年（1800）刻本　八冊

320000 – 1610 – 0000260　2292

法國水師考五章　（美國）杜默能撰　（美國）
羅亨利　（清）瞿昂來譯　清光緒十二年
（1886）石印本　一冊

320000 – 1610 – 0000261　2355

法界宗五祖略記一卷賢首五教儀開蒙一卷
（清）釋續法輯　清光緒二十二年（1896）刻本
一冊

320000 – 1610 – 0000262　535

樊榭山房集十卷續集十卷文集八卷　（清）厲
鶚撰　清光緒七年（1881）嶺南述軒刻本
八冊

320000 – 1610 – 0000263　6

樊榭山房文集八卷詩集十卷續集十卷　（清）
厲鶚撰　清乾隆四十三年（1778）刻本　十冊

320000 – 1610 – 0000264　1735

泛槎圖六卷　（清）張寶撰　清光緒上海點石
齋石印本　四冊

320000 – 1610 – 0000265　511

范文正公文集二十卷別集四卷政府奏議二卷
尺牘三卷年譜一卷年譜補遺一卷言行拾遺事
錄四卷鄱陽遺事錄一卷遺跡一卷義莊規矩一
卷褒賢集五卷補編五卷　（宋）范仲淹撰　清
宣統二年(1910)刻本　十冊

320000 – 1610 – 0000266　512

范忠宣公集二十卷奏議二卷遺文一卷附錄一
卷補編一卷　（宋）范純仁撰　清宣統二年
(1910)刻本　六冊

320000 – 1610 – 0000267　8

范文正公集二十卷別集四卷政府奏議二卷尺
牘三卷附錄十三卷　（宋）范仲淹撰　明刻本
八冊

320000 – 1610 – 0000268　224

仿宋相臺五經附考證九十六卷　（宋）岳珂編
清光緒刻本　四十四冊

320000 – 1610 – 0000269　2175

放翁題跋六卷家訓一卷　（宋）陸游撰　清光
緒四年(1878)嘯園刻本　一冊　缺三卷(放
翁題跋一至三)

320000 – 1610 – 0000270　588

飛鴻閣琴意二卷　（清）趙函撰　清道光十六
年(1836)刻本　一冊

320000 – 1610 – 0000271　3165

分類補注李太白詩二十五卷　（唐）李白撰
(宋)楊齊賢集注　（元）蕭士贇補注　明萬曆
三十年(1602)許自昌刻李杜全集本　六冊

320000 – 1610 – 0000272　2548

風雨樓叢書三十二種　鄧實編　清宣統元年
至三年(1909－1911)鉛印本　二十九冊　存
十五種(日知錄之餘四卷,龔定盦別集一卷,
定盦詩集定本二卷,定盦詞定本一卷,定盦集
外未刻詩一卷,梅村文集二十卷,謫麐堂遺集
文二卷、詩二卷,庚子銷夏記八卷,閒者軒貼
考一卷,南雷餘集,秋笳集八卷,東莊吟稿,帶
經堂書目四卷,乙卯劄記,清暉贈言十卷)

320000 – 1610 – 0000273　2078

鳳仙花譜五卷　（清）錢泳輯　清石印本
一冊

320000 – 1610 – 0000274　2390

佛國記一卷　（晉）釋法顯撰　（明）胡震亨
(明)毛晉訂　清刻本　一冊

320000 – 1610 – 0000275　2338

佛說阿彌陀經要解一卷　（後秦）釋鳩摩羅什
譯　清光緒十一年(1885)金陵刻經處刻本
一冊

320000 – 1610 – 0000276　2354

佛說觀彌勒菩薩上生兜率陀天經一卷　（南
朝宋）沮渠京聲譯　佛說觀彌勒下生經一卷
（後秦）釋鳩摩羅什譯　清光緒三年(1877)
金陵刻經處刻本　一冊

320000 – 1610 – 0000277　2339

佛說七俱胝佛母准提大明陀羅尼經一卷
(唐)釋金剛智譯　千手千眼觀世音菩薩廣大
圓滿無礙大悲心陀羅尼經一卷　（唐）釋伽梵
達摩譯　佛頂尊勝陀羅尼經一卷　（唐）釋佛
陀波利譯　穢跡金剛說神通大滿陀羅尼法術
靈要門經一卷　（唐）釋无能勝譯　清光緒八
年(1882)金陵刻經處刻本　一冊

320000 – 1610 – 0000278　2387

佛說無量壽經二卷　（三國魏）釋康僧鎧譯
清同治元年(1862)泰州瑞竹堂刻本　一冊

320000 – 1610 – 0000279　2383

佛學大乘不分卷　（□）□□撰　清抄本
一冊

320000 – 1610 – 0000280　510

缶廬集四卷　（清）吳俊卿撰　清刻本　二冊

320000 – 1610 – 0000281　445

桴亭先生文鈔六卷　（清）陸世儀撰　（清）葉
裕仁編　清同治安道書院刻本　二冊

320000 – 1610 – 0000282　3167

附釋音春秋左傳注疏六十卷　（晉）杜預注
(唐)孔穎達疏　（唐）陸德明釋文　元刻明修
本　十六冊

320000－1610－0000283　1880－3

傅青主男科二卷　（清）傅山著　清宣統元年（1909）上海鑄記書局石印本　二冊

320000－1610－0000284　1882

傅青主男科二卷　（清）傅山著　清光緒二十五年（1899）上海圖書集成印書局鉛印本　一冊

320000－1610－0000285　1880－2

傅青主女科産後編二卷　（清）傅山著　清上海啟新書局石印本　一冊

320000－1610－0000286　1880－1

傅青主女科二卷　（清）傅山著　清上海啟新書局石印本　二冊

320000－1610－0000287　2229

賦學正鵠集釋四卷　（清）李元度撰　清光緒十八年（1892）上海煥文局石印本　一冊

320000－1610－0000288　3069

溉亭述古錄二卷　（清）錢塘撰　**愚溪詩稿一卷**　（清）張肇煐撰　清道光二十年（1840）刻本　一冊

320000－1610－0000289　264

干祿字書一卷　（唐）顏元孫撰　清同治十三年（1874）刻本　一冊

320000－1610－0000290　264－1

干祿字書一卷　（唐）顏元孫撰　清刻本　一冊

320000－1610－0000291　34

甘澤謠一卷附錄一卷　（唐）袁郊撰　明末毛氏汲古閣刻津逮祕書本　一冊

320000－1610－0000292　1781

高常侍集十卷　（唐）高適撰　清光緒十年（1884）上海同文書局石印本　二冊

320000－1610－0000293　1781－1

高常侍集十卷　（唐）高適撰　清光緒十年（1884）上海同文書局石印本　二冊

320000－1610－0000294　7

高季迪先生大全集十八卷　（明）高啟撰　清

竹素園刻本　四冊

320000－1610－0000295　395

高士傳三卷　（晉）皇甫謐著　**廣高士傳三卷**　（清）倪釼輯　清光緒二十三年（1897）石印本　四冊

320000－1610－0000296　700

高忠憲公水居志六卷　（清）廖編輯　清宣統元年（1909）刻本　一冊

320000－1610－0000297　701

高子水居志補編四卷　（清）廖編輯　清宣統三年（1911）刻本　二冊

320000－1610－0000298　688

高子遺書十二卷附錄一卷　（明）高攀龍撰　清光緒刻本　八冊

320000－1610－0000299　2209

格物入門七卷　（美國）丁韙良撰　清鉛印本　六冊　缺一卷（一）

320000－1610－0000300　378

庚辛泣杭錄十六卷　（清）丁丙輯　清光緒二十一年（1896）錢塘丁氏嘉惠堂刻本　一冊存一卷（四）

320000－1610－0000301　3109

庚子山全集十卷　（清）吳兆宜箋註　清貴文堂刻本　五冊

320000－1610－0000303　1980

宮詞小纂三卷　（清）張海鵬輯　清石印本二冊　缺一卷（一）

320000－1610－0000304　2169

宮閨聯名譜二十二卷　（清）董恂撰　清鉛印本　四冊　存八卷（二至九）

320000－1610－0000305　2331

勾股割圜記三卷　（清）戴震撰　清光緒十六年（1890）刻本　一冊

320000－1610－0000307　333

古今列女傳三卷　（明）解縉等撰　清嘉慶十年（1805）積秀堂刻本　三冊

320000 – 1610 – 0000308　3052

古今名人畫稿二集　（清）張承□等輯　清光緒十七年(1891)石印本　一册

320000 – 1610 – 0000309　2051

古今詩話探奇二卷　（清）蔣鳴珂輯　清乾隆四十九年(1784)刻本　一册　存一卷(一)

320000 – 1610 – 0000310　2195

古今史論大觀前編十五卷　（清）雷璿編　清光緒二十七年(1901)石印本　十一册

320000 – 1610 – 0000311　3056

古今圖書集成一萬卷　（清）蔣廷錫等編　清石印本　七百四十八册　存四千七百九十四卷

320000 – 1610 – 0000312　18

古今萬姓統譜一百四十卷附氏族博考十四卷　（明）凌迪知輯　明萬曆刻本　四十九册

320000 – 1610 – 0000313　2148

古今偽書考一卷　（清）姚際恒著　清末民國蘇州振新書社影印本　一册

320000 – 1610 – 0000314　824

古今韻考四卷附記一卷　（清）李因篤撰　清光緒六年(1880)福山王氏天壤閣刻本　一册

320000 – 1610 – 0000315　1950

古刻叢鈔一卷　（明）陶宗儀撰　清光緒九年(1883)學古齋刻本　一册

320000 – 1610 – 0000316　2622

古器銘文不分卷　（□）□□撰　清抄本　一册

320000 – 1610 – 0000317　841

古泉叢話三卷　（清）戴熙撰　清同治十一年(1872)澆喜齋刻本　一册

320000 – 1610 – 0000318　453

古泉叢話三卷　（清）戴熙撰　清同治十一年(1872)澆喜齋刻本　一册

320000 – 1610 – 0000319　849

古泉雜詠四卷　葉德輝譔注　清光緒二十七年(1901)刻本　二册

320000 – 1610 – 0000320　2129

古詩十九首說一卷　（清）朱筠口授　（清）徐昆筆述　清光緒四年(1878)刻本　一册

320000 – 1610 – 0000321　675

古唐詩合解唐詩十二卷古詩四卷　（清）王堯衢注　清李光明莊狀元閣石印本　六册

320000 – 1610 – 0000322　539

古文辭類纂七十五卷　（清）姚鼐編　清光緒二十七年(1901)刻本　十二册

320000 – 1610 – 0000323　517

古文觀止十二卷　（清）吳留村鑒定　清李光明莊狀元閣石印本　四册　存八卷(一至六、九至十)

320000 – 1610 – 0000324　537

古文觀止十二卷　（清）吳留村鑒定　清經文堂刻本　一册　存一卷(一)

320000 – 1610 – 0000325　536

古文釋義新編八卷　（清）余誠評注　清光緒二十年(1894)澹雅書局刻本　八册

320000 – 1610 – 0000326　14

古文析義六卷　（清）林雲銘撰　清康熙二十一年(1682)刻本　六册

320000 – 1610 – 0000327　569

古文苑九卷　（宋）□□輯　清嘉慶十四年(1809)蘭陵孫氏刻本　三册

320000 – 1610 – 0000328　285

古諺箋十一卷　（清）林伯桐撰　清道光十八年(1838)修本堂刻本　一册

320000 – 1610 – 0000329　531

詁經精舍文集十四卷　（清）阮元訂　清嘉慶六年(1801)揚州阮氏琅嬛仙館刻本　六册

320000 – 1610 – 0000330　3083

顧亭林先生年譜一卷　（清）吳映奎輯　清光緒四年(1878)刻本　一册

320000 – 1610 – 0000331　3081

觀復堂稿畧一卷　（明）朱集璜著　清光緒六年(1880)刻本　一册

320000－1610－0000332　760

觀河集四卷　（清）彭紹升撰　清道光三年（1823）刻本　一冊

320000－1610－0000333　2316

光學二卷　（英國）田大里輯　（美國）金楷理口譯　（清）趙元益筆述　清末江南機器製造總局刻本　二冊

320000－1610－0000334　300

廣福廟志一卷　（清）唐恒九纂　（清）丁申編　清光緒三年（1877）刻本　三冊

320000－1610－0000335　316

廣列女傳二十卷附錄一卷　（清）劉開輯　清光緒十年（1884）刻本　六冊

320000－1610－0000336　698

廣陵詩事十卷　（清）阮元記　清嘉慶六年（1801）刻本　一冊　存四卷（一至四）

320000－1610－0000337　202

廣陵通典十卷　（清）汪中撰　清刻本　八冊

320000－1610－0000338　5

廣輿記二十四卷　（明）陸應陽撰　（清）蔡方炳增輯　清康熙二十五年（1686）吳郡寶翰樓刻本　十二冊

320000－1610－0000339　939

廣韻五卷　（宋）陳彭年等重修　清光緒十四年（1888）石印本　一冊

320000－1610－0000340　939－1

廣韻五卷　（宋）陳彭年等重修　清光緒十四年（1888）石印本　一冊

320000－1610－0000341　2198

閨閣才子奇書十二卷首一卷　題（清）煙水散人著　清光緒十九年（1893）石印本　一冊　存三卷（一至二、首一卷）

320000－1610－0000342　87

歸高士遺集十卷　（清）朱紹成編　清石印本　二冊

320000－1610－0000343　578

歸玄恭先生年譜一卷　（清）趙經達編　清同治三年（1864）刻本　一冊

320000－1610－0000344　3087

歸震川先生年譜一卷　（清）孫岱編　清光緒六年（1880）刻本　一冊

320000－1610－0000345　2617

歸震川先生年譜一卷　（清）孫岱撰　清光緒五年（1879）刻本　一冊

320000－1610－0000346　2223

癸卯科直省元魁新墨八卷　（清）同文書社編　清光緒三十年（1904）石印本　六冊　存五卷（一至二、四、七至八）

320000－1610－0000347　2246

癸巳類稿十五卷　（清）俞正燮撰　清刻本　一冊　存二卷（十一至十二）

320000－1610－0000348　27

癸辛雜識前集一卷後集一卷續集二卷別集二卷　（宋）周密撰　明末毛氏汲古閣刻本　四冊　缺二卷（續集一、別集一）

320000－1610－0000349　919

癸巳類稿十五卷　（清）俞正燮撰　清光緒五年（1879）會稽章氏刻本　七冊　缺二卷（十一至十二）

320000－1610－0000350　796

國朝常州駢體文錄三十一卷結一宦駢體文一卷　（清）屠寄輯　清光緒十六年（1890）刻本　八冊

320000－1610－0000351　1982

國朝漢學師承記八卷　（清）江藩撰　清刻本　二冊

320000－1610－0000352　443

國朝畫徵錄三卷續錄二卷明人附錄一卷　（清）張庚著　清乾隆四年（1739）刻本　二冊

320000－1610－0000353　918

國朝名臣言行錄三十卷　（清）董壽輯　清光緒二十九年（1903）上海順成書局石印本　八冊

320000－1610－0000354　61

國朝七家詞選一卷續選一卷 （清）孫麟趾輯
清光緒二十四年(1898)刻本 一冊

320000－1610－0000355 1981
國朝宋學淵源記二卷附記一卷 （清）江藩撰
清刻本 一冊

320000－1610－0000356 692
國朝蘇州府長元吳三邑科第譜四卷 （清）陸
懋修輯 清光緒三十二年(1906)刻本 二冊

320000－1610－0000357 800
國朝文錄八十二卷 （清）姚椿輯 清咸豐元
年(1851)刻本 二十四冊

320000－1610－0000358 970
國朝先正事略六十卷 （清）李元度纂 清光
緒二十七年(1901)上海千頃堂石印本 八冊

320000－1610－0000359 2029
國朝先正事略六十卷 （清）李元度纂 清光
緒二十一年(1895)上海點石齋石印本 八冊

320000－1610－0000360 970－1
國朝先正事略續編三十卷 朱孔彰撰 清光
緒二十六年(1900)石印本 二冊 存四卷
(一至四)

320000－1610－0000361 949
國語二十一卷校刊明道本韋氏解國語札記一
卷 （三國吳）韋昭注 清嘉慶五年(1800)吳
門黃氏讀未見書齋刻本 五冊

320000－1610－0000362 693
過墟志二卷 題(清)墅西逸叟撰 清刻本
一冊

320000－1610－0000363 2037
海道圖說十五卷長江圖說一卷 （英國）金約
翰輯 （英國）傅蘭雅口譯 （清）王德均筆述
清光緒二十二年(1896)上海書局石印本
八冊

320000－1610－0000364 2102
借月山房彙鈔 （清）張海鵬輯 清嘉慶中虞
山張氏刻本 一冊 存二種三卷(海寇議一
卷、救命書二卷)

320000－1610－0000365 413
海錄一卷 （清）楊炳南撰 清道光二十二年
(1842)刻本 一冊

320000－1610－0000366 3424
海山仙館叢書五十六種 （清）潘仕成編 清
刻本 三冊 存一種(高僧傳四至十三)

320000－1610－0000367 2636
海山仙館叢書五十六種 （清）潘仕成輯 清
道光二十五年(1845)刻本 十三冊 存二種
十六卷(四溟詩話四卷、詞苑叢談十二卷)

320000－1610－0000368 2315
海塘輯要十卷首一卷 （英國）韋更斯撰
（英國）傅蘭雅口譯 （清）趙元益筆述 海塘
輯要附釋一卷 （英國）馬立德著 清同治六
年(1867)刻本 一冊

320000－1610－0000369 1815
海虞文徵三十卷目錄二卷 （清）邵松年輯
清光緒三十一年(1905)上海鴻文書局石印本
十六冊

320000－1610－0000370 2639
函海 （清）李調元編 清光緒七年至八年
(1881－1882)廣漢鍾登甲樂道齋刻本 一百
四十八冊 缺二十一種五十七卷(緝古算經
一卷、主客圖三卷、續孟子二卷、伸蒙子三卷、
素履子二卷、廣成子解一卷、蜀檮杌二卷、金
華子雜編二卷、心要經一卷、寶藏論一卷、易
傳燈四卷、敷文鄭氏書說一卷、洪範統一一
卷、孟子外書四卷、蘇氏演義二卷、程氏考古
編十卷、唐史論斷三卷、烏臺詩案一卷、藏海
詩話一卷、建炎以來朝野雜記甲集三至九、建
炎以來朝野雜記乙集十六至二十)

320000－1610－0000371 660
武林掌故叢編 （清）丁丙輯 清光緒錢塘丁
氏嘉惠堂刻本 一冊 存四種五卷(寒山舊
廬詩一卷、橫橋吟館圖題詠一卷、瓊英小錄一
卷附錄一卷、廣陵曲江復對一卷)

320000－1610－0000372 737
寒松晚翠堂初集一卷 （清）張兆麟撰 清光

緒十七年（1891）刻本　一冊

320000－1610－0000373　3161

韓非子二十卷　明萬曆刻本　六冊

320000－1610－0000374　422

韓非子二十卷　清光緒元年（1875）湖北崇文書局刻百子全書本　四冊

320000－1610－0000375　2241

韓內翰香奩集三卷　（唐）韓偓撰　清掃葉山房石印本　一冊

320000－1610－0000376　3

汗簡七卷　（宋）郭忠恕撰　清康熙四十二年（1703）汪立名一隅草堂刻本　三冊

320000－1610－0000377　272

汗簡三卷　（宋）郭忠恕撰　清刻本　一冊

320000－1610－0000378　352

漢書地理志校本二卷　（清）汪遠孫撰　清道光二十七年（1847）刻本　二冊

320000－1610－0000379　353

漢書地理志校注二卷　（清）王紹蘭撰　清光緒二十二年（1896）蕭山陳氏遺經樓刻本　二冊

320000－1610－0000380　332

漢書一百卷　（漢）班固撰　（唐）顏師古注　清刻本　十六冊

320000－1610－0000381　340

漢書一百卷　（漢）班固撰　（唐）顏師古注　清光緒十八年（1892）石印本　八冊

320000－1610－0000382　345

漢書一百卷　（漢）班固撰　（唐）顏師古注　清光緒十三年（1887）刻本　十六冊

320000－1610－0000383　1828

漢魏叢書九十六種　（清）王謨輯　清宣統三年（1911）上海大通書局石印本　十冊　存四十四種(天祿閣外史一卷、輶軒絕代語一卷、鄴中記一卷、博異記、世本、華陽國志、糸同契、陰符經、風后握奇經、素書、心書、孫子、列子、傅子、道德經、古今注、中華古今注、文心

雕龍、述異記、續齊諧記、搜神記、搜神後記、還冤記、神異經、海內十洲記、洞冥記、枕中書、博物志、詩品、書品、尤射、拾遺記、佛國記、伽藍記、三輔黃圖、荊楚歲時記、南方草木狀三卷、竹譜、禽經、刀劍錄、鼎錄、竹書紀年二卷、穆天子傳、越絕書)

320000－1610－0000384　3124

漢藝文志考證十卷　（宋）王應麟撰　清光緒九年（1883）浙江書局刻本　二冊

320000－1610－0000385　363

漢志水道疏證四卷　（清）洪頤煊撰　清光緒十四年（1888）長洲蔣鳳藻心矩齋刻本　二冊

320000－1610－0000386　1800

國朝畫徵錄三卷續錄二卷　（清）張庚著　清宣統二年（1910）上海中國書畫會石印本　二冊

320000－1610－0000387　2313

航海簡法四卷　（英國）那麗撰　（美國）金楷理口譯　（清）王德均筆述　清末江南製造局刻本　二冊

320000－1610－0000388　2115

浩然齋雅談三卷　（宋）周密撰　清刻本　一冊

320000－1610－0000389　2314

合數述二卷　（清）林紹清撰　清光緒十四年（1888）刻本　一冊

320000－1610－0000390　374

合校水經注四十卷　王先謙校輯　清光緒十八年（1892）刻本　十三冊　缺四卷(三十七至四十)

320000－1610－0000391　993

河防通義二卷　（元）瞻思(沙克什)撰　**盧山記三卷**　（宋）陳舜俞撰　清石印守山閣叢書本　一冊

320000－1610－0000392　3438

鶡冠子三卷　（宋）陸佃撰　清光緒元年

（1875）崇文書局刻百子全書本　一冊

320000－1610－0000393　3159

黑旋風雙獻功雜劇一卷　（元）高文秀撰　明刻本　一冊

320000－1610－0000394　298

恒言錄六卷　（清）錢大昕撰　清刻本　一冊　存三卷（四至六）

320000－1610－0000395　3393

喉痧正的一卷　（清）曹心怡撰　清石印本　一冊

320000－1610－0000396　351

後漢書辨疑十一卷　（清）錢大昭撰　清光緒十三年（1887）廣雅書局刻本　二冊

320000－1610－0000397　3164

後漢書九十卷　（南朝宋）范曄撰　（唐）李賢注　志三十卷　（晉）司馬彪撰　（南朝梁）劉昭注補　明正統八年至十一年（1443－1446）刻本　四冊　存十卷（後漢書五十、六十，志十四至二十一）

320000－1610－0000398　900

後漢書一百二十卷　（南朝宋）范曄撰　清光緒二十八年（1902）上海文瀾書局石印本　四冊

320000－1610－0000399　908

後漢書一百二十卷　（南朝宋）范曄撰　清末鉛印本　二冊　存十一卷（二十五至三十二、九十至九十二）

320000－1610－0000400　1976

後漢書一百二十卷　（南朝宋）范曄撰　清石印本　一冊　存四卷（一百十四至一百十七）

320000－1610－0000401　1791

後樂堂文鈔續編九卷　（清）陳玉樹著　清光緒二十七年（1901）鉛印本　六冊

320000－1610－0000402　792

胡文忠公遺集十卷首一卷　（清）胡林翼撰　清同治五年（1866）刻本　八冊

320000－1610－0000403　866

湖山便覽十二卷　（清）翟灝　（清）翟瀚輯

清光緒元年（1875）槐蔭堂王氏刻本　六冊

320000－1610－0000404　44

花庵絕妙詞選十卷　（宋）黃昇輯　明末毛氏汲古閣刻本　四冊

320000－1610－0000405　576

花庵絕妙詞選十卷　（宋）黃昇輯　明末毛氏汲古閣刻本　二冊

320000－1610－0000406　739

花間集十卷　（五代）趙崇祚輯　清京都琉璃廠炳文齋刻本　一冊

320000－1610－0000407　625

花譜詞一卷　（清）成世傑著　清刻本　一冊

320000－1610－0000408　634

花影吹笙詞鈔二卷　（清）葉英華著　**小遊僊詞一卷**　題（清）夢禪居士製　清光緒三年（1877）刻本　一冊

320000－1610－0000409　2349

華嚴一乘教義分齊章四卷　（唐）釋法藏述　清刻本　一冊

320000－1610－0000410　2318

化學分原八卷　（英國）蒲陸山撰　（英國）傅蘭雅口譯　（清）徐建寅筆述　清江南製造總局刻本　二冊

320000－1610－0000411　2318－1

化學分原八卷　（英國）蒲陸山撰　（英國）傅蘭雅口譯　（清）徐建寅筆述　清江南製造總局刻本　二冊

320000－1610－0000412　2318－2

化學分原八卷　（英國）蒲陸山撰　（英國）傅蘭雅口譯　（清）徐建寅筆述　清江南製造總局刻本　二冊

320000－1610－0000413　2306

化學鑑原六卷　（英國）韋而司撰　（英國）傅蘭雅口譯　（清）徐壽筆述　清江南製造總局刻本　四冊

320000－1610－0000414　2306－1

化學鑑原六卷　（英國）韋而司撰　（英國）傅

蘭雅口譯 （清）徐壽筆述 清江南製造總局刻本 四冊

320000－1610－0000415 1853

化學指南十卷 （法國）畢利幹著 清同治十二年(1873)石印本 十二冊

320000－1610－0000416 1983

畫禪室隨筆四卷 （明）董其昌撰 清宣統元年(1909)掃葉山房石印本 二冊

320000－1610－0000417 2240

畫禪室隨筆四卷 （明）董其昌撰 清末石印本 一冊 存一卷(二)

320000－1610－0000418 317

淮安北門城樓金天德年大鐘款識一卷 （清）丁晏輯 清道光二十四年(1844)刻本 一冊

320000－1610－0000419 527

淮海英靈集二十二卷 （清）阮元輯 清嘉慶三年(1798)小琅嬛仙館刻本 五冊 存二十卷(甲集四卷、乙集四卷、丙集四卷、丁集四卷、戊集四卷)

320000－1610－0000420 287

寰宇訪碑錄十二卷 （清）孫星衍 （清）邢澍撰 清光緒九年(1883)江蘇書局刻本 四冊

320000－1610－0000421 287－2

寰宇訪碑錄十二卷 （清）孫星衍 （清）邢澍撰 清光緒九年(1883)江蘇書局刻本 四冊

320000－1610－0000422 299

環遊地球新錄四卷 （清）李圭撰 清光緒三年(1877)鉛印本 四冊

320000－1610－0000423 2152

宦遊紀略二卷 （清）高廷瑤撰 清光緒九年(1883)刻本 二冊

320000－1610－0000424 2087

皇朝經濟文新編二卷西醫通論一卷 （清）宜今室主人編 清石印本 一冊

320000－1610－0000425 1977

皇朝内府輿地圖縮摹本一卷皇朝輿地韻編一卷 （清）李兆洛繪撰 清光緒十年(1884)石

印本 一冊

320000－1610－0000426 460

皇朝謚法考五卷續編一卷補編一卷 （清）鮑康輯 續補編一卷 （清）徐士鑾輯 清同治三年(1864)刻本 二冊

320000－1610－0000427 857

皇朝通典一百卷 （清）曹仁虎等修 （清）陸伯焜等纂 清光緒二十七年(1901)上海圖書集成局鉛印本 十二冊

320000－1610－0000428 859

皇朝通志一百二十六卷 （清）嵇璜 （清）曹仁虎等修 （清）陸伯焜等纂 清光緒二十七年(1901)上海圖書集成局鉛印本 十二冊

320000－1610－0000429 861

皇朝文獻通考三百卷 （清）嵇璜 （清）曹仁虎等修 （清）陸伯焜等纂 清光緒二十七年(1901)上海圖書集成局鉛印本 四十八冊

320000－1610－0000430 2629

皇清經解一千四百〇八卷 （清）阮元編 清咸豐十年(1860)刻本 三百二十冊

320000－1610－0000431 3079

皇清經解一千四百〇八卷 （清）阮元編 清光緒十三年(1887)石印本 六十四冊

320000－1610－0000432 1895

黃帝素問靈樞合纂三卷 （清）汪昂纂輯 清公興書局鉛印本 三冊

320000－1610－0000433 3130

黃詩全集五十八卷 （宋）黃庭堅撰 清乾隆五十四年(1789)刻本 二十冊

320000－1610－0000434 31

揮麈前錄四卷後錄十一卷第三錄三卷 （宋）王明清撰 明末毛氏汲古閣刻本 四冊 缺四卷(揮麈前錄四卷)

320000－1610－0000435 120

晦庵先生校正周易繫辭精義二卷 （宋）呂祖謙編 清光緒九年(1883)刻本 一冊

320000－1610－0000436 995

彙刻書目不分卷 （清）顧修編 （清）朱文藻
增訂 清刻本 三冊

320000－1610－0000437 2274
繪地法原一卷附一卷 （美國）金楷理口譯
（清）王德均筆述 清刻本 一冊

320000－1610－0000438 462
繪圖比例尺圖說一卷 （清）傅雲龍述 清光
緒二十一年(1895)石印本 一冊

320000－1610－0000439 3397
繪圖針灸易學二卷 （清）李守先著 清光緒
三十三年(1907)上海萃英書莊石印本 一冊

320000－1610－0000440 2106
嵇叔夜集七卷 （三國魏）嵇康著 清宣統三
年(1911)石印本 一冊

320000－1610－0000441 2330
緝古算經一卷 （唐）王孝通撰 清光緒十六
年(1890)石印本 一冊

320000－1610－0000442 321
積古齋藏器目一卷 （清）阮元撰 清光緒二
十二年(1896)刻本 一冊

320000－1610－0000443 319
積古齋鐘鼎彝器款識十卷 （清）阮元 （清）
朱爲弼撰 清嘉慶九年(1804)刻本 四冊

320000－1610－0000444 364
積古齋鐘鼎彝器款識十卷 （清）阮元 （清）
朱爲弼撰 清光緒八年(1882)常熟抱芳閣刻
本 四冊

320000－1610－0000445 367
積古齋鐘鼎彝器款識十卷 （清）阮元 （清）
朱爲弼撰 清光緒八年(1882)常熟抱芳閣刻
本 二冊

320000－1610－0000446 2324
積較術三卷 （清）華蘅芳撰 清光緒二十四
年(1898)石印本 一冊

320000－1610－0000447 2324－1
積較術三卷 （清）華蘅芳撰 清刻本 一冊

320000－1610－0000448 2324－2
積較術三卷 （清）華蘅芳撰 清刻本 一冊

320000－1610－0000449 2324－3
積較術三卷 （清）華蘅芳撰 清刻本 一冊

320000－1610－0000450 2324－4
積較術三卷 （清）華蘅芳撰 清刻本 一冊

320000－1610－0000451 2324－5
積較術三卷 （清）華蘅芳撰 清刻本 一冊

320000－1610－0000452 2324－6
積較術三卷 （清）華蘅芳撰 清刻本 一冊

320000－1610－0000453 2324－7
積較術三卷 （清）華蘅芳撰 清刻本 一冊

320000－1610－0000454 2324－8
積較術三卷 （清）華蘅芳撰 清刻本 一冊

320000－1610－0000455 2324－9
積較術三卷 （清）華蘅芳撰 清刻本 一冊

320000－1610－0000456 2324－10
積較術三卷 （清）華蘅芳撰 清刻本 一冊

320000－1610－0000457 2324－11
積較術三卷 （清）華蘅芳撰 清刻本 一冊

320000－1610－0000458 2324－12
積較術三卷 （清）華蘅芳撰 清刻本 一冊

320000－1610－0000459 2324－13
積較術三卷 （清）華蘅芳撰 清刻本 一冊

320000－1610－0000460 2324－14
積較術三卷 （清）華蘅芳撰 清刻本 一冊

320000－1610－0000461 2324－15
積較術三卷 （清）華蘅芳撰 清刻本 一冊

320000－1610－0000462 2324－16
積較術三卷 （清）華蘅芳撰 清刻本 一冊

320000－1610－0000463 2324－17
積較術三卷 （清）華蘅芳撰 清刻本 一冊

320000－1610－0000464 248
汲古閣說文訂一卷 （清）段玉裁撰 清同治

十一年（1872）刻本　一冊

320000－1610－0000465　2156

士禮居黃氏叢書二十種　（清）黃丕烈輯　清
嘉慶、道光吳縣黃氏刻本　一冊　存三種三
卷（汲古閣珍藏秘本書目一卷、季滄葦藏書目
一卷、藏書紀要一卷）

320000－1610－0000466　838

集古錄跋尾十卷　（宋）歐陽修撰　清光緒十
五年（1889）朱氏槐廬刻本　二冊　存六卷
（一至二、七至十）

320000－1610－0000467　837

集古錄目五卷　（宋）歐陽棐撰　清道光十五
年（1835）朱氏槐廬刻本　二冊

320000－1610－0000468　1961

紀事約言二卷　（清）夏勤墉撰　清光緒七年
（1881）刻本　一冊

320000－1610－0000469　389

紀元編三卷末一卷　（清）李兆洛撰　清同治
十年（1871）合肥李氏刻本　一冊

320000－1610－0000470　3370

濟陰綱目十四卷　（清）武之望撰　清雍正六
年（1728）崇德堂刻本　八冊

320000－1610－0000471　990

嘉靖以來首輔傳八卷　（明）王世貞撰　清守
山閣刻本　二冊　缺二卷（七至八）

320000－1610－0000472　2166

賈鳧西鼓詞一卷　（清）賈鳧西撰　清光緒三
十三年（1907）鉛印本　一冊

320000－1610－0000473　3048

兼山堂弈譜一卷　（清）徐星友編　清光緒六
年（1880）刻本　一冊

320000－1610－0000474　55

鑒公精舍納涼圖題詠一卷　（清）朱文藻輯
清刻本　一冊

320000－1610－0000475　2142

江南春詞集一卷附錄一卷　（明）朱之蕃輯考
附考一卷　（清）梁廷枏撰　清光緒十七年

（1891）刻本　一冊

320000－1610－0000476　323

江甯金石待訪目二卷　（清）嚴觀編　清光緒
二十二年（1896）刻本　一冊

320000－1610－0000477　323－1

江甯金石待訪目二卷　（清）嚴觀編　清光緒
二十二年（1896）刻本　一冊

320000－1610－0000478　342

江蘇省例不分卷　（清）□□編　清同治八年
（1869）江蘇書局刻本　四冊

320000－1610－0000479　343

江蘇省例續編不分卷　（清）□□編　清光緒
元年（1875）江蘇書局刻本　二冊

320000－1610－0000480　518

江左三大家詩鈔九卷　（清）顧孝有　（清）趙
澐輯　清康熙六年（1667）刻本　八冊

320000－1610－0000481　2080

薑園課蒙草初編一卷二編一卷　（清）童璟編
清光緒二十九年（1903）石印本　二冊

320000－1610－0000482　2053

焦氏易林十六卷　題（漢）焦延壽撰　清嘉慶
十三年（1808）黃氏士禮居刻黃氏叢書本
四冊

320000－1610－0000483　2356

教觀綱宗一卷　（明）釋智旭撰　清刻本
一冊

320000－1610－0000484　484

疥瘰論疏　（明）盧之頤撰　清光緒四年
（1878）當歸草堂刻本　一冊

320000－1610－0000485　2602

芥子園畫傳初集五卷　（清）王概摹　清光緒
二十四年（1898）章福記書局石印本　五冊

320000－1610－0000486　2602－3

芥子園畫傳初集五卷　（清）王概摹　清石印
本　一冊　存一卷（三）

320000－1610－0000487　2575－1

芥子園畫傳二集九卷　（清）王概等摹　清光緒十四年(1888)上海鴻文書局石印本　四冊

320000－1610－0000488　2602－4
芥子園畫傳二集九卷　（清）王概等摹　清石印本　一冊　存二卷(八至九)

320000－1610－0000489　846
芥子園畫傳二集九卷　（清）王概等摹　清光緒十四年(1888)石印本　四冊

320000－1610－0000490　3466
芥子園畫傳初集六卷　（清）王概等摹　清光緒十三年(1887)上海鴻文書局石印本　五冊

320000－1610－0000491　2575
芥子園畫傳初集六卷　（清）王概等摹　清光緒十六年(1890)上海鴻寶齋石印本　四冊

320000－1610－0000492　2575－2
芥子園畫傳三集六卷　（清）王概等摹　清光緒十四年(1888)石印本　四冊

320000－1610－0000493　2575－3
芥子園畫傳三集六卷　（清）王概等摹　清光緒十四年(1888)石印本　二冊　存三卷(三至五)

320000－1610－0000494　2602－2
芥子園畫傳三集六卷　（清）王概摹　清石印本　二冊　缺二卷(三至四)

320000－1610－0000495　2602－1
芥子園畫傳四集四卷　（清）王概摹　清石印本　三冊　缺一卷(三)

320000－1610－0000496　2602－5
芥子園畫傳四集四卷　（清）王概摹　清上海天寶書局石印本　一冊　存一卷(一)

320000－1610－0000497　548
借庵詩鈔十二卷　（清）釋清恒著　清光緒三十二年(1906)刻本　四冊

320000－1610－0000498　731
李賀歌詩編四卷　（唐）李賀撰　清光緒二十七年(1901)影印宋刻本　一冊　存二卷(一至二)

320000－1610－0000499　2377－1
金剛般若波羅蜜經一卷　（後秦）釋鳩摩羅什譯　清刻本　一冊

320000－1610－0000500　2396
金剛般若波羅蜜經一卷　（清）劉墉書　清乾隆五十二年(1787)抄本　一冊

320000－1610－0000501　2377
金剛般若波羅蜜經四卷　（明）成祖朱棣鑒　清光緒二十年(1894)刻本　一冊

320000－1610－0000502　2376
金剛般若波羅蜜經直解一卷　（□）□□注　清刻本　一冊

320000－1610－0000503　2352
金剛般若經六譯六卷　（後秦）釋鳩摩羅什等譯　清同治十一年(1872)金陵刻經處刻本　一冊

320000－1610－0000504　2361
金剛經百家集注大成不分卷　（明）成祖朱棣輯　清光緒九年(1883)鉛印本　一冊

320000－1610－0000505　2363
金剛經註解不分卷　（清）茅枝註　（清）唐培士校　清道光十七年(1837)刻本　一冊

320000－1610－0000506　851
金稷山段氏二妙年譜二卷　孫德謙編　清宣統三年(1911)求恕齋刻本　一冊

320000－1610－0000507　3367
金鑑外科九十卷　（清）吳謙　（清）劉裕鐸等纂修　清刻本　六冊　存十六卷(七十五至九十)

320000－1610－0000508　3435
金樓子六卷　（南朝梁）元帝蕭繹撰　清光緒元年(1875)崇文書局刻本　一冊

320000－1610－0000509　1925
金石萃編一百六十卷補正一卷續編二十卷首一卷　（清）王昶撰　（清）陸耀遹撰　清光緒十九年至二十年(1893－1894)上海醉六堂石印本　二十五冊

320000 – 1610 – 0000510　1952

金石古文十四卷　（明）楊慎撰　清光緒八年(1882)學古齋刻本　二冊

320000 – 1610 – 0000511　322

金石錄三十卷目錄十卷跋尾二十卷　（宋）趙明誠編著　清光緒十三年(1887)仁和槐廬朱氏行素草堂刻本　一冊　存六卷(一至六)

320000 – 1610 – 0000512　1953

金石略二卷　（宋）鄭樵撰　清光緒八年(1882)學古齋刻本　一冊　存一卷(二)

320000 – 1610 – 0000513　987

金石續錄四卷　（清）劉青藜著　清學古齋刻本　二冊

320000 – 1610 – 0000514　896

金史一百三十五卷　（元）脫脫等撰　清光緒二十八年(1902)上海文瀾書局石印本　四冊

320000 – 1610 – 0000515　972

金索六卷石索六卷　（清）馮雲鵬　（清）馮雲鵷輯　清光緒十九年(1893)上海積山書局石印本　二十二冊

320000 – 1610 – 0000516　1949

金薤琳琅二十卷　（明）都穆撰　**補遺一卷**（清）宋振譽撰　清光緒八年(1882)學古齋刻本　四冊

320000 – 1610 – 0000517　420

津門雜記三卷　（清）張燾輯　清光緒十年(1884)刻本　三冊

320000 – 1610 – 0000518　416

近思錄十四卷　（清）江永集注　清光緒十年(1884)刻本　四冊

320000 – 1610 – 0000519　288

晉略六十五卷序目一卷　（清）周濟撰　清光緒二年(1876)刻本　十冊

320000 – 1610 – 0000520　876

晉書一百三十卷　（唐）房玄齡等撰　清光緒二十八年(1902)上海文瀾書局石印本　六冊

320000 – 1610 – 0000521　906

晉書一百三十卷　（唐）房玄齡等撰　清末鉛印本　五冊　存二十一卷(七十至七十四、七十九至八十二、八十七至九十、九十五至九十七、一百〇一至一百〇五)

320000 – 1610 – 0000522　843

荊駝逸史五十二種　題(清)陳湖逸士編　清刻本　二十冊

320000 – 1610 – 0000523　1945

荊駝逸史五十二種　題(清)陳湖逸士編　清刻本　三冊　存一種四卷(三朝野紀一至四)

320000 – 1610 – 0000524　2146

荊園小語一卷荊園進語一卷　（清）申涵光撰　蔣氏家訓一卷　（清）蔣伊著　清石印本　一冊

320000 – 1610 – 0000525　2108

經史辨論四卷　（清）張均著　清金陵劉文奎刻本　一冊

320000 – 1610 – 0000526　263

經學歷史一卷　（清）皮錫瑞撰　清光緒二年(1876)刻本　一冊

320000 – 1610 – 0000527　2405

經餘必讀續編八卷　（清）錢樹棠　（清）雷琳輯　清光緒二十年(1894)尚德堂刻本　三冊　缺二卷(三至四)

320000 – 1610 – 0000528　1820

精訂綱鑑廿四史通俗衍義六卷　（清）呂撫輯　清鉛印本　六冊

320000 – 1610 – 0000529　1749

敬齋古今黈八卷　（元）李冶撰　清刻本　二冊

320000 – 1610 – 0000530　543

靖節先生集十卷首一卷末一卷　（晉）陶潛撰　（清）陶澍注　清光緒九年(1883)江蘇書局刻本　四冊

320000 – 1610 – 0000531　282

靖節先生年譜考異二卷　（清）陶澍撰　清刻本　一冊

320000－1610－0000532　2054

鏡源遺照集二十卷　（清）張均輯　清道光五年(1825)刻本　二冊

320000－1610－0000533　1636

九朝野記四卷　（明）祝允明纂　清宣統三年(1911)時中書局石印本　二冊

320000－1610－0000534　2303

九章算術九卷　（晉）劉徽注　（唐）李淳風注釋　清光緒十六年(1890)刻本　三冊

320000－1610－0000535　890

舊唐書二百卷　（五代）劉昫等撰　清光緒二十八年(1902)上海文瀾書局石印本　十冊

320000－1610－0000536　898

舊五代史一百五十卷　（宋）薛居正等撰　清光緒二十八年(1902)上海文瀾書局石印本　四冊

320000－1610－0000537　768

菊潛庵賸藁三卷　（清）趙函撰　清道光二十三年(1843)刻本　一冊

320000－1610－0000538　361

沮江隨筆二卷　（清）朱錫綬撰　清咸豐八年(1858)刻本　一冊

320000－1610－0000539　2101

劇談錄二卷　（唐）康駢撰　清光緒四年(1878)刻本　二冊

320000－1610－0000540　1770

絕妙好詞箋七卷續鈔二卷　（宋）周密輯　（清）查爲仁箋　清掃葉山房石印本　四冊

320000－1610－0000541　772

絕妙好詞箋七卷續鈔一卷　（宋）周密輯　（清）查爲仁箋　清道光八年(1828)刻本　三冊

320000－1610－0000542　2328

開方古義二卷　（清）華蘅芳撰　清石印本　二冊

320000－1610－0000543　2284

開煤要法十二卷　（英國）士密德輯　（英國）傅蘭雅口譯　（清）王德均筆述　清江南機器製造局刻本　二冊

320000－1610－0000544　945

康熙字典三十六卷　（清）張玉書　（清）陳廷敬等編　清光緒三十一年(1905)石印本　六冊

320000－1610－0000545　945－1

康熙字典三十六卷　（清）張玉書　（清）陳廷敬等編　清光緒三十一年(1905)石印本　一冊　存九卷(十至十八)

320000－1610－0000546　3365

康熙字典三十六卷　（清）張玉書　（清）陳廷敬等編　清光緒二十年(1905)上海久敬齋石印本　六冊

320000－1610－0000547　944

康熙字典三十六卷　（清）張玉書　（清）陳廷敬等編　清銅活字印本　四冊　缺九卷(一至六、三十四至三十六)

320000－1610－0000548　1818

康熙字典三十六卷備考十二卷補遺十二卷　（清）張玉書　（清）陳廷敬等編　清文盛堂石印本　一冊　存二十七卷(康熙字典三十四至三十六、備考十二卷、補遺十二卷)

320000－1610－0000549　978

康熙字典三十六卷補遺十二卷備考十二卷　（清）張玉書　（清）陳廷敬等編　清石印本　九冊　缺九卷(一至三、十至十二、十三至十五)

320000－1610－0000550　943

康熙字典三十六卷檢字一卷辨似一卷字母切韻要法二卷補遺十二卷備考十二卷　（清）張玉書等纂　（清）奕繪等重修　清道光七年(1827)刻本　四十冊

320000－1610－0000551　943－1

康熙字典三十六卷檢字一卷辨似一卷字母切韻要法二卷補遺十二卷備考十二卷　（清）張玉書等纂　（清）奕繪等重修　清道光七年(1827)刻本　五冊　存五卷(七、十、二十六、

二十九至三十）

320000 – 1610 – 0000552　943 – 2

康熙字典三十六卷檢字一卷辨似一卷字母切韻要法二卷補遺十二卷備考十二卷　（清）張玉書等纂　（清）奕繪等重修　清道光七年（1827）刻本　三十八冊　缺十六卷（八、十四、二十九、三十二,備考十二卷）

320000 – 1610 – 0000553　2137

考古質疑六卷　（宋）葉大慶撰　清刻本　一冊

320000 – 1610 – 0000554　2374

課誦日用全集不分卷　（□）□□集　清金陵寶華山沙門福聚刻本　一冊

320000 – 1610 – 0000555　1858

孔子家語十卷　（三國魏）王肅注　清上海同文書局石印本　五冊

320000 – 1610 – 0000556　1858 – 1

孔子家語十卷　（三國魏）王肅注　清上海同文書局石印本　五冊

320000 – 1610 – 0000557　2605

孔子家語十卷　（三國魏）王肅注　清光緒二十四年（1898）影印本　四冊

320000 – 1610 – 0000558　2605 – 1

孔子家語十卷　（三國魏）王肅注　清光緒二十四年（1898）影朱印本　四冊

320000 – 1610 – 0000559　2605 – 2

孔子家語十卷　（三國魏）王肅注　清光緒二十四年（1898）影印本　四冊

320000 – 1610 – 0000560　965

匡謬正俗八卷　（唐）顏師古撰　急就章一卷　（漢）史游撰　（清）孫星衍攷異　說文解字十五卷　（漢）許慎記　清光緒十四年（1888）石印本　一冊

320000 – 1610 – 0000561　606

葵青居詩錄一卷附夢蜓草一卷　（清）石渠撰　清刻本　一冊

320000 – 1610 – 0000562　58

昆曲譜不分卷　（□）□□撰　清抄本　一冊

320000 – 1610 – 0000563　466

壼史二卷　（清）蔡瀛壼撰　清末石印本　二冊

320000 – 1610 – 0000564　225

困學紀聞注二十卷首一卷　（清）翁元圻撰　清道光五年（1825）刻本　十一冊　缺一卷（一）

320000 – 1610 – 0000565　226

困學紀聞注二十卷首一卷　（清）翁元圻撰　清道光五年（1825）刻本　六冊　存十二卷（九至二十）

320000 – 1610 – 0000566　789

廓克利廠紀略一卷　（清）沈瑞麟撰　清光緒三十二年（1906）鉛印本　一冊

320000 – 1610 – 0000567　2216

來生福彈詞三十六回　題（清）橘中逸叟撰　清刻本　十一冊　存十二回（二十四至三十三、三十五至三十六）

320000 – 1610 – 0000568　2213

蘭花夢八卷　題（清）吟梅山人著　清石印本　六冊　缺二卷（一、四）

320000 – 1610 – 0000569　619

蘭言初集一卷　（清）丁守存集　清同治三年（1864）刻本　一冊

320000 – 1610 – 0000570　465

蘭芷零香錄三卷　（清）楊恩壽撰　清刻本　一冊

320000 – 1610 – 0000571　1785

郎潛紀聞初筆七卷二筆八卷三筆六卷　（清）陳康祺著　清宣統二年（1910）掃葉山房石印本　十冊

320000 – 1610 – 0000572　2138

老子道德經二卷　（三國魏）王弼注　清刻本　一冊

320000 – 1610 – 0000573　417

老子襲常編二卷　（清）王紹祖纂述　清道光

三年(1823)刻本　一冊

320000－1610－0000574　673

樂府補亡一卷　（清）曹元忠撰　清光緒二十
七年(1901)刻本　一冊

320000－1610－0000575　769

樂潛堂詩初集二卷　（清）趙函撰　清咸豐七
年(1857)刻本　一冊

320000－1610－0000576　770

樂潛堂詩二集六卷　（清）趙函撰　清道光十
四年(1834)刻本　一冊

320000－1610－0000577　1956

類典約對三十卷　（清）李川衡纂註　清道光
七年(1827)聯元堂刻本　八冊

320000－1610－0000578　3026

大佛頂如來密因修證了義諸菩薩萬行首楞嚴
經十卷　（唐）釋般剌密帝譯　清宣統元年
(1909)石印本　一冊　存一卷(六)

320000－1610－0000579　741

冷紅詞四卷　鄭文焯撰　清光緒耦園刻本　二冊

320000－1610－0000580　586

冷紅詞四卷絕妙好詞校錄一卷　鄭文焯撰
清光緒耦園刻本　二冊

320000－1610－0000581　729

離騷集傳一卷　（宋）錢杲之撰　清光緒二十
七年(1901)影印宋刻本　一冊

320000－1610－0000582　728

李丞相詩集二卷　（南唐）李建勳撰　清光緒
二十七年(1901)影印宋刻本　一冊

320000－1610－0000583　504

李翰林集三十卷　（唐）李白撰　清刻本
六冊

320000－1610－0000584　2291

李氏句股術補三卷　（清）陳志堅撰　清光緒
三十年(1904)刻本　一冊

320000－1610－0000585　2291－1

李氏句股術補三卷　（清）陳志堅撰　清光緒

三十年(1904)刻本　一冊

320000－1610－0000586　2291－2

李氏句股術補三卷　（清）陳志堅撰　清光緒
三十年(1904)刻本　一冊

320000－1610－0000587　2291－3

李氏句股術補三卷　（清）陳志堅撰　清光緒
三十年(1904)刻本　一冊

320000－1610－0000588　2291－4

李氏句股術補三卷　（清）陳志堅撰　清光緒
三十年(1904)刻本　一冊

320000－1610－0000589　2291－5

李氏句股術補三卷　（清）陳志堅撰　清光緒
三十年(1904)刻本　一冊

320000－1610－0000590　2291－6

李氏句股術補三卷　（清）陳志堅撰　清光緒
三十年(1904)刻本　一冊

320000－1610－0000591　2291－7

李氏句股術補三卷　（清）陳志堅撰　清光緒
三十年(1904)刻本　一冊

320000－1610－0000592　2291－8

李氏句股術補三卷　（清）陳志堅撰　清光緒
三十年(1904)刻本　一冊

320000－1610－0000593　2291－9

李氏句股術補三卷　（清）陳志堅撰　清光緒
三十年(1904)刻本　一冊

320000－1610－0000594　2291－10

李氏句股術補三卷　（清）陳志堅撰　清光緒
三十年(1904)刻本　一冊

320000－1610－0000595　2291－11

李氏句股術補三卷　（清）陳志堅撰　清光緒
三十年(1904)刻本　一冊

320000－1610－0000596　2291－12

李氏句股術補三卷　（清）陳志堅撰　清光緒
三十年(1904)刻本　一冊

320000－1610－0000597　2291－13

李氏句股術補三卷　（清）陳志堅撰　清光緒

三十年（1904）刻本　一冊

320000－1610－0000598　2291－14
李氏句股術補三卷　（清）陳志堅撰　清光緒
三十年（1904）刻本　一冊

320000－1610－0000599　2291－15
李氏句股術補三卷　（清）陳志堅撰　清光緒
三十年（1904）刻本　一冊

320000－1610－0000600　2291－16
李氏句股術補三卷　（清）陳志堅撰　清光緒
三十年（1904）刻本　一冊

320000－1610－0000601　2291－17
李氏句股術補三卷　（清）陳志堅撰　清光緒
三十年（1904）刻本　一冊

320000－1610－0000602　2291－18
李氏句股術補三卷　（清）陳志堅撰　清光緒
三十年（1904）刻本　一冊

320000－1610－0000603　2291－19
李氏句股術補三卷　（清）陳志堅撰　清光緒
三十年（1904）刻本　一冊

320000－1610－0000604　2291－20
李氏句股術補三卷　（清）陳志堅撰　清光緒
三十年（1904）刻本　一冊

320000－1610－0000605　2291－21
李氏句股術補三卷　（清）陳志堅撰　清光緒
三十年（1904）刻本　一冊

320000－1610－0000606　2291－23
李氏句股術補三卷　（清）陳志堅撰　清光緒
三十年（1904）刻本　一冊

320000－1610－0000607　2291－24
李氏句股術補三卷　（清）陳志堅撰　清光緒
三十年（1904）刻本　一冊

320000－1610－0000608　2291－25
李氏句股術補三卷　（清）陳志堅撰　清光緒
三十年（1904）刻本　一冊

320000－1610－0000609　2291－22
李氏句股術補三卷　（清）陳志堅撰　清光緒

三十年（1904）刻本　一冊

320000－1610－0000610　3157
李衛公文集二十卷別集十卷外集四卷　（唐）
李德裕撰　（明）陳子龍評　明刻本　十二冊

320000－1610－0000611　795
李義山詩集三卷　（唐）李商隱撰　（清）朱鶴
齡箋注　（清）沈厚塽輯評　清同治九年
（1870）刻本　四冊

320000－1610－0000612　47
李義山詩集十六卷　（唐）李商隱撰　（清）姚
培謙箋　清乾隆四年（1739）姚氏松桂讀書堂
刻本　四冊

320000－1610－0000613　2206
禮記備旨十一卷　（清）鄒聖脈纂輯　清東都
樂善堂刻本　三冊

320000－1610－0000614　960
禮記全文備旨十一卷　（清）鄒聖脈纂輯　清
乾隆二十九年（1764）刻本　九冊　缺二卷
（十至十一）

320000－1610－0000615　119
禮記十卷　（元）陳澔集說　清光緒上洋文池
堂刻本　十冊

320000－1610－0000616　112
禮記四十九卷　（漢）鄭玄注　（明）金蟠
（明）葛鼎校　清永懷堂刻本　八冊

320000－1610－0000617　236
禮經釋例十三卷首一卷　（清）凌廷堪撰　清
嘉慶十四年（1809）刻本　六冊

320000－1610－0000618　117
儀禮鄭注句讀十七卷　（清）張爾岐句讀　清
同治七年（1868）刻本　一冊　存五卷（一至
五）

320000－1610－0000619　498
立齋外科發揮八卷　（明）薛己撰　明刻本
一冊　存三卷（一至三）

320000－1610－0000620　691
歷朝狀元錄一卷國朝狀元錄二卷歷朝狀元錄

條存一卷　（清）沈一清輯　清光緒二年(1876)刻本　一冊

320000－1610－0000621　372

歷代地理志韻編今釋二十卷　（清）李兆洛輯　清光緒十四年(1888)掃葉山房刻本　八冊

320000－1610－0000622　15

歷代臣鑒三十七卷　（明）宣宗朱瞻基輯　明活字印本　八冊

320000－1610－0000623　2030

歷代名臣言行錄二十四卷　（清）朱桓編　清光緒二十四年(1898)掃葉山房石印本　八冊

320000－1610－0000624　341

歷代名儒傳八卷　（清）朱軾　（清）蔡世遠輯　清光緒二十三年(1897)刻本　四冊

320000－1610－0000625　2070

歷代錢表一卷　（清）朱彝尊撰　清道光二十二年(1842)刻本　一冊

320000－1610－0000626　2134

歷代山陵考二卷閩部疏一卷　（明）王在晉撰　（清）張海鵬輯　清石印本　二冊

320000－1610－0000627　1928

歷代統系錄六卷　（清）黃本驥撰　清光緒二十八年(1902)上海鴻寶齋石印本　二冊

320000－1610－0000628　1928－1

歷代統系錄六卷　（清）黃本驥撰　清光緒二十八年(1902)上海鴻寶齋石印本　二冊

320000－1610－0000629　1928－2

歷代統系錄六卷　（清）黃本驥撰　清光緒二十八年(1902)上海鴻寶齋石印本　二冊

320000－1610－0000630　350

歷代鐘鼎彝器款識法帖二十卷　（宋）薛尚功撰　清抄本　六冊

320000－1610－0000631　238

隸釋二十七卷　（宋）洪适撰　清同治十年(1871)刻本　五冊

320000－1610－0000632　239

隸續二十一卷　（宋）洪适撰　清同治十年(1871)刻本　二冊

320000－1610－0000633　2075

梁公九諫一卷　（宋）□□撰　清光緒十三年(1887)石印本　一冊

320000－1610－0000634　2075－1

梁公九諫一卷　（宋）□□撰　清光緒十三年(1887)石印本　一冊

320000－1610－0000635　563

兩當軒集二十二卷附錄四卷攷異二卷　（清）黃景仁撰　清光緒二年(1876)家塾刻本　六冊

320000－1610－0000636　2083

兩京新記五卷　（唐）韋述撰　**李嶠雜詠二卷**　（唐）李嶠撰　清光緒七年(1881)刻本　一冊

320000－1610－0000637　524

聊復軒詩存一卷　施贊唐著　清宣統三年(1911)刻本　一冊

320000－1610－0000638　1831

聊齋志異新評十六卷　（清）蒲松齡著　（清）王士正評　清刻本　四冊　缺八卷(一至八)

320000－1610－0000639　325

遼史拾遺補五卷　（清）楊復吉輯　清乾隆五十九年(1794)振綺堂刻本　二冊

320000－1610－0000640　324

遼史拾遺二十四卷　（清）厲鶚撰　清乾隆八年(1743)振綺堂刻本　八冊

320000－1610－0000641　895

遼史一百十六卷　（元）脫脫等修　清光緒二十八年(1902)上海文瀾書局石印本　二冊

320000－1610－0000642　2185

列國政要類考三卷　（法國）高當菩撰　清光緒二十八年(1902)寧波文明學社石印本　三冊

320000－1610－0000643　1696

林和靖詩集四卷　（宋）林逋撰　清宣統二年

（1910）上海文瑞樓石印本　二冊

320000－1610－0000644　2086
臨安旬制紀三卷全浙詩話刊誤一卷　（清）張
道撰　清光緒六年（1880）刻本　一冊

320000－1610－0000645　2285
臨陣管見九卷　（美國）斯拉弗司撰　（美國）
金楷理口譯　（清）趙元益筆述　清刻本
四冊

320000－1610－0000646　3376
臨證指南醫案十卷　（清）葉桂撰　清光緒十
年（1884）文富堂刻本　十冊

320000－1610－0000647　1914
臨證指南醫案十卷　（清）葉桂撰　清光緒十
八年（1892）上海圖書集成印書局石印本
十冊

320000－1610－0000648　1915
臨證指南醫案十卷　（清）葉桂撰　清乾隆三
十一年（1766）刻本　十冊

320000－1610－0000649　612
麟角集一卷附錄一卷　（唐）王棨撰　清光緒
十年（1884）刻本　一冊

320000－1610－0000650　2038
麟臺故事五卷　（宋）程俱撰　清刻本　一冊

320000－1610－0000651　2071
麟臺故事五卷　（宋）程俱撰　清刻武英殿聚
珍版叢書本　一冊

320000－1610－0000652　306
靈峰志四卷　周慶雲輯　清宣統三年（1911）
刻本　二冊

320000－1610－0000653　2543
靈鶼閣叢書六集五十七種　（清）江標輯　清
光緒二十三年（1897）湖南使院刻本　二十八
冊　缺十七種二十七卷（尚書大傳補註七卷、
校定皇象本急就章一卷、說文解字索隱一卷
補例一卷、隸友肊說一卷、教童子法一卷、洨
民遺文一卷、欽定四庫全書總目提要四部類
敘一卷、使德日記一卷、天壤閣雜記一卷、董

華亭書畫錄一卷、畫友詩一卷、江寧金石待訪
目二卷、山左南北朝石刻目一卷、前塵夢影錄
二卷、新譯日本女學校規則一卷、黃堯圃年譜
二卷、宋元本行格表一卷）

320000－1610－0000654　2543－1
靈鶼閣叢書六集五十七種　（清）江標輯　清
石印本　七冊　存五種十三卷（瓊州雜事詩
一卷、士禮居藏書題跋記續二卷、漢鼓吹饒歌
十八曲集解一卷、碧城僊館詩鈔八卷、文史通
義補編一卷）

320000－1610－0000655　1970
嶺表錄異三卷　（唐）劉恂撰　清光緒十八年
（1892）刻本　一冊

320000－1610－0000656　662
嶺南三大家詩選二十四卷　（清）王隼輯　清
刻本　五冊

320000－1610－0000659　3437
劉子二卷　（北齊）劉晝撰　清光緒元年
（1875）崇文書局刻本　一冊

320000－1610－0000660　2161
柳南續筆四卷　（清）王應奎撰　清石印本
一冊

320000－1610－0000661　1624
六朝文絜箋注十二卷　（清）許槤評選　（清）
黎經誥箋注　清上海朝記書莊石印本　四冊

320000－1610－0000662　1986
六朝文絜箋注十二卷　（清）許槤輯　清光緒
二十四年（1898）宏文閣石印本　二冊

320000－1610－0000663　451
六朝文絜四卷　（清）許槤評選　清光緒三年
（1877）刻本　四冊

320000－1610－0000664　452
六朝文絜四卷　（清）許槤評選　清光緒三年
（1877）刻本　一冊

320000－1610－0000665　253
六書分類十二卷　（清）傅世垚輯　清聽松閣
刻本　十一冊

320000 – 1610 – 0000666　255

六書通十卷　（清）畢弘述篆訂　清光緒四年
(1878)繡谷三徐堂刻本　五冊

320000 – 1610 – 0000667　954

六書通十卷　（清）畢弘述篆訂　清光緒十九
年(1893)上海校經山房石印本　五冊

320000 – 1610 – 0000668　247

六書音均表五卷　（清）段玉裁撰　清同治十
一年(1872)刻本　二冊

320000 – 1610 – 0000669　723

陋軒詩六卷　（清）吳嘉紀著　清康熙七年
(1668)刻本　一冊　存三卷(四至六)

320000 – 1610 – 0000671　722

繡塘集一卷　（清）顧貞觀撰　清光緒七年
(1881)刻本　一冊

320000 – 1610 – 0000672　344

陸清獻公莅嘉遺跡三卷　（清）黃維玉輯　清
同治六年(1867)刻本　二冊

320000 – 1610 – 0000673　685

菉友臆說一卷　（清）王筠撰　清光緒二十一
年(1895)刻本　一冊

320000 – 1610 – 0000674　356

路史前紀節讀十卷　（清）廖文錦節訂　清光
緒二十七年(1901)刻本　四冊

320000 – 1610 – 0000675　104

呂氏春秋二十六卷附考一卷　（漢）高誘注
（清）畢沅輯校　清光緒元年(1875)浙江書局
刻本　六冊

320000 – 1610 – 0000676　2421

律呂解注二卷　（明）鄧文憲撰　明刻本
一冊

320000 – 1610 – 0000677　2096

綠秋草堂詞一卷　（清）顧翰撰　玉山堂詞一
卷　（清）汪度撰　崇睦山房詞一卷　（清）汪
全德撰　過雲精舍詞二卷　（清）楊夒生撰
碧梧山館詞二卷　（清）汪世泰撰　清光緒十
八年(1892)鉛印本　一冊

320000 – 1610 – 0000678　707

綠珠傳一卷　（□）□□　梅花字字香二卷
(元)郭豫亨撰　霜猿集一卷　（明）周同谷撰
　　清刻本　一冊

320000 – 1610 – 0000679　2118

論學續編不分卷　（清）來恩普等撰　清石印
本　一冊

320000 – 1610 – 0000680　149

論語話解十卷　（清）陳濬撰　清石印本　一
冊　存一卷(六)

320000 – 1610 – 0000681　148 – 2

論語十卷　（宋）朱熹集注　清刻本　三冊
存三卷(二至四)

320000 – 1610 – 0000682　3172

論語十卷　（宋）朱熹注　清刻本　一冊　存
一卷(一)

320000 – 1610 – 0000683　148

論語十卷　（宋）朱熹集注　清刻本　二冊

320000 – 1610 – 0000685　404

洛陽伽藍記五卷　（北魏）楊衒之撰　集證一
卷　（清）吳若準撰　清道光十四年(1834)錢
塘吳氏刻本　一冊

320000 – 1610 – 0000686　1906

脈經十卷　（晉）王叔和撰　清上海文瑞樓石
印本　六冊

320000 – 1610 – 0000687　1907

脈經十卷　（晉）王叔和撰　清上海文瑞樓石
印本　六冊

320000 – 1610 – 0000688　360

蠻書十卷　（唐）樊綽撰　清光緒刻漸西村舍
彙刊本　一冊

320000 – 1610 – 0000689　2069

曼盦壺盧銘一卷　（清）葉金壽著　（清）郭傳
璞注　清光緒五年(1879)刻本　一冊

320000 – 1610 – 0000690　2410

曼殊上人詩集選鈔不分卷　題(清)若思老人
訂　清光緒十四年(1888)抄本　一冊

320000－1610－0000691　2221－1

毛詩註疏八卷并校勘記八卷　（清）阮元輯
清光緒二十四年(1898)點石齋石印本　四冊

320000－1610－0000692　1794

泖東草堂筆記二十卷　（清）沈宗祉撰　清宣
統二年(1910)鉛印本　四冊

320000－1610－0000693　69

紾花盦詩二卷　（清）葉廷琯撰　清光緒刻本
一冊　存一卷(二)

320000－1610－0000694　585

眉綠樓詞八卷　（清）顧文彬撰　清光緒十年
(1884)刻本　四冊

320000－1610－0000695　2293

美國水師考一卷　（英國)巴那比　（美國)克
理撰　（英國)傅蘭雅譯　（清)鍾天緯譯　清
光緒十二年(1886)石印本　一冊

320000－1610－0000696　1783

孟浩然集四卷　（唐)孟浩然撰　清光緒十年
(1884)上海同文書局石印本　二冊

320000－1610－0000697　1783－1

孟浩然集四卷　（唐)孟浩然撰　清光緒十年
(1884)上海同文書局石印本　一冊　存二卷
(三至四)

320000－1610－0000698　163

孟子七卷　（宋)朱熹集注　清刻本　一冊
存一卷(四)

320000－1610－0000699　2221－3

孟子註疏四卷并校勘記四卷　（清)阮元輯
清光緒二十四年(1898)點石齋石印本　二冊

320000－1610－0000700　2337

妙法蓮華經七卷　（後秦)釋鳩摩羅什譯　清
同治十年(1871)金陵刻經處刻本　三冊

320000－1610－0000701　1634

名賢手札不分卷　（清)郭慶藩輯　清光緒十
一年(1885)上海同文書局石印本　四冊

320000－1610－0000702　473

明季北略二十四卷　（清)計六奇輯　清刻本

十二冊

320000－1610－0000703　315

明紀六十卷　（清）陳鶴撰　清同治十年
(1871)江蘇書局刻本　二十冊

320000－1610－0000704　46

明詩別裁集十二卷　（清)沈德潛　（清)周準
輯　清乾隆二十五年(1760)樊桐山房刻本
四冊

320000－1610－0000705　902

明史三百三十二卷　（清)張廷玉等撰　清光
緒二十八年(1902)上海文瀾書局石印本　十
四冊

320000－1610－0000706　2092

明夷待訪錄一卷　（清)黃宗羲撰　清光緒二
十三年(1897)上海鴻文書局石印本　一冊

320000－1610－0000707　1793

茗柯文四編五卷　（清)張惠言撰　清宣統三
年(1911)掃葉山房石印本　二冊

320000－1610－0000708　291

繆氏考古錄二卷　繆荃孫撰　清刻本　一冊
存一卷(一)

320000－1610－0000709　566

繆氏考古錄二卷　繆荃孫撰　清刻本　一冊
存一卷(二)

320000－1610－0000710　243

繆篆分韻五卷補一卷　（清)桂馥撰　清嘉慶
元年(1796)姚氏思進齋刻本　二冊

320000－1610－0000711　305

莫愁湖志六卷　（清)馬士圖撰　清光緒十七
年(1891)刻本　一冊　存二卷(五至六)

320000－1610－0000712　26

墨池編二十卷　（宋)朱長文撰　清康熙五十
一年(1712)長洲朱氏就閒堂刻本　九冊

320000－1610－0000713　627

墨壽閣詞鈔一卷續鈔一卷　（清)汪承慶撰
清光緒二十八年(1902)山陽刻本　一冊

320000 – 1610 – 0000714　1923

墨子閒詁十五卷附錄一卷墨子後語二卷
（清）孫詒讓撰　清光緒三十三年（1907）上海
掃葉山房石印本　八冊

320000 – 1610 – 0000715　2590

墨子經說解二卷　（清）張惠言撰　清宣統元
年（1909）石印本　一冊

320000 – 1610 – 0000716　3443

牟子一卷　（漢）牟融撰　古今注三卷　（晉）
崔豹撰　清光緒元年（1875）崇文書局刻子書
百家本　一冊

320000 – 1610 – 0000717　672

納蘭詞五卷補遺一卷　（清）納蘭性德撰　清
刻本　一冊　缺二卷（一至二）

320000 – 1610 – 0000718　442

南漘楛語八卷　（清）蔣超伯輯　清同治十年
（1871）兩鶱山房刻本　二冊

320000 – 1610 – 0000719　989

南渡錄四卷　（宋）辛棄疾撰　清光緒六年
（1880）刻本　二冊

320000 – 1610 – 0000720　2164

南渡錄四卷　（宋）辛棄疾撰　清刻本　一冊
　存二卷（三至四）

320000 – 1610 – 0000721　3097

南陵無雙譜一卷　（清）金史繪　清光緒十二
年（1886）石印本　一冊

320000 – 1610 – 0000722　893

南齊書五十九卷　（南朝梁）蕭子顯撰　清光
緒二十八年（1902）上海文瀾書局石印本
二冊

320000 – 1610 – 0000723　874

南史八十卷　（唐）李延壽撰　清光緒二十八
年（1902）上海文瀾書局石印本　四冊

320000 – 1610 – 0000724　904

南史八十卷　（唐）李延壽撰　清末鉛印本
二冊　存八卷（三十至三十三、五十二至五十
五）

320000 – 1610 – 0000725　386

南天痕二十六卷附錄一卷　（清）凌雪纂　清
宣統二年（1910）復古社鉛印本　六冊

320000 – 1610 – 0000726　2381

南無大悲觀世音菩薩一卷　（□）□□撰　清
刻本　一冊

320000 – 1610 – 0000727　530

農政全書六十卷　（明）徐光啟撰　清刻本
十五冊　缺三卷（五十八至六十）

320000 – 1610 – 0000728　3073

隨園女弟子詩六卷　（清）袁枚輯　清光緒十
八年（1892）著易堂石印本　一冊

320000 – 1610 – 0000729　390

盤亭小錄一卷　（清）劉銘傳撰　清同治十二
年（1873）刻本　一冊

320000 – 1610 – 0000730　636

盤珠詞一卷　（清）莊蓮佩著　清咸豐十一年
（1861）鉛印本　一冊

320000 – 1610 – 0000731　2546

滂喜齋叢書四函五十四種　（清）潘祖蔭輯
清同治、光緒吳縣潘氏京師刻本　十二冊
存二十五種（虞氏易消息圖說初稿一卷、大誓
答問一卷、求古錄禮說補遺一卷、公羊逸禮攷
徵一卷、京畿金石考二卷、橋西雜記一卷、惠
西先生遺稿一卷、張文節公遺集二卷、亢藝堂
集三卷、卦本圖攷一卷、尚書序錄一卷、春秋
左氏古義一卷、玉井山館筆記一卷、宋四家詞
選一卷、癸酉消夏詩一卷、別雅訂五卷、許印
林遺著、鈕匪石日記、炳燭室雜文、天馬山房
詩鈔別錄、徐元歎先生殘稿、棫花盦詩、劉貴
陽說經殘稿一卷、劉氏遺箸一卷、寶鐵齋金石
文跋尾三卷）

320000 – 1610 – 0000732　923

佩文韻府一百〇六卷　（清）張玉書　（清）蔡
升元等輯　韻府拾遺一百〇六卷　（清）汪灝
（清）何焯輯　清光緒十二年（1886）石印本
六十冊

320000 – 1610 – 0000733　924

佩文韻府一百〇六卷　（清）張玉書　（清）蔡
升元等輯　韻府拾遺一百〇六卷　（清）汪灝
（清）何焯輯　清光緒十八年（1892）上海同
文書局石印本　五十八冊

320000－1610－0000734　925
佩文韻府一百〇六卷　（清）張玉書　（清）蔡
升元等輯　韻府拾遺一百〇六卷　（清）汪灝
（清）何焯輯　清光緒二十年（1894）上海點
石齋石印本　六十冊

320000－1610－0000735　2594
癖泉臆說六卷　（清）高煥文撰　清光緒三十
四年（1908）石印本　一冊

320000－1610－0000736　646
片玉詞二卷　（宋）周邦彥撰　斷腸詞一卷
（宋）朱淑真著　清光緒十三年（1887）刻本
一冊

320000－1610－0000737　2248
騙術奇談四卷　（清）雷君曜撰　清石印本
一冊　存一卷（三）

320000－1610－0000738　477
平治會萃三卷　（元）朱震亨撰　明刻本
一冊

320000－1610－0000739　499
洴澼百金方十四卷　（清）袁宮桂編　清刻本
一冊　存三卷（八至十）

320000－1610－0000740　855
洴澼百金方十四卷　（清）袁宮桂編　清刻本
四冊　存四卷（十一至十四）

320000－1610－0000741　664
瓶廬詩鈔六卷　（清）翁同龢著　清末常熟開
文社鉛印本　二冊

320000－1610－0000742　794
瓶水齋詩集十六卷詩別集二卷　（清）舒位撰
清光緒十二年（1886）刻本　六冊

320000－1610－0000743　794－1
瓶水齋詩集十七卷　（清）舒位撰　清光緒十
二年（1886）刻本　七冊

320000－1610－0000744　947
評點春秋左傳綱目句解彙雋六卷　（清）韓葵
重訂　清鑄記書局石印本　四冊　存四卷
（三至六）

320000－1610－0000745　753
評注才子古文十六卷　（清）金聖歎輯　（清）
王之績評注　清刻本　八冊

320000－1610－0000746　825
莆陽黃御史集一卷別錄一卷附錄一卷　（唐）
黃滔撰　清光緒十年（1884）福山王氏天壤閣
刻本　二冊

320000－1610－0000747　400
葡萄牙國條款一卷　（清）□□撰　清光緒十
三年（1887）刻本　一冊

320000－1610－0000748　2126
普通新歷史十卷　普通學書室編　清光緒三
十二年（1906）上海商務印書館鉛印本　一冊

320000－1610－0000749　515
曝書亭集八十卷附錄一卷　（清）朱彝尊撰
清光緒十五年（1889）會稽陶闓刻本　十四冊

320000－1610－0000750　3055
七佛偈不分卷　（宋）黃庭堅書　清拓本
一冊

320000－1610－0000751　2595
七國象棋局一卷　（宋）司馬光撰　清光緒三
十二年（1906）長沙葉氏刻本　一冊

320000－1610－0000752　1771
七家詩輯註彙鈔八卷　（清）張熙宇　（清）王
植桂輯　清同治九年（1870）刻本　七冊

320000－1610－0000753　2027
七家詩輯註彙鈔八卷　（清）張熙宇輯評　清
同治九年（1870）京師琉璃廠刻本　八冊

320000－1610－0000754　111
七經孟子考文並補遺二百卷　（日本）山井鼎
輯　（日本）物觀補遺　清嘉慶二年（1797）阮
氏小琅環僊館刻本　十六冊　缺一卷（春秋
左傳注疏十一）

320000－1610－0000755　609

七月窳作一卷　（清）李詳撰　清光緒三十二年(1906)活字印本　一冊

320000－1610－0000756　626

棲香閣詞二卷　（清）顧文婉著　清宣統二年(1910)刻本　一冊

320000－1610－0000757　3401

齊氏醫案崇正辨訛六卷　（清）齊秉慧纂　清刻本　一冊　存一卷(六)

320000－1610－0000758　2272

汽機必以十二卷首一卷附一卷　（英國）蒲而捺撰　（英國）傅蘭雅口譯　（清）徐建寅筆述　清刻本　六冊

320000－1610－0000759　2272－1

汽機必以十二卷首一卷附一卷　（英國）蒲而捺撰　（英國）傅蘭雅口譯　（清）徐建寅筆述　清刻本　六冊

320000－1610－0000760　2319

汽機必以十二卷首一卷附一卷　（英國）蒲而捺撰　（英國）傅蘭雅口譯　（清）徐建寅筆述　清刻本　六冊

320000－1610－0000761　2319－1

汽機發軔九卷表一卷　（英國）美以納　（英國）白勞納撰　（英國）偉烈口譯　（清）徐壽筆述　清刻本　四冊

320000－1610－0000762　2319－2

汽機新制八卷　（英國）白爾格撰　（英國）傅蘭雅口譯　（清）徐建寅筆述　清刻本　二冊

320000－1610－0000763　2319－3

汽機新制八卷　（英國）白爾格撰　（英國）傅蘭雅口譯　（清）徐建寅筆述　清刻本　二冊

320000－1610－0000764　2309－1

器象顯真四卷　（英國）白力蓋撰　（英國）傅蘭雅口譯　（清）徐建寅刪述　清刻本　二冊

320000－1610－0000765　2309

器象顯真四卷圖一卷　（英國）白力蓋撰　（英國）傅蘭雅口譯　（清）徐建寅刪述　清刻本　三冊

320000－1610－0000766　899

前漢書一百卷　（漢）班固撰　（唐）顏師古注　清光緒二十八年(1902)上海文瀾書局石印本　六冊

320000－1610－0000767　780

錢牧齋文鈔不分卷　（清）錢謙益撰　清宣統元年(1909)鉛印本　四冊

320000－1610－0000768　493

錢氏小兒藥證直訣三卷　（宋）錢乙撰　坿方一卷　（宋）閻孝忠集　清起秀堂刻本　二冊

320000－1610－0000769　274

錢塘懷古詩一卷和作一卷　（清）王德璘（清）吳鎮著　褚堂間史考證一卷附錄一卷（清）趙一清撰　校勘記一卷　孫鏘撰　清光緒錢塘丁氏嘉惠堂刻武林掌故叢編本　一冊

320000－1610－0000770　48

黔書二卷　（清）田雯撰　清康熙三十年(1691)刻本　四冊

320000－1610－0000771　786

槍法準繩一卷　（清）吳大澂撰　清鉛印本　一冊

320000－1610－0000772　674

篋中詞六卷續四卷　（清）譚獻錄　清光緒八年(1882)刻本　五冊

320000－1610－0000773　671

琴清閣詞一卷　（清）楊芸撰　清光緒二十一年至二十二年(1895－1896)徐乃昌校刻本　一冊

320000－1610－0000774　269

欽定春秋左傳讀本三十卷　（清）英和等撰清同治八年(1869)江蘇書局刻本　十冊

320000－1610－0000775　976

欽定大清會典一百卷　（清）文保　（清）朱蘭泰等纂修　清光緒二十七年(1901)上海文林石印本　六冊　缺二十卷(十九至三十八)

320000－1610－0000776　354

欽定金史語解十二卷　（清）高宗弘曆撰　清
光緒四年(1878)江蘇書局刻本　二冊

320000－1610－0000777　85
三國志六十五卷　（晉）陳壽撰　（南朝宋）裴
松之注　清光緒十四年(1888)上海圖書集成
印書局石印本　八冊

320000－1610－0000778　107
欽定詩經傳說彙纂二十一卷　（清）王鴻緒等
撰　清同治七年(1868)刻本　十冊

320000－1610－0000779　977
欽定四庫全書簡明目錄二十卷　（清）永瑢
(清)紀昀等撰　清刻本　十二冊

320000－1610－0000780　2640
欽定四庫全書簡明目錄二十卷　（清）永瑢
(清)紀昀等撰　**四庫未收書目提要五卷**
(清)阮元撰　清光緒十四年(1888)上海漱六
山莊石印本　十二冊

320000－1610－0000781　2036
欽定四庫全書總目二百卷　（清）紀昀等撰
清光緒二十三年(1897)上海書局石印本　十
一冊　存一百二十一卷(七至一百二十七)

320000－1610－0000782　864
欽定續通典一百五十卷　（清）嵇璜　（清）曹
仁虎　（清）陸伯焜等纂　清光緒二十七年
(1901)上海圖書集成局鉛印本　十四冊

320000－1610－0000783　856
欽定續通志六百四十卷　（清）嵇璜　（清）曹
仁虎　（清）陸伯焜等纂　清光緒二十七年
(1901)上海圖書集成局鉛印本　六十冊

320000－1610－0000784　862
欽定續文獻通考二百五十卷　（清）嵇璜
(清)曹仁虎　（清）陸伯焜等纂　清光緒二十
七年(1901)上海圖書集成局鉛印本　三十
五冊

320000－1610－0000785　355
欽定元史語解二十四卷　（清）高宗弘曆敕撰
清光緒四年(1878)刻本　六冊

320000－1610－0000786　525
欽定子史精華一百六十卷　（清）允祿　（清）
允禮修　（清）吳襄等纂　清雍正五年(1727)
刻本　三十冊

320000－1610－0000787　2578
青在堂梅菊竹譜三卷　（清）沈心友輯　（清）
王質　（清）諸升繪　（清）王概等編　清乾隆
四十七年(1782)彩色套印本　三冊

320000－1610－0000788　1
清閟閣全集十二卷　（元）倪瓚撰　清康熙五
十二年(1713)曹氏城書室刻本　四冊

320000－1610－0000789　68
清波三志三卷　（清）陳景鐘撰　清刻本　一
冊　存一卷(二)

320000－1610－0000790　2024
清河書畫舫十二卷　（明）張丑撰　清光緒八
年(1882)池北草堂刻本　十二冊

320000－1610－0000791　746
清暉閣贈貽尺牘二卷　（清）王翬撰　清宣統
三年(1911)鉛印本　一冊

320000－1610－0000792　526
清暉贈言十卷　（清）徐永宣編　清道光十六
年(1836)刻本　四冊

320000－1610－0000793　2208
清綺軒詞選十三卷　（清）夏秉衡輯　清乾隆
十六年(1751)刻本　六冊

320000－1610－0000794　280
清刑律草案不分卷　（清）陳啟泰撰　清宣統
元年(1909)石印本　二冊

320000－1610－0000795　382
清儀閣題跋不分卷　（清）張廷濟撰　清光緒
刻本　四冊

320000－1610－0000796　56
清儀閣雜詠一卷　（清）張廷濟撰　清道光十
九年(1839)刻本　一冊

320000－1610－0000797　752
湘真閣詩集四卷　（清）史紹聞輯　清咸豐七

年(1857)陽羨永善堂刻本　二冊

320000－1610－0000798　853

秋浦雙忠錄四十卷　劉世珩輯　清光緒二十
六年(1900)刻本　一冊　存二十八卷(一至
二十八)

320000－1610－0000799　602

秋水集四卷詩餘一卷　(清)嚴繩孫撰　**青梧
集一卷**　(清)嚴泓曾撰　清康熙雨青草堂刻
本　一冊

320000－1610－0000800　258

求知齋經解試藝一卷　(清)金穀元撰　清光
緒刻本　一冊

320000－1610－0000801　823

求志堂存槀彙編八種　(清)周濟撰　清光緒
十八年(1892)刻本　六冊

320000－1610－0000802　725

屈原賦一卷　(戰國)屈原撰　清光緒十六年
(1890)退想齋石印本　一冊

320000－1610－0000803　754

屈子章句七卷　(清)劉夢鵬著　清乾隆五十
四年(1789)刻本　一冊　存四卷(一至四)

320000－1610－0000804　1630

全唐詩話六卷　(宋)尤袤撰　清宣統三年
(1911)三樂堂石印本　六冊

320000－1610－0000805　798

全浙詩話五十四卷　(清)陶元藻輯　清嘉慶
元年(1796)怡雲閣刻本　二十九冊　缺五卷
(十五至十九)

320000－1610－0000806　43

泉志十五卷　(宋)洪遵撰　明末刻本　二冊

320000－1610－0000807　2239

勸學篇二卷　(清)張之洞撰　清光緒二十四
年(1898)兩湖書院鉛印本　一冊

320000－1610－0000808　2239－1

勸學篇二卷　(清)張之洞撰　清光緒二十四
年(1899)兩湖書院鉛印本　一冊

320000－1610－0000809　29

卻掃編三卷　(宋)徐度撰　**誠齋襟記二卷**
(元)林坤輯　明末毛氏汲古閣刻津逮祕書本
二冊

320000－1610－0000810　597

確庵先生詩鈔八卷　(清)陳瑚撰　(清)葉裕
仁編　清光緒二年(1876)安道書院刻本
二冊

320000－1610－0000811　597－1

確庵先生詩鈔八卷　(清)陳瑚撰　(清)葉裕
仁編　清光緒二年(1876)安道書院刻本
二冊

320000－1610－0000812　433

確庵先生文鈔六卷　(清)陳瑚撰　(清)葉裕
仁編　清同治九年(1870)安道書院刻本
二冊

320000－1610－0000813　573

羣學肄言十六卷　(英國)斯賓賽爾著　嚴復
譯　清光緒二十九年(1903)鉛印本　四冊

320000－1610－0000814　439

二如亭群芳譜三十卷　(明)王象晉纂輯
(明)毛晉校正　明末刻本　十六冊

320000－1610－0000815　2186

仁在堂時藝詩賦全集十七卷　(清)路德輯
清武林清來堂刻本　二十二冊

320000－1610－0000816　2226

壬寅直省闈藝十卷　(清)□□撰　清石印本
二冊　存二卷(五、七)

320000－1610－0000817　2104

任兆麟述記三卷　(清)任兆麟撰　清遂古堂
石印本　一冊

320000－1610－0000818　1002

日本國志四十卷　(清)黃遵憲纂　清光緒二
十七年(1901)上海書局石印本　四冊

320000－1610－0000819　1002－1

日本國志四十卷　(清)黃遵憲纂　清光緒二
十七年(1901)上海書局石印本　十冊

320000 – 1610 – 0000820　70

日本國志四十卷首一卷　（清）黃遵憲編纂
清光緒二十四年(1898)浙江書局刻本　十冊

320000 – 1610 – 0000821　377

日知錄集釋三十二卷刊誤二卷續刊誤二卷
（清）黃汝成集釋　清道光十四年(1834)刻本
　五冊　缺十六卷(一至十六)

320000 – 1610 – 0000822　797

日知錄三十二卷　（清）顧炎武撰　清同治十
一年(1872)湖北崇文書局刻本　十一冊　缺
十卷(十七至二十六)

320000 – 1610 – 0000823　457

日知錄之餘四卷　（清）顧炎武撰　清宣統二
年(1910)刻本　一冊

320000 – 1610 – 0000824　2194

日知錄集釋三十二卷刊誤二卷續刊誤二卷
（清）黃汝成集釋　清光緒十三年(1887)石印
本　四冊

320000 – 1610 – 0000825　2403

容甫先生遺詩五卷補遺一卷附錄一卷　（清）
汪中撰　清光緒十一年(1885)述古齋活字印
本　一冊

320000 – 1610 – 0000826　2236

蓉湖春色四卷　（清）安拙生撰　清光緒十一
年(1885)刻本　二冊

320000 – 1610 – 0000827　1915 – 2

儒門事親十五卷　（金）張子和著　清宣統二
年(1910)石印本　六冊

320000 – 1610 – 0000828　2114

三才略三卷　（清）蔣德鈞輯　清光緒十四年
(1888)刻本　一冊

320000 – 1610 – 0000829　2114 – 1

三才略三卷　（清）蔣德鈞輯　清光緒三十一
年(1905)上海書局石印本　一冊

320000 – 1610 – 0000830　2231

三才略四卷　（清）蔣德鈞輯　清光緒八年
(1882)維揚文富堂刻本　一冊　缺一卷(讀

史論略)

320000 – 1610 – 0000831　2135

三國紀年表一卷　（清）周嘉猷撰　清光緒六
年(1880)刻本　一冊

320000 – 1610 – 0000832　892

三國志六十五卷　（晉）陳壽撰　（南朝宋）裴
松之注　清光緒二十八年(1902)上海文瀾書
局石印本　二冊

320000 – 1610 – 0000833　1898

三家醫案合刻三卷　（清）吳金壽纂　清光緒
二十七年(1901)上海漢讀樓石印本　一冊

320000 – 1610 – 0000834　3084

三蕉餘話二卷　（清）陶丙壽撰　清光緒十三
年(1887)石印本　一冊　存一卷(一)

320000 – 1610 – 0000835　2323

三角新理三卷整句股釋術一卷　（清）陳志堅
撰　清刻本　一冊

320000 – 1610 – 0000836　2323 – 1

三角新理三卷整句股釋術一卷　（清）陳志堅
撰　清刻本　一冊

320000 – 1610 – 0000837　2323 – 2

三角新理三卷整句股釋術一卷　（清）陳志堅
撰　清刻本　一冊

320000 – 1610 – 0000838　2323 – 3

三角新理三卷整句股釋術一卷　（清）陳志堅
撰　清刻本　一冊

320000 – 1610 – 0000839　2323 – 4

三角新理三卷整句股釋術一卷　（清）陳志堅
撰　清刻本　一冊

320000 – 1610 – 0000840　2323 – 5

三角新理三卷整句股釋術一卷　（清）陳志堅
撰　清刻本　一冊

320000 – 1610 – 0000841　2323 – 6

三角新理三卷整句股釋術一卷　（清）陳志堅
撰　清刻本　一冊

320000 – 1610 – 0000842　2323 – 7

三角新理三卷整句股釋術一卷　（清）陳志堅
撰　清刻本　一冊

320000 – 1610 – 0000843　2323 – 8
三角新理三卷整句股釋術一卷　（清）陳志堅
撰　清刻本　一冊

320000 – 1610 – 0000844　2323 – 9
三角新理三卷整句股釋術一卷　（清）陳志堅
撰　清刻本　一冊

320000 – 1610 – 0000845　2323 – 10
三角新理三卷整句股釋術一卷　（清）陳志堅
撰　清刻本　一冊

320000 – 1610 – 0000846　2323 – 11
三角新理三卷整句股釋術一卷　（清）陳志堅
撰　清刻本　一冊

320000 – 1610 – 0000847　2323 – 12
三角新理三卷整句股釋術一卷　（清）陳志堅
撰　清刻本　一冊

320000 – 1610 – 0000848　2323 – 13
三角新理三卷整句股釋術一卷　（清）陳志堅
撰　清刻本　一冊

320000 – 1610 – 0000849　2323 – 14
三角新理三卷整句股釋術一卷　（清）陳志堅
撰　清刻本　一冊

320000 – 1610 – 0000850　2323 – 15
三角新理三卷整句股釋術一卷　（清）陳志堅
撰　清刻本　一冊

320000 – 1610 – 0000851　2323 – 16
三角新理三卷整句股釋術一卷　（清）陳志堅
撰　清刻本　一冊

320000 – 1610 – 0000852　2323 – 18
三角新理三卷整句股釋術一卷　（清）陳志堅
撰　清刻本　一冊

320000 – 1610 – 0000853　2323 – 19
三角新理三卷整句股釋術一卷　（清）陳志堅
撰　清刻本　一冊

320000 – 1610 – 0000854　2323 – 20

三角新理三卷整句股釋術一卷　（清）陳志堅
撰　清刻本　一冊

320000 – 1610 – 0000855　2323 – 21
三角新理三卷整句股釋術一卷　（清）陳志堅
撰　清刻本　一冊

320000 – 1610 – 0000856　2323 – 22
三角新理三卷整句股釋術一卷　（清）陳志堅
撰　清刻本　一冊

320000 – 1610 – 0000857　2323 – 23
三角新理三卷整句股釋術一卷　（清）陳志堅
撰　清刻本　一冊

320000 – 1610 – 0000858　2323 – 24
三角新理三卷整句股釋術一卷　（清）陳志堅
撰　清刻本　一冊

320000 – 1610 – 0000859　2323 – 25
三角新理三卷整句股釋術一卷　（清）陳志堅
撰　清刻本　一冊

320000 – 1610 – 0000860　2323 – 17
三角新理三卷整句股釋術一卷　（清）陳志堅
撰　清刻本　一冊

320000 – 1610 – 0000861　571
三閒彙考六卷　（清）屈見復纂輯　清道光二
十八年（1848）鉛印本　一冊　缺二卷（五至
六）

320000 – 1610 – 0000862　571 – 1
三閒彙考六卷　（清）屈見復纂輯　清道光二
十八年（1848）鉛印本　一冊　缺二卷（五至
六）

320000 – 1610 – 0000863　3162
三魚堂文集十二卷外集六卷附錄一卷　（清）
陸隴其撰　清康熙刻本　六冊

320000 – 1610 – 0000864　1937
三字經一卷　（□）□□撰　清石印本　一冊

320000 – 1610 – 0000865　409
三字經注解備要不分卷　（宋）王應麟撰
（清）賀興思注解　清光緒二十五年（1899）上
海掃葉山房石印本　一冊

320000 – 1610 – 0000866　3381

痧症全書三卷　（清）林森撰　（清）王凱輯
清道光元年(1821)刻本　一冊

320000 – 1610 – 0000867　505

山谷內集注二十卷外集注十七卷別集注二卷
　（宋）黃庭堅撰　（宋）任淵等注　清光緒二
十一年(1895)刻本　十冊

320000 – 1610 – 0000868　38

山海經十八卷　（晉）郭璞傳　清乾隆天都黃
晟槐蔭草堂刻本　二冊

320000 – 1610 – 0000869　591

山中白雲詞八卷　（宋）張炎撰　清光緒八年
(1882)娛園刻本　二冊

320000 – 1610 – 0000870　732

山中白雲詞八卷　（宋）張炎撰　清憶雲樓刻
本　二冊

320000 – 1610 – 0000871　3445

商子五卷　（□）□□撰　清光緒元年(1875)
崇文書局刻本　一冊

320000 – 1610 – 0000872　3374

傷寒明理論四卷　（金）成無己撰　清光緒刻
本　一冊

320000 – 1610 – 0000873　2232

傷寒舌鑑二卷　（清）張登纂　清光緒三年
(1877)刻本　二冊

320000 – 1610 – 0000874　1878

傷寒總病論六卷　（宋）龐安時撰　清道光三
年(1823)士禮居影宋刻本　一冊　存三卷
(一至三)

320000 – 1610 – 0000875　438

尚書離句六卷　（清）錢在培撰　清雍正八年
(1730)刻本　二冊　缺二卷(五至六)

320000 – 1610 – 0000876　2221

尚書註疏二十卷并校勘記二十卷　（清）阮元
輯　清光緒二十四年(1898)點石齋石印本
一冊　存三卷(尚書註疏一至三)

320000 – 1610 – 0000877　2224

尚友錄二十二卷　（明）廖用賢編輯　（清）張
伯琮補輯　清光緒十四年(1888)著易堂刻本
六冊

320000 – 1610 – 0000878　2224 – 1

尚友錄二十二卷　（明）廖用賢編輯　（清）張
伯琮補輯　清上海淞隱閣石印本　十二冊

320000 – 1610 – 0000879　2224 – 2

尚友錄二十二卷補遺二十二卷　（明）廖用賢
編輯　（清）張伯琮補輯　清光緒十四年
(1888)上海點石齋石印本　三冊　缺十一卷
(補遺一至十一)

320000 – 1610 – 0000880　2193

少岳賦草箋注四卷　（清）夏思沺著　（清）姜
兆蘭釋　清光緒十年(1884)刻本　四冊

320000 – 1610 – 0000881　2400

射聲小譜一卷　（清）程定謨編　清光緒四年
(1878)刻本　一冊

320000 – 1610 – 0000882　53

庾子山集十六卷　（北周）庾信撰　（清）倪璠
注釋　清刻本　一冊　存一卷(一)

320000 – 1610 – 0000883　638

麝塵蓮寸集四卷　（清）汪淵撰　清刻本　一
冊　存二卷(三至四)

320000 – 1610 – 0000884　16

申鑒五卷　（漢）荀悅撰　（明）黃省曾注　明
嘉靖文始堂刻本　二冊

320000 – 1610 – 0000885　338

神州古史考一卷　（清）倪璠撰　清光緒十五
年(1889)刻本　一冊

320000 – 1610 – 0000886　1867 – 2

沈氏尊生書六卷　（清）沈金鰲撰　清宣統元
年(1909)石印本　一冊

320000 – 1610 – 0000887　1867 – 3

沈氏尊生書六卷　（清）沈金鰲撰　清宣統元
年(1909)石印本　一冊

320000 – 1610 – 0000888　1867

沈氏尊生書三十卷　（清）沈金鰲撰　清宣統

元年(1909)石印本　十册

320000 – 1610 – 0000889　1867 – 4
沈氏尊生書十卷　(清)沈金鰲撰　清宣統元
年(1909)石印本　二册

320000 – 1610 – 0000890　1867 – 1
沈氏尊生書十六卷　(清)沈金鰲撰　清宣統
元年(1909)石印本　六册

320000 – 1610 – 0000891　67
沈四山人詩錄六卷附錄一卷　(清)沈謹學撰
　　吳郡金石目一卷　(清)程祖慶撰　清光緒
三年(1877)八喜齋刻本　一册

320000 – 1610 – 0000892　488
慎疾芻言一卷　(清)徐大椿著　清光緒元年
(1875)刻本　一册

320000 – 1610 – 0000893　241
聲類四卷　(清)錢大昕撰　清道光五年
(1825)文學山房活字印本　四册

320000 – 1610 – 0000894　2307
聲學八卷　(英國)田大里著　(英國)傅蘭雅
口譯　(清)徐建寅筆述　清刻本　二册

320000 – 1610 – 0000895　2307 – 1
聲學八卷　(英國)田大里著　(英國)傅蘭雅
口譯　(清)徐建寅筆述　清刻本　二册

320000 – 1610 – 0000896　2307 – 2
聲學八卷　(英國)田大里著　(英國)傅蘭雅
口譯　(清)徐建寅筆述　清刻本　二册

320000 – 1610 – 0000897　346
盛京通志四十八卷　(清)呂耀曾等修　(清)
魏樞纂　清乾隆元年(1736)刻本　二十三册
　　缺五卷(二十三至二十五、三十四至三十
五)

320000 – 1610 – 0000898　2599
聖門樂志一卷　(清)孔尚任撰　清光緒十三
年(1887)刻本　一册

320000 – 1610 – 0000899　1927
聖武記十四卷　(清)魏源撰　清和記書莊鉛
印本　六册

320000 – 1610 – 0000900　3121
施注蘇詩四十二卷續補遺二卷年譜一卷總目
三卷　(宋)施元之注　(清)邵長蘅補注　清
康熙二十九年(1690)刻本　十二册

320000 – 1610 – 0000901　142
詩經八卷　(宋)朱熹集傳　清刻本　一册
存二卷(四至五)

320000 – 1610 – 0000902　142 – 2
詩經八卷　(宋)朱熹集傳　清上海鑄記書局
石印本　一册

320000 – 1610 – 0000903　121
詩經八卷序辯一卷　(宋)朱熹集傳　清刻本
　八册　缺一卷(一)

320000 – 1610 – 0000904　2207
詩經備旨八卷　(清)鄒聖脈纂輯　清東都樂
善堂刻本　二册

320000 – 1610 – 0000905　142 – 1
詩經讀本五卷　(宋)朱熹集傳　清宣統二年
(1910)石印本　二册　缺二卷(一至二)

320000 – 1610 – 0000906　143
詩經二十卷　(漢)鄭玄箋　(明)金蟠訂　清
永懷堂刻本　三册

320000 – 1610 – 0000907　2576
詩品畫譜不分卷　(清)諸乃方撰　清光緒十
三年(1887)石印本　一册

320000 – 1610 – 0000908　942
詩韻合璧五卷　(清)湯文潞編　清末民國鑄
記書局石印本　五册

320000 – 1610 – 0000909　348
十七史商榷一百卷　(清)王鳴盛撰　清乾隆
五十二年(1787)刻本　十二册

320000 – 1610 – 0000910　486
十藥神書一卷　(元)葛可久編　清光緒十年
(1884)刻本　一册

320000 – 1610 – 0000911　3396
十藥神書注解一卷　(元)葛可久編　(清)陳
念祖注　(清)林壽萱韻　霍亂論二卷　(清)

王士雄述　清光緒三十二年（1906）吳閶醫學書會石印本　一冊

320000－1610－0000912　992

石經考一卷金石文字記六卷　（清）顧炎武撰　清石印本　一冊　存二卷（石經考一卷、金石文字記一）

320000－1610－0000913　793

石臼前集九卷後集七卷　（明）邢昉著　清光緒四年（1878）刻本　六冊

320000－1610－0000914　570

石林燕語十卷　（宋）葉夢得著　明刻本　一冊　存五卷（六至十）

320000－1610－0000915　383

石林奏議十五卷　（宋）葉夢得撰　清光緒十一年（1885）皕宋樓刻本　二冊

320000－1610－0000917　519

石門文字禪三十卷　（宋）釋德洪著　清刻本　二冊　存十卷（一至十）

320000－1610－0000918　1954

石墨鐫華八卷　（明）趙崡撰　清光緒八年（1882）學古齋刻本　一冊　存五卷（四至八）

320000－1610－0000919　3068

石渠隨筆八卷　（清）阮元撰　清道光刻本　二冊

320000－1610－0000920　821

石泉書屋金石題跋一卷　（清）李佐賢著　清宣統元年（1909）江浦陳氏刻本　一冊

320000－1610－0000921　1655

石笥山房文集六卷年譜一卷補遺一卷詩集十二卷詩餘一卷補遺二卷續補遺二卷　（清）胡天游著　清宣統二年（1910）國學扶輪社石印本　十冊

320000－1610－0000922　1951

識小編二卷　（清）董豐垣撰　清光緒八年（1882）學古齋刻本　一冊

320000－1610－0000923　17

史漢方駕三十五卷　（明）許相卿輯　（明）黃

省曾注　明萬曆十六年（1588）徐善循刻本　八冊

320000－1610－0000924　3163

史懷十七卷晉史懷三卷　（明）鍾惺撰　明刻本　八冊

320000－1610－0000925　2

史記索隱三十卷　（唐）司馬貞撰　明末毛氏汲古閣刻本　二冊

320000－1610－0000926　357

史記一百三十卷　（漢）司馬遷撰　（南朝宋）裴駰集解　（唐）司馬貞索隱　（唐）張守節正義　清刻本　二十冊

320000－1610－0000927　1972

史記一百三十卷　（漢）司馬遷撰　（南朝宋）裴駰集解　（唐）司馬貞索隱　（唐）張守節正義　清光緒二十八年（1902）上海文瀾書局石印本　四冊

320000－1610－0000928　331

史通通釋二十卷　（清）浦起龍撰　清翰墨園刻本　六冊

320000－1610－0000929　973

史姓韻編二十四卷　（清）汪輝祖輯　清光緒二十九年（1903）上海文瀾書局石印本　八冊

320000－1610－0000930　974

史姓韻編六十四卷　（清）汪輝祖輯　清光緒十年（1884）耕餘樓鉛印本　十六冊

320000－1610－0000931　22

史忠正公集四卷首一卷附錄一卷　（明）史可法撰　清乾隆四十二年（1777）教忠堂刻本　五冊

320000－1610－0000932　191－2

始祖光公派小傳一卷　（□）□□撰　清抄本　一冊

320000－1610－0000934　3141

士禮居藏書題跋記六卷　（清）黃丕烈撰　清光緒十年（1884）吳縣潘氏滂喜齋刻本　四冊

320000－1610－0000935　456

世說新語六卷　（南朝宋）劉義慶撰　（南朝

梁）劉孝標注　清光緒三年（1877）湖北崇文書局刻本　一冊

320000－1610－0000936　2228

試律青雲集十五卷　（清）楊逢春輯　清光緒八年（1882）刻本　一冊

320000－1610－0000937　2228－1

試律青雲集十五卷　（清）楊逢春輯　清光緒八年（1882）刻本　一冊

320000－1610－0000938　2382

釋摩訶衍論通玄鈔十六卷　（宋）釋志福撰　清刻本　一冊　存二卷（十三至十四）

320000－1610－0000939　1957

守山閣叢書一百十種　（清）錢熙祚輯　清石印本　三冊　存七種十六卷（高齋漫錄一卷、張氏可書一卷、步里客談二卷、東南紀聞三卷、觀林詩話一卷、餘師錄四卷、續世說九至十二）

320000－1610－0000940　690

摘錄書法通文便解一卷　（清）許鳳翥撰　清同治四年（1865）養心山房刻本　一冊

320000－1610－0000941　1941

書法摘要善本三卷　（清）鄭虎文輯　清嘉慶十九年（1814）清照齋刻本　一冊

320000－1610－0000942　229

書集傳六卷　（宋）蔡沈集傳　清慎詒堂刻本　二冊

320000－1610－0000943　230

書集傳六卷　（宋）蔡沈集傳　清慎詒堂刻本　四冊

320000－1610－0000944　237

書集傳六卷　（宋）蔡沈集傳　清光緒十六年（1890）刻本　六冊

320000－1610－0000945　2204

書經備旨七卷　（清）鄒聖脈纂輯　清東都樂善堂刻本　二冊

320000－1610－0000946　234

書經六卷　（宋）蔡沈撰　清揚郡片善堂惜字

公局刻本　四冊

320000－1610－0000947　227

書經二十卷　（漢）孔安國傳　清永懷堂刻本　三冊

320000－1610－0000948　2426

書目答問不分卷　（清）張之洞撰　清光緒元年（1875）刻本　一冊

320000－1610－0000949　3033

書譜不分卷　（唐）孫過庭撰　清影印本　一冊

320000－1610－0000950　3166

書影十卷　（清）周亮工撰　清刻本　六冊

320000－1610－0000951　565

述學內篇三卷外篇一卷補遺一卷別錄一卷　（清）汪中撰　清同治八年（1869）刻本　二冊

320000－1610－0000952　3484

漱玉詞一卷　（宋）李清照撰　清光緒七年（1881）四印齋刻本　一冊

320000－1610－0000953　2002

漱華隨筆四卷　（清）嚴有禧撰　清石印本　一冊

320000－1610－0000954　2322

數學理九卷附一卷　（英國）棣麼甘撰　（英國）傅蘭雅口譯　（清）趙元益筆述　清刻本　八冊

320000－1610－0000955　1875

雙梅景闇叢書十七種　葉德輝編　清光緒二十九年（1903）長沙葉氏刻本　一冊　存五種五卷（素女經一卷、素女方一卷、玉房秘訣一卷、洞玄子一卷、天地陰陽交歡大樂賦一卷）

320000－1610－0000956　303

水道提綱二十八卷　（清）齊召南輯　清光緒四年（1878）刻本　八冊

320000－1610－0000957　36

水經注四十卷　（北魏）酈道元撰　清乾隆十八年（1753）黃氏槐蔭草堂刻本　十冊

320000 - 1610 - 0000958　1955

水經注四十卷　（北魏）酈道元撰　清乾隆三十九年(1774)刻本　十二冊

320000 - 1610 - 0000959　376

水經注四十卷　（北魏）酈道元撰　（清）戴震纂修　清光緒三年(1877)湖北崇文書局刻本　十二冊

320000 - 1610 - 0000960　2117

水雲集三卷　（金）譚處端述　清光緒三十三年(1907)上海涵芬樓影印本　一冊

320000 - 1610 - 0000961　2150

說詩晬語二卷　（清）沈德潛撰　清宣統三年(1911)嘯園刻本　一冊

320000 - 1610 - 0000962　260

說文管見三卷　（清）胡秉虔撰　清刻本　一冊

320000 - 1610 - 0000963　260 - 1

說文管見三卷　（清）胡秉虔撰　清刻本　一冊

320000 - 1610 - 0000964　21

說文解字十五卷　（漢）許慎撰　（宋）徐鉉校訂　明末毛氏汲古閣刻本　八冊

320000 - 1610 - 0000965　244

說文解字十五卷　（漢）許慎撰　（宋）徐鉉校訂　清同治十三年(1874)刻本　四冊

320000 - 1610 - 0000966　270

說文解字十五卷　（漢）許慎撰　（宋）徐鉉校訂　清刻本　十二冊　缺五卷(一至四、十五)

320000 - 1610 - 0000967　926

說文解字十五卷　（漢）許慎撰　清鑄記書局石印本　四冊

320000 - 1610 - 0000968　958

說文解字通釋四十卷校勘記三卷　（五代）徐鍇撰　清光緒十四年(1888)石印本　二冊

320000 - 1610 - 0000969　245

說文解字注十五卷　（清）段玉裁撰　清嘉慶

十九年(1814)刻本　六冊　存六卷(十至十五)

320000 - 1610 - 0000970　940

說文解字篆韻譜五卷　（五代）徐鍇撰　玉篇十卷　（南朝梁）顧野王撰　清光緒十四年(1888)石印本　一冊

320000 - 1610 - 0000971　251

說文聲讀表七卷　（清）苗夔撰　清道光二十二年(1842)刻本　二冊

320000 - 1610 - 0000972　250

說文通檢十四卷首一卷末一卷　（清）黎永椿編　清光緒二年(1876)湖北崇文書局刻本　二冊

320000 - 1610 - 0000973　242

說文校議十五卷　（清）嚴可均　（清）姚文田撰　清同治十三年(1874)歸安姚氏刻本　四冊

320000 - 1610 - 0000974　252

說文逸字二卷附錄一卷　（清）鄭珍撰　清咸豐八年(1858)刻本　一冊

320000 - 1610 - 0000975　2409

說苑二十卷　（漢）劉向撰　清光緒元年(1875)刻本　四冊

320000 - 1610 - 0000976　682

司馬灋古注三卷音義一卷　（清）曹元忠注　清光緒二十年(1894)曹氏箋經室刻本　一冊

320000 - 1610 - 0000977　347

司馬温公稽古錄二十卷　（宋）司馬光撰　清刻本　四冊

320000 - 1610 - 0000978　564

思辨錄輯要二十二卷後集十三卷　（清）陸世儀著　清光緒三年(1877)江蘇書局刻本　七冊　缺三卷(後集十一至十三)

320000 - 1610 - 0000979　2278

思棠室算學餘譚二卷　（清）蔣士棟撰　清光緒十五年(1889)刻本　一冊

320000 - 1610 - 0000980　2278 - 1

思棄室算學餘譚二卷 （清）蔣士棟撰 清光
緒十五年(1889)刻本 一冊

320000－1610－0000981 2073

四千字文不分卷 （□）□□撰 清光緒二十
七年(1901)石印本 一冊

320000－1610－0000982 2250

四書典制類聯音註四卷 （清）闔其淵編 清
光緒十三年(1887)石印本 四冊

320000－1610－0000983 2251

四書典制新穎三十五卷 （清）黃雙溪輯 清
同治十二年(1873)刻本 三冊 缺八卷(十
四至二十一)

320000－1610－0000984 3104

四書釋地補一卷續一卷又續二卷三續二卷
（清）閻若璩撰 清嘉慶二十一年(1816)梅陽
海涵堂刻本 五冊

320000－1610－0000985 1741

四子譜二卷 （清）過文年輯 （清）陸求可訂
正 清宣統三年(1911)上海千頃堂石印本
二冊

320000－1610－0000986 293

松漠紀聞一卷續一卷 （宋）洪皓撰 清同治
十二年(1873)刻本 一冊

320000－1610－0000987 763

菘耘文鈔四卷 （清）季錫疇撰 清光緒五年
(1879)刻本 一冊

320000－1610－0000988 1649

宋稗類鈔三十六卷 （清）潘永因編 清宣統
三年(1911)上海黎光社石印本 十二冊

320000－1610－0000989 1632

宋六十一家詞選十二卷 馮煦輯 清宣統二
年(1910)上海掃葉山房石印本 四冊

320000－1610－0000990 3456

宋七家詞選七卷 （清）戈載輯 （清）杜文瀾
校注 清光緒十一年(1885)曼陀羅華閣刻本
三冊

320000－1610－0000991 877

宋史四百九十六卷 （元）脫脫等撰 清光緒
二十八年(1902)上海文瀾書局石印本 二
十冊

320000－1610－0000992 907

宋史四百九十六卷 （元）脫脫等撰 清末鉛
印本 一冊 存六卷(三十至三十五)

320000－1610－0000993 1974

宋史四百九十六卷 （元）脫脫等撰 清石印
本 一冊 存六卷(二十四至二十九)

320000－1610－0000994 897

宋書一百卷 （南朝梁）沈約撰 清光緒二十
八年(1902)上海文瀾書局石印本 四冊

320000－1610－0000995 745

宋四家詞選一卷 （清）周濟輯 清道光十二
年(1832)刻本 一冊

320000－1610－0000996 835

宋四家詞選一卷 （清）周濟輯 清同治十二
年(1873)吳縣潘氏滂喜齋刻本 一冊

320000－1610－0000997 385

宋遺民類集序例總目一卷 （清）黃允中輯
清末京師京華印書局鉛印本 一冊

320000－1610－0000998 2210

宋元三十一家詞三十一卷 （清）王鵬運輯
清光緒十九年(1893)石印本 四冊

320000－1610－0000999 542

蘇長公尺牘選二卷 （明）鍾惺 （明）譚元春
選 明刻本 四冊

320000－1610－0001000 2591

素書六卷 （宋）張商英注 （明）程天榮校
清道光、咸豐刻本 一冊

320000－1610－0001001 2332

粟布捷徑一卷萬象一原校勘記九卷首一卷
（清）徐異撰 清光緒二十七年(1901)石印本
一冊

320000－1610－0001002 2295

粟布術廣一卷雜題類存一卷 （清）陳志堅撰
清刻本 一冊

320000 - 1610 - 0001003　2295 - 1
粟布術廣一卷雜題類存一卷　（清）陳志堅撰
　清刻本　一冊

320000 - 1610 - 0001004　2295 - 2
粟布術廣一卷雜題類存一卷　（清）陳志堅撰
　清刻本　一冊

320000 - 1610 - 0001005　2295 - 3
粟布術廣一卷雜題類存一卷　（清）陳志堅撰
　清刻本　一冊

320000 - 1610 - 0001006　2295 - 4
粟布術廣一卷雜題類存一卷　（清）陳志堅撰
　清刻本　一冊

320000 - 1610 - 0001007　2295 - 5
粟布術廣一卷雜題類存一卷　（清）陳志堅撰
　清刻本　一冊

320000 - 1610 - 0001008　2295 - 6
粟布術廣一卷雜題類存一卷　（清）陳志堅撰
　清刻本　一冊

320000 - 1610 - 0001009　2295 - 7
粟布術廣一卷雜題類存一卷　（清）陳志堅撰
　清刻本　一冊

320000 - 1610 - 0001010　2295 - 8
粟布術廣一卷雜題類存一卷　（清）陳志堅撰
　清刻本　一冊

320000 - 1610 - 0001011　2295 - 9
粟布術廣一卷雜題類存一卷　（清）陳志堅撰
　清刻本　一冊

320000 - 1610 - 0001012　2295 - 10
粟布術廣一卷雜題類存一卷　（清）陳志堅撰
　清刻本　一冊

320000 - 1610 - 0001013　2295 - 11
粟布術廣一卷雜題類存一卷　（清）陳志堅撰
　清刻本　一冊

320000 - 1610 - 0001014　2295 - 12
粟布術廣一卷雜題類存一卷　（清）陳志堅撰
　清刻本　一冊

320000 - 1610 - 0001015　2295 - 13
粟布術廣一卷雜題類存一卷　（清）陳志堅撰
　清刻本　一冊

320000 - 1610 - 0001016　2295 - 14
粟布術廣一卷雜題類存一卷　（清）陳志堅撰
　清刻本　一冊

320000 - 1610 - 0001017　2295 - 15
粟布術廣一卷雜題類存一卷　（清）陳志堅撰
　清刻本　一冊

320000 - 1610 - 0001018　2295 - 16
粟布術廣一卷雜題類存一卷　（清）陳志堅撰
　清刻本　一冊

320000 - 1610 - 0001019　2295 - 17
粟布術廣一卷雜題類存一卷　（清）陳志堅撰
　清刻本　一冊

320000 - 1610 - 0001020　2295 - 18
粟布術廣一卷雜題類存一卷　（清）陳志堅撰
　清刻本　一冊

320000 - 1610 - 0001021　2295 - 19
粟布術廣一卷雜題類存一卷　（清）陳志堅撰
　清刻本　一冊

320000 - 1610 - 0001022　2295 - 20
粟布術廣一卷雜題類存一卷　（清）陳志堅撰
　清刻本　一冊

320000 - 1610 - 0001023　2295 - 21
粟布術廣一卷雜題類存一卷　（清）陳志堅撰
　清刻本　一冊

320000 - 1610 - 0001024　2295 - 22
粟布術廣一卷雜題類存一卷　（清）陳志堅撰
　清刻本　一冊

320000 - 1610 - 0001025　2295 - 23
粟布術廣一卷雜題類存一卷　（清）陳志堅撰
　清刻本　一冊

320000 - 1610 - 0001026　2295 - 24
粟布術廣一卷雜題類存一卷　（清）陳志堅撰
　清刻本　一冊

320000－1610－0001027　2295－25

粟布術廣一卷雜題類存一卷　（清）陳志堅撰
清刻本　一冊

320000－1610－0001028　2333

算草叢存四卷　（清）華蘅芳撰　清光緒十九
年(1893)石印本　二冊

320000－1610－0001029　2333－1

算草叢存四卷　（清）華蘅芳撰　清光緒十九
年(1893)石印本　二冊

320000－1610－0001030　2333－2

算草叢存四卷　（清）華蘅芳撰　清光緒十九
年(1893)石印本　二冊

320000－1610－0001031　2333－3

算草叢存四卷　（清）華蘅芳撰　清光緒十九
年(1893)石印本　二冊

320000－1610－0001032　2333－4

算草叢存四卷　（清）華蘅芳撰　清光緒十九
年(1893)石印本　二冊

320000－1610－0001033　2333－5

算草叢存四卷　（清）華蘅芳撰　清光緒十九
年(1893)石印本　二冊

320000－1610－0001034　2333－6

算草叢存四卷　（清）華蘅芳撰　清光緒十九
年(1893)石印本　二冊

320000－1610－0001035　2333－7

算草叢存四卷　（清）華蘅芳撰　清光緒十九
年(1893)石印本　二冊

320000－1610－0001036　2333－8

算草叢存四卷　（清）華蘅芳撰　清光緒十九
年(1893)石印本　二冊

320000－1610－0001037　2333－9

算草叢存四卷　（清）華蘅芳撰　清光緒十九
年(1893)石印本　二冊

320000－1610－0001038　2333－10

算草叢存四卷　（清）華蘅芳撰　清光緒十九
年(1893)石印本　二冊

320000－1610－0001039　2333－11

算草叢存四卷　（清）華蘅芳撰　清光緒十九
年(1893)石印本　二冊

320000－1610－0001040　2333－12

算草叢存四卷　（清）華蘅芳撰　清光緒十九
年(1893)石印本　二冊

320000－1610－0001041　2333－13

算草叢存四卷　（清）華蘅芳撰　清光緒十九
年(1893)石印本　二冊

320000－1610－0001042　2333－14

算草叢存四卷　（清）華蘅芳撰　清光緒十九
年(1893)石印本　二冊

320000－1610－0001043　2333－15

算草叢存四卷　（清）華蘅芳撰　清光緒十九
年(1893)石印本　二冊

320000－1610－0001044　2333－16

算草叢存四卷　（清）華蘅芳撰　清光緒十九
年(1893)石印本　二冊

320000－1610－0001045　2333－17

算草叢存四卷　（清）華蘅芳撰　清光緒十九
年(1893)石印本　二冊

320000－1610－0001046　2333－18

算草叢存四卷　（清）華蘅芳撰　清光緒十九
年(1893)石印本　二冊

320000－1610－0001047　2333－19

算草叢存四卷　（清）華蘅芳撰　清光緒十九
年(1893)石印本　二冊

320000－1610－0001048　2299

算式集要四卷　（英國）哈司韋輯　（英國）傅
蘭雅口譯　（清）江衡筆述　清刻本　二冊

320000－1610－0001049　889

隋書八十五卷　（唐）魏徵等撰　清光緒二十
八年(1902)上海文瀾書局石印本　四冊

320000－1610－0001050　826

隨庵徐氏叢書十種　徐乃昌輯　清光緒三十
年至三十二年(1904－1906)南陵徐氏刻本
七冊　存八種十三卷(篋中集一卷、札記一

卷、中朝故事一卷、樂府新編陽春白雪五卷、唐女郎魚玄機詩一卷、述異記二卷、離騷一卷、雲仙散錄一卷）

320000－1610－0001051　1823

隨園三十八種　（清）袁枚輯　清光緒十八年（1892）著易堂鉛印本　三十三冊　缺十四種（何南園詩選、過雲精舍詞選、紅豆村人續稿、牘外餘言、女弟子詩、綠秋草堂詞選、碧梧山館詞選、諸子詹詹錄、玉山堂詞選、袁太史藥、詩話補遺、碧腴齋詩、箏船詞選、崇睦山房詞選）

320000－1610－0001052　783

歲華紀麗四卷　（唐）韓鄂撰　**北戶錄二卷**（唐）段公路撰　清刻本　一冊

320000－1610－0001053　661

武林掌故叢編二十六集　（清）丁丙輯　清光緒錢塘丁氏嘉惠堂刻本　一冊　存三種五卷（孫花翁墓徵一卷、直閣朱公祠墓錄二卷附刻一卷、郭孝童墓記略一卷）

320000－1610－0001054　430

孫子十家注十三卷　（宋）吉天保輯　（清）孫星衍　（清）吳人驥校　**敘錄一卷**（清）畢以珣撰　**遺說一卷**（宋）鄭友賢撰　清光緒三年（1877）浙江書局刻本　六冊

320000－1610－0001055　2090

太古演禽一卷　題（清）嘯道人訂　清光緒二年（1876）刻本　一冊

320000－1610－0001056　309

太平寰宇記二百卷　（宋）樂史撰　清乾隆五十八年（1793）刻本　三十六冊　缺七卷（一百十三至一百十九）

320000－1610－0001057　1805

太上寶筏圖說不分卷　（清）黃正元撰　清光緒十八年（1892）鴻文書局石印本　八冊

320000－1610－0001058　1968

泰西風土事物考四卷　題（清）藜牀臥讀生著　清光緒二十八年（1902）鉛印本　一冊　存二卷（一至二）

320000－1610－0001059　2271

談天十八卷附表一卷　（英國）侯失勒撰（英國）偉烈亞力口譯　（清）李善蘭刪述（清）徐建寅續述　清光緒二十二年（1896）刻本　四冊

320000－1610－0001060　695

談瀛錄三卷　（清）王之春著　清光緒六年（1880）上洋文藝齋刻本　二冊

320000－1610－0001062　393

唐陸宣公奏議四卷　（唐）陸贄撰　（清）汪銘謙輯　清光緒二十六年（1900）石印本　二冊

320000－1610－0001063　677

唐人三家集三種　（清）秦恩復輯　清道光十年（1830）江都秦氏石研齋刻本　四冊

320000－1610－0001065　1999

唐人五十家小集七十二卷　（清）江標輯　清光緒二十一年（1895）蘇州察院場振新書局石印本　十六冊

320000－1610－0001066　605

唐詩諧律二卷　（清）沈寶青編　清光緒十六年（1890）溧陽沈氏歸安官舍刻本　二冊

320000－1610－0001067　1810

唐五代詞選三卷　（清）成肇麐輯　清光緒十三年（1887）刻本　一冊

320000－1610－0001068　41

唐音審體二十卷　（清）錢良擇編　清康熙四十三年（1704）昭質堂刻本　三冊

320000－1610－0001069　709

唐語林八卷校勘記一卷　（宋）王讜撰　（清）錢熙祚校　清道光刻本　四冊

320000－1610－0001070　2081

唐摭言十五卷　（五代）王定保撰　清光緒五年（1879）刻本　四冊

320000－1610－0001071　1999－3

唐中興閒氣集二卷　（唐）高仲武述　清光緒十九年（1893年）影印本　二冊

320000－1610－0001072　13

倘湖樵書十二卷　（明）來集之撰　清康熙十七年（1678）對山堂刻本　六冊　存六卷（七至十二）

320000－1610－0001073　2252

桃花扇四卷　（五代）孔尚任撰　清宣統元年（1909）刻本　四冊

320000－1610－0001074　2003

陶廬後憶一卷　金武祥撰　清宣統元年（1909）石印本　一冊

320000－1610－0001075　2143－1

陶廬五憶一卷　金武祥撰　清宣統三年（1911）刻本　一冊

320000－1610－0001076　1790－1

陶廬雜憶一卷續詠一卷　金武祥撰　清光緒二十四年（1898）刻本　一冊

320000－1610－0001077　1790－2

陶廬雜憶一卷續詠一卷　金武祥撰　清光緒二十四年（1898）刻本　一冊

320000－1610－0001078　1790

陶廬雜憶一卷續詠一卷五憶一卷　金武祥撰　清光緒二十四年（1898）刻本　二冊

320000－1610－0001079　2025

陶廬雜憶一卷續詠一卷五憶一卷續憶補詠一卷　金武祥撰　清光緒二十四年（1898）刻本　四冊

320000－1610－0001080　508

陶淵明文集十卷　（晉）陶潛撰　清光緒五年（1879）刻本　三冊

320000－1610－0001081　509

陶淵明文集十卷　（晉）陶潛撰　清光緒五年（1879）刻本　二冊

320000－1610－0001082　628

題襟集一卷　（清）黃彝凱等撰　清光緒二十四年（1898）刻本　一冊

320000－1610－0001083　1969

天祿閣外史八卷　（漢）黃憲著　清光緒二十年（1894）刻本　一冊

320000－1610－0001084　833

天壤閣叢書十七種　（清）王懿榮編　清同治、光緒福山王氏刻本　四冊　存四種九卷（聲調三譜四卷、內功圖說一卷、紀公祈雨文一卷、明刑弼教錄三卷）

320000－1610－0001085　294

天一閣見存書目四卷首一卷　（清）薛福成編　清光緒十五年（1889）刻本　三冊

320000－1610－0001086　767

田硯齋文集二卷　（清）褚榮槐著　清光緒七年（1881）刻本　一冊

320000－1610－0001087　3080

鐵橋漫稿八卷　（清）嚴可均撰　清光緒十一年（1885）長洲蔣氏心矩齋刻本　四冊

320000－1610－0001088　3418

鐵橋漫稿十二卷　（清）嚴可均撰　清光緒三十一年（1905）秀水王氏刻本　一冊　存四卷（九至十二）

320000－1610－0001089　839

鐵琴銅劍樓藏書目錄二十四卷　（清）瞿鏞撰　清光緒二十三年（1897）誦芬室刻本　十冊

320000－1610－0001090　598

聽秋聲館詞話二十卷　（清）丁紹儀撰　清同治八年（1869）刻本　四冊

320000－1610－0001091　59

聽雨小樓詞稿二卷　（清）楊英燦撰　清光緒十七年（1891）刻本　一冊

320000－1610－0001092　858

通典二百卷　（唐）杜佑撰　清光緒二十七年（1901）上海圖書集成局鉛印本　十六冊

320000－1610－0001093　860

通志二百卷通志考證三卷　（宋）鄭樵撰　清光緒二十七年（1901）上海圖書集成局鉛印本　五十九冊　缺二卷（二十一至二十二）

320000－1610－0001094　550

同人集十二卷　（清）冒襄輯　清道光五年（1825）刻本　十二冊

320000 – 1610 – 0001095　614

同文集一卷　（清）黃超曾編　（清）陳洙重選
　　清咸豐九年(1859)刻本　一冊

320000 – 1610 – 0001096　624

桐扣詞二卷　（清）汪森撰　清刻本　一冊

320000 – 1610 – 0001097　440

桐陰論畫二卷首一卷附錄一卷桐陰畫訣一卷
續桐陰論畫一卷　（清）秦祖永撰　清同治三
年(1864)朱墨套印本　二冊

320000 – 1610 – 0001098　441

桐陰論畫二卷首一卷附錄一卷桐陰畫訣一卷
續桐陰論畫一卷　（清）秦祖永撰　清同治三
年(1864)朱墨套印本　二冊

320000 – 1610 – 0001099　1801

桐陰論畫二卷首一卷畫訣一卷續桐陰論畫一
卷桐陰論畫二編二卷桐陰論畫三編二卷
（清）秦祖永撰　清宣統二年(1910)上海中國
書畫會石印本　六冊

320000 – 1610 – 0001100　496

圖注八十一難經辨真四卷奇經攷一卷　（明）
張世賢注　清刻本　二冊

320000 – 1610 – 0001101　1899

圖注八十一難經四卷　（明）張世賢注　清石
印本　二冊

320000 – 1610 – 0001102　1966

土耳其國志一卷羅馬尼亞國志一卷塞爾維亞
國志一卷布加利亞國志一卷門得內羅國志一
卷希臘國志一卷　（清）薛福成鑒定　吳宗濂
等譯　清石印本　一冊

320000 – 1610 – 0001103　1966 – 1

土耳其國志一卷羅馬尼亞國志一卷塞爾維亞
國志一卷布加利亞國志一卷門得內羅國志一
卷希臘國志一卷　（清）薛福成鑒定　吳宗濂
等譯　清石印本　二冊

320000 – 1610 – 0001104　2611

瓦碑硯磚拓片不分卷　（清）張廷濟輯　清拓
本　一冊

320000 – 1610 – 0001105　485

外科摘錄二卷　（清）文晟輯　清刻本　一冊

320000 – 1610 – 0001106　3373

外科正宗十二卷　（明）陳實功著　（清）徐大
椿評　清光緒三十一年(1905)經元書室刻本
　六冊

320000 – 1610 – 0001107　1876

外科正宗十二卷　（明）陳實功著　（清）徐大
椿評　清石印本　一冊　存六卷(一至六)

320000 – 1610 – 0001108　1965

外史蒙求二十卷　（清）劉法曾編　（清）潘淮
漢輯　清光緒二十八年(1902)上洋藻文局石
印本　四冊

320000 – 1610 – 0001109　1884

外臺秘要四十卷　（唐）王燾撰　清光緒二十
四年(1898)上海圖書集成印書局石印本　十
六冊

320000 – 1610 – 0001110　610

晚晴軒詩存五卷　（清）陳文田撰　清光緒七
年(1881)刻本　一冊

320000 – 1610 – 0001111　1001

萬國近政考略十六卷　（清）鄒弢編　清光緒
二十八年(1902)上海書局石印本　四冊

320000 – 1610 – 0001112　915

萬國史記二十卷　（日）岡本監輔著　清光
緒二十四年(1898)上海著易堂石印本　六冊

320000 – 1610 – 0001113　916

萬國史記二十卷　（日）岡本監輔著　清光
緒二十三年(1897)慎記書莊石印本　四冊

320000 – 1610 – 0001114　917

萬國史記二十卷　（日）岡本監輔著　清光
緒二十三年(1897)石印本　四冊

320000 – 1610 – 0001115　2277

萬象一原九卷首一卷　（清）夏鸞翔撰　清刻
本　一冊

320000 – 1610 – 0001116　2277 – 1

萬象一原九卷首一卷　（清）夏鸞翔撰　清刻

225

本　一册

320000－1610－0001117　246

汪本隸釋刊誤一卷　（清）黃丕烈撰　清同治
十一年(1872)皖南洪氏晦木齋刻本　一册

320000－1610－0001118　2154

汪本隸釋刊誤一卷　（清）黃丕烈撰　清嘉慶
二年(1797)石印本　一册

320000－1610－0001119　2154－1

汪本隸釋刊誤一卷　（清）黃丕烈撰　清嘉慶
二年(1797)石印本　一册

320000－1610－0001120　1652

王摩詰集六卷　（唐）王維撰　清光緒十年
(1884)上海同文書局石印　四册

320000－1610－0001121　1782

王摩詰集六卷　（唐）王維撰　清光緒十年
(1884)上海同文書局石印本　一册　缺三卷
(一至三)

320000－1610－0001122　776

王貽上與林吉人手札一卷　（清）王士禎撰
清鉛印本　一册

320000－1610－0001123　3122

王右丞集二十八卷首一卷末一卷　（唐）王維
撰　（清）趙殿成箋註　清乾隆二年(1737)刻
本　八册

320000－1610－0001124　2577

罔極圖說一卷　（清）陳弘謀輯　清石印本
一册

320000－1610－0001125　3419

激素飛青閣摹刻古碑不分卷　楊守敬輯
清光緒二年(1876)飛青閣石印本　一册
存天乙閣宋拓石鼓文（周石鼓文、壇山刻石、
瑯琊臺刻石、泰山刻石、漢西嶽華山碑、楊瑾
殘碑、婁壽碑、漢石經、漢酸棗令劉熊碑、司
徒殘碑）

320000－1610－0001126　2266

微積闡詳五卷　（清）陳志堅撰　清光緒三十
二年(1906)刻本　二册

320000－1610－0001127　2266－1

微積闡詳五卷　（清）陳志堅撰　清光緒三十
二年(1906)刻本　二册

320000－1610－0001128　2266－2

微積闡詳五卷　（清）陳志堅撰　清光緒三十
二年(1906)刻本　二册

320000－1610－0001129　2266－3

微積闡詳五卷　（清）陳志堅撰　清光緒三十
二年(1906)刻本　二册

320000－1610－0001130　2266－4

微積闡詳五卷　（清）陳志堅撰　清光緒三十
二年(1906)刻本　二册

320000－1610－0001131　2266－5

微積闡詳五卷　（清）陳志堅撰　清光緒三十
二年(1906)刻本　二册

320000－1610－0001132　2266－6

微積闡詳五卷　（清）陳志堅撰　清光緒三十
二年(1906)刻本　二册

320000－1610－0001133　2266－7

微積闡詳五卷　（清）陳志堅撰　清光緒三十
二年(1906)刻本　二册

320000－1610－0001134　2266－8

微積闡詳五卷　（清）陳志堅撰　清光緒三十
二年(1906)刻本　二册

320000－1610－0001135　2266－9

微積闡詳五卷　（清）陳志堅撰　清光緒三十
二年(1906)刻本　二册

320000－1610－0001136　12

韋蘇州集五卷　（唐）韋應物撰　（宋）劉辰翁
批點　（明）袁宏道評　明刻套印本　二册

320000－1610－0001137　1680

韋蘇州集十卷　（唐）韋應物撰　清宣統三年
(1911)上海自強書局石印本　六册

320000－1610－0001138　2004

圍爐詩話六卷　（清）吳喬撰　清石印本　二
册　存三卷(一至三)

320000 – 1610 – 0001139　719

味蓼軒詩鐘彙存二卷　（清）吳燾撰　清光緒
三十二年（1906）鉛印本　一冊

320000 – 1610 – 0001140　901

魏書一百十四卷　（北齊）魏收撰　清光緒二
十八年（1902）上海文瀾書局石印本　六冊

320000 – 1610 – 0001141　3053

魏太尉鍾繇千字文不分卷　（晉）王羲之書
清拓本　一冊

320000 – 1610 – 0001142　2084

魏鄭公諫續錄二卷　（元）翟思忠撰　清光緒
七年（1881）刻本　一冊

320000 – 1610 – 0001143　1917

温病條辨六卷　（清）吳瑭著　清上海文瑞樓
石印本　六冊

320000 – 1610 – 0001144　1664

温飛卿詩集箋注九卷　（唐）温庭筠撰　（清）
曾益注　清宣統二年（1910）石印本　四冊

320000 – 1610 – 0001145　20

温飛卿詩集九卷　（唐）温庭筠撰　（明）曾益
注　（清）顧嗣立訂　清康熙三十六年（1697）
秀野草堂刻本　四冊

320000 – 1610 – 0001146　491

温熱經緯五卷　（清）王士雄撰　清同治十三
年（1874）湖北崇文書局刻本　四冊

320000 – 1610 – 0001147　854

文昌雜錄六卷補遺一卷　（宋）龐元英撰　清
雅雨堂刻本　二冊　缺一卷（五）

320000 – 1610 – 0001149　2174

文瑞樓藏書目錄十二卷　（清）金檀撰　清刻
讀畫齋叢書本（卷一至四配清抄本）　一冊
存六卷（一至六）

320000 – 1610 – 0001150　60

文山樂府一卷　（宋）文天祥撰　清刻本
一冊

320000 – 1610 – 0001151　3127

文史通義八卷校讎通義三卷　（清）章學誠撰

清光緒二十四年（1898）長沙經文書局刻本
八冊

320000 – 1610 – 0001152　863

文獻通考三百四十八卷　（元）馬端臨著　清
光緒二十七年（1901）上海圖書集成局鉛印本
四十四冊

320000 – 1610 – 0001153　541

文心雕龍十卷　（南朝梁）劉勰撰　清道光十
三年（1833）刻本　四冊

320000 – 1610 – 0001154　1778

文心雕龍十卷　（南朝梁）劉勰撰　（清）黃叔
琳注　（清）紀昀評　清文瑞樓石印本　四冊

320000 – 1610 – 0001155　1778 – 1

文心雕龍十卷　（南朝梁）劉勰撰　（清）黃叔
琳注　（清）紀昀評　清文瑞樓石印本　一冊
存三卷（一至三）

320000 – 1610 – 0001156　2200

文選古字通疏證六卷　（清）薛傳均撰　清光
緒二十二年（1896）鴻寶齋書局石印本　一冊

320000 – 1610 – 0001157　2201

文選課虛四卷　（清）杭世駿撰　清光緒二十
二年（1896）鴻寶齋書局石印本　一冊

320000 – 1610 – 0001158　1709

文選六十卷　（南朝梁）蕭統輯　（唐）李善注
考異十卷　（清）胡克家撰　清石印本　四
冊　缺二十四卷（文選一至二十四）

320000 – 1610 – 0001159　51

文選六十卷　（南朝梁）蕭統輯　（明）張鳳翼
纂註　（清）顧梁芬批　明萬曆刻本　一冊
存十卷（一至十）

320000 – 1610 – 0001160　501

文選六十卷　（南朝梁）蕭統輯　（唐）李善注
清同治八年（1869）金陵書局刻本　十冊

320000 – 1610 – 0001161　502

文選六十卷　（南朝梁）蕭統輯　（唐）李善注
清同治八年（1869）金陵書局刻本　十冊

320000 – 1610 – 0001162　503

文選六十卷　（南朝梁）蕭統輯　（唐）李善注　（清）何焯評　清乾隆三十七年(1772)羊城翰墨園刻本　七冊　存三十三卷(一至三十三)

320000－1610－0001163　2549

文選樓叢書二十九種　（清）阮亨輯　清道光儀徵阮氏刻本　二十一冊　存六種(述學二卷、淮海英靈集壬集一卷癸集一卷、定香亭筆談四卷、小滄浪筆談四卷、廣陵詩事五至八、歷代帝王年表)

320000－1610－0001164　560

文選樓叢書三十二種　（清）阮亨輯　清道光三年(1823)刻本　八冊　存一種二十九卷(擘經室一集十四卷、二集八卷、三集五卷、四集二卷)

320000－1610－0001165　2199

文選音義八卷　（清）余蕭客輯　清光緒二十二年(1896)鴻寶齋書局石印本　一冊

320000－1610－0001166　706

文中子中說一卷　（隋）王通撰　清光緒元年(1875)湖北崇文書局刻本　一冊

320000－1610－0001167　3457

文子纘義十二卷　（元）杜道堅撰　清光緒三年(1877)浙江書局刻本　二冊

320000－1610－0001168　447

文子纘義十二卷　（元）杜道堅撰　清光緒三年(1877)浙江書局刻本　二冊

320000－1610－0001169　3368

問心堂温病條辨六卷首一卷　（清）吳瑭著　清光緒二十一年(1895)刻本　三冊

320000－1610－0001170　2162

烏魯木齊雜詩一卷　（清）紀昀著　清石印本　一冊

320000－1610－0001171　359

吳郡圖經續記三卷　（宋）朱長文撰　清同治十二年(1873)江蘇書局刻本　一冊

320000－1610－0001172　1710

吳梅邨文集二十卷　（清）吳偉業著　清宣統二年(1910)上海國學昌明社石印本　六冊

320000－1610－0001173　3379

吳氏醫學述第三種六卷　（清）吳儀洛輯　清乾隆二十二年(1757)文奎堂刻本　四冊

320000－1610－0001174　994

吳中水利書一卷　（宋）單鍔撰　四明它山水利備覽二卷　（宋）魏峴撰　清石印本　一冊

320000－1610－0001175　436

無欺錄二卷　（清）朱用純撰　清光緒二十六年(1900)刻本　二冊

320000－1610－0001176　645

無弦琴譜二卷　（元）仇遠著　清光緒十一年(1885)刻本　一冊

320000－1610－0001177　2281

五曹算經五卷　（唐）李淳風等注釋　夏侯陽算經三卷　（□）夏侯陽撰　清光緒十六年(1890)刻本　一冊

320000－1610－0001178　887

五代史七十四卷　（宋）歐陽修撰　清光緒二十八年(1902)上海文瀾書局石印本　二冊

320000－1610－0001179　2258

五經類編二十八卷　（清）周世樟撰　清康熙二十三年(1684)刻本　十一冊　缺二卷(十五至十六)

320000－1610－0001180　2280

五經算術二卷　（北周）甄鸞撰　（唐）李淳風等注釋　清光緒十六年(1890)刻本　一冊

320000－1610－0001181　301

五省溝洫圖說不分卷　（清）沈夢蘭撰　清光緒六年(1880)刻本　一冊

320000－1610－0001182　2017

五十弦錦瑟樓詞五卷　（清）郭寶珩撰　清光緒三十一年(1905)石印本　二冊

320000－1610－0001183　2552

武林掌故叢編二十六集　（清）丁丙輯　清光緒錢塘丁氏嘉惠堂刻本　十一冊　存十種五

十卷(錢塘遺事十卷、雪莊西湖漁唱七卷、龍井見聞錄十卷附錄二卷、三學灑掃職一卷、湖山懷古集一卷、武林第宅考一卷、夢粱錄一至十一、吳越備史四卷、西湖冶興二卷、庚辛泣杭錄四)

320000－1610－0001184　716

西湖百詠一卷　(清)柴傑撰　西湖百詠二卷(宋)董嗣杲撰　錢塘西湖百詠一卷　(宋)郭祥正著　清光緒七年(1881)錢塘丁氏嘉惠堂刻武林掌故叢編本　一冊

320000－1610－0001185　758

西湖遺事詩一卷　(清)朱彭撰　清光緒二十一年(1895)刻本　一冊

320000－1610－0001186　349

西湖遊覽志二十四卷志餘二十六卷　(明)田汝成撰　清光緒二十二年(1896)錢塘丁氏嘉惠堂刻本　二冊　存十一卷(西湖遊覽志一至十一)

320000－1610－0001187　556

西湖雜詠一卷　(清)陳若蓮著　清光緒十八年(1892)錢塘丁氏刻本　一冊

320000－1610－0001188　557

西湖竹枝詞一卷　(清)陳璨著　清光緒十四年(1888)刻本　一冊

320000－1610－0001189　384

西南紀事十二卷　(清)邵廷采撰　清光緒邵武徐氏刻本　二冊

320000－1610－0001190　777

西游錄注一卷　(清)李文田撰　清光緒二十一年(1895)鉛印本　一冊

320000－1610－0001191　1808

西遊真詮一百回　(明)吳承恩撰　清芥子園刻本　二十冊

320000－1610－0001192　3040

西嶽華山廟碑不分卷　(漢)郭香察書　清光緒三十四年(1908)拓本　一冊

320000－1610－0001193　40

西渚詩存二卷　(清)劉沁區輯　清康熙四十三年(1704)丘氏刻本　二冊

320000－1610－0001194　401

希臘史二卷　(日本)桑原啓一纂譯　清光緒二十九年(1903)上海商務印書館鉛印本　一冊

320000－1610－0001195　616

惜抱軒詩集十卷詩後集一卷詩外集一卷文後集十卷　(清)姚鼐撰　清刻本　七冊　缺三卷(文後集一至三)

320000－1610－0001196　686

溪山老農年譜續編一卷　(清)王保讚輯　清刻本　一冊

320000－1610－0001197　975

熙朝紀政八卷　(清)王慶雲述　清光緒二十八年(1902)上海書局鉛印本　四冊

320000－1610－0001198　403

熙朝宰輔錄一卷　(清)潘世恩輯　清道光二十八年(1848)刻本　一冊

320000－1610－0001199　205

錫金考乘十四卷　(清)周有壬著　清世瑞堂活字印本　四冊

320000－1610－0001200　307

錫金續遊庠錄不分卷　(清)高松濤輯　清光緒三十一年(1905)鉛印本　一冊

320000－1610－0001201　2225

夏大宗師試卷不分卷　(□)□□撰　清光緒六年(1880)揚州鎔鑄樓石印本　二冊

320000－1610－0001202　2157

夏小正戴氏傳四卷　(宋)傅崧卿撰　經傳集解四卷　(清)顧鳳藻撰　清道光元年(1821)石印本　一冊

320000－1610－0001203　1841

香豔叢書二十集八十卷　(清)張廷華(蟲天子)輯　清宣統元年至三年(1909－1911)國學扶輪社鉛印本　七十七冊　缺三卷(六集一至二、九集一)

320000－1610－0001204　365

湘軍志十六卷　王闓運撰　清光緒十二年
(1886)成都墨香書屋刻本　四冊

320000－1610－0001205　666

湘綺樓聯語四卷　王闓運撰　清咸豐七年
(1857)刻本　一冊

320000－1610－0001206　717

湘綺樓文集八卷　王闓運撰　清光緒二十六
年(1900)烝陽刻本　四冊

320000－1610－0001207　718

湘綺樓詩集十四卷　王闓運撰　清光緒三十
三年(1907)東州講舍刻本　四冊

320000－1610－0001208　25

湘山野錄三卷續錄一卷　（宋）釋文瑩撰　明
末毛氏汲古閣刻本　一冊

320000－1610－0001209　3136

湘水校經堂書目三卷　（清）裴蔭森撰　清光
緒八年(1882)刻本　二冊

320000－1610－0001210　1819

詳注聊齋志異圖詠十六卷　（清）蒲松齡著
清光緒二十二年(1896)文宜書局石印本　七
冊　缺二卷(十五至十六)

320000－1610－0001211　2298

象數一原七卷　（清）項名達著　清光緒十四
年(1888)刻本　四冊

320000－1610－0001213　848

消夏百一詩二卷　葉德輝輯　清光緒三十四
年(1908)長沙葉氏觀古堂刻本　一冊

320000－1610－0001214　647

簫臺公餘詞一卷　（宋）姚述堯著　清光緒十
二年(1886)刻本　一冊

320000－1610－0001215　2096－1

小倉山房尺牘十卷牘外餘言一卷　（清）袁枚
著　清光緒十八年(1892)鉛印本　一冊　存
六卷(小倉山房尺牘六至十、牘外餘言一卷)

320000－1610－0001216　607

小草庵詩鈔一卷　（清）屠蘇著　清光緒十年

(1884)刻本　一冊

320000－1610－0001217　3070

小琅嬛叢記一卷　（清）阮福撰　清道光十年
(1830)刻本　一冊

320000－1610－0001218　2413

小坡識小錄四卷　（清）馬騰蛟撰　清同治十
三年(1874)刻本　四冊

320000－1610－0001219　1939

小石山房印譜四卷　（清）顧湘輯　清宣統三
年(1911)小石山房影印本　四冊

320000－1610－0001220　1939－1

小石山房印譜四卷　（清）顧湘輯　清宣統三年
(1911)小石山房影印本　一冊　存一卷(一)

320000－1610－0001221　1939－2

小石山房印譜四卷　（清）顧湘輯　清宣統三
年(1911)小石山房影印本　一冊　存一卷
(一)

320000－1610－0001222　2184

筱雲詩選二卷　（清）陸應宿撰　清光緒十八
年(1892)著易堂石印本　一冊

320000－1610－0001223　128

孝經本義二卷　（明）呂維祺集注　清乾隆三
十五年(1770)淮安恒友堂刻本　一冊

320000－1610－0001224　129

孝經一卷　（唐）玄宗李隆基注　清同治九年
(1870)揚州書局刻本　一冊

320000－1610－0001225　414

孝經一卷　（唐）玄宗李隆基注　清末影印宋
刻本　一冊

320000－1610－0001226　127

孝經義疏補九卷首一卷　（清）阮福撰　清道
光九年(1829)春喜齋刻本　二冊

320000－1610－0001227　953

校正考正字彙二卷　鴻章書局編　清鴻章書
局石印本　一冊

320000－1610－0001228　955

校正考正字彙二卷　鴻章書局編　清末石印本　一冊

320000 – 1610 – 0001229　283

校正龍文鞭影二卷　（□）□□撰　清光緒十四年(1888)刻本　二冊

320000 – 1610 – 0001230　3390

校正圖注八十一難經四卷　（明）張世賢注　清光緒鴻寶齋書局石印本　一冊

320000 – 1610 – 0001231　2203

校正五經義二十二卷　（清）黃淦纂　清石印本　五冊

320000 – 1610 – 0001232　394

校正元聖武親征錄一卷　（清）何秋濤校　清道光二十九年(1849)刻本　一冊

320000 – 1610 – 0001233　191

新安吳氏家乘世譜不分卷　（清）吳文炌修　清光緒六年(1880)抄本　一冊

320000 – 1610 – 0001234　191 – 1

新安吳氏家乘世譜不分卷　（清）吳文炌修　清光緒六年(1880)抄本　一冊

320000 – 1610 – 0001235　2325

新編算學啟蒙三卷附識誤一卷　（元）朱世傑撰　清光緒二十二年(1896)刻本　二冊

320000 – 1610 – 0001236　2325 – 1

新編算學啟蒙三卷附識誤一卷　（元）朱世傑撰　清光緒二十二年(1896)刻本　二冊

320000 – 1610 – 0001237　2325 – 2

新編算學啟蒙三卷附識誤一卷　（元）朱世傑撰　清石印本　二冊

320000 – 1610 – 0001238　1999 – 1

新雕校證大字白氏諷諫一卷　（唐）白居易撰　清光緒十九年(1893 年)影印宋本　一冊

320000 – 1610 – 0001239　11

新定三禮圖二十卷　（宋）聶崇義集注　清康熙十五年(1676)刻本　二冊

320000 – 1610 – 0001240　787

新定牙牌數一卷　（清）俞樾撰　清光緒九年(1883)刻本　一冊

320000 – 1610 – 0001241　980

新訂四書補注備旨十卷　（明）鄧林著　清文奎堂刻本　七冊

320000 – 1610 – 0001242　653

新鐫唐五言千家詩注解二卷　（清）王相選注　清京口善化堂刻本　一冊

320000 – 1610 – 0001243　2395

新刊合併官板音義評注淵海子平五卷　（宋）徐升編　明崇禎七年(1634)刻本　二冊

320000 – 1610 – 0001244　2052

新刊合併官板音義評註淵海子平五卷　（宋）徐升編　清石印本　四冊

320000 – 1610 – 0001245　534

新刊五百家注音辯昌黎先生文集四十卷外集十卷序傳碑記一卷　（唐）韓愈撰　（宋）魏仲舉輯　清刻本　十八冊　缺十二卷(文集一至十二)

320000 – 1610 – 0001246　2091

新刊宣和遺事二卷　（宋）□□撰　清石印本　一冊

320000 – 1610 – 0001247　894

新唐書二百二十五卷　（宋）歐陽修　（宋）宋祁撰　清光緒二十八年(1902)上海文瀾書局石印本　八冊

320000 – 1610 – 0001248　320

新校注地理志十六卷　（清）錢坫撰　（清）徐松集釋　清同治十三年(1874)刻本　八冊

320000 – 1610 – 0001249　865

新元史二百五十七卷　柯劭忞撰　清光緒二十七年(1901)鉛印本　五十八冊

320000 – 1610 – 0001250　2034

新增廣廣策府統宗七十九卷　（清）頌芬室主人增補　清光緒二十年(1894)上海鴻文書局石印本　二十四冊　存四十卷(一至四十)

320000 – 1610 – 0001251　2147

信齋詞一卷 （宋）葛郯撰 清刻本 一冊

320000－1610－0001252 775

星伯先生小集一卷 （清）徐松撰 繆荃孫輯
清光緒七年(1881)鉛印本 一冊

320000－1610－0001253 284

星軺指掌三卷續一卷 （清）聯芳 （清）慶常
譯 清光緒二年(1876)刻本 四冊

320000－1610－0001254 408

行川必要一卷 （清）賀縉紳輯 清刻本
一冊

320000－1610－0001255 2259

繡像玉連環八卷 （清）朱素仙撰 清活字印
本 六冊 缺二卷(一、四)

320000－1610－0001256 562

徐節孝詩文集一卷 （清）徐羨蘇著 清光緒
二十九年(1903)抄本 一冊

320000－1610－0001257 3440

鄦齋叢書二十種 徐乃昌輯 清光緒二十六
年(1900)南陵徐氏刻本 二十七冊

320000－1610－0001258 267

續方言二卷 （清）杭世駿撰 清刻本 一冊

320000－1610－0001259 240

續復古編四卷 （元）曹本撰 清光緒十二年
(1886)刻本 四冊

320000－1610－0001260 540

續古文辭類纂二十八卷 （清）黎庶昌輯 清
光緒二十一年(1895)刻本 十二冊

320000－1610－0001261 279

續疑年錄四卷 （清）吳修編 清嘉慶十七年
(1812)刻本 一冊

320000－1610－0001262 1005

續瀛環志畧初編不分卷 （清）薛福成鑒定
清光緒二十八年(1902)無錫傳經樓石印本
四冊

320000－1610－0001263 330

續資治通鑑二百二十卷 （清）畢沅撰 清同
治六年(1867)江蘇書局刻本 五十三冊 缺
十七卷(一百八十三至一百九十四、二百○九
至二百十三)

320000－1610－0001264 426

續資治通鑑二百二十卷 （清）畢沅撰 清光
緒七年(1881)番禺任氏寄螺齋刻本 六十
六冊

320000－1610－0001265 35

宣和書譜二十卷 （宋）□□撰 （明）毛晉訂
明刻本 四冊

320000－1610－0001266 2621

選學拾瀋二卷 （清）李詳撰 清光緒二十年
(1894)刻本 一冊

320000－1610－0001267 771

學圃詩槀一卷 （清）鄭德璜撰 清光緒二十
六年(1900)遺經樓刻本 一冊

320000－1610－0001268 755

學圃詩槀一卷詞賸一卷 （清）鄭德璜撰 清
光緒二十六年(1900)遺經樓刻本 一冊

320000－1610－0001269 850

學圃詩槀一卷詞賸一卷 （清）鄭德璜撰 清
光緒二十六年(1900)遺經樓刻本 一冊

320000－1610－0001270 2260

學算筆談十二卷 （清）華蘅芳撰 清刻本
六冊

320000－1610－0001271 2260－1

學算筆談十二卷 （清）華蘅芳撰 清刻本
六冊

320000－1610－0001272 2260－2

學算筆談十二卷 （清）華蘅芳撰 清刻本
六冊

320000－1610－0001273 2260－1－1

學算筆談十二卷 （清）華蘅芳撰 清光緒十
一年(1885)刻本 四冊

320000－1610－0001274 2260－1－2

學算筆談十二卷 （清）華蘅芳撰 清光緒十
一年(1885)刻本 四冊

320000 – 1610 – 0001275　2260 – 1 – 3

學算筆談十二卷　（清）華蘅芳撰　清光緒十
一年(1885)刻本　四冊

320000 – 1610 – 0001276　2260 – 1 – 4

學算筆談十二卷　（清）華蘅芳撰　清光緒十
一年(1885)刻本　四冊

320000 – 1610 – 0001277　2260 – 1 – 5

學算筆談十二卷　（清）華蘅芳撰　清光緒十
一年(1885)刻本　四冊

320000 – 1610 – 0001278　2260 – 1 – 6

學算筆談十二卷　（清）華蘅芳撰　清光緒十
一年(1885)刻本　四冊

320000 – 1610 – 0001279　2260 – 1 – 7

學算筆談十二卷　（清）華蘅芳撰　清光緒十
一年(1885)刻本　四冊

320000 – 1610 – 0001280　2260 – 1 – 8

學算筆談十二卷　（清）華蘅芳撰　清光緒十
一年(1885)刻本　四冊

320000 – 1610 – 0001281　2260 – 1 – 9

學算筆談十二卷　（清）華蘅芳撰　清光緒十
一年(1885)刻本　四冊

320000 – 1610 – 0001282　2260 – 1 – 10

學算筆談十二卷　（清）華蘅芳撰　清光緒十
一年(1885)刻本　四冊

320000 – 1610 – 0001283　2260 – 1 – 11

學算筆談十二卷　（清）華蘅芳撰　清光緒十
一年(1885)刻本　四冊

320000 – 1610 – 0001284　2260 – 1 – 12

學算筆談十二卷　（清）華蘅芳撰　清光緒十
一年(1885)刻本　四冊

320000 – 1610 – 0001285　2260 – 1 – 13

學算筆談十二卷　（清）華蘅芳撰　清光緒十
一年(1885)刻本　四冊

320000 – 1610 – 0001286　2260 – 1 – 14

學算筆談十二卷　（清）華蘅芳撰　清光緒十
一年(1885)刻本　四冊

320000 – 1610 – 0001287　2260 – 1 – 15

學算筆談十二卷　（清）華蘅芳撰　清光緒十
一年(1885)刻本　四冊

320000 – 1610 – 0001288　2260 – 1 – 16

學算筆談十二卷　（清）華蘅芳撰　清光緒十
一年(1885)刻本　四冊

320000 – 1610 – 0001289　2731

學堂習字帖一卷　（□）□□撰　清光緒三十
三年(1907)上海文寶書局石印本　一冊

320000 – 1610 – 0001290　667

煙霞萬古樓詩殘藁一卷　（清）王曇撰　清光
緒二十六年(1900)刻本　一冊

320000 – 1610 – 0001291　667 – 1

煙霞萬古樓詩殘藁一卷　（清）王曇撰　清光
緒二十六年(1900)刻本　一冊

320000 – 1610 – 0001292　3462

煙霞萬古樓詩選二卷文集六卷　（清）王曇撰
清光緒二十一年(1895)鴻文書局石印本
四冊

320000 – 1610 – 0001293　559

揅經室詩錄五卷　（清）阮元撰　清道光十三
年(1833)刻本　一冊

320000 – 1610 – 0001294　583

揅經室詩錄五卷　（清）阮元撰　清道光十三
年(1833)琅環僊館刻本　一冊

320000 – 1610 – 0001295　1848

顏氏家訓七卷　（北齊）顏之推撰　清上海文
瑞樓石印本　二冊

320000 – 1610 – 0001296　2082

顏延年集四卷　（南朝宋）顏延之撰　清宣統
三年(1911)上海文明書局石印本　一冊

320000 – 1610 – 0001297　3034

兗公之頌不分卷　（唐）張之宏撰　清拓本
一冊

320000 – 1610 – 0001298　577

弇山畢公年譜一卷　（清）史善長撰　清刻本
一冊

320000－1610－0001299　3029

燕游草一卷　（清）成世傑撰　清抄本　一冊

320000－1610－0001300　3380

驗方新編八卷　（清）鮑相璈輯　清道光二十六年(1846)刻本　八冊

320000－1610－0001302　592

楊太后宮詞一卷　（宋）潛夫輯　清刻本　一冊

320000－1610－0001303　2887

楊太后宮詞一卷　（宋）潛夫輯　清石印本　一冊

320000－1610－0001304　3384

瘍醫大全四十卷　（清）顧世澄纂　清光緒二十七年(1901)上海圖書集成書局石印本　七冊

320000－1610－0001305　487

養生類要前集一卷　（明）吳正倫撰　清刻本　一冊

320000－1610－0001306　506－2

養一齋詞三卷　（清）潘德輿撰　清咸豐三年(1853)刻本　一冊

320000－1610－0001307　506

養一齋集二十五卷　（清）潘德輿撰　清道光二十九年(1849)刻本　八冊

320000－1610－0001308　506－1

養一齋集二十五卷　（清）潘德輿撰　清刻本　一冊　存六卷(五至十)

320000－1610－0001309　507

養一齋試帖一卷　（清）潘德輿撰　清道光十三年(1833)刻本　一冊

320000－1610－0001310　2296

冶金錄三卷　（美國）阿發滿撰　（英國）傅蘭雅口譯　（清）趙元益筆述　清刻本　二冊

320000－1610－0001311　2109

鄴中記一卷　（晉）陸翽撰　**嶺表錄異三卷**（唐）劉恂撰　清刻本　一冊

320000－1610－0001312　2619

醫案不分卷　（□）□□撰　清抄本　一冊

320000－1610－0001313　1932

醫醇賸義四卷　（清）費伯雄撰　清光緒二十七年(1901)上海書局石印本　一冊

320000－1610－0001314　1896

醫方論四卷　（清）費伯雄著　清石印本　一冊

320000－1610－0001315　497

醫學金鍼八卷　（清）陳念祖撰　清光緒九年(1883)刻本　三冊　缺二卷(七至八)

320000－1610－0001316　1874

醫學三字經不分卷　（清）陳念祖著　清鑄記書局石印本　一冊

320000－1610－0001317　3394

醫學實在易八卷　（清）陳念祖撰　清光緒三十二年(1906)吳閬醫學書會石印本　一冊

320000－1610－0001318　1877

醫學心悟五卷　（清）陳國彭著　清上海錦章書局石印本　一冊　存一卷(一)

320000－1610－0001319　3372

醫宗必讀十卷　（明）李中梓著　清宏道堂刻本　六冊

320000－1610－0001320　3371

醫宗必讀五卷　（明）李中梓著　清同治四年(1865)盛德堂刻本　二冊

320000－1610－0001321　337

夷氛聞記四卷　（清）□□撰　清同治十三年(1874)石印本　一冊

320000－1610－0001322　337－1

夷氛聞記四卷　（清）□□撰　清同治十三年(1874)石印本　一冊

320000－1610－0001323　337－2

夷氛聞記四卷　（清）□□撰　清同治十三年(1874)石印本　一冊

320000－1610－0001324　337－3

夷氛聞記四卷 （清）□□撰 清同治十三年(1874)石印本 一冊

320000 – 1610 – 0001325 337 – 4

夷氛聞記四卷 （清）□□撰 清同治十三年(1874)石印本 一冊

320000 – 1610 – 0001326 337 – 5

夷氛聞記四卷 （清）□□撰 清同治十三年(1874)石印本 一冊

320000 – 1610 – 0001327 337 – 6

夷氛聞記四卷 （清）□□撰 清同治十三年(1874)石印本 一冊

320000 – 1610 – 0001328 278

疑年錄四卷 （清）錢大昕編 **續疑年錄四卷** （清）吳修編 清同治元年(1862)刻本 二冊

320000 – 1610 – 0001329 419

疑年錄四卷 （清）錢大昕編 清同治元年(1862)福山王氏天壤閣刻本 一冊

320000 – 1610 – 0001330 1641

疑雨集四卷 （明）王彥泓著 清上海錦章書局石印本 二冊

320000 – 1610 – 0001331 3145

儀顧堂集十六卷 （清）陸心源撰 清同治十三年(1874)福州刻本 四冊

320000 – 1610 – 0001332 983

儀禮十七卷 （漢）鄭玄注 清光緒十三年(1887)上海蜚英館石印本 二冊

320000 – 1610 – 0001333 983 – 1

儀禮十七卷 （漢）鄭玄注 清光緒十三年(1887)上海蜚英館石印本 二冊

320000 – 1610 – 0001334 948

儀禮識誤三卷 （宋）張淳撰 **春秋傳說例一卷** （宋）劉敞撰 清刻本 一冊

320000 – 1610 – 0001335 3158

易傳九卷 （明）沈世龍 （明）胡震亨撰 明刻本 四冊

320000 – 1610 – 0001336 116

易經八卷 （宋）程頤傳 清光緒九年(1883)刻本 二冊

320000 – 1610 – 0001337 150

易經備旨七卷 （清）鄒聖脈纂輯 清嘉慶二十五年(1820)刻本 四冊

320000 – 1610 – 0001338 2205

易經備旨七卷 （清）鄒聖脈纂輯 清東都樂善堂刻本 二冊

320000 – 1610 – 0001339 981

易經備旨七卷書經備旨七卷 （清）鄒聖脈纂輯 清同治三年(1864)英德堂刻本 三冊 存七卷(易經備旨一至四、書經備旨五至七)

320000 – 1610 – 0001340 437

易經大全會解四卷 （清）來爾繩輯 清康熙刻本 二冊

320000 – 1610 – 0001341 964

易緯八種十二卷 （漢）鄭玄注 **尚書大傳三卷辨偽一卷** （漢）伏勝撰 （漢）鄭玄注 （清）陳壽祺輯校 清光緒十四年(1888)石印本 一冊

320000 – 1610 – 0001342 444

益智字圖一卷 （清）史梅君撰 **益智續圖一卷** （清）童昂著 **益智圖二卷** （清）童葉庚著 清光緒十一年(1885)童氏睫巢刻本 三冊 缺一卷(益智圖一)

320000 – 1610 – 0001343 988

異域錄二卷 （清）圖理琛撰 清刻本 一冊 存一卷(一)

320000 – 1610 – 0001344 133

儀禮十七卷 （漢）鄭玄注 （明）金蟠訂 清永懷堂刻本 四冊

320000 – 1610 – 0001345 138

儀禮石經校勘記四卷 （清）阮元撰 清乾隆五十七年(1792)七錄書閣刻本 一冊

320000 – 1610 – 0001346 132

儀禮章句十七卷 （清）吳廷華撰 清刻本

四冊　存十一卷(七至十七)

320000 – 1610 – 0001347　256

養蒙針度五卷　（清）潘子聲撰　清光緒十年
(1884)京口文成堂刻本　二冊

320000 – 1610 – 0001348　434

儀鄭堂文二卷　（清）孔廣森撰　八甎吟館刻
燭集二卷　（清）阮元輯　清刻本　一冊

320000 – 1610 – 0001349　3076

藝風藏書記八卷　繆荃孫編　清光緒二十六
年至二十七年(1900 – 1901)刻本　二冊

320000 – 1610 – 0001350　696

藝概六卷　（清）劉熙載撰　清同治十二年
(1873)刻本　二冊

320000 – 1610 – 0001351　1773

藝苑叢話十六卷　（清）陳琰編　清宣統三年
(1911)上海六藝書局石印本　四冊

320000 – 1610 – 0001352　2097

音註小倉山房尺牘八卷　（清）袁枚著　（清）
胡光斗箋　清光緒上海錦章書局石印本
四冊

320000 – 1610 – 0001353　268

殷商貞卜文字考一卷　羅振玉撰　清宣統二
年(1910)石印本　一冊

320000 – 1610 – 0001354　3410

吟秋山館酬唱集四卷　（清）袁錫麒著　清光
緒十八年(1892)石印本　一冊

320000 – 1610 – 0001355　423

尹文子一卷慎子一卷公孫龍子一卷鬼谷子一
卷　（清）崇文書局編　清光緒元年(1875)湖
北崇文書局刻本　一冊

320000 – 1610 – 0001356　489

引種牛痘紀要不分卷　（清）邱熺撰　清光緒
三十年(1904)江寧藩署刻本　一冊

320000 – 1610 – 0001357　2016

飲冰室文集十六卷　梁啟超撰　清光緒二十
八年(1902)石印本　一冊　存六卷(十一至
十六)

320000 – 1610 – 0001358　694

印典八卷　（清）朱象賢編輯　清刻本　一冊
存二卷(四至五)

320000 – 1610 – 0001359　454

印人傳三卷　（清）周亮工撰　清刻本　一冊

320000 – 1610 – 0001360　1926

印人傳三卷續印人傳八卷再續印人小傳三卷
補遺一卷　（清）葉銘編　清宣統二年(1910)
西泠印社石印本　七冊

320000 – 1610 – 0001361　455

印說一卷印言一卷　（清）陳鍊撰　論印絕句
一卷　（清）沈心著　印學管見一卷　（清）馮
承輝著　清刻本　一冊

320000 – 1610 – 0001362　967

英法義比志譯略四卷　（清）薛福成鑒定
（清）世增譯　清光緒二十五年(1899)石印本
二冊

320000 – 1610 – 0001363　967 – 1

英法義比志譯略四卷　（清）薛福成鑒定
（清）世增譯　清光緒二十五年(1899)石印本
二冊

320000 – 1610 – 0001364　2294

英國水師考不分卷　（英國）巴那比　（美國）
克理撰　（英國）傅蘭雅　（清）鍾天緯譯　清
光緒十二年(1886)鉛印本　二冊

320000 – 1610 – 0001365　663

應試詩法淺說詳解六卷　（清）葉葆評註　清
光緒十二年(1886)刻本　一冊

320000 – 1610 – 0001366　3155

楹書隅錄五卷續編四卷　（清）楊紹和撰　清
光緒二十年(1894)海源閣刻本　八冊

320000 – 1610 – 0001367　366

瀛環志略十卷　（清）徐繼畬著　清道光三十
年(1850)刻本　六冊

320000 – 1610 – 0001368　373

瀛環志略十卷　（清）徐繼畬著　清光緒二十
四年(1898)三味書室刻本　八冊

320000 – 1610 – 0001369　1004

瀛環志略十卷　（清）徐繼畬輯著　清同治十二年(1873)淡雲樓刻本　六冊

320000 – 1610 – 0001370　461

永慕堂葬法不分卷　（清）袁遂撰　清光緒十八年(1892)刻本　一冊

320000 – 1610 – 0001371　2416

由拳集二十三卷　（明）屠隆撰　明刻本　六冊　存十卷(八至十七)

320000 – 1610 – 0001372　963

古經解彙函三十種　（清）鍾謙鈞等輯　清光緒十四年(1888)石印本　一冊　存三種四十三卷(輶軒使者絕代語釋別國方言十三卷校正補遺十二卷、釋名八卷、廣雅十卷)

320000 – 1610 – 0001374　3021

俞隸雲墓誌銘不分卷　（清）唐文治撰　（清）姚鳳生書　清光緒二十一年(1895)石印本　一冊

320000 – 1610 – 0001375　2547

榆園叢刻三十七種　（清）許增輯　清同治、光緒刻本　十六冊

320000 – 1610 – 0001376　2334

瑜伽師地論一百卷　（唐）釋玄奘譯　清刻本　二冊　存四卷(四十二至四十五)

320000 – 1610 – 0001377　2373

瑜伽燄口施食要集不分卷　（清）釋定庵輯　清光緒十七年(1891)刻本　一冊

320000 – 1610 – 0001378　2420

虞初志八卷　（明）湯顯祖評輯　明刻本　一冊　存一卷(五)

320000 – 1610 – 0001379　2214

漁古軒詩韻五卷　（清）余照撰　（清）朱德蕃增訂　清道光十七年(1837)刻本　四冊

320000 – 1610 – 0001380　2404

漁洋山人秋柳詩箋一卷　（清）王祖源輯　清同治五年(1866)刻本　一冊

320000 – 1610 – 0001381　500

漁洋山人詩集五十卷　（清）王士禛撰　清同治五年(1866)金陵書局套印本　十冊

320000 – 1610 – 0001382　2238

漁洋書籍跋尾二卷　（清）王士禛撰　清光緒四年(1878)刻本　一冊　存一卷(一)

320000 – 1610 – 0001383　2417

餘冬序錄六十五卷　（明）何孟春撰　明刻本　四冊　存十五卷(四十一至五十五)

320000 – 1610 – 0001384　2149

餘師錄四卷　（宋）王正德撰　詞源二卷（宋）張炎撰　清石印本　一冊

320000 – 1610 – 0001385　63

雨屋深鐙詞一卷　汪兆鏞撰　清宣統三年(1911)鉛印本　一冊

320000 – 1610 – 0001386　63 – 1

雨屋深鐙詞一卷　汪兆鏞撰　清宣統三年(1911)鉛印本　一冊

320000 – 1610 – 0001387　819

玉井搴蓮集一卷　（清）嚴長明著　清宣統元年(1909)江浦陳氏刻本　一冊

320000 – 1610 – 0001388　396

玉篇引詩考證不分卷　（清）吳承炬輯　清光緒二十八年(1902)吳氏抄本　一冊

320000 – 1610 – 0001389　632

玉浤詞一卷　（清）潘曾瑋撰　清咸豐四年(1854)蘇城徐元圃局刻本　一冊

320000 – 1610 – 0001390　1737

玉臺畫史五卷　（清）湯漱玉輯　清翠琅玕館刻本　二冊

320000 – 1610 – 0001391　1999 – 2

玉臺新詠十卷　（南朝陳）徐陵編　清光緒十九年(1893 年)影印本　二冊

320000 – 1610 – 0001392　593

小檀欒室彙刻閨秀詞十集　徐乃昌輯　清光緒二十一年至二十二年(1895 – 1896)南陵徐氏刻本　一冊　存第一集六種六卷(玉雨詞一卷、鴻雪廔詞一卷、洞簫樓詞一卷、古春軒

詞一卷、聽雪詞一卷、古雪詩餘一卷）

320000－1610－0001393　785

育嬰堂徵信錄不分卷　（清）□□撰　清光緒
三年(1877)刻本　一冊

320000－1610－0001394　1897

寓意草一卷　（清）喻昌著　清石印本　一冊

320000－1610－0001395　2218

御案春秋左傳經解備旨十二卷　（清）鄒聖脉
輯　清刻本　七冊

320000－1610－0001396　2189

御定子史精華一百六十卷　（清）允祿　（清）
允禮修　（清）吳襄等纂　清光緒十三年
(1887)上海積山書局石印本　十冊

320000－1610－0001397　909

御批歷代通鑑輯覽一百二十卷　（清）傅恆
(清)楊述曾等纂修　清末商務印書館石印本
四十冊

320000－1610－0001398　910

御批歷代通鑑輯覽一百二十卷　（清）傅恆
(清)楊述曾等纂修　清光緒二十九年(1903)
上海通元書局石印本　二十四冊

320000－1610－0001399　911

御批歷代通鑑輯覽一百二十卷　（清）傅恆
(清)楊述曾等纂修　清末石印本　五冊　存
五十四卷(五十三至一百○六)

320000－1610－0001400　912

御批歷代通鑑輯覽一百二十卷　（清）傅恆
(清)楊述曾等纂修　清末錦章圖書局石印本
六冊　存二十六卷(十二至十六、二十二至
二十五、五十六至五十八、七十五至七十八、
九十五至九十八、一百十五至一百二十)

320000－1610－0001401　425

御批歷代通鑑輯覽一百二十卷　（清）傅恆
(清)楊述曾等纂修　清光緒二十五年(1899)
新化三味堂刻本　八十冊

320000－1610－0001402　1008

御批歷代通鑑輯覽一百二十卷　（清）傅恆

(清)楊述曾等纂修　清石印本　十六冊

320000－1610－0001403　842

御批資治通鑑綱目五十九卷　（宋）朱熹撰
清光緒二年(1876)刻本　七十六冊

320000－1610－0001404　2267－1

御製數理精蘊上編五卷下編四十卷表八卷
(清)聖祖玄燁撰　清光緒八年(1882)江寧藩
署刻本　三十九冊　缺二卷(三十至三十一)

320000－1610－0001405　2267

御製數理精蘊上編五卷下編四十卷表八卷
(清)聖祖玄燁撰　清刻本　六十四冊

320000－1610－0001406　2327

御製數理精蘊上編五卷下編四十卷表八卷
(清)聖祖玄燁撰　清刻本　一冊　存二卷
(下編三十至三十一)

320000－1610－0001407　2401

御製圓明園詩二卷　（清）高宗弘曆撰　（清）
鄂爾泰注　清光緒十三年(1887)石印本
二冊

320000－1610－0001408　1659

御製子史精華一百六十卷　（清）允祿　（清）
允禮修　（清）吳襄等纂　清光緒十二年
(1886)上海同文書局石印本　八冊

320000－1610－0001409　314

御撰資治通鑑綱目三編四十卷　（清）朱珪等
纂修　清同治十一年(1872)刻本　十二冊

320000－1610－0001410　3366

御纂醫宗金鑑九十卷　（清）吳謙　（清）劉裕
鐸等纂修　清乾隆刻本　七冊　存七十四卷
(一至七十四)

320000－1610－0001411　495

御纂醫宗金鑑九十卷首一卷　（清）吳謙等纂
修　清刻本　一冊　存二卷(十一至十二)

320000－1610－0001412　1887

御纂醫宗金鑑外科十六卷　（清）吳謙等編
清光緒二十九年(1903)上海醉六堂石印本
四冊

320000－1610－0001413　3470

淵鑑類函四百五十卷　（清）張英　（清）王士禎等編　清石印本　二十四冊　存二百三十三卷（七十三至一百七十二、二百八十五至三百四十、三百七十四至四百五十）

320000－1610－0001414　329

元和姓纂十卷　（唐）林寶撰　清光緒六年（1880）金陵書局刻本　四冊

320000－1610－0001415　329－1

元和姓纂十卷　（唐）林寶撰　清光緒六年（1880）金陵書局刻本　四冊

320000－1610－0001416　903

元史二百十卷　（明）宋濂等修　清光緒二十八年（1902）上海文瀾書局石印本　八冊

320000－1610－0001417　2181

袁太史時文一卷　（清）袁枚撰　清光緒十八年（1892）著易堂石印本　一冊

320000－1610－0001418　2014

袁文箋正十六卷　（清）袁枚撰　（清）石韞玉箋　增訂袁文箋正四卷　（清）魏大緒撰　清光緒十四年（1888）上海蜚英館石印本　三冊

320000－1610－0001419　2302

圓椎曲線說三卷　（英國）艾約瑟口譯　（清）李善蘭筆述　清同治五年（1866）刻本　三冊

320000－1610－0001420　2302－1

圓椎曲線說三卷　（英國）艾約瑟口譯　（清）李善蘭筆述　清同治五年（1866）刻本　三冊

320000－1610－0001421　2302－2

圓椎曲線說三卷　（英國）艾約瑟口譯　（清）李善蘭筆述　清同治五年（1866）刻本　三冊

320000－1610－0001422　623

願為明鏡室詞稿二卷　（清）江順詒撰　清同治八年（1869）刻本　一冊

320000－1610－0001423　32

月泉吟社一卷　（宋）吳渭輯　明末毛氏汲古閣刻本　二冊

320000－1610－0001424　521

越縵堂駢體文四卷散體文一卷　（清）李慈銘著　清光緒二十三年（1897）刻本　四冊

320000－1610－0001425　2023

越縵堂駢體文四卷散體文一卷　（清）李慈銘著　清光緒二十三年（1897）刻本　一冊

320000－1610－0001426　2153

越言釋二卷　（清）茹敦和撰　清光緒四年（1878）嘯園刻本　二冊

320000－1610－0001427　2631

粵雅堂叢書二十集一百三十四種　（清）伍崇曜輯　清咸豐三年（1853）南海伍氏刻本　一百七十四冊　缺二十七種一百八十一卷（國史經籍志五卷附錄一卷、文史通義八卷、校讎通義三卷、石柱記箋釋五卷、林屋唱酬錄一卷、焦山紀遊集一卷、沙河逸老小稿六卷、韓柳年譜八卷、韓吏部文公集年譜一卷、韓子年譜五卷、周官新義十六卷附考工記解二卷、爾雅新義二十卷附錄一卷敘錄一卷、孫氏周易集解十卷、春秋穀梁傳時月日書法釋例一卷、羣經音辨七卷、相臺書塾刊正九經三傳沿革例一卷、九經補韻一卷附錄一卷、詞林韻釋二卷、漢書地理志稽疑六卷、國策地名攷二十卷首一卷、李元賓文集文編三卷外編二卷續編一卷、呂衡州集十卷附考證一卷、西崑酬倡集二卷、鄂州小集六卷、樂府雅詞六卷拾遺二卷、陽春白雪八卷外集一卷、孳經室詩錄五卷）

320000－1610－0001428　1988

閱微草堂筆記二十四卷　（清）紀昀撰　清光緒二十四年（1898）宏文閣石印本　六冊

320000－1610－0001429　2620

雲中人傳奇一卷　（清）李士珠正譜　（清）蔣士銓填詞　清刻本　一冊

320000－1610－0001430　2311

運規約指三卷　（英國）白起德輯　（英國）傅蘭雅口譯　（清）徐建寅筆述　清刻本　一冊

320000－1610－0001431　2311－1

運規約指三卷　（英國）白起德輯　（英國）傅

蘭雅口譯　（清）徐建寅筆述　清刻本　一冊

320000－1610－0001432　2311－2

運規約指三卷　（英國）白起德輯　（英國）傅
蘭雅口譯　（清）徐建寅筆述　清刻本　一冊

320000－1610－0001433　2311－3

運規約指三卷　（英國）白起德輯　（英國）傅
蘭雅口譯　（清）徐建寅筆述　清刻本　一冊

320000－1610－0001434　2311－4

運規約指三卷　（英國）白起德輯　（英國）傅
蘭雅口譯　（清）徐建寅筆述　清刻本　一冊

320000－1610－0001435　2311－5

運規約指三卷　（英國）白起德輯　（英國）傅
蘭雅口譯　（清）徐建寅筆述　清刻本　一冊

320000－1610－0001436　2311－6

運規約指三卷　（英國）白起德輯　（英國）傅
蘭雅口譯　（清）徐建寅筆述　清刻本　一冊

320000－1610－0001437　2311－7

運規約指三卷　（英國）白起德輯　（英國）傅
蘭雅口譯　（清）徐建寅筆述　清刻本　一冊

320000－1610－0001438　54

蘊真居詩集六卷　（清）陸學欽撰　清光緒十
三年(1887)刻本　二冊

320000－1610－0001439　937

韻府約編二十四卷　（清）鄧愷輯　清乾隆二
十四年(1759)刻本　二十冊

320000－1610－0001440　3090

在陸草堂文集六卷　（清）儲欣撰　清雍正元
年(1723)刻本　三冊

320000－1610－0001441　2326

則古昔齋算學叢書十三種　（清）李善蘭輯
清石印本　六冊

320000－1610－0001442　2326－1

則古昔齋算學叢書十三種　（清）李善蘭輯
清石印本　六冊

320000－1610－0001443　2151

擇言尤雅錄一卷　（清）袁翔甫輯　清光緒二

年(1876)嘯園刻本　一冊

320000－1610－0001444　2227

曾文正公家書十卷　（清）曾國藩撰　清鉛印
本　四冊　存八卷(三至十)

320000－1610－0001445　3459

曾文正公家訓二卷　（清）曾國藩撰　清光緒
三十二年(1906)商務印書館鉛印本　一冊

320000－1610－0001446　1776

曾文正公全集一百五十六卷　（清）曾國藩撰
清光緒二年(1876)傳忠書局刻本　一百三
十二冊

320000－1610－0001447　2564

曾文正公手書日記不分卷　（清）曾國藩撰
清宣統元年(1909)影印本　四十冊

320000－1610－0001448　483

增補大生要旨五卷　（清）唐千頃纂　（清）馬
振蕃續增　清光緒七年(1881)刻本　一冊

320000－1610－0001449　144

增訂二論詳解四卷　（清）劉忠輯　清崇德堂
刻本　一冊　存一卷(四)

320000－1610－0001450　3404

增訂漢魏叢書三十八種　（清）王謨輯　清光
緒二十一年(1895)石印本　四十七冊　存二
十八種二百〇六卷(詩韻全璧五卷、虛字韻藪
一卷、初學檢韻一卷、新書十卷、新序十卷、說
苑二十卷、方言十三卷、博雅十卷、釋名四卷、
竹書紀年二卷、華陽國志十四卷、大戴禮記十
三卷、詩說一卷、神仙傳十卷、毛詩草木鳥獸
蟲魚疏二卷、獨斷一卷、法言十卷、鹽鐵論十
二卷、淮南鴻烈解二十一卷、詩傳孔氏傳一
卷、韓詩外傳十卷、元經薛氏傳十卷、申鑒五
卷、吳越春秋六卷、穆天子傳六卷、孔叢子二
卷、白虎通德論四卷、新語二卷)

320000－1610－0001451　262

增訂金壺字考一卷　（清）郝在田撰　清光緒
四年(1878)刻本　一冊

320000－1610－0001452　1938

增訂詳註廣日記故事二卷　（清）王相增註
清文光山房石印本　一冊

320000－1610－0001453　1873
增訂醫宗金鑑九十卷　（清）吳謙等輯　清上
海錦章書局石印本　一冊　存五卷(三十六
至四十)

320000－1610－0001454　1873－1
增訂醫宗金鑑九十卷　（清）吳謙等輯　清石
印本　一冊　存六卷(十一至十六)

320000－1610－0001455　2212
增廣四書五經典林十二卷　題（清）求是齋主
人輯　清光緒十四年(1888)上海積山書局石
印本　六冊

320000－1610－0001456　490
增輯傷寒類方四卷　（清）徐大椿編　（清）潘
蔚增輯　清刻本　二冊　缺一卷(一)

320000－1610－0001457　1817
增評補像全圖金玉緣十六卷一百二十回
（清）曹霑著　清光緒二十五年(1899)上海書
局石印本　四冊

320000－1610－0001458　2312
增刪算法統宗十一卷首一卷　（明）程大位編
（清）梅毂成增刪　清刻本　四冊

320000－1610－0001459　2312－1
增刪算法統宗十一卷首一卷　（明）程大位編
（清）梅毂成增刪　清刻本　四冊

320000－1610－0001460　2312－2
增刪算法統宗十一卷首一卷　（明）程大位編
（清）梅毂成增刪　清刻本　四冊

320000－1610－0001461　2312－3
增刪算法統宗十一卷首一卷　（明）程大位編
（清）梅毂成增刪　清刻本　四冊

320000－1610－0001462　2312－4
增刪算法統宗十一卷首一卷　（明）程大位編
（清）梅毂成增刪　清刻本　四冊

320000－1610－0001463　2312－5
增刪算法統宗十一卷首一卷　（明）程大位編

（清）梅毂成增刪　清刻本　四冊

320000－1610－0001464　3461
札迻十二卷　（清）孫詒讓撰　清光緒二十一
年(1895)上海千頃堂書局石印本　六冊

320000－1610－0001465　683
湛然居士文集十四卷　（元）耶律楚材撰　清
光緒元年(1875)刻本　四冊

320000－1610－0001466　335
戰國策三十三卷　（漢）高誘注　戰國策札記
三卷　（清）黃丕烈撰　清嘉慶八年(1803)刻
本　五冊

320000－1610－0001467　336
戰國策三十三卷　（漢）高誘注　戰國策札記
三卷　（清）黃丕烈撰　清同治八年(1869)湖
北崇文書局刻本　五冊

320000－1610－0001468　986
戰國策三十三卷　（漢）高誘注　清嘉慶八年
(1803)吳門黃氏讀未見書齋刻本　三冊

320000－1610－0001469　986－1
戰國策三十三卷　（漢）高誘注　清嘉慶八年
(1803)吳門黃氏讀未見書齋刻本　二冊　存
二十一卷(一至二十一)

320000－1610－0001470　290
張潛園書廣雅相國奏議不分卷附函電不分卷
（清）張之洞撰　清末石印本　一冊

320000－1610－0001471　2282
張邱建算經三卷　（北周）甄鸞注　（唐）李淳
風注釋　清光緒十六年(1890)刻本　一冊

320000－1610－0001472　2553
張氏適園叢書初集七種　張鈞衡輯　清宣統三
年(1911)上海國學扶輪社鉛印本　二十五冊

320000－1610－0001473　10
張文獻公集十二卷　（唐）張九齡撰　明嘉靖
二十四年(1545)李而進刻本　四冊　存六卷
(一至六)

320000－1610－0001475　529
趙文敏公松雪齋全集十卷外集一卷續集一卷

241

行狀一卷 （元）趙孟頫撰 清光緒八年
(1882)洞庭楊氏刻本 四冊

320000－1610－0001476 2116
哲學論綱四篇 （法國）李奇若著 陳鵬譯
清光緒二十九年(1903)鉛印本 一冊

320000－1610－0001477 648
貞居詞一卷 （元）張雨著 柘軒詞一卷
（明）淩雲翰著 清光緒十二年(1886)刻本
一冊

320000－1610－0001478 644
真松閣詞六卷 （清）楊夔生撰 清光緒元年
(1875)心禪室刻本 二冊

320000－1610－0001479 1911
鍼灸大成十二卷 （明）楊繼洲著 清上海鑄
記書局石印本 六冊

320000－1610－0001480 2584
振綺堂叢書初集十二種 （清）汪康年輯 清
宣統二年(1910)鉛印本 六冊

320000－1610－0001481 2556
振綺堂叢書二集十二種 （清）汪康年輯 清
光緒二十年(1894)泉唐汪氏刻本 七冊 缺
二種十卷(萬象一原九卷、埃及碑釋一卷)

320000－1610－0001482 2556－1
振綺堂叢書二集十二種 （清）汪康年輯 清
刻本 四冊 存四種十二卷(章谷屯志畧一
卷、萬象一原九卷、轉徙餘生記一卷、西伯利
亞東偏紀要一卷)

320000－1610－0001483 1748
震澤長語二卷 （明）王鏊撰 戲瑕三卷
（明）錢希言撰 清刻本 一冊 缺一卷(震
澤長語一)

320000－1610－0001484 2634
正覺樓叢刻二十九種 （清）崇文書局輯 清
光緒崇文書局刻本 二十冊 存十七種四十
八卷(樂府傳聲二卷、樂書要錄五至七、律呂
新義四卷、二林居集二卷、指南後錄三卷、紀
事約言二卷、禮記天算釋一卷、酌中志餘二

卷、兩京新記一卷、李嶠雜詠二卷、臨安旬制
紀三卷、全浙詩話刊誤一卷、周官指掌五卷、
人海記二卷、重訂擬瑟譜一卷、譚子化書六
卷、括地志八卷)

320000－1610－0001485 24
正字通十二卷 （明）張自烈輯 清康熙十七
年(1678)刻本 三十八冊

320000－1610－0001486 2006
鄭板橋全集六卷 （清）鄭燮撰 清宣統元年
(1909)掃葉山房石印本 四冊

320000－1610－0001487 938
鄭氏周易注三卷 （宋）王應麟撰集 （清）惠
棟增補 補遺一卷 （清）孫堂輯 陸氏周易
述七卷 （三國吳）陸績撰 （明）姚士粦輯
（清）孫堂增補 清光緒十四年(1888)石印本
一冊

320000－1610－0001488 3096
支那教學史略三卷 （日本）狩野良知著 清
光緒二十八年(1902)上海商務印書館鉛印本
一冊

320000－1610－0001489 516
枝山文集四卷 （明）祝允明著 清同治十三
年(1874)元和祝氏刻本 二冊

320000－1610－0001490 3425
知不足齋叢書三十集 （清）鮑廷博等編 清
刻本 十三冊 存十七種四十七卷(南濠詩話
一卷、麓堂詩話一卷、石墨鐫華八卷、金石史二
卷、間者軒帖考一卷、江淮異人錄一卷、慶元黨
禁一卷、愧郯錄十五卷、江西詩社宗派圖錄一
卷、江西詩派小序一卷、萬柳溪邊舊話一卷、古
刻叢鈔一卷、三山鄭菊山先生清雋集一卷、所南
翁一百二十圖詩集一卷、錦錢餘笑二十四首、鄭
所南先生文集一卷、畫墁集八卷補遺一卷)

320000－1610－0001491 289
直閣朱公祠墓錄二卷附刻一卷 （清）朱文懋
輯 清光緒二十一年(1895)丁氏嘉惠堂刻本
一冊

320000－1610－0001492 3100

直木齋全集十三卷　（清）任繩隈撰　清光緒
十四年(1888)刻本　三冊

320000－1610－0001493　2544

咫進齋叢書三集三十五種　（清）姚覲元輯
清光緒九年(1883)歸安姚氏刻本　二十二冊

320000－1610－0001494　2544－1

咫進齋叢書三集三十五種　（清）姚覲元輯
清光緒九年(1883)歸安姚氏刻本　七冊　存
七種十八卷(公羊禮疏一至六、說文檢字二卷
補遺一卷、古今韻考四卷、前徽錄一卷、禮記
天算釋一卷、孝經鄭注一卷、爾雅補郭二卷)

320000－1610－0001495　2544－2

咫進齋叢書三集三十五種　（清）姚覲元輯
清刻本　一冊　存三種(中州金石目四卷補
遺一卷、瘞鶴銘圖考、蘇齋唐碑選)

320000－1610－0001496　1962

指南後錄三卷　（宋）文天祥撰　清光緒六年
(1880)刻本　一冊

320000－1610－0001497　2136

指南後錄三卷　（宋）文天祥撰　清光緒六年
(1880)刻本　一冊

320000－1610－0001498　2378

指月錄三十二卷　（明）瞿汝稷集　清刻本
二冊　存六卷(十八至二十三)

320000－1610－0001499　2065－1

中等國文讀本不分卷　（□）□□撰　清宣統
三年(1911)商務印書館鉛印本　存二冊(七、
九)

320000－1610－0001500　397

中衢一勺三卷附錄四卷　（清）包世臣撰
（清）包世榮　（清）包慎言注　清同治十一年
(1872)注經堂刻本　三冊

320000－1610－0001501　920

中外地輿圖說集成一百三十卷　（清）同康廬
輯　清光緒二十年(1894)上海積山書局石印
本　二十四冊

320000－1610－0001502　3383

種痘新書十二卷　（清）張琰撰　清刻本　一
冊　存二卷(五至六)

320000－1610－0001503　3375

種福堂公選溫熱論醫案四卷　（清）葉桂撰
清光緒十年(1884)掃葉山房刻本　四冊

320000－1610－0001504　1915－1

種福堂續選醫案六卷　（清）葉桂撰　清刻本
二冊

320000－1610－0001505　567

仲蔚先生集二十四卷　（明）俞允文撰　明刻
本　二冊　存十五卷(四至十八)

320000－1610－0001506　446

重訂文選集評十五卷末一卷　（清）于光華編
清刻本　四冊　存四卷(三、六、九、十五)

320000－1610－0001507　528

重訂文選集評十五卷首一卷末一卷　（清）于
光華編　清同治九年(1870)拾介園刻本　十
二冊　缺五卷(三、六、九、十五、末一卷)

320000－1610－0001508　832

重刊校正笠澤叢書四卷補遺一卷　（唐）陸龜
蒙撰　清刻本　五冊

320000－1610－0001509　985

重刻剡川姚氏本戰國策札記三卷　（清）黃丕
烈撰　清嘉慶八年(1803)吳門黃氏讀未見書
齋刻本　一冊

320000－1610－0001510　2112

重刻養真集二卷　題(清)養真子編　清光緒
三十年(1904)鉛印本　一冊

320000－1610－0001511　3175

重修揚州府志七十二卷首一卷　（清）阿克當
阿等修　（清）姚文田等纂　清刻本　一冊
存一卷(首一卷)

320000－1610－0001512　2301

重學二十卷　（英國）艾約瑟口譯　（清）李善
蘭筆述　清同治五年(1866)刻本　五冊

320000－1610－0001513　30

眾妙集一卷　（宋）趙師秀輯　明末毛氏汲古

243

閣刻本 一冊

320000－1610－0001514 30－1

眾妙集一卷 （宋）趙師秀輯 明末毛氏汲古
閣刻本 二冊

320000－1610－0001515 2273

周髀算經二卷 （漢）趙君卿注 （北周）甄鸞
重述 （唐）李淳風釋 清光緒十六年(1890)
刻本 一冊

320000－1610－0001516 2273－1

周髀算經六卷 （漢）趙君卿注 （北周）甄鸞
重述 （唐）李淳風釋 清刻本 二冊

320000－1610－0001517 730

周賀詩集一卷 （唐）周賀撰 清光緒二十七
年(1901)影印宋刻本 一冊

320000－1610－0001518 139

周禮十二卷 （漢）鄭玄注 （唐）陸德明音義
清刻本 一冊 存二卷(十一至十二)

320000－1610－0001519 232

周禮十二卷 （漢）鄭玄注 （唐）陸德明音義
清光緒刻本 一冊 存二卷(九至十)

320000－1610－0001522 984

周禮十二卷 （漢）鄭玄注 （唐）陸德明音義
清光緒十三年(1887)上海蜚英館石印本
一冊 存四卷(一至四)

320000－1610－0001523 233

周禮十二卷附劄記一卷 （漢）鄭玄注 （唐）
陸德明音義 清刻本 六冊 缺四卷(一至
四)

320000－1610－0001524 966

周禮十二卷札記一卷 （漢）鄭玄注 （唐）陸
德明音義 清光緒十三年(1887)上海蜚英館
石印本 四冊

320000－1610－0001525 966－1

周禮十二卷札記一卷 （漢）鄭玄注 （唐）陸
德明音義 清光緒十三年(1887)上海蜚英館
石印本 三冊 缺四卷(一至四)

320000－1610－0001526 966－2

周禮十二卷札記一卷 （漢）鄭玄注 （唐）陸
德明音義 清光緒十三年(1887)上海蜚英館
石印本 一冊 存二卷(五至六)

320000－1610－0001527 131

周禮四十二卷 （漢）鄭玄注 （明）金蟠訂
清浙江書局刻本 四冊

320000－1610－0001528 886

周書五十卷 （唐）令狐德棻等撰 清光緒二
十八年(1902)上海文瀾書局石印本 一冊

320000－1610－0001529 1973

周書五十卷 （唐）令狐德棻等撰 清石印本
一冊 存六卷(四十五至五十)

320000－1610－0001530 3071

周無專鼎銘考一卷 （清）羅士琳考 **呻吟語
二卷** （明）呂坤著選 清道光二十二年
(1842)刻本 一冊

320000－1610－0001531 130

周易觀象十二卷 （清）李光地注 清永懷堂
刻本 四冊

320000－1610－0001532 956

周易集解十七卷 （唐）李鼎祚輯 **周易口訣
義六卷** （唐）史徵撰 清光緒十四年(1888)
石印本 一冊 缺七卷(周易集解一至七)

320000－1610－0001533 141

周易集注四卷附筮儀一卷卦歌一卷圖說一卷
（□）□□□撰 清文成堂刻本 二冊

320000－1610－0001534 140

周易九卷附十三經總目一卷 （三國魏）王弼
注 （明）金蟠訂 清同治八年(1869)永懷堂
刻本 三冊

320000－1610－0001535 424

周易六卷 （宋）程頤傳 清光緒黎庶昌刻古
逸叢書本 二冊

320000－1610－0001536 147

周易四卷 （宋）朱熹集注 清揚州二郎廟內
片善堂惜字公局刻本 二冊

320000－1610－0001537 3103

朱柏廬先生編年毋欺録三卷　（清）金吳瀾編
清光緒六年(1880)刻本　三冊

320000－1610－0001539　2555
槐廬叢書五十種　（清）朱記榮輯　清光緒十
四年(1888)吳縣朱氏槐廬家塾刻本　八冊
存五種二十五卷(歷代帝王宅京記二十卷、求
古録一卷、營平二州地名記一卷、昌平山水記
二卷、明季實録一卷)

320000－1610－0001540　676
朱子古文讀本六卷　（清）周大璋編　清康熙
五十六年(1717)寶旭齋刻本　五冊　缺一卷
(五)

320000－1610－0001541　3160
朱子語類三十八卷　（宋）朱熹撰　清康熙四
十年(1701)琴川書屋刻本　六冊

320000－1610－0001542　334
諸葛忠武志十卷　（清）張鵬翮輯　清嘉慶十
九年(1814)刻本　四冊

320000－1610－0001543　2626
竹譜不分卷　寶鎮輯　清宣統三年(1911)石
印本　一冊

320000－1610－0001544　39
竹書紀年二卷　（南朝梁）沈約注　明末刻本
一冊　存一卷(二)

320000－1610－0001545　482
注解傷寒論十卷　（漢）張仲景著　（金）成無
己注　清光緒二十二年(1896)湖南書局刻本
六冊

320000－1610－0001546　1809
注釋第六才子書六卷　（元）王實甫撰　清乾
隆三十四年(1769)薈經堂刻本　六冊

320000－1610－0001547　711
注釋唐詩三百首不分卷　（清）蘅塘退士編
清刻本　一冊

320000－1610－0001549　684
莊子十卷　（晉）郭象注　（唐）陸德明音義　清
光緒二年(1876)浙江書局刻二十二子本　六冊

320000－1610－0001550　710
莊子十卷　（晉）郭象注　（唐）陸德明音義
清光緒二年(1877)浙江書局刻二十二子本
四冊

320000－1610－0001551　697
莊子因六卷　（清）林雲銘評述　清光緒六年
(1880)刻本　一冊　存二卷(一至二)

320000－1610－0001552　1635
壯悔堂文集十卷遺稿一卷四憶堂詩集六卷
（清）侯方域著　清宣統元年(1909)中國圖書
公司鉛印本　四冊

320000－1610－0001553　1661
壯悔堂文集十卷遺稿一卷四憶堂詩集六卷
（清）侯方域著　清宣統元年(1909)中國圖書
公司鉛印本　四冊

320000－1610－0001554　820
拙存堂題跋一卷　（清）蔣衡撰　清宣統元年
(1909)江浦陳氏刻本　一冊

320000－1610－0001555　3112
拙軒集六卷　（金）王寂撰　清乾隆四十一年
(1776)刻武英殿聚珍版叢書本　二冊

320000－1610－0001556　1960
酌中志餘二卷　（明）劉若愚撰　清光緒七年
(1881)刻本　一冊　存一卷(一)

320000－1610－0001557　2085
酌中志餘二卷　（明）劉若愚撰　清光緒七年
(1881)刻本　一冊　存一卷(一)

320000－1610－0001558　312
資治通鑑二百九十四卷附釋文辯誤十二卷
（宋）司馬光撰　（元）胡三省音注　清嘉慶二
十一年(1816)胡克家影元刻本　一百〇四冊

320000－1610－0001559　326
資治通鑑二百九十四卷附釋文辯誤十二卷
（宋）司馬光撰　（元）胡三省注　清嘉慶二十
一年(1816)胡克家影元刻本　一百冊

320000－1610－0001560　844
資治通鑑綱目五十九卷首一卷續資治通鑑綱

目二十七卷 （宋）朱熹撰 清刻本 一百十二冊

320000－1610－0001561 313
資治通鑑目録三十卷 （宋）司馬光撰 清同治八年(1869)江蘇書局刻本 十冊

320000－1610－0001562 313－1
資治通鑑目録三十卷 （宋）司馬光撰 清同治八年(1869)江蘇書局刻本 十冊

320000－1610－0001563 313－2
資治通鑑目録三十卷 （宋）司馬光撰 清同治八年(1869)江蘇書局刻本 十冊

320000－1610－0001564 327
資治通鑑目録三十卷 （宋）司馬光撰 清同治八年(1869)江蘇書局刻本 十冊

320000－1610－0001565 1978
子史精華三十卷 （清）允禄 （清）允禮修 （清）吳襄等纂 清光緒九年(1883)石印本 二冊

320000－1610－0001566 459
子史精華三十卷 （清）允禄 （清）允禮修

（清）吳襄等纂 清光緒九年(1883)石印本 二冊

320000－1610－0001567 431
子書百家一百種 （清）崇文書局輯 清光緒元年(1875)湖北崇文書局刻本 一百十冊

320000－1610－0001568 2107
子野詞一卷 （宋）張先撰 東山詞一卷 （宋）賀鑄撰 清刻本 一冊

320000－1610－0001569 3377
字彙十二卷 （明）梅膺祚音釋 清道光五年(1825)經文堂刻本 十三冊

320000－1610－0001570 428
字彙數求聲十二卷 （明）梅膺祚撰 清康熙十六年(1677)展園刻本 十二冊

320000－1610－0001571 266
字學舉隅不分卷 （清）龍啓瑞撰 清光緒十二年(1886)刻本 一冊

320000－1610－0001572 957
字學舉隅不分卷 （清）龍啟瑞撰 清光緒十三年(1887)鴻文書局石印本 一冊

江蘇省東臺市圖書館
古籍普查登記目錄

全國古籍普查登記目錄

國家圖書館出版社
National Library of China Publishing House

《江蘇省東臺市圖書館古籍普查登記目録》
編委會

主　編：吉家林

編　委：吉家林　張承凱　孫臺生　姚　敏　李　雯

《江蘇省東臺市圖書館古籍普查登記目録》

前　言

　　江蘇省東臺市圖書館成立於 1958 年,當初館藏古籍的主要來源有四個方面:一是從縣文化館及一些鄉鎮圖書室調集的,二是從縣級機關相關科室徵集的,三是從民間購置的,四是一些私人捐贈的。

　　此後,館藏古籍數量又有所增加,直到"文革"之前,明清版古籍總量已達 5000餘冊。"文革"中因受"破四舊"風潮影響,所有古籍不再外露,統置於書庫内長期封存。

　　改革開放後,東臺縣撤縣建市,東臺市圖書館也開始逐步整理館藏古籍。剛開始整理時,所有古籍散亂堆積在一起,連書目都找不到。於是就先區别類型,分櫃放置;再查閲書卷,清點冊數,並在此基礎上編寫簡目。所謂"簡目",就是"書名"和"冊數"兩項,僅有這兩項,是難以讓古籍裏的文字"活起來"的。

　　隨着國家對古籍保護工作的日益重視,又提出了"全國古籍普查登記目録格式整理"的新規範。爲了弘揚中華優秀傳統文化,東臺市圖書館開始按國家和省古籍保護中心的要求,重新進行了古籍普查和登記目録,並經省古籍保護中心審查合格。

　　東臺市圖書館這批館藏古籍的特點有:

　　1. 史部古籍多,不同版本的正史特别多,且有"二十四史"和"十七史"兩組古色古香的專櫃存放,其保護程度也相對較好。

　　2. 近兩年新建了古籍保管室兼閲覽室,增添了六組存放古籍的新書櫃,加上原有的兩組老櫃共八組,所有館藏古籍都能按部按類寬松放置了。

　　3. 這批館藏古籍中有一些明代木刻本,也有少量的清代手稿本和手鈔本,還有個别的清代木活字本,清乾隆以前的木刻本亦有一定的批量,但大多是清嘉慶至宣統的木刻本、石印本和鉛印本。

　　4. 缺點是有一些散本,且由於以前保護得不好,其中有一些蟲蛀,有一些殘破。

本書編委會
2014 年 9 月

320000 – 1636 – 0000001   1001

欽定書經傳說匯纂二十一卷首二卷　（清）王頊齡等撰　清雍正八年(1730)刻本　二十冊

320000 – 1636 – 0000002   1002

易經四卷　（宋）朱熹本義　清嘉慶十六年(1811)揚州十笏堂刻御案五經本　二冊

320000 – 1636 – 0000003   1003

欽定詩經傳說彙纂二十一卷首二卷　（清）王鴻緒　（清）揆叙等輯　清雍正五年(1727)刻本　十冊

320000 – 1636 – 0000004   1004

春秋左傳杜注三十卷　（晉）杜預注釋　（清）姚培謙補輯　清光緒九年(1883)江南書局刻本　十冊

320000 – 1636 – 0000005   1005

禮記十卷　（元）陳澔集說　清嘉慶十六年(1811)揚州十笏堂刻御案五經本　十冊

320000 – 1636 – 0000006   1006

禮記集說十卷　（元）陳澔集說　清光緒十八年(1892)寶善堂刻本　十冊

320000 – 1636 – 0000007   1007

東萊博議四卷　（宋）呂祖謙撰　清光緒二十六年(1900)京都同文閣刻本　四冊

320000 – 1636 – 0000008   1008

皇朝五經匯解二百七十卷　題(清)抉經心室主人輯　清光緒十四年(1888)鴻文書局石印本　二十四冊

320000 – 1636 – 0000009   1009

四書講義困勉錄三十七卷續錄六卷　（清）陸隴其纂輯　（清）陸公鏐編次　清康熙三十八年(1699)嘉會堂刻本　十四冊

320000 – 1636 – 0000010   1010

御纂周易折中二十二卷　（清）李光地撰　清康熙五十四年(1715)刻本　十六冊

320000 – 1636 – 0000011   1011

禮記集說十卷　（元）陳澔撰　清刻本　一冊　存一卷(五)

320000 – 1636 – 0000012   1012

龍文鞭影二卷　（明）蕭良有撰　（明）楊臣諍增訂　清乾隆四十四年(1779)刻本　二冊

320000 – 1636 – 0000013   1013

重訂龍文鞭影三卷　（明）蕭良有撰　（明）楊臣諍增訂　清光緒二十年(1894)京口善化書局刻本　四冊

320000 – 1636 – 0000014   1014

欽定春秋傳說彙纂三十八卷首二卷　（清）王掞等撰　清康熙六十年(1721)刻本　二十四冊

320000 – 1636 – 0000015   1015

康熙字典三十六卷總目一卷備考一卷　（清）張玉書　（清）凌紹雯等纂修　清康熙五十五年(1716)刻本　十四冊　存十四卷(一至十二、總目一卷、備考一卷)

320000 – 1636 – 0000016   1016

六書通十卷　（明）閔齊伋撰　（清）畢弘述篆訂　清乾隆六十年(1795)刻本　五冊

320000 – 1636 – 0000017   1017

說文部首讀本一卷　（清）程畹著　清光緒刻本　一冊

320000 – 1636 – 0000018   1018

說文解字十五卷　（漢）許慎撰　（宋）徐鉉等校定　明嘉靖刻本　一冊　存二卷(九至十)

320000 – 1636 – 0000019   1019

書經六卷　（宋）蔡沈集傳　清嘉慶十六年(1811)揚州十笏堂刻御案五經本　四冊

320000 – 1636 – 0000020   1020

詩經八卷　（宋）朱熹集傳　清嘉慶十六年(1811)揚州十笏堂刻御案五經本　四冊

320000 – 1636 – 0000021   1021

春秋傳說薈要十二卷　（清）□□輯　清嘉慶十六年(1811)揚州十笏堂刻御案五經本　四冊

320000 – 1636 – 0000022   1022

評點春秋綱目左傳句解彙雋六卷　（清）韓葵

評點　清光緒十一年（1885）文成堂刻本
六冊

320000－1636－0000023　1023

御纂七經　（清）李光地等輯　清光緒三十年
（1904）上海育文書局石印本　二十四冊

320000－1636－0000024　1024

重刊宋本十三經注疏附校勘記十三種　（唐）
孔穎達等疏　校勘記　（清）阮元撰　（清）盧
宣旬摘錄　校勘記識語四卷　（清）汪文臺撰
清光緒十三年（1887）脈望仙館石印本　三
十一冊　缺一種（周易註疏附校勘記）

320000－1636－0000025　1025

周官精義十二卷　（清）連斗山編次　清刻本
四冊　存七卷（四至七、十至十二）

320000－1636－0000026　1026

增訂四書補注備旨十卷　（明）鄧林著　（清）
杜定基增訂　清乾隆五十三年（1788）金閶書
業堂刻本　六冊

320000－1636－0000027　1027

書經體注大全合參六卷　（清）范翔　（清）錢
希祥纂　清康熙五十七年（1718）泉城施大侃
龍江書屋刻本　六冊

320000－1636－0000028　1028

春秋經傳集解三十卷　（晉）杜預撰　（唐）陸
德明音義　清刻本　七冊　存十五卷（十二
至二十六）

320000－1636－0000029　1029

春秋左傳五十卷　（晉）杜預注釋　清刻本
三冊　存九卷（二十七至二十九、三十六至四
十一）

320000－1636－0000030　1030

爾雅注疏十一卷　（晉）郭璞注　（宋）邢昺疏
清嘉慶六年（1801）嘉興博古堂刻本　十冊

320000－1636－0000031　1031

詩經八卷　（宋）朱熹集傳　清聚文堂刻本
四冊

320000－1636－0000032　1032

書經集傳六卷　（宋）蔡沈集傳　清慎詒堂刻
本　四冊

320000－1636－0000033　1033

禮記十卷　（元）陳澔集說　清刻本　五冊
存五卷（六至十）

320000－1636－0000034　1034

重訂方望溪全稿七卷　（清）方苞撰　（清）韓
慕廬評選　清刻本　二冊

320000－1636－0000035　1035

八銘塾鈔初集六卷二集六卷　（清）吳懋政編
清刻本　二冊　存七卷（初集二至三、五，
二集三至六）

320000－1636－0000036　1036

禮記十卷　（元）陳澔集說　清刻本　一冊
存一卷（五）

320000－1636－0000037　1037

易經集注四卷　（宋）朱熹集錄　清鎮江文成
堂刻本　二冊

320000－1636－0000038　1038

論語十卷　（宋）朱熹集注　清海陵懷德堂刻
本　一冊　存二卷（六至七）

320000－1636－0000039　1039

汲古閣說文訂一卷　（清）段玉裁撰　清嘉慶
二年（1797）刻本　一冊

320000－1636－0000040　1040

集虛齋四書口義十卷　（清）方楘如撰　（清）
于光華編次　清乾隆五十三年（1788）漢陽官
署刻本　一冊　存二卷（一至二）

320000－1636－0000041　1041

空谷傳聲一卷　（清）汪鎏撰　清光緒八年
（1882）南京李光明莊刻本　一冊

320000－1636－0000042　1042

考卷雋快新編四卷　（清）翁心存撰　清道光
二十二年（1842）眺遠樓刻本　二冊

320000－1636－0000043　1043

易經音訓四卷　（清）劉師陸撰　清道光十一
年（1831）刻本　一冊　存一卷（一）

320000 – 1636 – 0000044　1044

說文通訓定聲十八卷檢韻一卷　（清）朱駿聲撰　清光緒十三年(1887)上海積山書局石印本　八冊

320000 – 1636 – 0000045　1045

說文解字十五卷　（漢）許慎撰　（宋）徐鉉等校定　清刻本　二冊　存六卷(八至十三)

320000 – 1636 – 0000046　1046

縮本增選多寶船不分卷　（清）點石齋輯　清光緒八年(1882)上海點石齋石印本　三冊

320000 – 1636 – 0000047　1047

精選多寶船二集　題(清)日新居士輯　清光緒十三年(1887)上海積山書局石印本　八冊

320000 – 1636 – 0000048　1048

講書詳解論語四卷　（清）劉忠輯　清同治三年(1864)海陵懷德堂刻本　四冊

320000 – 1636 – 0000049　1049

講書詳解論語四卷　（清）劉忠輯　清光緒三年(1877)永昌刻本　一冊　存二卷(一至二)

320000 – 1636 – 0000050　1050

隸法匯纂十卷　（清）項懷述編　清刻本　一冊　存一卷(一)

320000 – 1636 – 0000051　1051

論語集解義疏二十四卷　（三國魏）何晏撰（南朝梁）皇侃疏　清光緒三十年(1904)上海同文升記書局鉛印本　三冊　存十七卷(一至五、十三至二十四)

320000 – 1636 – 0000052　1052

論語集解義疏十卷首一卷　（三國魏）何晏集解　（南朝梁）皇侃義疏　清光緒十六年(1890)珍藝書局鉛印本　二冊

320000 – 1636 – 0000053　1053

詩法入門四卷首一卷詩韻五卷　（清）游藝輯　清刻本　一冊　存五卷(詩韻一至五)

320000 – 1636 – 0000054　1054

書經體注大全合參六卷　（清）范翔　（清）錢希祥纂　清光緒二年(1876)刻本　四冊

320000 – 1636 – 0000055　1055

增廣小題文三十六卷　題(清)寄申主人編　清光緒上海大同書局石印本　二十冊

320000 – 1636 – 0000056　1056

袁太史時文一卷　（清）袁枚著　（清）秦大士編校　清乾隆隨園刻本　二冊

320000 – 1636 – 0000057　1057

四書古註群義彙解　清光緒三十年(1904)上海同文升記書局鉛印本　三冊　存兩種十七卷(論語集解義疏一至五、論語正義十三至二十四)

320000 – 1636 – 0000058　1058

四書典制類聯音注三十三卷　（清）閻其淵編　清刻本　五冊　存十四卷(三至四、十五至二十、二十四至二十六、三十一至三十三)

320000 – 1636 – 0000059　1059

禮記揭要六卷　（元）陳澔集說　（清）許寶善識　清刻本　一冊　存二卷(一至二)

320000 – 1636 – 0000060　1060

增注字類標韻六卷　（清）華綱輯　清光緒二年(1876)鉛印本　二冊

320000 – 1636 – 0000061　1061

經學輯要二十四卷　（清）吳潁炎編　清光緒二十六年(1900)上海點石齋石印本　三十二冊

320000 – 1636 – 0000062　1062

經藝宏括不分卷　（清）□□輯　清光緒十四年(1888)上海積山書局石印本　十六冊

320000 – 1636 – 0000063　1063

藝林珠玉初編四卷二編四卷三編八卷四編六卷　題(清)玉玲瓏山館主人識　清同治四年(1865)刻本　十六冊　缺五卷(初編一至二、四編一至三)

320000 – 1636 – 0000064　1064

小題正鵠初集一卷二集一卷三集一卷　（清）李元度輯　清末石印本　一冊　存一卷(三集一卷)

320000－1636－0000065　1065

四書題鏡味根錄五卷　清光緒十五年(1889)
鴻寶齋石印本　五冊

320000－1636－0000066　1066

啟秀新編三十六篇一卷　(清)沈霖溥編次
清光緒三年(1877)刻本　一冊

320000－1636－0000067　1067

目耕齋初集一卷　(清)徐楷評注　清光緒十
六年(1890)鉛印本　一冊

320000－1636－0000068　1068

增注八銘塾鈔初集六卷二集六卷　(清)吳懋
政編　清光緒十六年(1890)鉛印本　三冊
存六卷(初集五至六、二集三至六)

320000－1636－0000069　1069

經藝備體新編五卷　(清)陳康祺評選　清同
治十二年(1873)刻本　四冊　存四卷(一至
二、四至五)

320000－1636－0000070　1070

批選四書義六卷　(清)張謇選　清末石印本
四冊　存四卷(二至三、五至六)

320000－1636－0000071　1071

張謇批選五經義續編六卷　(清)張謇選　清
光緒三十年(1904)申江石印本　五冊　存五
卷(一至四、六)

320000－1636－0000072　1072

四書本義匯參四十一卷　(清)王步青撰　清
末石印本　二冊　存二卷(四、九)

320000－1636－0000073　1073

兩論從新四卷　(清)□□輯　清末石印本
三冊　存三卷(一至三)

320000－1636－0000074　1074

四書義史證六卷　(清)譚義輯　清末鉛印本
一冊　存一卷(四)

320000－1636－0000075　1075

四書串珠類聯合編四卷　清同治十三年
(1874)石印本　三冊　存三卷(一、三至四)

320000－1636－0000076　1076

五經文郚十八卷　題(清)夢花主人識　清末
石印本　十六冊

320000－1636－0000077　1077

[四書五經釋句選]十一卷　(□)□□輯　清
末石印本　三冊　存四卷(四、七、十至十一)

320000－1636－0000078　2209

皇朝經世文編一百二十卷　(清)賀長齡輯
清末鉛印本　一冊　存十卷(二十至二十九)

320000－1636－0000079　2001

隋書八十五卷　(唐)魏徵等撰　清同治十年
(1871)淮南書局刻本　十冊

320000－1636－0000080　2002

歷朝紀事本末九種六百五十八卷　(清)陳如
升　(清)朱記榮輯　清光緒二十八年(1902)
上海捷記書局石印本　三十八冊

320000－1636－0000081　2003

前漢書一百二十卷　(漢)班固撰　(唐)顏師
古注　清光緒二十五年(1899)慎記書莊石印
本　十二冊

320000－1636－0000082　2004

通志二百卷　(宋)鄭樵撰　清光緒二十七年
(1901)上海圖書集成局石印本　一百二十冊

320000－1636－0000083　2005

[嘉慶]東臺縣志四十卷　(清)周右修
(清)蔡復午等纂　清嘉慶二十二年(1817)刻
本　十冊

320000－1636－0000084　2006

[嘉慶]東臺縣志四十卷　(清)周右修
(清)蔡復午等纂　清嘉慶二十二年(1817)刻
本　十冊

320000－1636－0000085　2007

九通目錄　雷君彥編　清光緒二十九年
(1903)上海圖書集成局石印本　八冊　存十
四卷(皇朝三通目錄一至十四)

320000－1636－0000086　2008

正三通目錄十二卷續三通目錄十四卷　(清)
席裕福編　清光緒二十九年(1903)上海圖書

集成局石印本　八冊

320000－1636－0000087　2009

宋史四百九十六卷　（元）脱脱等撰　清光緒
三十三年(1907)上海華商集成圖書公司鉛印
本　五十六冊

320000－1636－0000088　2010

北史一百卷　（唐）李延壽撰　清光緒金陵書
局刻本　二十冊

320000－1636－0000089　2011

舊唐書二百卷　（五代）劉昫等撰　清光緒三
十三年(1907)上海華商集成圖書公司鉛印本
　三十冊

320000－1636－0000090　2012

廿一史約編八卷　（清）鄭元慶述　（清）鄭惟
鞠等編次　清刻本　三冊　存三卷(三、六至
七)

320000－1636－0000091　2013

宋史四百九十六卷　（元）脱脱等撰　清光緒
元年(1875)浙江書局刻本　九十六冊

320000－1636－0000092　2014

元史二百十卷　（明）宋濂等撰　清光緒十年
(1884)上海同文書局石印本　五十二冊

320000－1636－0000093　2015

南齊書五十九卷　（南朝梁）蕭子顯撰　清同
治十三年(1874)金陵書局刻本　六冊

320000－1636－0000094　2016

魏書一百十四卷　（北齊）魏收撰　清同治十
二年(1873)金陵書局刻本　二十冊

320000－1636－0000095　2017

南史八十卷　（唐）李延壽撰　清同治十二年
(1873)金陵書局刻本　十二冊

320000－1636－0000096　2018

史記一百三十卷　（漢）司馬遷撰　（南朝宋）
裴駰集解　清光緒四年(1878)金陵書局刻本
　十六冊

320000－1636－0000097　2019

晉書一百三十卷　（唐）房玄齡等撰　清同治

十年(1871)金陵書局刻本　二十冊

320000－1636－0000098　2020

舊五代史一百五十卷　（宋）薛居正等撰　清
同治十一年(1872)湖北崇文書局刻本　十
四冊

320000－1636－0000099　2021

梁書五十六卷　（唐）姚思廉撰　清同治十三
年(1874)金陵書局刻本　四冊

320000－1636－0000100　2022

遼史一百十五卷　（元）脱脱等撰　清同治十
二年(1873)江蘇書局刻本　十二冊

320000－1636－0000101　2023

五代史七十四卷　（宋）歐陽修撰　（宋）徐無
黨注　清同治十一年(1872)湖北崇文書局刻
本　八冊

320000－1636－0000102　2024

三國志六十五卷　（晉）陳壽撰　（南朝宋）裴
松之注　清光緒十三年(1887)江南書局刻本
　十冊

320000－1636－0000103　2025

周書五十卷　（唐）令狐德棻等撰　清同治十
三年(1874)金陵書局刻本　六冊

320000－1636－0000104　2026

元史二百十卷　（明）宋濂等撰　清同治十三
年(1874)江蘇書局刻本　四十冊

320000－1636－0000105　2027

宋書一百卷　（南朝梁）沈約撰　清同治十二
年(1873)金陵書局刻本　十六冊

320000－1636－0000106　2028

舊唐書二百卷　（五代）劉昫撰　清同治十一
年(1872)浙江書局刻本　四十冊

320000－1636－0000107　2029

金史一百三十五卷　（元）脱脱等撰　清同治
十三年(1874)江蘇書局刻本　二十冊

320000－1636－0000108　2030

明史三百三十二卷　（清）張廷玉等撰　清光
緒三年(1877)湖北崇文書局刻本　七十八冊

320000－1636－0000109　2031

陳書三十六卷　（唐）姚思廉撰　清同治十一年(1872)金陵書局刻本　四冊

320000－1636－0000110　2032

北史一百卷　（唐）李延壽撰　清光緒三十三年(1907)上海華商集成圖書公司鉛印本　十四冊

320000－1636－0000111　2033

前漢書一百二十卷　（漢）班固撰　（唐）顏師古注　清光緒三十三年(1907)上海華商集成圖書公司鉛印本　十八冊

320000－1636－0000112　2034

歷代名臣言行錄二十四卷　（清）朱桓編輯　清光緒二十三年(1897)上海晏文盛堂石印本　八冊

320000－1636－0000113　2035

陳書三十六卷　（唐）姚思廉撰　清光緒十年(1884)上海同文書局石印本　六冊

320000－1636－0000114　2036

明史三百三十二卷　（清）張廷玉等修　清光緒十年(1884)上海同文書局石印本　四十冊

320000－1636－0000115　2037

晉書一百三十卷　（唐）房玄齡等撰　清光緒三十三年(1907)上海華商集成圖書公司鉛印本　十六冊

320000－1636－0000116　2038

元史二百十卷　（明）宋濂等撰　清光緒三十三年(1907)上海華商集成圖書公司鉛印本　二十二冊

320000－1636－0000117　2039

明史三百三十二卷　（清）張廷玉等撰　清光緒三十三年(1907)上海華商集成圖書公司鉛印本　四十冊

320000－1636－0000118　2040

池北偶談二十六卷　（清）王士禎撰　清宣統二年(1910)上海震東學社石印本　六冊

320000－1636－0000119　2041

陳書三十六卷　（唐）姚思廉撰　清光緒三十三年(1907)上海華商集成圖書公司鉛印本　四冊

320000－1636－0000120　2042

南齊書五十九卷　（南朝梁）蕭子顯撰　清光緒三十三年(1907)上海華商集成圖書公司鉛印本　六冊

320000－1636－0000121　2043

皇朝文獻通考三百卷　（清）嵇璜等纂　清光緒二十七年(1901)上海集成書局鉛印本　一百三十五冊

320000－1636－0000122　2044

國朝先正事略六十卷　（清）李元度纂　清末星沙小嫏嬛館刻本　二十一冊　存五十二卷（一至二十八、三十七至六十）

320000－1636－0000123　2045

史記一百三十卷　（漢）司馬遷撰　（南朝宋）裴駰集解　清光緒十年(1884)上海同文書局石印本　二十六冊

320000－1636－0000124　2046

資治通鑑綱目正編五十九卷續編二十七卷　（明）陳仁錫評定　明崇禎三年(1630)敬書堂刻本　一百二十冊

320000－1636－0000125　2047

舊唐書二百卷　（五代）劉昫等撰　清光緒三十三年(1907)上海華商集成圖書公司鉛印本　三十冊

320000－1636－0000126　2048

巽齋所藏錢錄十二卷　（清）費錫申編輯　清光緒十六年(1890)刻本　四冊

320000－1636－0000127　2049

欽定續文獻通考二百五十卷　（清）嵇璜（清）曹仁虎纂修　清光緒二十七年(1901)上海圖書集成局鉛印本　三十六冊

320000－1636－0000128　2050

金史一百三十五卷　（元）脫脫等撰　清光緒十年(1884)上海同文書局石印本　二十四冊

320000 – 1636 – 0000129　2051

皇朝通志一百二十六卷　（清）嵇璜　（清）曹仁虎等纂　清光緒二十七年（1901）上海集成書局鉛印本　十二冊

320000 – 1636 – 0000130　2052

校正增廣尚友錄統編二十四卷　題（清）錢湖釣徒編　清光緒十四年（1888）上海鴻章書局石印本　十六冊

320000 – 1636 – 0000131　2053

御批歷代通鑑輯覽一百二十卷　（清）傅恒等撰　清光緒二十五年（1899）美華賓記石印本　二十冊

320000 – 1636 – 0000132　2054

逸周書十卷　（晉）孔晁注　清乾隆五十一年（1786）抱經堂刻本　二冊

320000 – 1636 – 0000133　2055

前漢書一百二十卷　（漢）班固撰　（唐）顏師古注　清光緒金陵書局刻本　二十二冊

320000 – 1636 – 0000134　2056

後漢書一百二十卷　（南朝宋）范曄撰　（唐）李賢注　清光緒金陵書局刻本　十六冊

320000 – 1636 – 0000135　2057

續漢書八志三十卷　（南朝梁）劉昭注補　清光緒金陵書局刻本　三冊

320000 – 1636 – 0000136　2058

唐書二百二十五卷　（宋）歐陽修　（宋）宋祁等撰　清光緒金陵書局刻本　三冊　存十八卷（三至七、十六至二十三、六十六至七十）

320000 – 1636 – 0000137　2059

北齊書五十卷　（唐）李百藥撰　清光緒金陵書局刻本　四冊

320000 – 1636 – 0000138　2060

皇朝經世文編一百二十卷　（清）賀長齡輯

皇朝經世文續編一百二十卷　（清）葛士濬輯　清光緒二十五年（1899）上海中西書局石印本　三十四冊

320000 – 1636 – 0000139　2061

宋史四百九十六卷　（元）脫脫等撰　清光緒十年（1884）上海同文書局石印本　四十二冊

320000 – 1636 – 0000140　2062

皇朝通典一百卷　（清）嵇璜等纂　清光緒二十七年（1901）上海圖書集成書局鉛印本　三十四冊

320000 – 1636 – 0000141　2063

杜氏通典二百卷　（唐）杜佑撰　清光緒二十七年（1901）上海圖書集成書局鉛印本　三十冊

320000 – 1636 – 0000142　2064

欽定續通典一百五十卷　（清）嵇璜　（清）曹仁虎纂修　清光緒二十八年（1902）上海圖書集成局鉛印本　六十六冊

320000 – 1636 – 0000143　2065

欽定續通志六百四十卷　（清）嵇璜　（清）曹仁虎纂修　清光緒二十七年（1901）上海圖書集成局鉛印本　七十六冊

320000 – 1636 – 0000144　2066

六通訂誤六卷　（清）席裕福編　清光緒二十七年（1901）上海圖書集成局鉛印本　四冊

320000 – 1636 – 0000145　2067

文獻通考三百四十八卷　（元）馬端臨撰　清光緒二十七年（1901）上海圖書集成局鉛印本　八十六冊

320000 – 1636 – 0000146　2068

十一朝東華錄肇要一百十四卷　（清）汪文安錄　清光緒二十九年（1903）上海商務印書館鉛印本　八冊　存三十三卷（一至五、十九至三十八、四十七至五十、一百〇三至一百〇六）

320000 – 1636 – 0000147　2069

同治東華續錄一百卷　王先謙編　清光緒二十五年（1899）公記書莊石印本　十六冊　存七十二卷（一至六、三十五至一百）

320000 – 1636 – 0000148　2070

十朝東華錄五百三十九卷　王先謙編　清光

緒二十五年(1899)石印本　五十五冊　缺六十五卷(雍正朝一至五、乾隆朝十二至三十、八十一至一百,嘉慶朝三十至三十七,咸豐朝十至十五、四十八至五十四)

320000－1636－0000149　2071

尺木堂綱鑑易知錄九十二卷明鑑易知錄十五卷　(清)吳乘權　(清)周之炯　(清)周之燦輯　清康熙五十年(1711)三讓堂刻本　十八冊　存三十六卷(綱鑑一、五十八至六十一、六十七至八十二、八十五至九十二,明鑑一至四、十三至十五)

320000－1636－0000150　2072

明鑑易知錄十五卷　(清)吳乘權　(清)周之炯等輯　清光緒二十四年(1898)鉛印本　一冊　存六卷(一至六)

320000－1636－0000151　2073

通鑑紀事本末二百三十九卷　(宋)袁樞編次　(明)張溥論正　清刻本　二十九冊　存七十七卷(一百三十四至一百四十一、一百五十至一百九十一、一百九十八至二百、二百十六至二百三十九)

320000－1636－0000152　2074

尺木堂綱鑑易知錄二十卷　(清)吳乘權(清)周之炯　(清)周之燦輯　清光緒十三年(1887)上海點石齋石印本　十三冊

320000－1636－0000153　2075

尺木堂綱鑑易知錄九十二卷　(清)吳乘權(清)周之炯　(清)周之燦輯　清光緒二十四年(1898)上海宏文閣鉛印本　十一冊　存七十一卷(一至十一、二十六至四十六、五十四至九十二)

320000－1636－0000154　2076

御批歷代通鑑輯覽一百二十卷　(清)傅恒等撰　清刻本　三十四冊　存六十七卷(三至五、九至十一、十四至十七、二十四至八十)

320000－1636－0000155　2077

欽定學政全書八十六卷　(清)童璜等撰　清嘉慶十七年(1812)刻本　二十冊

320000－1636－0000156　2078

歷代史論十二卷　(明)張溥論正　清光緒五年(1879)文餘堂刻本　八冊

320000－1636－0000157　2079

孔子家語八卷　(明)何孟春注　清光緒十八年(1892)裕德堂刻本　二冊

320000－1636－0000158　2080

輿地學課程一卷附戊戌遊記一卷　(清)姚炳奎記　清光緒二十九年(1903)經心書院刻本　七冊

320000－1636－0000159　2081

綱鑑會纂四十卷　(明)王世貞輯　明末刻本　五冊　存十三卷(七至十一、二十四至二十八、三十七至三十九)

320000－1636－0000160　2082

學仕錄十六卷　(清)戴肇辰輯　清刻本　三冊　存六卷(五至八、十一至十二)

320000－1636－0000161　2083

五倫圖便覽五卷　(清)徐清惠圖輯　(清)李復齋贊傳　清光緒十二年(1886)泰興葉氏義莊刻本　四冊

320000－1636－0000162　2084

水道提綱二十八卷　(清)齊召南編錄　清光緒二十四年(1898)新化三味書室刻本　四冊

320000－1636－0000163　2085

三國志六十五卷　(晉)陳壽撰　(南朝宋)裴松之注　明崇禎毛氏汲古閣刻本　四冊　存二十六卷(五至十七、二十五至三十、五十九至六十五)

320000－1636－0000164　2086

高厚蒙求四卷　(清)徐朝俊撰　清嘉慶十二年(1807)雲間徐氏刻本　一冊　存一卷(二集海域大觀一卷)

320000－1636－0000165　2087

律例圖說十卷　(清)萬維翰纂　清刻本　二冊　存三卷(四至六)

320000－1636－0000166　2088

普通新歷史二卷　（清）普通學書室編　清光緒二十九年（1903）寶慶勸學書社鉛印本　一冊　存一卷（二）

320000－1636－0000167　2089

歷代地理沿革圖一卷　（清）馬徵麟撰　清同治十一年（1872）金陵刻朱墨套印本　一冊

320000－1636－0000168　2090

讀史論略一卷　（清）杜詔撰　清光緒二十九年（1903）鎮江善化書局刻本　一冊

320000－1636－0000169　2091

歷代地理沿革圖一卷輿地圖一卷　（清）馬徵麟輯　清光緒十八年（1892）長沙草素書局刻本　一冊

320000－1636－0000170　2092

[嘉慶]東臺縣志四十卷　（清）周右修　（清）蔡復午等纂　清抄本　五冊　存二十六卷（六至三十一）

320000－1636－0000171　2093

尺木堂綱鑑易知錄九十二卷明鑑易知錄十五卷　（清）吳乘權　（清）周之炯　（清）周之燦輯　清咸豐八年（1858）經綸堂刻本　三十七冊

320000－1636－0000172　2094

默齋公牘二卷　（清）俞德淵撰　清道光二十年（1840）陝西關中書院刻本　一冊　存一卷（二）

320000－1636－0000173　2095

唐宋史解不分卷　清刻本　一冊

320000－1636－0000174　2096

欽定大清會典一百卷　（清）崑岡等修　清光緒二十五年（1899）石印本　二冊　存十九卷（一至十九）

320000－1636－0000175　2097

史記菁華錄六卷　（清）姚苧田輯　清光緒二十二年（1896）上海書局石印本　六冊

320000－1636－0000176　2098

欽定大清會典一百卷　（清）允祹纂修　清光

緒十九年（1893）上海圖書集成書局鉛印本　八冊

320000－1636－0000177　2099

曾文正公大事記二卷　（清）王定安撰　清末石印曾文正公家書本　二冊

320000－1636－0000178　2100

國朝先正事略六十卷　（清）李元度纂　清刻本　二冊　存四卷（三十二至三十五）

320000－1636－0000179　2101

國朝先正事略六十卷首一卷　（清）李元度纂　清光緒二十五年（1899）石印本　一冊　存九卷（一至八、首一卷）

320000－1636－0000180　2102

日本新史攬要七卷　（日本）石村貞一編輯題（清）游瀛主人譯　清光緒二十五年（1899）石印本　一冊　存一卷（一）

320000－1636－0000181　2103

東洋新史攬要七卷　（日本）石村貞一編輯題（清）游瀛主人譯　清光緒二十七年（1901）時學廬石印本　四冊　存四卷（一至四）

320000－1636－0000182　2104

支那通史四卷　（日本）那珂通世編　清光緒二十七年（1901）上海東文學社石印本　五冊

320000－1636－0000183　2106

廿二史劄記三十六卷　（清）趙翼撰　清光緒二十六年（1900）上海書局石印本　七冊　存三十一卷（一至九、十五至三十六）

320000－1636－0000184　2107

最近支那史二卷　（日本）河野通之　（日本）石村貞一輯　清光緒二十四年（1898）上海振東室學社鉛印本　四冊

320000－1636－0000185　2108

通商章程成案彙編三十卷　（清）李鴻章撰　清光緒十二年（1886）鐵城廣百宋齋鉛印本　十一冊

320000－1636－0000186　2109

歷代諸家評鑑會纂四卷　（清）沈文蔚編　清

光緒二十九年(1903)上海開智書局石印本
三冊　存三卷(一、三至四)

320000－1636－0000187　2110

晉書一百三十卷　(唐)房玄齡等撰　清光緒
十年(1884)上海同文書局石印本　二十九冊

320000－1636－0000188　2111

舊唐書二百卷　(五代)劉昫等撰　清光緒十
年(1884)上海同文書局石印本　二十七冊
存一百十五卷(四至十七、二十至二十四、二
十八至三十四、六十九至九十一、一百二十四
至一百五十九、一百六十六至一百八十九、一
百九十五至二百)

320000－1636－0000189　2112

魏書一百十四卷　(北齊)魏收撰　清光緒三
十三年(1907)上海華商集成圖書公司鉛印本
　十二冊　存九十一卷(一至七、十五至五十
八、六十七至一百〇一、一百〇六至一百十)

320000－1636－0000190　2113

宋書一百卷　(南朝梁)沈約撰　清光緒三十
三年(1907)上海華商集成圖書公司鉛印本
十冊　存七十九卷(十至七十八、九十一至一
百)

320000－1636－0000191　2114

五代史七十四卷　(宋)歐陽修撰　(宋)徐無
黨注　清光緒三十三年(1907)上海華商集成
圖書公司鉛印本　五冊　存五十九卷(一至
二十八、四十四至七十四)

320000－1636－0000192　2115

舊五代史一百五十卷　(宋)薛居正等撰　清
光緒三十三年(1907)上海華商集成圖書公司
鉛印本　十一冊　存一百四十三卷(八至一
百五十)

320000－1636－0000193　2116

隋書八十五卷　(唐)魏徵等撰　清光緒三十
三年(1907)上海華商集成圖書公司鉛印本
十冊　存七十三卷(七至二十四、三十一至八
十五)

320000－1636－0000194　2117

北齊書五十卷　(唐)李百藥撰　清光緒三十
三年(1907)上海華商集成圖書公司鉛印本
六冊

320000－1636－0000195　2118

梁書五十六卷　(唐)姚思廉撰　清光緒三十
三年(1907)上海華商集成圖書公司鉛印本
四冊

320000－1636－0000196　2119

周書五十卷　(唐)令狐德棻等撰　清光緒三
十三年(1907)上海華商集成圖書公司鉛印本
　四冊

320000－1636－0000197　2120

南史八十卷　(唐)李延壽撰　清光緒三十三
年(1907)上海華商集成圖書公司鉛印本　十
二冊

320000－1636－0000198　2121

金史一百三十五卷　(元)脫脫等撰　清光緒
三十三年(1907)上海華商集成圖書公司鉛印
本　十五冊　存一百二十七卷(一至二十四、
三十三至一百三十五)

320000－1636－0000199　2122

後漢書一百二十卷　(南朝宋)范曄撰　(唐)
李賢注　清光緒三十三年(1907)上海華商集
成圖書公司鉛印本　十一冊　存一百〇一卷
(一至四十五、六十五一百二十)

320000－1636－0000200　2123

史記一百三十卷　(漢)司馬遷撰　(南朝宋)
裴駰集解　清光緒三十三年(1907)上海華商
集成圖書公司鉛印本　二冊　存十卷(十一
至十四、二十七至三十二)

320000－1636－0000201　2124

前漢書一百二十卷　(漢)班固撰　(唐)顏師
古注　清光緒三十一年(1905)武林竹簡齋石
印本　十冊

320000－1636－0000202　2125

三國志六十五卷　(晉)陳壽撰　(南朝宋)裴
松之注　清光緒三十三年(1907)上海華商集
成圖書公司鉛印本　二冊　存十七卷(蜀志

九至十五、吳志十一至二十）

320000－1636－0000203　2126

皇朝經世文新增時務續編四十卷新增洋務續編八卷　（清）陳忠倚輯　清光緒二十三年(1897)上海掃葉山房鉛印本　六冊

320000－1636－0000204　2127

遼史一百十六卷　（元）脫脫等撰　清光緒十年(1884)上海同文書局石印本　五冊　存八十一卷（三十一至四十一、四十七至一百十六）

320000－1636－0000205　2128

後漢書一百二十卷　（南朝宋）范曄撰　（唐）李賢注　清光緒二十九年(1903)上海點石齋石印本　五冊　存九十卷（一至九十）

320000－1636－0000206　2129

史記一百三十卷　（漢）司馬遷撰　（南朝宋）裴駰集解　清光緒二十九年(1903)上海點石齋石印本　六冊

320000－1636－0000207　2130

漢書一百二十卷　（漢）班固撰　（唐）顏師古注　清光緒二十九年(1903)上海點石齋石印本　八冊

320000－1636－0000208　2131

續漢書八志三十卷　（南朝梁）劉昭注補　清刻本　一冊

320000－1636－0000209　2132

史記一百三十卷　（漢）司馬遷撰　（南朝宋）裴駰集解　清光緒三十一年(1905)武林竹簡齋石印本　八冊

320000－1636－0000210　2133

後漢書一百二十卷　（南朝宋）范曄撰　（唐）李賢注　清光緒三十一年(1905)武林竹簡齋石印本　十冊

320000－1636－0000211　2134

三國志六十五卷　（晉）陳壽撰　（南朝宋）裴松之注　清光緒三十一年(1905)武林竹簡齋石印本　三冊　存四十五卷（魏志一至三十、

蜀志一至十五）

320000－1636－0000212　2135

三國志六十五卷　（晉）陳壽撰　（南朝宋）裴松之注　清光緒二十五年(1899)慎記書莊石印本　二冊　存三十卷（魏志一至三十）

320000－1636－0000213　2136

後漢書一百二十卷　（南朝宋）范曄撰　（唐）李賢注　清光緒二十五年(1899)慎記書莊石印本　八冊

320000－1636－0000214　2137

史記一百三十卷　（漢）司馬遷撰　（南朝宋）裴駰集解　清光緒二十五年(1899)慎記書莊石印本　八冊

320000－1636－0000215　2138

伯兄劉恭甫先生行狀不分卷　（清）劉貴曾等撰　清光緒八年(1882)刻本　一冊

320000－1636－0000216　2139

唐陸宣公奏議讀本四卷　（唐）陸贄撰　（清）汪銘謙編輯　清末石印本　一冊　存二卷（三至四）

320000－1636－0000217　2141

紀載彙編不分卷　（清）□□輯　清末鉛印本　一冊

320000－1636－0000218　2142

聖武記十四卷　（清）魏源撰　清道光二十二年(1842)刻本　九冊　存十三卷（一至十三）

320000－1636－0000219　2143

通鑑輯要前編二卷正編十九卷續編八卷　(清)姚培謙　(清)張景星同錄　清嘉慶二十三年(1818)寶仁堂刻本　十一冊　存二十三卷（前編二卷，正編一至五、九至十、十四至十九，續編八卷）

320000－1636－0000220　2144

山海經十八卷　（晉）郭璞傳　（明）吳中珩校　清刻本　四冊

320000－1636－0000221　2145

竹書紀年二卷　（南朝梁）沈約注　（明）吳琯

263

校　清刻祕書廿一種本　一册

320000－1636－0000222　2146

吳越春秋三卷　（漢）趙曄撰　（清）汪士漢考
校　清刻本　一册

320000－1636－0000223　2147

拾遺記十卷　（晉）王嘉撰　（南朝梁）蕭綺錄
　清刻本　二册

320000－1636－0000224　2148

汲冢周書十卷　（晉）孔晁注　（明）吳琯校
清刻本　二册

320000－1636－0000225　2149

祕書廿一種　（清）汪士漢輯　清刻本　一册
　　存三卷（楚史檮杌一卷、晉史乘一卷、續齊
諧記一卷）

320000－1636－0000226　2150

中華古今注三卷　（五代）馬縞集　清刻本
一册

320000－1636－0000227　2151

歷代史事政治論三百〇八卷　（清）席裕福輯
　（清）金詠榴等編　清光緒石印本　十三册
　　存一百六十四卷（一至三十八、五十三至六
十六、一百二十至一百六十五、一百八十一至
二百〇八、二百四十八至二百七十一、二百九
十五至三百〇八）

320000－1636－0000228　2152

新唐書二百二十五卷　（宋）歐陽修　（宋）宋
祁撰　清同治十二年（1873）浙江書局刻本
四十册

320000－1636－0000229　2153

宋史四百九十六卷　（元）脫脫等撰　清光緒
元年（1875）浙江書局刻本　一百册

320000－1636－0000230　2154

元史二百十卷　（明）宋濂等撰　清同治十三
年（1874）江蘇書局刻本　四十册

320000－1636－0000231　2155

欽定元史語解二十四卷　　清光緒四年（1878）
江蘇書局刻本　六册

320000－1636－0000232　2156

元史氏族表三卷　（清）錢大昕撰　清同治江
蘇書局刻本　二册

320000－1636－0000233　2157

元史藝文志四卷　（清）錢大昕撰　清同治江
蘇書局刻本　一册

320000－1636－0000234　2158

遼史一百十五卷　（元）脫脫等撰　清同治十
二年（1873）江蘇書局刻本　十四册

320000－1636－0000235　2159

遼史拾遺二十四卷　（清）厲鶚撰　清光緒元
年（1875）江蘇書局刻本　八册

320000－1636－0000236　2160

遼史拾遺補五卷　（清）楊復吉輯　清光緒三
年（1877）江蘇書局刻本　二册

320000－1636－0000237　2161

金史一百三十五卷　（元）脫脫等撰　清同治
十三年（1874）江蘇書局刻本　二十册

320000－1636－0000238　2162

金史語解十二卷　（清）□□撰　清光緒四年
（1878）江蘇書局刻本　二册

320000－1636－0000239　2163

金史詳校十卷史論五答一卷　（清）施國祁撰
　清光緒六年（1880）會稽章氏刻本　十册

320000－1636－0000240　2164

史記一百三十卷　（漢）司馬遷撰　（南朝宋）
裴駰集解　補史記一卷　（唐）司馬貞補　清
同治十一年（1872）成都書局刻本　二十六册

320000－1636－0000241　2165

三國志六十五卷　（晉）陳壽撰　（南朝宋）裴
松之注　清同治十年（1871）成都書局刻本
十四册

320000－1636－0000242　2166

後漢書一百二十卷　（南朝宋）范曄撰　（唐）
李賢注　清同治十年（1871）成都書局刻本
二十八册

320000－1636－0000243　2167

前漢書一百二十卷　（漢）班固撰　（唐）顏師古注　清同治十年(1871)成都書局刻本　三十二冊

320000－1636－0000244　2168

南齊書五十九卷　（南朝梁）蕭子顯撰　清同治十三年(1874)金陵書局刻本　六冊

320000－1636－0000245　2169

梁書五十六卷　（唐）姚思廉撰　清同治十三年(1874)金陵書局刻本　六冊

320000－1636－0000246　2170

陳書三十六卷　（唐）姚思廉撰　清同治十一年(1872)金陵書局刻本　四冊

320000－1636－0000247　2171

宋書一百卷　（南朝梁）沈約撰　清同治十一年(1872)金陵書局刻本　十六冊

320000－1636－0000248　2172

隋書八十五卷　（唐）魏徵等撰　清同治十一年(1872)淮南書局刻本　十六冊

320000－1636－0000249　2173

魏書一百十四卷　（北齊）魏收撰　清同治十一年(1872)金陵書局刻本　二十冊

320000－1636－0000250　2174

北齊書五十卷　（唐）李百藥撰　清同治十三年(1874)金陵書局刻本　四冊

320000－1636－0000251　2175

周書五十卷　（唐）令狐德棻等撰　清同治十三年(1874)金陵書局刻本　四冊

320000－1636－0000252　2176

舊唐書二百卷　（五代）劉昫撰　清同治十一年(1872)浙江書局刻本　四十八冊

320000－1636－0000253　2177

五代史七十四卷　（宋）歐陽修撰　（宋）徐無黨注　清同治十一年(1872)湖北崇文書局刻本　八冊

320000－1636－0000254　2178

晉書一百三十卷　（唐）房玄齡等撰　清同治十年(1871)金陵書局刻本　二十冊

320000－1636－0000255　2179

舊五代史一百五十卷　（宋）薛居正等撰　清同治十一年(1872)湖北崇文書局刻本　十六冊

320000－1636－0000256　2180

北史一百卷　（唐）李延壽撰　清同治十一年(1872)金陵書局刻本　二十冊

320000－1636－0000257　2181

南史八十卷　（唐）李延壽撰　清同治十一年(1872)金陵書局刻本　十二冊

320000－1636－0000258　2182

明史三百三十二卷　（清）張廷玉等撰　清光緒三年(1877)湖北崇文書局刻本　八十冊

320000－1636－0000259　2183

五代史七十四卷　（宋）歐陽修撰　（宋）徐無黨注　清光緒十年(1884)上海同文書局石印本　十冊

320000－1636－0000260　2184

舊五代史一百五十卷　（宋）薛居正等撰　清光緒十年(1884)上海同文書局石印本　二十四冊

320000－1636－0000261　2185

北史一百卷　（唐）李延壽撰　清光緒十年(1884)上海同文書局石印本　二十四冊

320000－1636－0000262　2186

南史八十卷　（唐）李延壽撰　清光緒十年(1884)上海同文書局石印本　二十冊

320000－1636－0000263　2187

前漢書一百二十卷　（漢）班固撰　（唐）顏師古注　清光緒十年(1884)上海同文書局石印本　三十二冊

320000－1636－0000264　2188

後漢書一百二十卷　（南朝宋）范曄撰　（唐）李賢注　清光緒十年(1884)上海同文書局石印本　二十八冊

320000－1636－0000265　2189

唐書二百二十五卷釋音二十五卷　（宋）歐陽

265

修　（宋）宋祁等撰　清光緒十年（1884）上海同文書局石印本　五十冊

320000－1636－0000266　2190

南齊書五十九卷　（南朝梁）蕭子顯撰　清光緒十年（1884）上海同文書局石印本　八冊

320000－1636－0000267　2191

宋書一百卷　（南朝梁）沈約撰　清光緒十年（1884）上海同文書局石印本　二十四冊

320000－1636－0000268　2192

梁書五十六卷　（唐）姚思廉撰　清光緒十年（1884）上海同文書局石印本　八冊

320000－1636－0000269　2193

魏書一百十四卷　（北齊）魏收撰　清光緒十年（1884）上海同文書局石印本　二十四冊

320000－1636－0000270　2194

周書五十卷　（唐）令狐德棻等撰　清光緒十年（1884）上海同文書局石印本　七冊

320000－1636－0000271　2195

北齊書五十卷　（唐）李百藥撰　清光緒十年（1884）上海同文書局石印本　八冊

320000－1636－0000272　2196

隋書八十五卷　（唐）魏徵等撰　清光緒十年（1884）上海同文書局石印本　二十四冊

320000－1636－0000273　2198

山海經十八卷　（晉）郭璞傳　（明）吳中珩校　清刻本　一冊　存五卷（一至五）

320000－1636－0000274　2199

明史蕘要八卷　（清）姚培謙　（清）張景星撰　清乾隆二十四年（1759）刻本　三冊

320000－1636－0000275　2200

明鑑易知錄十五卷　（清）吳乘權　（清）周之炯等輯　清刻本　一冊　存三卷（七至九）

320000－1636－0000276　2201

清咸豐朝各省府州縣職官實錄四卷　（清）□□輯　清同治元年（1862）刻本　二冊　存二卷（三至四）

320000－1636－0000277　2202

御撰資治通鑑綱目三編四卷　（清）張廷玉等編　清光緒十三年（1887）上海點石齋石印本　二冊

320000－1636－0000278　2203

尺木堂綱鑑易知錄二十卷　（清）吳乘權（清）周之炯　（清）周之燦輯　清光緒十三年（1887）上海點石齋石印本　十冊

320000－1636－0000279　2204

新定各國通商條約十六卷附一卷　清光緒二十八年（1902）上海書局石印本　二冊　存四卷（一、七至九）

320000－1636－0000280　2205

山海經箋疏十八卷圖贊一卷　（晉）郭璞傳（清）郝懿行箋疏　清光緒二十一年（1895）上海書局石印本　六冊

320000－1636－0000281　2206

瀛環志略十卷續集五卷　（清）徐繼畬撰　清光緒二十一年（1895）上海寶文局石印本　九冊

320000－1636－0000282　2207

萬國史記二十卷　（日本）岡本監輔著　清光緒二十一年（1895）讀有用書齋石印本　十冊

320000－1636－0000283　2208

讀通鑑論十卷附宋論五卷　（清）王夫之撰　清光緒三十一年（1905）上海環地福書局石印本　三冊　存七卷（讀通鑑論一至四、附宋論三至五）

320000－1636－0000284　3001

皇朝經世文新編二十一卷　（清）麥仲華輯　清光緒二十七年（1901）上海書局石印本　四冊　存九卷（六至十四）

320000－1636－0000285　3002

子史精華一百六十卷　（清）吳士玉總裁（清）吳襄等纂修　清雍正五年（1727）武英殿刻本　十五冊　存六十三卷（一至二十、六十四至六十八、七十二至八十、一百三十二至一百六十）

320000 – 1636 – 0000286　3003

管窺輯要八十卷　（清）黃鼎纂　清順治十年
（1653）刻本　三十冊

320000 – 1636 – 0000287　3004

大清律例通纂四十卷附三卷　（清）胡肇楷撰
　督捕則例附纂二卷洗冤錄檢尸圖格一卷
（清）周孟郟撰　清嘉慶二十三年（1818）刻本
　九冊　存十七卷（一、三至五、二十五至二
十六、二十八至二十九、三十五至四十,附三
卷）

320000 – 1636 – 0000288　3005

月令粹編二十四卷　（清）秦嘉謨輯　清嘉慶
十七年（1812）琳瑯仙館刻本　八冊

320000 – 1636 – 0000289　3006

洗冤錄詳義四卷附撫遺二卷　（清）許槤編校
　清光緒十六年（1890）湖北官書處刻本
五冊

320000 – 1636 – 0000290　3007

皇朝經世文續編一百二十卷　（清）葛士濬輯
　清光緒二十四年（1898）上海書局石印本
二十冊

320000 – 1636 – 0000291　3009

子史精華一百六十卷　（清）吳士玉總裁
（清）吳襄等纂修　清光緒十五年（1889）上海
蜚英館石印本　五冊　存一百卷（一至八十、
一百四十一至一百六十）

320000 – 1636 – 0000292　3010

墨林今話十八卷　（清）蔣寶齡撰　清宣統三
年（1911）上海掃葉山房石印本　六冊

320000 – 1636 – 0000293　3011

行素軒算稿五種　（清）華蘅芳著　清光緒八
年（1882）梁溪華氏刻本　六冊

320000 – 1636 – 0000294　3012

曝書雜記三卷　（清）錢泰吉撰　清錢氏刻本
　二冊

320000 – 1636 – 0000295　3013

庚子銷夏記八卷　（清）孫承澤撰　清乾隆二

十年（1755）刻本　四冊

320000 – 1636 – 0000296　3014

韻府約編二十四卷　（清）鄧愷輯　清嘉慶二
十二年（1817）縮香閣刻本　二十冊　存二十
卷（四至二十三）

320000 – 1636 – 0000297　3015

駁呂留良四書講義八卷　（清）朱軾等撰　清
雍正九年（1731）刻本　八冊

320000 – 1636 – 0000298　3016

感應篇引經箋注二卷　（清）惠棟箋注　清光
緒二十年（1894）上海文林書局石印本　二冊

320000 – 1636 – 0000299　3017

惜抱軒文集十六卷文後集十卷　（清）姚鼐著
　清刻本　三冊　存十七卷（文集六至十六、
文後集一至六）

320000 – 1636 – 0000300　3018

大六壬心鏡八卷　（唐）徐道符撰　清光緒二
年（1876）程氏刻本　二冊

320000 – 1636 – 0000301　3019

新鐫神峯張先生闢謬命理正宗大全六卷
（明）張楠撰　清道光九年（1829）刻本　三冊
　存五卷（一至二、四至六）

320000 – 1636 – 0000302　3020

大六壬未悟書二卷　（□）□□撰　清光緒十
二年（1886）靜省之居刻本　二冊

320000 – 1636 – 0000303　3021

感應篇圖說四卷　（□）□□輯　清同治十一
年（1872）揚州同心堂刻本　四冊

320000 – 1636 – 0000304　3022

六壬粹言六卷　（清）劉赤江編　清咸豐十年
（1860）品蓮堂刻本　六冊

320000 – 1636 – 0000305　3023

六壬經緯六卷　（清）毛志道著　清雍正三年
（1725）金閶書業堂刻本　二冊

320000 – 1636 – 0000306　3024

六壬類聚四卷　（清）紀大奎撰　清紫文閣刻
本　四冊

320000 – 1636 – 0000307　　3025

行素軒算稿五種　（清）華蘅芳著　　清光緒八年(1882)梁溪華氏刻本　　三冊　存一種(學算筆談六卷)

320000 – 1636 – 0000308　　3026

困學紀聞二十卷　（宋）王應麟撰　（清）閻若璩等箋　清乾隆七年(1742)吳郡得桂堂刻本　四冊

320000 – 1636 – 0000309　　3027

全人矩矱四卷首一卷末一卷　（清）孫念劬編　清道光元年(1821)刻本　　四冊

320000 – 1636 – 0000310　　3028

傷寒論注四卷　（漢）張仲景撰　（清）柯琴編注　（清）馬中驊校訂　**傷寒論翼二卷傷寒附翼二卷**　（清）柯琴編注　（清）馬中驊校訂　清乾隆二十年(1755)姑蘇古香室刻本　　四冊

320000 – 1636 – 0000311　　3029

本經疏證十二卷本經續疏六卷　（清）鄒澍撰　清常郡韓文煥齋刻本　　三冊　存六卷(續疏六卷)

320000 – 1636 – 0000312　　3030

傳信適用方四卷　（宋）吳彥夔撰　清道光八年(1828)棠樾鮑氏活字印本　　二冊

320000 – 1636 – 0000313　　3031

高厚蒙求不分卷　（清）徐朝俊撰　清道光九年(1829)雲間徐氏刻本　　一冊　存一卷(五集高弧勾股合表一卷)

320000 – 1636 – 0000314　　3032

增補痘疹玉髓金鏡錄四卷　（明）翁仲仁撰　清光緒十六年(1890)鎮江文成堂刻本　　二冊

320000 – 1636 – 0000315　　3033

大六壬一字訣玉連環一卷　（宋）徐次賓撰　清同治三年(1864)金陵李光明莊刻本　　四冊

320000 – 1636 – 0000316　　3034

經史百家雜鈔二十六卷　（清）曾國藩纂　清光緒三十二年(1906)上海商務印書館鉛印本　十二冊

320000 – 1636 – 0000317　　3035

蘭譜一卷　（清）王寅撰　清光緒八年(1882)合肥李氏刻本　　一冊

320000 – 1636 – 0000318　　3036

增補便用雜字世事通考二卷外卷一卷　（清）徐三省編　（清）戴啟達增訂　清乾隆六十年(1795)維揚愛日堂刻本　　一冊

320000 – 1636 – 0000319　　3037

暗室燈二卷　題(清)深山居士輯　（清）沈惇復重校　清光緒三十二年(1906)刻本　　一冊

320000 – 1636 – 0000320　　3038

求志書院課藝不分卷　（清）上海求志書院編　清刻本　　一冊

320000 – 1636 – 0000321　　3039

下學菴勾股六術一卷　（清）項名達著　清道光十二年(1832)刻本　　一冊

320000 – 1636 – 0000322　　3040

大六壬指南五卷　（清）程起鑾撰　清刻本　一冊　存一卷(四)

320000 – 1636 – 0000323　　3041

名賢手札不分卷　（清）郭慶藩輯　清光緒十一年(1885)上海同文書局石印本　　一冊

320000 – 1636 – 0000324　　3042

九品蓮臺二卷　題(清)蓮航居士編　清刻本　一冊　存一卷(二)

320000 – 1636 – 0000325　　3043

輶軒語七卷　（清）張之洞撰　清光緒四年(1878)敏德堂刻本　　二冊

320000 – 1636 – 0000326　　3044

淵海子平音義評注五卷　（宋）徐升編　（明）楊淙增校　明崇禎七年(1634)英德堂刻本　一冊

320000 – 1636 – 0000327　　3045

星算補遺六種　（清）董毓琦述　清同治五年(1866)骳算山房刻本　　一冊　存二種二卷(笠寫壺金一卷、交食南車一卷)

320000 – 1636 – 0000328　　3046

臨陣心法一卷 （清）劉連捷著 清光緒十六年(1890)金陵刻本 一冊

320000－1636－0000329 3047
畢法集覽一卷 （清）程樹勳撰 清同治十一年(1872)靜省之居刻本 一冊

320000－1636－0000330 3048
增訂釋義經書便用通考雜字二卷 （清）徐三省輯 清維揚愛日堂刻本 一冊 存一卷(二)

320000－1636－0000331 3050
金石癖印譜一卷 （清）□□輯 清末鈐印本 一冊

320000－1636－0000332 3051
映雪齋分類官商便覽七百種不分卷 （清）王作霖編 清光緒三十一年(1905)上海育文書局石印本 一冊

320000－1636－0000333 3052
陳子性藏書十二卷首一卷 （清）陳應選撰 清乾隆四十七年(1782)聚盛堂刻本 一冊 存一卷(首一卷)

320000－1636－0000334 3053
遂生編一卷福幼編一卷 （清）莊一夔著 清光緒十年(1884)維揚聚賢堂刻本 一冊

320000－1636－0000335 3054
黃帝內經素問注證發微九卷 （明）馬蒔注證 清刻本 一冊 存一卷(五)

320000－1636－0000336 3055
大清律例摘要四卷 （清）□□輯 清末抄本 二冊 存二卷(二至三)

320000－1636－0000337 3056
醫方摘解匯抄一卷 （清）翟寶書輯 清光緒三十四年(1908)抄本 一冊

320000－1636－0000338 3057
通甫類稿四卷續編二卷 （清）魯一同著 清抄本 三冊

320000－1636－0000339 3058
占課範例二卷 清末抄本 二冊

320000－1636－0000340 3059
伏吟元胎一卷 （□）□□撰 清末抄本 一冊

320000－1636－0000341 3060
陽宅選擇應用諸法一卷 清末抄本 一冊

320000－1636－0000342 3061
邵彥和先生大六壬占案三卷 （宋）邵彥和撰 （清）程樹勳輯校 清末抄本 三冊

320000－1636－0000343 3062
趙蘇傳印存一卷 （清）趙蘇傳篆刻並輯 清末鈐印本 一冊

320000－1636－0000344 3063
名印集一卷 （□）□□輯 清末鈐印本 一冊

320000－1636－0000345 3064
各國交涉公法論初集四卷二集四卷三集八卷 （英國）費利摩羅巴德著 （清）俞世爵筆述 清末鉛印本 六冊 缺二卷(三集七至八)

320000－1636－0000346 3065
增補星平會海命學全書十卷 題（清）水中龍編集 清末石印本 五冊 存九卷(二至十)

320000－1636－0000347 3066
太上寶筏圖說□□卷 （□）□□撰 清末石印本 六冊 存九卷(二至十)

320000－1636－0000348 3067
曾文正公手札一卷 （清）曾國藩撰書 清末石印本 一冊

320000－1636－0000349 3068
曾文正公家訓二卷曾文正公雜著二卷 （清）曾國藩撰 清末石印本 四冊

320000－1636－0000350 3069
臨證指南醫案評本十二卷 （清）葉天士著 清同治三年(1864)刻本 十二冊

320000－1636－0000351 3070
天元一釋二卷 （清）焦循學 清末著易堂鉛印本 一冊

320000－1636－0000352　3071

梅氏叢書輯要六十二卷　（清）梅文鼎著　清光緒石印本　二冊　存十六卷（三十五至四十、四十六至五十五）

320000－1636－0000353　3072

天文地球圖說三卷　（清）華蘅芳筆述　清光緒石印本　二冊　存二卷（二至三）

320000－1636－0000354　3073

中西度量權衡表一卷　（清）□□撰　清末上海六先書局鉛印本　一冊

320000－1636－0000355　3074

測海山房中西算學叢刻初編存六種　（清）測海山房主人輯　清光緒二十二年（1896）上海文淵山房石印本　九冊　存六種三十二卷（增刪算法統宗一至十一、董方立算書七至十一、行素軒算學九至十三、三角數理七至十二、微積溯源五至八、九數外錄一）

320000－1636－0000356　3075

測海山房中西算學叢刻初編存五種　（清）測海山房主人輯　清光緒二十二年（1896）上海璣衡堂石印本　六冊　存五種四十一卷（數學理一至十、代數術一至十五、積微溯源一至四、三角數理一至六、代數難題解法十一至十六）

320000－1636－0000357　3076

增刪算法統宗十一卷　（明）程大位編　（清）梅瑴成增刪　清光緒二十三年（1897）上海中西五彩書局石印本　一冊

320000－1636－0000358　3077

代數須知一卷　（英國）傅蘭雅撰　清光緒十三年（1887）刻本　一冊

320000－1636－0000359　3078

代數菁華錄十六卷　（英國）傅蘭雅口述（清）華蘅芳筆述　（清）徐國棟等輯　清光緒二十三年（1897）上海書局石印本　四冊

320000－1636－0000360　3079

新測更漏中星表三卷金華晷漏中星表一卷金華更漏中星表一卷　（清）張作楠學　清光緒

二十三年（1897）上海鴻寶齋石印本　一冊

320000－1636－0000361　3080

求闕齋日記一卷　（清）曾國藩隨筆　（清）王啟原校編　清末石印本　一冊

320000－1636－0000362　3081

測圓海鏡細草十二卷　（元）李冶撰　清道光二年（1822）長塘鮑氏刻知不足齋叢書本　四冊

320000－1636－0000363　3082

九數通考續集九卷　（清）顧觀光撰　清光緒二十二年（1896）復古齋石印本　四冊

320000－1636－0000364　3083

二十五子彙函　（清）鴻文書局輯　清光緒十九年（1893）上海鴻文書局石印本　三冊　存四種四卷（荀子一卷、尸子一卷、孫子十家註一卷、呂氏春秋一卷）

320000－1636－0000365　3084

筆算數學三卷二十四章　（美國）狄考文輯（清）鄒立文述　清光緒二十四年（1898）上海美華書館鉛印本　二冊　存十八章（一至六、十三至二十四）

320000－1636－0000366　3085

秘傳花鏡六卷　（清）陳淏子輯　清康熙二十七年（1688）刻本　二冊　存二卷（一、六）

320000－1636－0000367　3086

壬學瑣記一卷　（清）程樹勳撰　清光緒七年（1881）刻本　一冊

320000－1636－0000368　3087

南雅堂醫書全集　（清）陳念祖撰　清光緒三十一年（1905）上海文盛堂書局石印本　七冊

320000－1636－0000369　3088

四元玉鑑細草三卷釋例一卷　（元）朱世傑編述　清光緒二十二年（1896）上海鴻寶齋書局石印本　四冊

320000－1636－0000370　3089

萬國公法四卷　（美國）惠頓撰　清末鉛印本　一冊　存一卷（二）

320000－1636－0000371　3090

疇人傳四十六卷　（清）阮元撰　清光緒二十二年(1896)石印本　一冊　存十三卷(二十五至三十七)

320000－1636－0000372　3091

新鐫眉公四言便讀群珠雜字二卷　（清）陳繼儒纂輯　清南京狀元閣李光明莊刻本　一冊

320000－1636－0000373　3092

普通體操學教科書一卷　（清）王肇鋐譯　清光緒二十九年(1903)文寶書局石印本　一冊

320000－1636－0000374　3093

古香齋新刻袖珍御製淵鑑類函四百五十卷目錄四卷　（清）張英等纂　清刻本　四百三十四冊　缺十七卷(七、一百○三至一百○四、一百十、一百二十八、一百八十、一百八十四、三百○二、三百五十、三百七十五、三百九十五、四百○二至四百○三、四百○五至四百○七、四百二十八)

320000－1636－0000375　3094

練兵實紀九卷　（明）戚繼光著　（清）吳之襄校　清末石印本　一冊　存四卷(六至九)

320000－1636－0000376　3095

醫經原旨十卷　（清）薛雪集注　清末石印本　一冊　存二卷(七至八)

320000－1636－0000377　3096

續博物志十卷　（宋）李石撰　（清）汪士漢校　清刻本　三冊

320000－1636－0000378　3097

金匱要略淺注補正九卷　（漢）張仲景撰　(清)陳念祖注　（清）唐宗海補正　清末石印本　一冊　存三卷(四至六)

320000－1636－0000379　3098

博物志十卷　（晉）張華撰　（清）汪士漢校　清刻本　一冊

320000－1636－0000380　3099

白虎通二卷　（漢）班固撰　清刻本　一冊　存一卷(一)

320000－1636－0000381　3100

三命通會十二卷　（明）萬民英著　清雍正十三年(1735)聚學堂刻本　七冊　存七卷(一至二、五、七、九至十一)

320000－1636－0000382　3101

尚論篇重編六卷　（清）喻昌著　清乾隆五年(1740)竹秀山房刻本　三冊

320000－1636－0000383　3102

紫微斗數六卷　清刻本　二冊　存四卷(二至三、五至六)

320000－1636－0000384　3103

曾文正公家書十卷　（清）曾國藩寫　清光緒十三年(1887)鴻文書局鉛印本　五冊

320000－1636－0000385　3104

算經十書　（清）孔繼涵輯　清光緒二十二年(1896)上海鴻寶齋石印本　八冊

320000－1636－0000386　3105

白芙堂算學叢書二十三種　（清）丁取忠輯　清光緒二十二年(1896)石印本　五冊　存十六種六十卷(算學廿一種二十二卷、對數八線表一卷、借根方勾股細草一卷、天元勾股細草一卷、開方說三卷、少廣縋鑿一卷、務民義齋算學十一卷、百雞術衍二卷、益古演段三卷、圓率考真圖解一卷、算法圓理括囊一卷、粟布演草二卷、緝古算經細草三卷、對數詳解五卷、綴術釋明二卷、綴術釋戴一卷)

320000－1636－0000387　3106

御纂性理精義十二卷　（清）李光地等纂修　清刻本　八冊　存十卷(三至十二)

320000－1636－0000388　3107

嚴陵張九儀儀度六壬選日要訣三卷　（清）張九儀著　（清）張允灼　（清）張允燦輯　清刻本　二冊　存一卷(三)

320000－1636－0000389　3108

新齊諧二十四卷　（清）袁枚撰　清刻本　一冊　存二卷(十一至十二)

320000－1636－0000390　3109

增訂古今秘苑二卷　（宋）曾慥著　（清）許之鳳輯　清經綸堂刻本　一冊　存一卷（一）

320000－1636－0000391　3110
曾文正公家書十卷家訓二卷　（清）曾國藩寫　清末鉛印本　一冊　存二卷（曾文正公家書五至六）

320000－1636－0000392　3111
時務新策大成初編六卷二編六卷　（清）王萬懷編　清光緒二十四年（1898）上海點石齋石印本　十二冊

320000－1636－0000393　3112
御製數理精蘊五十三卷　（清）允祉等撰　清光緒十四年（1888）上海大同書局石印本　二十四冊

320000－1636－0000394　3113
無邪堂答問五卷　（清）朱一新著　清光緒二十二年（1896）上海書局鉛印本　五冊

320000－1636－0000395　3114
應試最新類括十二卷　（清）守倉書屋編　清光緒二十八年（1902）上海文林書局石印本　十冊

320000－1636－0000396　3115
重學二十卷附曲綫說三卷　（英國）艾約瑟口譯　（清）李善蘭筆述　清光緒二十二年（1896）上海積山書局石印本　一冊　存十卷（一至十）

320000－1636－0000397　3116
幾何原本十五卷　（意大利）利瑪竇口譯（明）徐光啟筆述　清光緒二十二年（1896）上海積山書局石印本　三冊　存十卷（一至十）

320000－1636－0000398　3117
則古昔齋算學二十四卷　（清）李善蘭學　清光緒二十二年（1896）上海積山書局石印本　二冊　存十三卷（一至十三）

320000－1636－0000399　3118
求志算學課藝一卷　（清）上海求志書院編　清光緒二十二年（1896）石印本　一冊

320000－1636－0000400　3119
格物測算九卷附格物小引一卷　（美國）丁韙良撰　清末鉛印本　八冊　存八卷（二至六、八至九、格物小引一卷）

320000－1636－0000401　3120
勸學篇二卷　（清）張之洞撰　清光緒二十四年（1898）兩湖書院鉛印本　二冊

320000－1636－0000402　3121
壬寅闈藝準繩六卷　（清）吳同甲輯　清光緒二十八年（1902）上海書局石印本　八冊

320000－1636－0000403　3122
癸卯江南廣東浙江順天闈墨四卷　（清）□□輯　清光緒二十九年（1903）上海書局石印本　四冊

320000－1636－0000404　3123
光緒甲辰增批會試闈墨二卷　（清）□□輯　清光緒三十年（1904）知新書局石印本　二冊

320000－1636－0000405　3124
江蘇甲辰試草不分卷　（清）□□輯　清光緒三十年（1904）知新書局石印本　一冊

320000－1636－0000406　3125
古今四大家策論十卷　（宋）何去非等撰　清光緒二十八年（1902）上海書局石印本　六冊

320000－1636－0000407　3126
中西算學大成一百卷　（清）陳維祺纂　清光緒十五年（1889）上海同文書局石印本　十九冊

320000－1636－0000408　3127
江左校士錄四卷　（清）李殿林輯　清光緒二十九年（1903）上海桂記石印本　三冊　存三卷（一至三）

320000－1636－0000409　3128
開諸乘方捷術一卷　（清）項名達著　清末石印本　一冊

320000－1636－0000410　3129
平三角和較術一卷　（清）項名達著　清末石印本　一冊

320000 – 1636 – 0000411　3130

下學菴勾股六術一卷　（清）項名達著　清末
石印本　一冊

320000 – 1636 – 0000412　3131

代數不分卷　（美國）狄考文選譯　（清）鄒立
文等筆述　清末鉛印本　三冊

320000 – 1636 – 0000413　3132

算學比例匯通四卷　（清）羅士琳演　清光緒
十一年（1885）上海書局石印本　二冊　存三
卷（一至三）

320000 – 1636 – 0000414　3133

時文金繡四卷　（清）□□輯　清末石印本
二冊　存二卷（二、四）

320000 – 1636 – 0000415　3134

任兆麟述記二卷　（清）任兆麟述　清光緒二
十一年（1895）上海煥文書局石印本　二冊

320000 – 1636 – 0000416　3135

增補萬寶全書續編五卷　（□）□□撰　清末
石印本　一冊　存三卷（一至三）

320000 – 1636 – 0000417　3136

九數通考十一卷首一卷末一卷　（清）屈曾發
輯　清光緒二十年（1894）上海文海肇記石印
本　四冊　存十卷（一、五至十一、首一卷,末
一卷）

320000 – 1636 – 0000418　3137

算學啟蒙通釋三卷　（元）朱世傑編撰　（清）
徐鳳誥識　清光緒二十二年（1896）上海石印
本　四冊

320000 – 1636 – 0000419　3138

算草叢存八卷　（清）華蘅芳學　清末石印本
一冊　存二卷（三至四）

320000 – 1636 – 0000420　3139

困學紀聞注二十卷　（宋）王應麟撰　（清）翁元
圻輯　清同治八年（1869）上海樂善堂刻本　四
冊　存十三卷（一至二、六至八、十三至二十）

320000 – 1636 – 0000421　4001

庾子山集十六卷　（北周）庾信撰　（清）倪璠

注釋　清道光十九年（1839）同文堂刻本　十
二冊

320000 – 1636 – 0000422　4002

王右丞集箋注二十八卷末一卷　（唐）王維著
（清）趙殿成箋注　清刻本　二冊　存二十
一卷（九至二十八、末一卷）

320000 – 1636 – 0000423　4003

邃懷堂駢文箋注十六卷　（清）袁翼著　（清）
朱脩箋注　清光緒十四年（1888）刻本　八冊

320000 – 1636 – 0000424　4004

范伯子詩集十九卷　（清）范當世撰　清光緒
三十四年（1908）鉛印本　三冊　存十四卷
（一至十四）

320000 – 1636 – 0000425　4005

元遺山詩集箋注十四卷首一卷末一卷　（金）
元好問撰　（清）施國祁箋注　清宣統三年
（1911）上海掃葉山房石印本　八冊

320000 – 1636 – 0000426　4006

古文辭類纂七十四卷　（清）姚鼐輯　**續古文
辭類纂三十四卷**　王先謙輯　清光緒三十三
年（1907）上海商務印書館鉛印本　十冊　存
八十八卷（正集一至十、二十一至三十、四十
一至七十四,續集三十四卷）

320000 – 1636 – 0000427　4007

李空同詩集三十三卷　（明）李夢陽撰　清宣
統二年（1910）上海掃葉山房石印本　十冊

320000 – 1636 – 0000428　4008

吳摯甫文集四卷　（清）吳汝綸著　清宣統元
年（1909）國學扶輪社石印本　六冊

320000 – 1636 – 0000429　4009

澄衷蒙學堂字課圖說四卷　（清）劉樹屏編
清光緒三十年（1904）澄衷蒙學堂石印本
八冊

320000 – 1636 – 0000430　4010

唐宋八大家類選十四卷　（清）儲欣評定　清
光緒二十四年（1898）上海鴻文書局石印本
六冊

320000－1636－0000431　4011

石遺室文集十二卷石遺室文三集一卷　陳衍著　清刻本　三冊

320000－1636－0000432　4012

章太炎文鈔四卷　章絳著　清宣統二年(1910)國學扶輪社石印本　四冊

320000－1636－0000433　4013

有正味齋駢體文二十四卷　（清）吳錫麒著　清咸豐九年(1859)青箱墊刻本　八冊

320000－1636－0000434　4014

續古文苑二十卷　（清）孫星衍輯　清光緒九年(1883)江蘇書局刻本　六冊

320000－1636－0000435　4015

陳檢討四六二十卷　（清）陳維崧撰　（清）程師恭注　清末上海文瑞樓石印本　七冊　存十八卷(一至四、七至二十)

320000－1636－0000436　4016

王臨川文集四卷　（宋）王安石著　清宣統二年(1910)上海會文堂書局石印本　四冊

320000－1636－0000437　4017

國朝駢體正宗十二卷　（清）曾燠原選　（清）姚燮評　清光緒十一年(1885)上海文瑞樓石印本　四冊

320000－1636－0000438　4018

有正味齋駢體文箋注二十四卷　（清）吳錫麒著　（清）王廣業箋　（清）葉聯芬注　清光緒十五年(1889)上海蜚英館石印本　四冊

320000－1636－0000439　4019

綴白裘新集合編四十八卷　（清）錢德蒼輯　清乾隆四十一年(1776)寶仁堂刻本　四十七冊　存四十七卷(一至四十七)

320000－1636－0000440　4020

楚辭燈四卷　（清）林雲銘撰　清刻本　二冊

320000－1636－0000441　4021

文選瀹注三十卷　（明）閔齊華編　清刻本　五冊　存十四卷(七至十、十九至二十二、二十五至三十)

320000－1636－0000442　4022

重訂文選集評十五卷首一卷末一卷　（清）于光華輯　清刻本　四冊　存四卷(一至四)

320000－1636－0000443　4023

豫章先生遺文十二卷　（宋）黃庭堅撰　清巘崛山房刻本　清沙元炳跋　四冊

320000－1636－0000444　4024

百美新詠圖傳四卷　（清）顏希源撰　清嘉慶十年(1805)集腋軒刻本　三冊　存三卷(一至二、四)

320000－1636－0000445　4025

第一才子書三國演義十九卷首一卷一百二十回　（明）羅貫中撰　（清）毛宗崗評　清刻本　二十冊

320000－1636－0000446　4026

第一才子書三國志演義六十卷首一卷一百二十回　（明）羅貫中撰　（清）毛宗崗評　清刻本　二十四冊

320000－1636－0000447　4027

古文苑二十一卷　（宋）章樵注　清光緒十二年(1886)江蘇書局刻本　四冊

320000－1636－0000448　4028

古文喈鳳新編八卷　（清）汪基輯　清乾隆五十一年(1786)大盛堂刻本　八冊

320000－1636－0000449　4029

賦鈔箋略十五卷　（清）雷琳　（清）張杏濱箋　清嘉慶二十二年(1817)上海簡玉山房刻本　八冊

320000－1636－0000450　4030

明文才調集八卷國朝文才調集八卷　（清）許振褘集評　清光緒十九年(1893)毓蘭書屋刻本　十二冊　缺四卷(明文才調集一至二、四、七)

320000－1636－0000451　4031

唐詩別裁集引典備註二十卷　（清）沈德潛選　（清）俞汝昌增註　清刻本　九冊　存十六卷(四至十九)

320000－1636－0000452　4032

古唐詩合解古詩四卷　（清）王堯衢注　清刻
本　四冊

320000－1636－0000453　4033

重校七言千家詩注解二卷　（宋）謝枋得選
（清）王相注　清光緒二十年（1894）京江善化
書局刻本　二冊

320000－1636－0000454　4034

採風詩二集八卷四集四卷　（清）湯國泰撰
清咸豐刻本　四冊　存七卷（二集三至八、四
集四）

320000－1636－0000455　4035

宋元明詩約鈔三百首二卷　（清）朱梓　（清）
冷昌言輯　清南京狀元閣李光明莊刻本
二冊

320000－1636－0000456　4036

唐詩三百首注釋六卷　題（清）蘅塘退士輯
清光緒十六年（1890）寶慶益元書局刻本
五冊

320000－1636－0000457　4037

城北草堂存稿詩鈔四卷詩餘二卷詞餘一卷
（清）顧夔撰　清光緒十四年（1888）刻本
二冊

320000－1636－0000458　4038

唐詩類苑二百卷　（明）張之象纂輯　（明）杜
開美編次　明萬曆二十九年（1601）曹仁孫刻
本　四冊　存十八卷（十八至二十一、三十一
至三十四、四十至四十四、六十至六十四）

320000－1636－0000459　4039

帶經堂集九十二卷　（清）王士禛撰　（清）程
哲校編　清康熙五十年（1711）程氏七略書堂
刻本　二冊　存六卷（八十三至八十五、九十
至九十二）

320000－1636－0000460　4040

桐城吳氏古文讀本十三卷　（清）吳汝綸評選
清光緒三十一年（1905）上海文明書局鉛印
本　三冊　存九卷（一至七、十二至十三）

320000－1636－0000461　4041

古文觀止十二卷　（清）吳乘權　（清）吳大職
編　清光緒二十九年（1903）京口文成堂刻本
六冊

320000－1636－0000462　4042

重訂幼學須知句解四卷　（清）程允升著　清
海陵懷德堂莊夏氏刻本　六冊

320000－1636－0000463　4043

仁在堂全集十一種十八卷　（清）路德輯評
清道光仁在堂刻本　十二冊　缺三種三卷
（時藝課一卷、課士詩一卷、課士賦一卷）

320000－1636－0000464　4044

安徽試牘立誠編不分卷　清刻本　三冊

320000－1636－0000465　4045

野趣軒稿三十八卷　（清）梁炳魁撰　清光緒
二十七年（1901）刻本　三冊　存九卷（七至
十五）

320000－1636－0000466　4046

古芬書屋律賦二卷　（清）姚伊憲撰　清刻本
一冊

320000－1636－0000467　4047

有正味齋律賦二卷　（清）吳錫麒著　清刻本
一冊

320000－1636－0000468　4048

書畫舫試體詩二卷　（清）高鳳臺編　清刻本
一冊

320000－1636－0000469　4049

選學拾瀋二卷　（清）李詳撰集　清光緒二十
年（1894）刻本　一冊

320000－1636－0000470　4050

虛白齋古近體詩二卷　（清）劉蘊輝著　清同
治十一年（1872）刻本　清程晼跋　一冊

320000－1636－0000471　4051

嘯雲軒文集六卷　（清）程晼著　清同治八年
（1869）刻本　一冊　存三卷（四至六）

320000－1636－0000472　4052

蘇鄰遺詩續集一卷　（清）李鴻裔撰　清光緒

十七年(1891)中江李氏石印本　一冊

320000 – 1636 – 0000473　4053

茗柯文編初編一卷二編二卷三編一卷四編一卷　(清)張惠言著　清光緒七年(1881)刻本　一冊　存三卷(初編一卷、二編二卷)

320000 – 1636 – 0000474　4054

琴臺正續合刻十種　(清)汪守正輯　清同治十三年(1874)京口文成堂刻本　一冊　存五種五卷(樊榭山房賦一卷、壽花堂賦一卷、翠雲館詩一卷、澄鑒堂賦一卷、醽藉堂詩一卷)

320000 – 1636 – 0000475　4055

程可山先生七十壽序一卷　(清)劉毓崧撰　清同治五年(1866)刻本　一冊

320000 – 1636 – 0000476　4056

文選三十卷　(南朝梁)蕭統編　明崇禎毛氏汲古閣刻本　一冊　存六卷(二十五至三十)

320000 – 1636 – 0000477　4057

第一才子書三國志演義六十卷一百二十回　(明)羅貫中撰　(清)毛宗崗評　清刻本　一冊　存二卷(五十至五十一)

320000 – 1636 – 0000478　4058

六朝文絜箋注十二卷　(清)許槤評選　清光緒四年(1878)清華館刻本　一冊　存四卷(一至四)

320000 – 1636 – 0000479　4059

大雲山房文稿初集四卷　(清)惲敬撰　清嘉慶二十年(1815)南昌刻本　一冊　存一卷(二)

320000 – 1636 – 0000480　4060

詩文摘抄不分卷　(清)□□輯　清末抄本　一冊

320000 – 1636 – 0000481　4061

茗柯文編初編一卷二編二卷三編一卷四編一卷　(清)張惠言著　清宣統三年(1911)上海掃葉山房石印本　二冊

320000 – 1636 – 0000482　4062

滄浪詩話注六卷　(宋)嚴羽撰　(清)胡鑑注　清光緒七年(1881)刻本　二冊　存四卷(一至二、四至五)

320000 – 1636 – 0000483　4063

汪堯峰文集十六卷　(清)汪琬著　清宣統二年(1910)國學扶輪社石印本　八冊

320000 – 1636 – 0000484　4064

昭明文選集評十五卷首一卷末一卷　(清)于光華編次　清乾隆四十五年(1780)聚盛堂刻本　十六冊

320000 – 1636 – 0000485　4065

後山詩注十二卷　(宋)陳師道著　(宋)任淵注　清末三榆書屋石印本　六冊

320000 – 1636 – 0000486　4066

隨園詩法叢話八卷　(清)袁枚纂輯　清宣統碧梧山莊石印本　一冊　存二卷(一至二)

320000 – 1636 – 0000487　4067

角山樓增補類腋六十七卷　(清)姚培謙撰　(清)趙克宜增輯　清咸豐角山樓刻本　二十三冊

320000 – 1636 – 0000488　4068

忠雅堂評選四六法海八卷　(清)蔣士銓評選　清光緒十八年(1892)湖南書局本　八冊

320000 – 1636 – 0000489　4069

小倉山房詩集三十七卷續二卷　(清)袁枚著　清乾隆隨園刻本　十四冊

320000 – 1636 – 0000490　4070

小倉山房外集八卷　(清)袁枚著　清乾隆隨園刻本　二冊

320000 – 1636 – 0000491　4071

小倉山房文集三十五卷　(清)袁枚著　清乾隆隨園刻本　十二冊

320000 – 1636 – 0000492　4072

小倉山房詩集三十一卷補遺一卷　(清)袁枚著　清英秀堂刻本　六冊

320000 – 1636 – 0000493　4073

小倉山房尺牘六卷　(清)袁枚著　清隨園刻本　四冊

320000－1636－0000494　4074

東周列國志二十七卷一百〇八回　（清）蔡昇評點　清光緒十四年（1888）上海點石齋石印本　八冊

320000－1636－0000495　4075

東周列國志二十七卷一百〇八回　（清）蔡昇評點　清末刻本　十九冊

320000－1636－0000496　4076

第一才子書三國志演義六十卷一百二十回（明）羅貫中撰　（清）毛宗崗評　清咸豐三年（1853）刻本　二十冊

320000－1636－0000497　4077

歷代鐘鼎彝器款識法帖二十卷　（宋）薛尚功撰　清嘉慶阮氏小瑯嬛仙舘刻本　二冊　存十一卷（五至十、十六至二十）

320000－1636－0000498　4078

試詩古近鸞音一卷　（清）倪一擎編次　清末石印本　一冊

320000－1636－0000499　4079

理學韓樂吾先生行略一卷詩集一卷　（明）韓貞撰　清光緒十二年（1886）興化傳薪書室刻本　一冊

320000－1636－0000500　4080

桃花扇二卷　（清）孔尚任撰　清刻本　一冊　存一卷（一）

320000－1636－0000501　4081

唐詩三百首六卷　題（清）蘅塘退士編　清刻本　一冊　存三卷（四至六）

320000－1636－0000502　4082

譚復生文鈔二卷　（清）譚嗣同著　清宣統二年（1910）上海國學扶輪社鉛印本　一冊

320000－1636－0000503　4083

格致精華錄四卷　（清）江標輯　清光緒二十二年（1896）石印本　一冊　存二卷（二至三）

320000－1636－0000504　4084

圖像鏡花緣六卷　（清）李汝珍撰　清光緒二十三年（1897）石印本　一冊　存一卷（六）

320000－1636－0000505　4086

蘭苕館外集里棸十卷　（清）許奉恩撰　清同治十三年（1874）刻本　一冊　存一卷（一）

320000－1636－0000506　4087

雲林別墅繪像妥註第六才子書六卷　（元）王實甫撰　（清）鄒聖脈註　清乾隆六十年（1795）學古堂刻本　二冊　存二卷（三至四）

320000－1636－0000507　4088

古文緒論三卷　（清）孫思奮編輯　清光緒三十三年（1907）刻本　一冊　存二卷（二至三）

320000－1636－0000508　4089

近科館律鴛鍼四卷　（清）蔣圻編次　清咸豐四年（1854）上海掃葉山房刻本　四冊

320000－1636－0000509　4090

分類賦學雞跐集三十卷首一卷附錄一卷（清）張維城輯　清刻本　一冊　存五卷（二十七至三十、附錄一卷）

320000－1636－0000510　4091

春暉堂試帖詳注四卷　（清）徐福辰撰　清同治六年（1867）刻本　一冊　存一卷（三）

320000－1636－0000511　4092

隨園詩話十六卷　（清）袁枚著　清刻本　一冊　存二卷（十四至十五）

320000－1636－0000512　4093

青雲集分韻試帖詳註四卷　（清）楊逢春等輯　清光緒三年（1877）務本堂刻本　四冊

320000－1636－0000513　4094

分類詳注飲香尺牘四卷首一卷　題（清）飲香居士原編　題（清）白下慵隱子箋釋　清乾隆五十四年（1789）刻本　四冊

320000－1636－0000514　4102

[批點]七家詩選箋註七卷　（清）王廷紹等著　（清）張熙宇輯評　清同治五年（1866）上海掃葉山房刻本　四冊

320000－1636－0000515　4096

[批點]八家詩選注釋八卷　（清）王廷紹等著　（清）張熙宇輯評　清同治五年（1866）小西

山房刻本　四冊

320000 – 1636 – 0000516　4097

古唐詩合解十二卷　（清）王堯衢注　清怡蓮堂刻本　一冊　存一卷（一）

320000 – 1636 – 0000517　4098

袁文箋正十六卷　（清）袁枚著　（清）石韞玉箋　清嘉慶十年（1805）寶彝堂刻本　六冊

320000 – 1636 – 0000518　4099

記文四編八卷　（清）繆蓮仙輯　清末石印本　一冊　存四卷（五至八）

320000 – 1636 – 0000519　4100

律賦從新四卷　（清）□□撰　清末石印本　三冊　存三卷（二至四）

320000 – 1636 – 0000520　4101

新輯尺牘合璧四卷　（清）許思湄著　清末石印本　一冊　存二卷（三至四）

320000 – 1636 – 0000521　5001

西政叢書三十二種三十二卷　梁啟超輯　清光緒二十三年（1897）慎記書莊石印本　三十冊　存三十卷（三至三十二）

320000 – 1636 – 0000522　5002

兩江法政學堂校外講義不分卷　（清）□□輯　清末鉛印本　二十四冊

320000 – 1636 – 0000523　5003

經餘必讀八卷　（清）雷琳　（清）錢樹棠等輯　清嘉慶八年（1803）大中堂刻本　四冊

320000 – 1636 – 0000524　5004

經餘必讀續編八卷　（清）雷琳　（清）錢樹棠等輯　清嘉慶十三年（1808）書業堂刻本　四冊

320000 – 1636 – 0000525　5005

群書拾補不分卷　（清）盧文弨撰　清光緒十三年（1887）上海蜚英館石印本　六冊　存六卷（一至六）

320000 – 1636 – 0000526　5006

策學備纂三十二卷　（清）蔡啟盛　（清）吳潁炎輯　清光緒十三年（1887）上海點石齋石印

本　一冊　存一卷（二十八）

320000 – 1636 – 0000527　5007

新學大叢書一百二十卷　清光緒二十九年（1903）上海積山喬記書局石印本　六冊　存二十卷（一至三、十六至十八、四十九至五十一、五十五至五十八、七十八至八十、一百十七至一百二十）

320000 – 1636 – 0000528　5008

策學備纂三十二卷目錄三十二卷首一卷　（清）蔡啟盛　（清）吳潁炎輯　清光緒二十六年（1900）上海點石齋石印本　四十七冊

320000 – 1636 – 0000529　5009

格致書院課藝不分卷　（清）王韜編　清光緒二十三年（1897）上海書局石印本　十冊

320000 – 1636 – 0000530　5010

西學大成十二卷　（清）王西清輯　清光緒二十一年（1895）上海醉六堂書坊石印本　十二冊

320000 – 1636 – 0000531　5011

時務通考三十一卷　題（清）杞廬主人輯　清光緒二十三年（1897）上海點石齋石印本　二十三冊　缺一卷（三十一）

320000 – 1636 – 0000532　5012

杭氏七種　（清）杭世駿撰　清咸豐元年（1851）長沙刻本　六冊

320000 – 1636 – 0000533　4095

[批點]七家詩選箋註七卷　（清）王廷紹等著　（清）張熙宇輯評　清同治元年（1862）懷德堂刻本　四冊

320000 – 1636 – 0000534　2210

欽定續文獻通考二百五十卷　（清）嵇璜　（清）曹仁虎纂修　清光緒二十七年（1901）上海圖書集成局鉛印本　三十五冊　缺五卷（二十五至二十九）

320000 – 1636 – 0000535　2253.1

御批歷代通鑑輯覽一百二十卷　（清）傅恒等撰　清光緒二十八年（1902）上海文林書局石

印本　二十冊

320000－1636－0000536　2215
皇朝通志一百二十六卷　（清）嵇璜　（清）曹仁虎等纂　清光緒二十七年（1901）上海集成書局鉛印本　十一冊　缺八卷（五十六至六十三）

320000－1636－0000537　3145
算草叢存四卷　（清）華蘅芳撰　清光緒二十四年（1898）浙西璣衡堂石印行素軒筆談本　一冊

320000－1636－0000538　4103
新鎸五言千家詩注解二卷　（清）王相選注　清光緒二十年（1894）京江善化書局刻本　二冊

320000－1636－0000539　3146
九章算術細草圖說九卷　（清）李潢撰　清光緒二十二年（1896）上海文淵山房石印本　二冊

320000－1636－0000540　3144
測地繪圖十二卷　（英國）富路瑪撰　（清）徐壽述　清光緒二十二年（1896）上海文淵山房石印本　一冊　存四卷（九至十二）

320000－1636－0000541　2218
正三通目錄十二卷續三通目錄十四卷　（清）席裕福編　清光緒二十九年（1903）上海圖書集成局石印本　八冊

江蘇省揚州市邗江區圖書館古籍普查登記目録

全國古籍普查登記目録

國家圖書館出版社
National Library of China Publishing House

《江蘇省揚州市邗江區圖書館古籍普查登記目録》

編委會

主　編：李萬春

編　委：李萬春　姚傑　肖霞　劉貝貝　李大樂

《江蘇省揚州市邗江區圖書館古籍普查登記目録》

前　言

　　揚州市邗江區圖書館始建於 1976 年,後館址幾經變遷,現位於揚州市邗江中路 553 號,服務場地 2500 平方米,現有藏書 26 萬冊(件),年訂閲期刊 350 多種,報紙 60 多份,每年新增圖書 10000 冊以上,每周均有新書上架。提供中國期刊全文數據庫、龍源期刊、萬方學術論文、書生數字圖書館、點點電子書庫等 11 個數據庫,供讀者閲讀、瀏覽和下載使用。館内擁有先進的自動化管理與服務系統,先後被評定爲國家一級圖書館、江蘇省文明圖書館,爲揚州市揚城西區重要文化建設單位。

　　邗江區圖書館館藏古籍由知名教授洪爲法家人於 1993 年捐贈。洪爲法(1899—1970),字式良、石果,曾用名洪石果、洪炳炎,署名天戈,祖籍江蘇省儀徵市,世居揚州,與郭沫若、成仿吾、郁達夫、阿英、趙景深、方光燾、彭康、周全平、龔冰廬等過從甚密。在《創造》季刊上發表詩、小説和評論,成爲創造社成員。這批捐書共 1000 餘冊,均爲清朝中後期與民國的版本,包含有刻本、石印本和鉛印本。在本次普查登記過程中,由於我館没有從事古籍工作的專業人員,首先我們加强了古籍普查知識與技能的學習培訓,先後安排相關人員到揚州市圖書館古籍部與省古籍培訓班參與系統的輔導學習,使大家初步掌握了古籍普查的專業知識與相關技能,再按要求在館内進行初查登記,然後請市圖書館古籍部的老師對我館初查的情况進行復查,最後再報送到省古籍保護中心,由專家們逐一進行審核,最終確認符合古籍普查要求的有 101 種,遂將數據上報到國家古籍保護網。

李萬春

2014 年 9 月

320000－4630－0000001　G001

龍威祕書十集　（清）馬俊良輯　清乾隆五十九年(1794)刻本　一冊　存三種三卷(丙集二十四詩品一卷、本事詩一卷、雲溪友議一卷)

320000－4630－0000002　G002

玉茗堂尺牘六卷　（明）湯顯祖撰　清末民國鉛印本　一冊　存三卷(一至三)

320000－4630－0000003　G003

李長吉歌詩四卷　（唐）李賀撰　清宣統元年(1909)掃葉山房石印本　四冊

320000－4630－0000004　G004

唐摭言十五卷　（五代）王定保撰　清光緒五年(1879)刻本　四冊

320000－4630－0000005　G005

經籍籑詁一百〇六卷　（清）阮元撰　清嘉慶三年(1798)刻本　十冊

320000－4630－0000006　G006

泊宅編三卷　（宋）方勺撰　清光緒三年(1877)刻本　一冊

320000－4630－0000007　G007

唐才子傳十卷　（元）辛文房撰　清同治刻粵雅堂叢書本　二冊

320000－4630－0000008　G008

拙軒集六卷　（金）王寂撰　清道光刻本　一冊

320000－4630－0000009　G009

劇談錄二卷　（唐）康駢撰　清光緒四年(1878)葛氏嘯園刻本　二冊

320000－4630－0000010　G010

石湖詞一卷　（宋）范成大撰　和石湖詞一卷　（宋）陳三聘撰　花外集一卷　（宋）王沂孫撰　清乾隆、道光長塘鮑氏刻知不足齋叢書本　一冊

320000－4630－0000011　G011

周氏正庵詞辯二卷附介存齋論詞雜著一卷　（清）周濟選　清刻本　一冊

320000－4630－0000012　G012

繪圖速通虛字法續編八卷　（清）施崇恩編　清光緒三十四年(1908)彪蒙書室石印本　二冊

320000－4630－0000013　G013

本事詩前集六卷後集六卷　（清）徐釚輯　清光緒十四年(1888)邵武徐氏刻本　四冊

320000－4630－0000014　G014

峴南道唱演不分卷　題（清）樵隱撰　清宣統三年(1911)峴南學社刻本　一冊

320000－4630－0000015　G015

屈辭精義六卷　（清）陳本禮撰　清嘉慶十七年(1812)刻本　四冊

320000－4630－0000016　G016

唐五代詞選三卷　（清）成肇麐編　清光緒十三年(1887)刻本　一冊

320000－4630－0000017　G017

宋四家詞選一卷　（清）周濟輯　清道光刻本　一冊

320000－4630－0000018　G018

詞選二卷　（清）張惠言輯　附錄一卷　（清）鄭善長輯　續詞選二卷　（清）董毅輯　清道光十年(1830)刻本　一冊

320000－4630－0000019　G019

詞源二卷　（宋）張炎撰　樂府指迷一卷(宋)沈義父撰　詞旨一卷　（元）陸行直撰　清刻本　一冊

320000－4630－0000020　G020

宋本十三經注疏十三種四百十六卷　（清）阮元撰　（清）盧宣旬摘錄　清光緒十三年(1887)上海脈望仙館石印本　十六冊　存八種四百二十二卷(禮記四十四至六十一、校勘記六十三卷,爾雅十卷校勘記十卷,春秋左氏傳六十卷校勘記六十卷,春秋公羊傳二十八卷校勘記二十八卷,春秋穀梁傳二十卷校勘記二十卷,論語二十卷校勘記二十卷,孝經九卷校勘記九卷,孟子二十八卷校勘記二十八卷)

320000 – 4630 – 0000021　G021

續資治通鑑二百二十卷　（清）畢沅編　清光
緒十六年（1890）上海積山書局石印本　十
六冊

320000 – 4630 – 0000022　G022

書苑菁華二十卷　（宋）陳思輯　清光緒十三
年（1887）大同書局石印本　二冊

320000 – 4630 – 0000023　G023

四書經史摘證二十九卷　（清）宋繼種輯　清
末民國石印本　二冊

320000 – 4630 – 0000024　G024

士禮居藏書題跋記六卷　（清）黃丕烈撰　清
末民國石印本　二冊

320000 – 4630 – 0000025　G025

文徵明行書懷歸出京詩六十四首不分卷
（明）文徵明書　清光緒三十四年（1908）影印
本　一冊

320000 – 4630 – 0000026　G026

馮聯棠太史錄書譜一卷　（唐）孫過庭撰　清光
緒十八年（1892）上海著易堂書局石印本　一冊

320000 – 4630 – 0000027　G027

京江鮑氏課選廎合槀二種八卷　（清）鮑之蕙
（清）鮑之芬撰　清光緒刻本　六冊

320000 – 4630 – 0000028　G028

陶淵明集十卷　（晉）陶潛撰　清光緒二年
（1876）刻本　二冊

320000 – 4630 – 0000029　G029

投筆集箋注二卷　（清）錢謙益撰　（清）錢曾
箋注　清宣統二年（1910）鄧氏風雨樓鉛印本
一冊

320000 – 4630 – 0000030　G030

青霞館論畫絕句一百首一卷　（清）吳修撰
清光緒二年（1876）黃元煦刻本　一冊

320000 – 4630 – 0000031　G031

字學舉隅一卷　（清）龍光甸撰　（清）龍啟瑞
輯　清同治十三年（1874）湖北崇文書局刻本
一冊

320000 – 4630 – 0000032　G032

珠玉詞鈔一卷補鈔一卷　（宋）晏殊撰　清光
緒十一年（1885）揚州刻本　一冊

320000 – 4630 – 0000033　G033

白雨齋詞話八卷附白雨齋詞存一卷詩鈔一卷
（清）陳廷焯著　清光緒二十年（1894）刻本
四冊

320000 – 4630 – 0000034　G034

宋稗類鈔八卷　（清）潘永因編輯　清宣統元
年（1909）鉛印本　八冊

320000 – 4630 – 0000035　G035

粟香室叢書　金武祥輯　清光緒至民國刻本
一冊　存二種二卷（水雲樓賸藁一卷、玉紀
一卷）

320000 – 4630 – 0000036　G036

選註六朝唐賦二卷　（清）馬傳庚選注　清光
緒十四年（1888）南陵徐氏刻本　二冊

320000 – 4630 – 0000037　G037

魏默深先生文集三卷　（清）魏源著　清光緒
二十九年（1903）揚州益智書社鉛印本　二冊

320000 – 4630 – 0000038　G038

石林燕語十卷　（宋）葉夢得撰　清光緒三十
三年（1907）中華圖書館石印本　四冊

320000 – 4630 – 0000039　G039

七修類稿五十一卷續稿七卷　（明）郎瑛著
清耕煙草堂刻本　十六冊

320000 – 4630 – 0000040　G040

國粹叢書　（清）國學保存會輯　清光緒、宣
統鉛印本　一冊　存二種附三種十五卷（晞
髮集十卷、謝翱年譜一卷，附金華遊錄注二
卷、西臺慟哭記註一卷、謝翱墓錄一卷）

320000 – 4630 – 0000041　G041

獨醒雜志十卷　（宋）曾敏行撰　清乾隆四十
年（1775）刻本　一冊　存五卷（一至五）

320000 – 4630 – 0000042　G042

對牀夜語五卷　（宋）范晞文撰　清乾隆刻知
不足齋叢書本　一冊

320000－4630－0000043　G043

南濠詩話一卷　（明）都穆撰　**麓堂詩話一卷**
（明）李東陽撰　清乾隆刻知不足齋叢書本
一冊

320000－4630－0000044　G044

歸田詩話三卷　（明）瞿佑撰　清乾隆刻知不
足齋叢書本　一冊

320000－4630－0000045　G045

唐人賦鈔六卷　（清）邱先德選　清同治十三
年(1874)刻本　六冊

320000－4630－0000046　G046

仿唐寫本說文解字木部箋異一卷　（清）莫友
芝撰　清同治二年(1863)刻本　一冊

320000－4630－0000047　G047

北郭集六卷補遺一卷　（元）許恕撰　清光緒
二十八年(1902)江陰金氏刻本　二冊

320000－4630－0000048　G048

伯牙琴一卷　（宋）鄧牧撰　清光緒三十三年
(1907)鉛印本　一冊

320000－4630－0000049　G049

投筆集二卷　（清）錢謙益撰　清光緒三十二
年(1906)鉛印本　一冊

320000－4630－0000050　G050

淮南子二十一卷　（漢）劉安撰　（漢）高誘注
清光緒十九年（1893）鴻文書局石印本
一冊

320000－4630－0000051　G051

字典攷證十二集三十六卷　（清）奕繪等撰
清光緒十四年(1888)同文書局石印本　一冊

320000－4630－0000052　G052

葉天寥自撰年譜一卷葉天寥年譜續纂一卷葉
天寥年譜別記一卷葉天寥年譜附錄一卷
（明）葉紹袁撰　清光緒三十三年(1907)鉛印
本　一冊

320000－4630－0000053　G053

呂氏春秋二十六卷　（秦）呂不韋撰　清光緒
十九年(1893)鴻文書局石印本　一冊

320000－4630－0000054　G054

資治通鑑二百九十四卷　（宋）司馬光撰
(元)胡三省音注　**通鑑釋文辯誤十二卷**
(元)胡三省撰　清光緒十四年(1888)積山書
局石印本　一冊　存十一卷(一至十一)

320000－4630－0000055　G055

青暘集四卷補遺一卷　（明）張宣著　清光緒
十五年(1889)江陰金氏刻本　一冊

320000－4630－0000056　G056

雲溪樂府二卷　（清）趙懷玉著　清光緒十二
年(1886)江陰金氏刻本　一冊

320000－4630－0000057　G057

藏說小萃七種七卷　（明）李鶚翀輯　清光緒
十四年(1888)江陰金氏刻本　一冊

320000－4630－0000058　G058

温飛卿詩集箋注九卷　（唐）温庭筠著　清宣
統二年(1910)石印本　四冊

320000－4630－0000059　G059

增補事類統編九十三卷　（清）黃葆真增輯
清光緒十二年(1886)上海同文書局石印本
十一冊　缺八卷(一至八)

320000－4630－0000060　G060

蕭選韻系二卷　（清）李麟閣編輯　清光緒十
年(1884)上海同文書局石印本　二冊

320000－4630－0000061　G061

宋代五十六家詩集不分卷　（清）坐春書塾選
輯　清宣統二年(1910)北京龍文閣石印本
六冊

320000－4630－0000062　G062

幼幼集四卷　（清）胡文炳輯　清光緒十三年
(1887)申報館鉛印本　四冊

320000－4630－0000063　G063

容齋隨筆十六卷　（宋）洪邁撰　清光緒二十
一年(1895)上海飛鴻閣影印本　一冊

320000－4630－0000064　G064

孟浩然集四卷　（唐）孟浩然撰　清光緒二十
二年(1896)上海古香閣石印本　二冊

320000－4630－0000065　G065

桐陰清話八卷　（清）倪鴻撰　清同治十三年(1874)申江刻本　二冊

320000－4630－0000066　G066

簪花閣詩抄不分卷　（清）翁端恩撰　清光緒十二年(1886)刻本　一冊

320000－4630－0000067　G067

讀雪山房唐詩凡例一卷附讀雪山房雜著一卷　（清）管世銘撰　清光緒十二年(1886)江陰金氏刻本　一冊

320000－4630－0000068　G068

古今說海一百三十五種一百四十二卷　（明）陸楫等編　清宣統元年(1909)鉛印本　十二冊

320000－4630－0000069　G069

增廣詩韻大全六卷　（清）湯祥瑟輯　清光緒十九年(1893)上海點石齋石印本　六冊

320000－4630－0000070　G070

子史精華一百六十卷　（清）允禄等編　清光緒十七年(1891)上海書局石印本　八冊

320000－4630－0000071　G071

岑嘉州集八卷　（唐）岑參撰　清光緒二十二年(1896)上海古香閣石印本　二冊

320000－4630－0000072　G072

欽定四庫全書簡明目錄二十卷　（清）紀昀等撰　清鉛印本　四冊

320000－4630－0000073　G073

論語正義二十四卷　（清）劉寶楠撰　清同治五年(1866)刻本　四冊　缺五卷(一至五)

320000－4630－0000074　G074

西河合集一百十九種　（清）毛奇齡撰　清末石印本　四冊　存一種(四書改錯二十二卷)

320000－4630－0000075　G075

論語集解義疏十卷　（三國魏）何晏集解（南朝梁）皇侃義疏　清光緒三十一年(1905)上海慎記石印本　二冊

320000－4630－0000076　G076

孟子正義三十卷　（清）焦循撰　清末石印本　六冊

320000－4630－0000077　G077

大學古本說一卷中庸章段一卷中庸餘論一卷讀論語札記三卷讀孟子札記二卷　（清）李光地　（清）朱亦棟撰　清末石印本　一冊

320000－4630－0000078　G078

增補事類統編九十三卷　（清）黃葆真輯　清光緒十四年(1888)上海積山書局石印本　一冊　存八卷(一至八)

320000－4630－0000079　G079

古唐詩合解十二卷古詩四卷　（清）王堯衢注　清雍正十年(1732)五雲樓刻本　五冊

320000－4630－0000080　G080

李長吉集四卷外卷一卷　（唐）李賀撰　（明）黃淳耀評點　清宣統元年(1909)掃葉山房石印本　二冊

320000－4630－0000081　G081

述學內篇三卷外篇一卷補遺一卷別祿一卷　（清）汪中撰　清同治八年(1869)揚州書局刻本　二冊

320000－4630－0000082　G082

王摩詰集六卷　（唐）王維撰　清光緒二十二年(1896)上海古香閣石印本　二冊

320000－4630－0000083　G083

俞曲園燈謎大觀二卷　（清）俞樾輯　清末民國上海源記書莊石印本　二冊

320000－4630－0000084　G084

日知錄集釋三十二卷　（清）顧炎武撰　（清）黃汝成集釋　清光緒二十一年(1895)點石齋石印本　六冊

320000－4630－0000085　G085

藝苑名言八卷　（清）蔣瀾輯　清乾隆四十一年(1776)刻本　四冊

320000－4630－0000086　G086

梁谿漫志十卷　（宋）費袞撰　清乾隆四十一年(1776)刻知不足齋叢書本　二冊

320000－4630－0000087　G087

資治通鑑二百九十四卷　（宋）司馬光撰　清末民國石印本　一冊　存十一卷（十二至二十二）

320000－4630－0000088　G088

杜詩補註□□卷　（清）仇兆鰲註　清末民國石印本　一冊　存一卷（下）

320000－4630－0000089　G089

諸家詠杜附錄二卷　（□）□□撰　清末民國石印本　一冊　存一卷（上）

320000－4630－0000090　G090

詩品注釋一卷　（唐）司空圖撰　清同治九年（1870）寶文書局刻本　一冊

320000－4630－0000091　G092

歷代地理志韻編今釋二十卷　（清）李兆洛撰　清光緒二十九年（1903）上海蜚英舘石印本　六冊

320000－4630－0000092　G093

壯悔堂文集十卷遺稿一卷四憶堂詩集六卷　（清）侯方域撰　清宣統元年（1909）中國圖書公司鉛印本　四冊

320000－4630－0000093　G094

三國志六十五卷　（晉）陳壽撰　清光緒二十三年（1897）慎記書莊石印本　二冊

320000－4630－0000094　G095

後漢書一百二十卷　（南朝宋）范曄撰　清光緒二十三年（1897）慎記書莊石印本　四冊

320000－4630－0000095　G096

前漢書一百二十卷　（漢）班固撰　清光緒二十三年（1897）慎記書莊石印本　四冊

320000－4630－0000096　G097

淮海集十七集卷後集二卷詞一卷補遺一卷文集考證一卷　（宋）秦觀撰　清道光十七年（1837）刻本　八冊

320000－4630－0000097　G098

湘谷初稿八卷續稿六卷吟稿四卷　（清）謝庭蘭撰　清光緒十五年（1889）宋仁甫刻本　六冊

320000－4630－0000098　G099

船山詩草二十卷　（清）張問陶撰　清嘉慶二十年（1815）刻本　六冊

320000－4630－0000099　G100

杜工部集二十卷年譜一卷諸家詩話一卷附錄一卷唱酬題詠附錄一卷　（唐）杜甫撰　（清）錢謙益箋注　清宣統三年（1911）時中書局石印本　八冊

320000－4630－0000100　G101

詩品三卷　（南朝梁）鍾嶸撰　清咸豐十年（1860）刻本　一冊

320000－4630－0000101　G102

說文解字注三十卷六書音均表五卷說文通檢十六卷　（清）段玉裁撰　清光緒十四年（1888）上海蜚英舘石印本　六冊

江蘇省崑山市圖書館古籍普查登記目録

全國古籍普查登記目録

國家圖書館出版社
National Library of China Publishing House

《江蘇省崑山市圖書館古籍普查登記目録》

編委會

主　　編：薛菊芳

編　　委：薛菊芳　金　磊　傅玲玲　俞菊芳

《江蘇省崑山市圖書館古籍普查登記目録》
前 言

　　由於歷史的原因,崑山市圖書館以前收藏的古籍已經移交其他單位保管。2003年新館建設項目啓動後,爲了彌補我館在這方面的缺失,崑山市圖書館開始了古籍徵集計劃,徵集的方式有接受捐贈和購買等,比如《卧龍山人集》是潘鳴鳳先生的小女兒潘潔民捐贈,《確菴尺牘》也是古籍愛好者捐贈的。其他大部分的古籍是通過各種渠道購買的,主要是通過揚州、蘇州等地的古籍書店。

　　我館這批藏書主要的特點是大部分古籍與崑山有關。比如,崑山作家作品:顧炎武、朱用純、李文楷、鄭文康的作品;崑山人抄的書籍:《確菴尺牘》《卧龍山人集》《易經經義》;與崑山有一定關係的人和事:龔自珍、崑曲等;其他周邊城市的作品。

　　自從"中華古籍保護計劃"開始後,我館認真登記、積極申報,不以物少而輕視,我館專門買了放置古籍的書櫃並將古籍單獨置於一間藏書室内,工作人員一本一本地按照要求登記"書名、卷數、作者"等信息,並按照要求登記入江蘇省古籍普查平臺。古籍是中華民族寶貴的文化遺産,我館定將做好保護與利用工作。

江蘇省崑山市圖書館
2014 年 9 月

320000 – 1626 – 0000001　001

香囊記二卷　（明）邵璨撰　明末毛氏汲古閣刻本　四冊

320000 – 1626 – 0000002　002

産寶百問一卷　（明）鄭文康撰　清雍正抄本　二冊

320000 – 1626 – 0000003　003

藝海珠塵三百十二卷　（清）吳省蘭輯　清嘉慶聽彝堂刻本　六十六冊

320000 – 1626 – 0000004　004

藝海珠塵三百十二卷　（清）蔣光弼輯　清常熟蔣氏省吾堂刻本　八冊

320000 – 1626 – 0000005　005

悸齋新曲六種十二卷　（清）夏綸撰　清乾隆世光堂刻本　二十四冊

320000 – 1626 – 0000006　006

明季稗史彙編十六種二十七卷　題（清）留雲居士輯　清都城琉璃廠刻本　十六冊

320000 – 1626 – 0000007　007

定庵別集一卷　（清）龔自珍撰　清同治吳曉帆刻本　一冊

320000 – 1626 – 0000008　008

顧亭林先生遺書十種二十七卷　（清）顧炎武撰　清蓬瀛閣刻本　八冊

320000 – 1626 – 0000010　010

亭林詩集五卷　（清）顧炎武撰　清宣統元年(1909)掃葉山房石印本　二冊

320000 – 1626 – 0000011　011

治家格言衍義一卷　（清）朱用純撰　清光緒嚴江萼溪山館刻本　一冊

320000 – 1626 – 0000012　012

臥龍山人集十四卷　（清）葛芝撰　清抄本　四冊

320000 – 1626 – 0000013　013

紅螺詞館雜録一卷　（清）李文楷撰　稿本　一冊

320000 – 1626 – 0000014　014

國朝名人尚知編不分卷　（清）李文楷撰　稿本　三冊

320000 – 1626 – 0000015　015

易經經義二卷　（□）□□撰　清末抄本　一冊

320000 – 1626 – 0000016　016

清河書畫舫十二卷　（明）張丑撰　清光緒刻本　十二冊

320000 – 1626 – 0000017　017

亭林文集六卷　（清）顧炎武撰　清宣統元年(1909)掃葉山房石印本　二冊

320000 – 1626 – 0000018　018

映雪齋分類官商便覽七百種十六卷　題（清）映雪齋主人編　清光緒石印本　四冊

320000 – 1626 – 0000019　019

確菴尺牘不分卷　（清）陳瑚撰　清王德森抄本　一冊

江蘇省連雲港市博物館
古籍普查登記目録

全國古籍普查登記目録

國家圖書館出版社
National Library of China Publishing House

《江蘇省連雲港市博物館古籍普查登記目録》
編委會

主　編：劉政

編　委：劉政　賈慶華　惠强　薛麗麗　涂林林　徐丹

《江蘇省連雲港市博物館古籍普查登記目錄》

前　言

連雲港市位於魯中南丘陵與淮北平原的交界處，千年的燦爛文明孕育了深厚的歷史文化底蘊。在這裏，誕生了我國最富傳奇的神話小説《西遊記》和《鏡花緣》。2007 年，國務院辦公廳下發文件，要求在全國範圍内開展古籍普查登記工作，對登記的古籍進行詳細清點和編目整理，在古籍普查登記基礎上，編纂出版各館古籍普查登記目録，形成《全國古籍普查登記目録》。

自普查開展以來，我館嚴格按照省古籍保護中心的部署完成各項普查工作。爲了摸清家底，我館開始對館藏古籍進行全面清理，清查了每部古籍的題名、著者、版本時代、册函數、存缺卷數等基本信息，並按照標準進行規範登記。通過完善目録、拍攝書影等途徑，逐步建立起古籍的電子檔案。在開展普查工作的同時，按照相關規定我館先後完成四批國家級及省級《珍貴古籍名録》的申報工作，已有古籍 1 部、簡牘 9 件（套）入選《國家珍貴古籍名録》；古籍 9 部、簡牘 15 件（套）入選省級名録。

經過幾年的普查統計，連雲港市博物館約有古籍 6500 册，善本近百部。我館館藏古籍數量雖然不多，且以清刻本爲主，但也不乏珍本。如明李贄所撰《藏書》，因書中非傳統的道德評價標準，明清時期幾經禁毁，時至今日已是流傳甚少。館藏此本是明萬曆二十七年（1599）焦竑原刻本，刻版精美、保存完好，是難得一見的珍本，從而入選《國家珍貴古籍名録》。我館除藏有一般意義上的古籍，還藏有簡牘、碑帖、書畫、金石拓片等廣義古籍。館藏“尹灣簡牘”文字近 4 萬字，包含了政府文書檔案、術數曆譜、私人文書、漢賦佚篇等內容，是震驚世界的考古發現，“尹灣簡牘”先後入選了《中國檔案文獻遺産名録》及《國家珍貴古籍名録》。館藏古籍版本亦是涵蓋鈔本、刻本、套印本、影印本、石印本、活字本等多種類型。

按照國家加快推進古籍普查登記工作的指示，我館於 2012 年 9 月展開全部館藏古籍六項必登項的普查登記工作，爲了確保數據準確，我館採取對照原書逐一著録，先著録於 Excel 電子表格再導入古籍普查平臺的方法，並且進行了多次審核，做到“審核、修改完善、再審核、再完善”一絲不苟地著録每一項信息。爲了高標準完成項目工作，在力求真實的前提下儘可能多地完成數據採集項，除了登記基本項目，對於選登項在條件允許前提下儘量著録，不留空缺，做到普查信息儘可能的詳盡。最終順利地完成著録任務,此次收録入《江蘇省連雲港市博物館古籍普查登記目録》的文獻爲我館所藏民國前古籍,共計463部,4100餘冊。

　　我館十分重視古籍普查保護工作,對古籍庫房進行了全面改造,更換了書櫃並採購了一批先進的保護設備。在我館古籍普查登記目録著録過程中,負責編目的薛麗麗、涂林林、徐丹三位同志篤學敏行、一絲不苟,認真嚴謹地著録每一條數據,並對最終的數據進行了全面的審核、仔細的校對。在編目過程中,江蘇省古籍保護中心的同仁給予我館大力支持和热情幫助,特此向他们致以衷心感謝。

江蘇省連雲港市博物館

2014年5月

320000－4683－0000001　180687

後漢書一百三十卷　（南朝宋）范曄撰　（唐）李賢注　（晉）司馬彪撰　（南朝梁）劉昭注補　明崇禎十六年(1643)毛氏汲古閣刻本　二十六冊

320000－4683－0000002　180273

金石圖不分卷　（清）褚峻摹　（清）牛運震說　清乾隆八年(1743)刻拓本　四冊

320000－4683－0000003　18011

尚書註疏二十卷　（漢）孔安國傳　（唐）陸德明音義　（唐）孔穎達疏　明崇禎五年(1632)毛氏汲古閣刻本　八冊　存十六卷(三至四、七至二十)

320000－4683－0000004　18021

周禮註疏四十二卷　（漢）鄭玄注　（唐）賈公彥疏　明崇禎元年(1628)毛氏汲古閣刻本　十冊　存二十一卷(二十二至四十二)

320000－4683－0000005　180190－180193

路史四十七卷　（宋）羅泌纂　（宋）羅苹注　（明）喬可傳校　明天啟六年(1626)五桂堂刻本　二十四冊

320000－4683－0000006　180695

王漁洋遺書　（清）王士禎撰並輯　清康熙刻本　六十一冊　存三十一種二百十八卷(漁洋山人文略十四卷、蠶尾集十卷續集二卷後集二卷、漁洋山人詩集二十二卷續集十六卷、唐人萬首絕句選七卷、漁洋山人精華錄十卷、蜀道驛程記二卷、皇華紀聞四卷、粵行三志三卷、長白山錄一卷補遺一卷、清窹齋心賞編一卷、隴蜀餘聞一卷、歷仕錄一卷、語溪考二卷、剪桐載筆一卷、蕭亭詩選六卷、考功集選四卷、二家詩選二卷、華泉先生集選四卷、睡足軒詩選一卷、雍益集一卷、徐詩二卷、南海集二卷、隴首集一卷、抱山集選一卷、古鉢集選一卷、載書圖詩一卷、香祖筆記十二卷、唐賢三昧集三卷、十種唐詩選十七卷、池北偶談二十六卷、居易錄三十四卷)

320000－4683－0000007　180413

莊子南華真經四卷　（晉）郭象注　（明）閔齊伋校　**音義四卷**　（唐）陸德明音義　明末閔齊伋刻朱墨套印本　四冊

320000－4683－0000008　180689

前漢書一百二十卷　（漢）班固撰　（唐）顏師古注　明崇禎十五年(1642)毛氏汲古閣刻本　二十八冊

320000－4683－0000009　18032

新定三禮圖二十卷　（宋）聶崇義集注　（清）徐乾學鑒定　清康熙通志堂刻本　二冊

320000－4683－0000010　180399

省軒考古類編十二卷　（清）柴紹炳纂　（清）姚培謙評　清雍正四年(1726)刻本　六冊

320000－4683－0000011　180676

欽定國朝詩別裁集三十二卷　（清）沈德潛纂評　清乾隆二十六年(1761)刻本　十二冊

320000－4683－0000012　180679

南華山房詩鈔六卷南華山人詩鈔十六卷　（清）張鵬翀撰　清乾隆刻本　四冊　存十六卷(山房詩鈔存賡韵集、又集,進呈詩稿,金蓮榮遇集初、二集;山人詩鈔一至十一)

320000－4683－0000013　180709

明詩別裁集十二卷　（清）沈德潛　（清）周準輯　清乾隆四年(1739)刻本　四冊

320000－4683－0000014　18031

注釋古周禮五卷注釋考工記一卷　（明）郎兆玉注釋　明天啟郎氏堂策檻刻本　五冊　存五卷(二至五、考工記一卷)

320000－4683－0000015　180419

南華真經評註十卷　（晉）郭象輯注　（明）歸有光批閱　（明）文震孟訂正　明天啟四年(1624)竺塢刻本　五冊　存六卷(三至四、六、八至十)

320000－4683－0000016　180448、180455

白香山詩長慶集二十卷後集十七卷別集一卷補遺二卷　（唐）白居易撰　（清）汪立名編訂　清康熙四十二年(1703)汪立名一隅草堂刻本　七冊　存二十九卷(長慶集九至二十,後

集一至七、十一至十七,別集一卷,補遺二卷)

320000－4683－0000017　18033

春秋公羊註疏二十八卷　(漢)何休學　(唐)徐彥疏　(唐)陸德明音義　明崇禎七年(1634)毛氏汲古閣刻本　八冊

320000－4683－0000018　18034

春秋公羊註疏二十八卷　(漢)何休學　(唐)徐彥疏　(唐)陸德明音義　明崇禎七年(1634)毛氏汲古閣刻本　十冊

320000－4683－0000019　18082－1

爾雅註疏十一卷　(晉)郭璞註　(宋)邢昺疏　明崇禎元年(1628)毛氏汲古閣刻本　六冊

320000－4683－0000020　18082－2

爾雅直音二卷　(清)孫侃輯　清乾隆六十年(1795)孫侃刻本　一冊　存一卷(上)

320000－4683－0000021　18091

隸辨八卷　(清)顧藹吉撰　清乾隆八年(1743)黃晟刻本　七冊　存七卷(一至七)

320000－4683－0000022　180116

六書故三十三卷六書通釋一卷　(宋)戴侗著　清乾隆四十九年(1784)李鼎元師竹齋刻本　十一冊　存二十三卷(一至二、七至二十六,通釋一卷)

320000－4683－0000023　18055、180178

初學辨體增刪定本不分卷　(清)徐與喬述　清康熙十七年(1678)易安齋刻本　存十八冊(易一冊、詩二冊、春秋三冊、禮記四冊、史記一冊、漢書五冊、後漢書五冊)

320000－4683－0000024　180185－180186

藏書六十八卷　(明)李贄撰　明萬曆二十七年(1599)焦竑刻本　十六冊

320000－4683－0000025　180220

鼎湖山慶雲寺志八卷首一卷　(清)丁易總修　(清)釋成鷲纂述　清康熙刻本　二冊　存六卷(一至二、六至八,首一卷)

320000－4683－0000026　180227

[康熙]西平縣志十卷　(清)沈菜重修

(清)李植續修　清康熙九年(1670)刻三十一年(1692)續刻本　四冊

320000－4683－0000027　180230

[乾隆]襄城縣志十四卷　(清)汪運正纂修　清乾隆十一年(1746)刻本　九冊　存十四卷(一至十三、十四下)

320000－4683－0000028　180233

[康熙]新城縣志十四卷首一卷　(清)崔懋纂修　清康熙三十二年(1693)刻本　五冊

320000－4683－0000029　180365

補注洗冤錄集證四卷附檢骨圖格一卷　(宋)宋慈撰　(清)王又槐集證　(清)阮其新補注　作吏要言一卷　(清)葉鎮著　(清)朱椿增　清道光二十三年(1843)鍾淮刻三色套印本　二冊

320000－4683－0000030　180271

金石錄三十卷　(宋)趙明誠撰　附札記一卷　今存碑目一卷　繆荃孫撰　清光緒三十一年(1905)朱氏刻結一廬朱氏膡餘叢書朱印本　四冊

320000－4683－0000031　180311

皇極經世緒言九卷首一卷　(宋)邵雍著　(清)劉斯組述　清乾隆十一年(1746)刻本　十冊　存八卷(二至八、首一卷)

320000－4683－0000032　180346－180347

亦政堂重修宣和博古圖錄三十卷　(宋)王黼等撰　(清)黃晟鑒定　明萬曆三十一年(1603)吳萬化刻清乾隆十七年(1752)亦政堂重修本　十八冊

320000－4683－0000033　180348

亦政堂重修考古圖十卷　(宋)呂大臨撰　(清)黃晟鑒定　亦政堂重考古玉圖二卷　(元)朱德潤撰　明萬曆三十一年(1603)吳萬化刻清乾隆十七年(1752)亦政堂重修本　六冊

320000－4683－0000034　180366－180367

本草綱目五十二卷　(明)李時珍撰　本草萬方鍼線八卷　(清)蔡烈先輯　清乾隆三十二

年(1767)三樂齋刻本 二十四冊 存三十二卷(綱目一至三上、五至七、九至十、十二至十三、十五至十六、十八下至二十二、二十七至二十八、三十九至四十、四十四至五十二,鍼線一至二)

320000－4683－0000035 180349

本草綱目五十二卷 (明)李時珍撰 清乾隆三十二年(1767)三樂齋刻本 十二冊 存十五卷(一至七、十七下、十八下、二十三至二十八)

320000－4683－0000036 180373－180386

冊府元龜一千卷目錄十卷 (宋)王欽若等輯 明崇禎十五年(1642)黃國琦刻清康熙十一年(1672)重修本 二百二十四冊 存七百卷(一至五十八、六十三至八十一、一百〇七至一百十二、一百二十三至一百二十七、一百四十一至二百〇五、二百三十九至三百三十五、三百六十五至四百六十、四百九十至五百二十一、五百五十一至五百八十一、六百十三至六百十四、六百十八至六百四十一、六百四十五至七百〇一、七百十八至七百三十九、七百七十一至八百三十一、八百三十五至八百三十七、八百六十二至九百十七、九百三十一至九百六十八、九百七十三至一千)

320000－4683－0000037 180394－180395

古文眉詮七十九卷首一卷 (清)浦起龍論次 清乾隆九年(1744)三吳書院刻本 二十冊

320000－4683－0000038 180428

省軒考古類編十二卷 (清)柴紹炳纂 (清)姚廷謙評 清雍正四年(1726)澹成堂刻本 四冊

320000－4683－0000039 180406

山海經十八卷篇目考一卷 (晉)郭璞傳 (清)畢沅校正 清光緒三年(1877)浙江書局刻本 六冊

320000－4683－0000040 180409

客座贅語十卷 (明)顧起元輯 清光緒三十年(1904)傅春官刻朱印本 六冊

320000－4683－0000041 180442、180449

黃詩全集五十八卷 (宋)黃庭堅撰 (宋)任淵等注 (清)謝啓昆輯 清乾隆五十四年(1789)謝啟昆樹經堂刻本 二十冊

320000－4683－0000042 180444

施註蘇詩四十二卷總目二卷續補遺二卷王註正譌一卷東坡先生年譜一卷 (宋)蘇軾撰 (宋)施元之注 (清)邵長蘅等刪補 清康熙三十八年(1699)宋犖刻本 十冊

320000－4683－0000043 180445

吳詩集覽二十卷補注二十卷 (清)吳偉業撰 (清)靳榮藩注並補 **談藪二卷** (清)靳榮藩輯 清乾隆四十年(1775)凌雲亭刻本 十四冊 存三十八卷(一至七、十至二十,補注一至七、十至二十,談藪二卷)

320000－4683－0000044 180441

杜詩鏡銓二十卷年譜一卷附錄一卷 (唐)杜甫撰 (清)楊倫編輯 清乾隆五十七年(1792)刻本 十一冊 存二十一卷(一至十九、年譜一卷、附錄一卷)

320000－4683－0000045 180450

蘇文忠詩合註五十卷首一卷 (宋)蘇軾撰 (清)馮應榴輯訂 清乾隆五十八年(1793)踵息齋刻本 八冊 存二十卷(一至十九、首一卷)

320000－4683－0000046 180470

西堂雜組一集八卷二集八卷三集八卷 (清)尤侗譔 清初刻本 四冊 存八卷(二集七至八、三集三至八)

320000－4683－0000047 180483

唐宋八家鈔八卷 (清)高塘集評 清乾隆五十三年(1788)廣郡永邑楊氏培元堂刻本 三冊 存三卷(六至八)

320000－4683－0000048 180484

陳太僕批選八家文鈔八卷 (清)陳兆崙評選 清末民國抄本 五冊 缺一卷(韓文上)

320000－4683－0000049 180491

唐宋八家鈔八卷 (清)高塘集評 清乾隆五

十三年(1788)廣郡永邑楊氏培元堂刻本 六
冊 存六卷(一至二、四至六、八)

320000－4683－0000050 180486－180487

宋詩紀事一百卷 (清)厲鶚 (清)馬曰琯輯
清乾隆十一年(1746)刻本 二十一冊 存
九十卷(一至四十一、五十至九十、九十三至
一百)

320000－4683－0000051 180490

宋詩紀事一百卷 (清)厲鶚 (清)馬曰琯輯
清乾隆十一年(1746)刻本 六冊 存二十
五卷(十四至三十八)

320000－4683－0000052 180720

妙法蓮華經四卷 (後秦)釋鳩摩羅什譯 清
初古杭昭慶寺大字經房慧空刻本 二冊

320000－4683－0000053 180531

文選六十卷 (南朝梁)蕭統撰 (唐)李善注
清雙桂堂刻朱墨套印本 十冊 存五十卷
(一至十、二十一至六十)

320000－4683－0000054 180536

西廂記五卷解證五卷附錄一卷 (元)王實甫
(元)關漢卿撰 (明)凌濛初評 (明)王
文衡繪圖 會真記一卷 (唐)元稹撰 明末
凌濛初刻朱墨套印本 四冊

320000－4683－0000055 180530、180533

重訂文選集評十五卷首一卷末一卷 (南朝
梁)蕭統撰 (清)于光華編次 清乾隆四十
三年(1778)天祿閣刻本 十六冊

320000－4683－0000056 180580

庾開府哀江南賦注不分卷 (清)徐樹穀
(清)徐炯纂輯 清乾隆二十三年(1758)梅村
書屋刻本 一冊

320000－4683－0000057 180532

文選六十卷 (南朝梁)蕭統撰 (唐)李善注
清乾隆二十五年(1760)珠樹堂刻本 十
二冊

320000－4683－0000058 180583

唐陸宣公集二十二卷 (唐)陸贄撰 清雍正

元年(1723)年羹堯刻本 六冊

320000－4683－0000059 180603

增補蘇批孟子二卷年譜一卷 (宋)蘇洵撰
(清)趙大浣增補 清咸豐刻朱墨套印本
二冊

320000－4683－0000060 180594

杜詩詳注二十五卷首一卷附編二卷 (唐)杜
甫撰 (清)仇兆鰲輯注 清康熙三十二年
(1693)刻本 十三冊 存二十六卷(一至二
十五、首一卷)

320000－4683－0000061 180604、180592－180593

施註蘇詩四十二卷總目二卷續補遺二卷王註
正譌一卷東坡先生年譜一卷 (宋)蘇軾撰
(宋)施元之注 (清)邵長蘅等刪補 (清)
宋犖等閱定 (清)馮景補注 清康熙三十八
年(1699)宋犖刻本 十二冊

320000－4683－0000062 180606

義門讀書記五十八卷 (清)何焯撰 (清)蔣
維鈞輯 清乾隆三十四年(1769)刻本 十
二冊

320000－4683－0000063 180618

溫飛卿詩集七卷別集一卷集外詩一卷 (唐)
溫庭筠撰 (明)曾益原注 (清)顧予咸補注
(清)顧嗣立校 清康熙三十六年(1697)顧
嗣立秀野草堂刻本 四冊

320000－4683－0000064 180619

無聲詩史七卷 (清)姜紹書輯 清康熙五十
九年(1720)李光暎刻本 二冊

320000－4683－0000065 180625

墨子十六卷篇目考一卷 (清)畢沅校注 清
乾隆四十九年(1784)畢氏靈巖山館刻經訓堂
叢書本 六冊

320000－4683－0000066 180655

詩經八卷 (宋)朱熹集傳 清康熙六十一年
(1722)劍溪堂刻本 二冊

320000－4683－0000067 180629

藝苑名言八卷首一卷 (清)蔣瀾纂輯 清乾

隆四十一年(1776)蔣氏懷谷軒刻本　四冊

320000－4683－0000068　180607

[乾隆]武功縣志三卷首一卷　（明）康海纂
（清）孫景烈評註　（清）瑪星阿參訂　清乾隆
二十六年(1761)刻本　一冊

320000－4683－0000069　180650

蘇文忠公詩集五十卷　（宋）蘇軾撰　（清）紀
昀評點　清同治八年(1869)韞玉山房刻朱墨
套印本　十二冊

320000－4683－0000070　180633

草韻彙編二十六卷　（清）陶南望輯　清乾隆
二十年(1755)南村草堂刻本　五冊

320000－4683－0000071　180631

淮南鴻烈解二十一卷　（漢）劉安著　（漢）高
誘注　明末刻本　五冊

320000－4683－0000072　180649

李義山文集十卷　（唐）李商隱撰　（清）徐樹
穀箋　（清）徐炯注　清康熙四十七年(1708)
徐氏花黥草堂刻本　六冊

320000－4683－0000073　180670

納書楹紫釵記全譜二卷　（清）葉堂訂譜　清
乾隆五十七年(1792)葉氏納書楹刻本　四冊

320000－4683－0000074　180665

中州集十卷首一卷樂府一卷　（金）元好問輯
　明末毛氏汲古閣刻本　十二冊

320000－4683－0000075　180664

水經注四十卷　（北魏）酈道元注　清乾隆十
八年(1753)黃晟槐蔭草堂刻張惟馨勵志書屋
重修本　十二冊

320000－4683－0000076　180660

御定全唐詩錄一百卷詩人年表一卷　（清）徐
倬輯　清康熙四十五年(1706)内府刻本　二
十三冊　存七十二卷(一至十、十四至四十
七、五十一至五十九、六十三至七十五、九十
六至一百,詩人年表一卷)

320000－4683－0000077　180666

文選六十卷　（南朝梁）蕭統撰　（唐）李善注

清羊城翰墨園刻朱墨套印本　十六冊

320000－4683－0000078　180663

春秋公羊註疏二十八卷　（漢）何休註　（唐）
徐彥疏　（唐）陸德明音義　明崇禎七年
(1634)毛氏汲古閣刻本　六冊

320000－4683－0000079　180671

[雍正]南海普陀山志十五卷首一卷　（清）陳
璿等編輯　（清）高士奇等鑒定　清雍正十三
年(1735)刻本　四冊

320000－4683－0000080　180683

昌黎先生詩集注十一卷年譜一卷　（唐）韓愈
撰　（清）顧嗣立刪補　清康熙三十八年
(1699)顧氏秀野草堂刻本　六冊

320000－4683－0000081　180684、180640

曝書亭集八十卷附錄一卷　（清）朱彝尊撰
笛漁小稾十卷　（清）朱昆田撰　清康熙五十
三年(1714)朱稻孫刻本　十二冊

320000－4683－0000082　180686、180750

周官析疑三十六卷考工記析疑四卷　（清）方
苞著　清康熙、嘉慶方氏抗希堂刻抗希堂十
六種本　八冊

320000－4683－0000083　180696

玉溪生詩意八卷　（唐）李商隱撰　（清）屈復
著　清乾隆四年(1739)刻本　四冊

320000－4683－0000084　180700

聖宋名賢五百家播芳大全文粹□□卷目錄
□□卷　（宋）魏齊賢　（宋）葉棻輯　清抄本
　一冊　存五卷(九十七至一百、一百○三)

320000－4683－0000085　180701

小倉山房文集三十五卷　（清）袁枚撰　清乾
隆隨園刻本　二十八冊

320000－4683－0000086　180707

吳詩集覽二十卷補注二十卷　（清）吳偉業撰
　（清）靳榮藩輯　清乾隆四十年(1775)凌雲
亭刻本　十二冊　存三十九卷(一至二十、補
注一至十九)

320000－4683－0000087　180747

太上洞玄靈寶高上玉皇本行集經三卷　（□）
□□撰　清康熙五年(1666)寶應鑄經堂刻本
一冊

320000－4683－0000088　180708

瀛奎律髓四十九卷　（元)方回選　清康熙五
十一年(1712)吳寶芝黃葉邨莊刻本　十六冊

320000－4683－0000089　18001－1

易確二十卷首一卷　（清)許桂林撰　清道光
十七年(1837)刻本　四冊

320000－4683－0000090　18002

寄傲山房塾課纂輯御案易經備旨七卷　（清)
鄒聖脈纂輯　（清)鄒廷猷編次　清嘉慶三年
(1798)刻本　五冊　存六卷(一至四、六至
七)

320000－4683－0000091　18005－1

春秋體註十四卷　（清)錢希祥纂輯　清光緒
七年(1881)周守墨齋刻新刻五經體註合解全
集本　二冊　存五卷(一至五)

320000－4683－0000092　18005－2

書經體註六卷　（清)錢希祥纂輯　清光緒七
年(1881)周守墨齋刻新刻五經體註合解全集
本　二冊　存四卷(三至六)

320000－4683－0000093　18005－3

易經體註四卷首一卷　（清)來爾繩纂輯　清
光緒七年(1881)周守墨齋刻新刻五經體註合
解全集本　三冊

320000－4683－0000094　18006－1

寄傲山房塾課纂輯御案書經備旨七卷　（清)
鄒聖脈輯　（清)鄒廷猷編次　清同治四年
(1865)同文堂刻五經備旨本　四冊

320000－4683－0000095　18006－2

寄傲山房塾課纂輯御案易經備旨七卷　（清)
鄒聖脈輯　（清)鄒廷猷編次　清同治四年
(1865)同文堂刻五經備旨本　四冊

320000－4683－0000096　18008

書經體註大全合參六卷　（清)錢希祥纂輯
書經六卷　（宋)蔡沈集傳　清光緒十四年

(1888)江左書林刻本　四冊

320000－4683－0000097　18013

詩經朱傳八卷　（宋)朱熹集傳　清光緒三十
年(1904)清江金聲堂刻本　四冊

320000－4683－0000098　18014

詩經融注大全體要八卷附十五國風不分卷
(清)高朝瓔撰　（清)沈世楷輯　詩經八卷
(宋)朱熹集傳　清三讓堂刻本　四冊

320000－4683－0000099　18015－1

詩經朱傳八卷　（宋)朱熹集傳　清光緒三十
年(1904)清江金聲堂刻本　四冊　存四卷
(一至二、四至五)

320000－4683－0000100　18015－2

詩經八卷　（宋)朱熹集傳　清光緒二十三年
(1897)浙蘭慎言堂刻本　四冊

320000－4683－0000101　18015－3

詩經八卷　（宋)朱熹集傳　清光緒鎮江文成
堂刻本　五冊　存七卷(一至五、七至八)

320000－4683－0000102　18016

詩經融注大全體要八卷附十五國風不分卷
(清)高朝瓔定　（清)沈世楷輯　詩經八卷
(宋)朱熹集傳　清光緒十七年(1891)成文信
刻本　四冊

320000－4683－0000103　18017

欽定詩經傳說彙纂二十一卷首二卷詩序二卷
　（清)王鴻緒撰　清初刻本　五冊　存六卷
(十五至二十)

320000－4683－0000104　18018

附釋音毛詩注疏二十卷　（唐)孔穎達疏
(唐)陸德明音義　校勘記二十卷　（清)阮元
撰　清光緒二十九年(1903)點石齋石印本
四冊

320000－4683－0000105　18019

御案詩經備旨八卷　（清)鄒聖脈纂輯　（清)
鄒廷猷編次　清末刻本　四冊

320000－4683－0000106　18028

周禮精華六卷　（清)陳龍標編輯　清嘉慶十

一年(1806)刻本　六冊

320000－4683－0000107　18029

漱芳軒合纂禮記體註四卷　(清)范翔撰　清同治十年(1871)刻本　四冊

320000－4683－0000108　18036

春秋穀梁傳不分卷攷一卷　(晉)范甯集解(明)閔齊伋裁注　清同治十二年(1873)稽古樓刻本　四冊

320000－4683－0000109　18039

寄傲山房塾課纂輯春秋備旨十二卷　(清)鄒聖脈纂輯　(清)鄒廷猷編次　清同治四年(1865)同文堂刻五經備旨本　四冊　存八卷(三至七、十至十二)

320000－4683－0000110　18042

評點春秋綱目左傳句解彙雋六卷　(清)韓菼重訂　清刻本　六冊

320000－4683－0000111　18043

左繡三十卷　(清)馮李驊評輯　春秋經傳集解三十卷　(唐)陸德明音釋　(宋)林堯叟注(清)馮李驊增訂　清光緒李光明莊刻本八冊　存三十卷(左繡二至五、十二至十三、十八至十九、二十二至二十三、二十六至三十,春秋經傳集解二至五、十二至十三、十八至十九、二十二至二十三、二十六至三十)

320000－4683－0000112　18044

春秋左傳五十卷　(晉)杜預　(宋)林堯叟註(唐)陸德明音義　(明)孫鑛等評點　清末石印本　十一冊　存四十七卷(四至五十)

320000－4683－0000113　18045、180426

春秋左傳五十卷列國圖說一卷　(晉)杜預(宋)林堯叟註釋　(唐)陸德明音義　(明)孫鑛等評點　清末文淵堂刻本　十六冊

320000－4683－0000114　18046

春秋左傳五十卷　(晉)杜預　(宋)林堯叟註釋　(唐)陸德明音義　(明)孫鑛等評點　清光緒元年(1875)蘇州小西山房刻本　十六冊

320000－4683－0000115　18047

欽定春秋傳說彙纂三十八卷首二卷　(清)王掞等纂輯　清刻本　四冊　存七卷(五至六、十四至十七,首下)

320000－4683－0000116　18048

太史張天如詳節春秋綱目左傳句解六卷(清)韓菼重訂　清光緒善成堂刻本　六冊

320000－4683－0000117　18049

張謇批選五經新義六卷　(清)張謇批選　清光緒三十年(1904)申江石印本　四冊

320000－4683－0000118　18050－1

五經味根錄五種　(清)關捝生編　清光緒十八年(1892)凌雲閣石印本　十一冊　存三十卷(周易三至四,書經三至六,詩經一至二、四,春秋十四卷,禮記一至四、八至十)

320000－4683－0000119　18050－2

五經味根錄五種　(清)關捝生編　清光緒十四年(1888)同文書局石印本　六冊　存三種十五卷(詩經一至二、禮記三至十、春秋六至十)

320000－4683－0000120　18051－1

寄傲山房塾課纂輯春秋十二卷　(清)鄒聖脈纂輯　清光緒九年(1883)四明珍經閣刻增訂五經體注大全本　三冊

320000－4683－0000121　18051－2

全本禮記體註十卷　(清)范翔訂　(清)徐瑄補輯　禮記十卷　(元)陳澔集說　清光緒九年(1883)四明珍經閣刻增訂五經體注大全本五冊

320000－4683－0000122　18052

古經解彙函十六種小學彙函十四種續附十種(清)鍾謙鈞等輯　清光緒十四年(1888)上海蜚英館石印本　一冊　存續附六種二十八卷(五經異義疏證三卷、古文尚書十卷尚書逸文二卷尚書篇目表一卷、魯詩故三卷、齊詩傳二卷、韓詩故二卷韓詩內傳一卷韓詩說一卷韓詩翼要一卷、薛君韓詩章句二卷)

320000－4683－0000123　18053－18054、18056

皇朝五經彙解二百七十卷　題(清)抉經心室

主人輯　清光緒十四年(1888)鴻文書局石印本　三十二冊

320000－4683－0000124　18057

皇清經解一百九十卷　(清)阮元輯　清光緒石印本　四冊　存三十二卷(十三至十六、二十六至三十八、一百六十八至一百八十二)

320000－4683－0000125　18058

御案詩經備旨八卷　(清)鄒聖脈纂輯　(清)鄒廷猷編次　清光緒十五年(1889)上海書局石印五經備旨本　二冊

320000－4683－0000126　18059

春秋合纂大成十六卷　(清)□□輯　清光緒石印五經合纂大成本　四冊

320000－4683－0000127　18060

皇朝五經彙解二百七十卷　題(清)抉經心室主人輯　清光緒十四年(1888)鴻文書局石印本　十八冊　存一百四十二卷(九十三至一百十六、一百五十三至二百七十)

320000－4683－0000128　18064

四書味根錄三十七卷　(清)金澂撰　清光緒二十一年(1895)上海寶文書局石印本　八冊

320000－4683－0000129　18066

四書朱子本義匯參不分卷　(清)王步青輯　(清)王士鰲編　清光緒十六年(1890)上海廣百宋齋鉛印本　十二冊

320000－4683－0000130　18067、18077

四書古註群義彙解十種　(清)□□輯　清光緒三十年(1904)上海同文升記書局鉛印本　十三冊　存五種(論語集解義疏、論語正義、四書改錯、孟子正義、增補四書經史摘證)

320000－4683－0000131　18070

四書釋文十九卷附字辨一卷疑字辨一卷句辨一卷　(清)朱熹章句　(清)王廣言增補　清道光二年(1822)王氏家塾刻本　六冊

320000－4683－0000132　18071

四書合講十九卷　(清)翁復編次　清光緒四年(1878)翠筠山房刻本　六冊

320000－4683－0000133　18073－1

張謇批選四書義六卷　(清)張謇批選　清光緒二十七年(1901)石印本　二冊　存二卷(一至二)

320000－4683－0000134　18073－2

張謇批選四書新義三集六卷　(清)張謇批選　清光緒三十年(1904)申江石印本　二冊　存二卷(一、六)

320000－4683－0000135　18074

四書古注群義彙解十一種　(清)□□輯　清光緒二十一年(1895)上海煥文書局石印本　二十冊

320000－4683－0000136　18075

四書典制類聯音註三十三卷　(清)閻其淵輯　清嘉慶元年(1796)刻本　十二冊

320000－4683－0000137　18076

增廣新訂四書補註備旨十卷　(明)鄧林撰　(清)杜定基增訂　清光緒十八年(1892)成文信記刻本　八冊

320000－4683－0000138　18080

爾雅便讀便摹二卷　(□)□□撰　清嘉慶九年(1804)饒城大雅堂刻本　二冊

320000－4683－0000139　18081

爾雅古義十二卷　(清)黃奭輯　清道光刻本　五冊　存八卷(一至六、十一至十二)

320000－4683－0000140　18088

新增繪圖幼學故事瓊林四卷首一卷　(清)程允升撰　(清)鄒聖脈增補　清光緒三十年(1904)育文書局石印本　五冊

320000－4683－0000141　18084

寄傲山房塾課新增幼學故事瓊林四卷首一卷　(清)程允升撰　(清)鄒聖脈增補　清末經元堂刻本　二冊

320000－4683－0000142　18085

歷代鐘鼎彝器款識法帖二十卷　(宋)薛尚功輯　清嘉慶二年(1797)阮元刻本　五冊

320000－4683－0000143　18087

龍文鞭影初集四卷二集四卷　(清)李暉吉輯　(清)徐灒訂　清光緒二十年至二十六年(1894－1900)經元書局刻本　四冊

320000－4683－0000144　18089

字彙十二卷　(明)梅膺祚撰　清刻本　十二冊

320000－4683－0000145　18090

小學鉤沈續編八卷　顧震福輯　清光緒十八年(1892)刻本　二冊　存四卷(三至六)

320000－4683－0000146　18092

澄衷蒙學堂字課圖說四卷檢字一卷類字一卷　(清)劉樹屏撰　(清)吳子城繪圖　清光緒二十九年(1903)澄衷蒙學堂石印本　八冊

320000－4683－0000147　18093

字彙十二卷　(明)梅膺祚撰　清刻本　十二冊

320000－4683－0000148　18094

字彙十二卷　(明)梅膺祚撰　清刻本　十二冊

320000－4683－0000149　18095－1

澄衷蒙學堂字課圖說四卷檢字一卷類字一卷　(清)劉樹屏撰　(清)吳子城繪圖　清光緒三十一年(1905)澄衷蒙學堂石印本　五冊　存六卷(一、二上、三下、四下,檢字一卷,類字一卷)

320000－4683－0000150　180101－180103、180111

康熙字典十二集三十六卷檢字一卷辨似一卷等韻一卷總目一卷備考一卷補遺一卷　(清)張玉書等纂修　清道光七年(1827)刻本　四十冊

320000－4683－0000151　180105

康熙字典十二集三十六卷附補遺一卷備考一卷　(清)張玉書等纂修　清光緒二十二年(1896)久敬齋石印本　六冊

320000－4683－0000152　180106、180110

康熙字典十二集三十六卷附補遺一卷備考一卷　(清)張玉書等纂修　清刻本　二十四冊

存二十四卷(子下、丑、寅下、卯上中、辰下、巳、午上中、未上下、申上、酉、戌、亥上中)

320000－4683－0000153　180107

康熙字典十二集三十六卷附補遺一卷備考一卷　(清)張玉書等纂修　清光緒三十四年(1908)育文書局石印本　五冊　存三十二卷(子、丑、寅、卯、辰、巳、午、酉、戌、亥,補遺一卷,備考一卷)

320000－4683－0000154　180108

康熙字典十二集三十六卷附補遺一卷備考一卷　(清)張玉書等纂修　清末上海鑄記書局石印本　六冊

320000－4683－0000155　180109

康熙字典十二集三十六卷附備考一卷補遺一卷　(清)張玉書等纂修　清光緒十五年(1889)上海點石齋石印本　六冊

320000－4683－0000156　180115

經籍纂詁五卷附補遺一卷　(清)阮元撰　清光緒九年(1883)上海點石齋石印本　存三冊(上平、下平、入聲)

320000－4683－0000157　180118

說文通訓定聲十八卷柬韻一卷說雅一卷古今韻準一卷行述一卷　(清)朱駿聲撰　清道光二十九年(1849)朱氏臨嘯閣刻本　十三冊　存十三卷(一至七、九、十八,柬韻一卷,說雅一卷,古今韻準一卷,行述一卷)

320000－4683－0000158　180121－1

六書通十卷首一卷　(明)閔齊伋撰　(清)畢弘述篆訂　清光緒十九年(1893)上海校經山房石印本　五冊

320000－4683－0000159　180122

駢雅訓纂七卷首一卷　(明)朱謀㙔撰　(清)魏茂林訓纂　清光緒二十年(1894)上海積山書局石印本　八冊

320000－4683－0000160　180125－180126

史記一百三十卷　(漢)司馬遷撰　(明)徐孚遠　(明)陳子龍測議　明崇禎刻本　十六冊　存八十八卷(四十三至一百三十)

320000－4683－0000161　180127－180128

史記一百三十卷　（漢）司馬遷撰　（南朝宋）裴駰集解　清光緒四年(1878)金陵書局刻本　十四冊　存一百十九卷（一至五、十三至十四、十九至一百三十）

320000－4683－0000162　180129－1

漢書一百卷　（漢）班固撰　（唐）顏師古注　清光緒九年(1883)上海點石齋石印本　六冊

320000－4683－0000163　180129－2

後漢書九十卷　（南朝宋）范曄撰　（唐）李賢注　志三十卷　（晉）司馬彪撰　（南朝梁）劉昭注補　清光緒九年(1883)上海點石齋石印本　四冊

320000－4683－0000164　180130

前漢書一百卷　（漢）班固撰　（唐）顏師古注　清金陵書局刻本　八冊　存六十八卷（三十三至一百）

320000－4683－0000165　180131、180136

前漢書一百卷　（漢）班固撰　（唐）顏師古注　清光緒十四年(1888)上海圖書集成印書局鉛印本　二十冊

320000－4683－0000166　180132

後漢書九十卷志三十卷　（南朝宋）范曄撰　（唐）李賢注　（南朝梁）劉昭注補　清光緒十四年(1888)上海蜚英館石印本　九冊　存八十五卷（一至三十一、五十六至七十三、八十五至一百二十）

320000－4683－0000167　180133

後漢書九十卷　（南朝宋）范曄撰　（唐）李賢注　志三十卷　（晉）司馬彪撰　（南朝梁）劉昭注補　清光緒十三年(1887)金陵書局刻本　九冊　存六十九卷（一至十七、二十六至四十五、六十一至七十四、志十三至三十）

320000－4683－0000168　180134

前漢書一百卷　（漢）班固撰　（唐）顏師古注　清光緒十四年(1888)上海圖書集成印書局鉛印本　十一冊　存六十八卷（一至十五上、十九至二十七、五十一至九十、九十七至一百）

320000－4683－0000169　180135、180139

三國志六十五卷　（晉）陳壽撰　（南朝宋）裴松之注　清光緒十四年(1888)上海圖書集成印書局鉛印本　八冊

320000－4683－0000170　180137

後漢書一百二十卷　（南朝宋）范曄撰　（唐）李賢注　（南朝梁）劉昭補志　清光緒十四年(1888)上海圖書集成印書局鉛印本　十六冊

320000－4683－0000171　180138

三國志六十五卷　（晉）陳壽撰　（南朝宋）裴松之注　清同治九年(1870)金陵書局刻本　八冊

320000－4683－0000172　180142－180145

舊唐書二百卷　（五代）劉昫撰　清同治十一年(1872)浙江書局刻本　四十冊

320000－4683－0000173　180146－180147

史記一百三十卷　（漢）司馬遷撰　（南朝宋）裴駰集解　（唐）司馬貞索隱　（唐）張守節正義　清光緒十四年(1888)上海圖書集成印書局鉛印本　十六冊

320000－4683－0000174　180148

御撰資治通鑑綱目三編二十卷　（清）張廷玉等撰　清光緒九年(1883)汝東寶仁堂刻本　六冊

320000－4683－0000175　180149

御撰資治通鑑綱目三編二十卷　（清）張廷玉等撰　清光緒八年(1882)掃葉山房刻本　八冊

320000－4683－0000176　180151、180153－180154

重訂王鳳洲先生綱鑑會纂四十六卷續宋元紀二十三卷　（明）王世貞撰　（明）陳仁錫訂　清光緒九年(1883)汝東寶仁堂刻本　四十一冊

320000－4683－0000177　180152、180150

御批歷代通鑑輯覽一百二十卷　（清）傅恒等撰　清刻本　三十冊　存五十三卷（三十七至四十二、四十五至五十一、五十九、六十一至六十五、六十八至八十二、九十至九十八、

一百〇六至一百十五）

320000－4683－0000178　180155

御批歷代通鑑輯覽一百二十卷　（清）傅恒等
撰　清末石印本　十七冊　存一百〇一卷
（七至十四、二十八至一百二十）

320000－4683－0000179　180156、180181

御批歷代通鑑輯覽一百二十卷　（清）傅恒等
撰　清光緒三十年（1904）上海商務印書館鉛
印本　十八冊　存九十卷（一至六十、九十一
至一百二十）

320000－4683－0000180　180157

御批歷代通鑑輯覽一百二十卷　（清）傅恒等
撰　清光緒二十八年（1902）萃文齋石印本
十冊　存五十八卷（六十三至一百二十）

320000－4683－0000181　180159

尺木堂綱鑑易知錄九十二卷　（清）吳乘權
（清）周之炯　（清）周之燦輯　清末鉛印本
十二冊　存七十五卷（五至十八、二十六至八
十六）

320000－4683－0000182　180160

新增加批綱鑑補注三十九卷首一卷　（明）袁
黃撰　（明）王世貞編　清末石印本　七冊
存十四卷（九至十、十三至二十四）

320000－4683－0000183　180161

袁王綱鑑合編三十九卷首一卷　（明）袁黃撰
（明）王世貞編　明紀綱目二十卷　（清）張廷玉
等輯　清光緒三十一年（1905）上海育文書局石
印本　十一冊　存四十九卷（三至六、十三至二
十八、三十一至三十九,明紀綱目二十卷）

320000－4683－0000184　180163

御撰資治通鑑綱目三編二十卷　（清）張廷玉
等纂　清乾隆十一年（1746）刻本　四冊

320000－4683－0000185　180164－180171

資治通鑑綱目前編二十五卷正編五十九卷首
一卷　（宋）朱熹撰　（明）陳仁錫評閱　清嘉
慶八年（1803）敬書堂刻本　六十四冊　存六
十四卷（前編二十五卷、正編一至三十八、首
一卷）

320000－4683－0000186　180172－180177

通志二百卷附欽定通志考證三卷　（宋）鄭樵
撰　清光緒二十七年（1901）上海圖書集成局
鉛印本　六十冊

320000－4683－0000187　180179

歷代史表五十九卷　（清）萬斯同撰　清光緒
十九年（1893）上海古香閣石印本　七冊　存
五十一卷（一至四、十三至五十九）

320000－4683－0000188　180184

國朝事略八卷　（清）江楚編譯局輯　清光緒
木活字本　二冊　存五卷（一至五）

320000－4683－0000189　180187

萬國通鑑四卷　（美國）謝衛樓撰　（清）趙如
光譯　清光緒八年（1882）刻本　五冊

320000－4683－0000190　180196－180197

胡文忠公遺集八十六卷首一卷　（清）胡林翼
撰　（清）鄭敦謹編輯　（清）曾國荃編輯　清
光緒刻本　三十一冊　存八十六卷（一至八
十六）

320000－4683－0000191　180198

朱子年譜四卷考異四卷附錄二卷　（清）王懋
竑撰　清白田草堂刻本　四冊

320000－4683－0000192　180200－1

豫章先賢九家年譜十五卷　（清）楊希閔編
清光緒四年（1878）刻本　十一冊

320000－4683－0000193　180200－2

四朝先賢六家年譜七卷　（清）楊希閔編　清
光緒四年（1878）福州刻本　七冊

320000－4683－0000194　180201

雷塘庵主弟子記八卷　（清）張鑑輯　清咸豐
娜環仙館刻本　二冊

320000－4683－0000195　180202

校正尚友錄統編二十四卷　題（清）錢湖釣徒
輯　清光緒石印本　五冊　存九卷（五至八、
十八至二十、二十三至二十四）

320000－4683－0000196　180204

讀史提要錄十二卷　（清）夏之蓉撰　清道光

二年(1822)夏氏半舫齋刻本 四冊

320000－4683－0000197 180205

文林綺繡五種五十九卷 （明）凌迪知輯 清光緒十九年(1893)上海鴻寶齋石印本 四冊 存四種三十八卷(兩漢雋言、楚騷綺語、左國腴詞、太史華句)

320000－4683－0000198 180206

廿一史約編八卷首一卷 （清）鄭元慶述 清聚錦堂刻本 八冊

320000－4683－0000199 180207

廿一史約編八卷首一卷 （清）鄭元慶述 清光緒十二年(1886)上海積山書局石印本 七冊 存八卷(金,石存史記、漢書,絲,竹,匏,革,木,首一卷)

320000－4683－0000200 180208

史鑑節要便讀六卷 （清）鮑東里編輯 清同治六年(1867)刻本 二冊

320000－4683－0000201 180209

南北史捃華八卷 （清）周嘉猷輯 清同治十一年(1872)南園寄社木活字本 四冊

320000－4683－0000202 180210

歷代史略六卷 （清）柳詒徵撰 清光緒江楚書局刻本 八冊

320000－4683－0000203 180211、180345、180354

金石索十二卷首一卷 （清）馮雲鵬 （清）馮雲鵷輯 清光緒十九年(1893)上海積山書局石印本 二十四冊

320000－4683－0000204 180212、180756、180568、180755

金石索十二卷首一卷 （清）馮雲鵬 （清）馮雲鵷輯 清光緒十九年(1893)上海積山書局石印本 二十三冊 存十三卷(一至四上、五至六,首一卷)

320000－4683－0000205 180214

西學大成十二編五十六種 （清）王西清 （清）盧梯青輯 清光緒二十一年(1895)上海醉六堂書坊石印本 十二冊

320000－4683－0000206 180215

西國近事彙編二十四卷 （美國）金楷理口譯 （清）姚棻筆述 清光緒二十三年(1897)慎記書莊石印本 六冊

320000－4683－0000207 180216

水經注圖一卷附錄一卷 （清）汪士鐸撰 清咸豐十一年(1861)胡林翼刻同治元年(1862)重刻本 二冊

320000－4683－0000208 180217

瀛環志略十卷續集四卷末一卷補遺一卷 （清）徐繼畬撰 清光緒二十四年(1898)掃葉山房石印本 八冊

320000－4683－0000209 180218

[光緒]扶溝縣志十六卷首一卷 （清）熊燦修 （清）張文楷纂 清光緒十九年(1893)大程書院刻本 六冊

320000－4683－0000210 180219－1

荊州萬城隄志十卷首一卷末一卷 （清）倪文蔚輯 清光緒二年(1876)刻二十一年(1895)荊州萬城府補刻本 五冊 存十卷(一至四、七至十,首一卷,末一卷)

320000－4683－0000211 180222

焦山志二十六卷首一卷 （清）吳雲撰 清同治四年(1865)刻本 十冊

320000－4683－0000212 180225

華嶽志八卷首一卷 （清）李榕纂輯 清道光十一年(1831)楊翼武刻本 二冊 存四卷(五至八)

320000－4683－0000213 180226

[道光]汝州全志十卷首一卷 （清）白明義修 （清）趙林成纂 清道光二十年(1840)刻本 五冊 存六卷(一、七至十,首一卷)

320000－4683－0000214 180232－1

[光緒]贛榆縣志十八卷 （清）王豫熙修 （清）張謇纂 （清）張雲搏繪圖 清光緒十四年(1888)刻本 四冊 存十卷(九至十八)

320000－4683－0000215　18001－2

易確二十卷首一卷　（清）許桂林撰　清道光十七年(1837)刻本　二冊　存十一卷(四至十四)

320000－4683－0000216　18095－2

澄衷蒙學堂字課圖說四卷檢字一卷類字一卷　（清）劉樹屏編　（清）吳子城繪圖　清光緒三十一年(1905)澄衷學堂石印本　二冊　存三卷(三下、檢字一卷、類字一卷)

320000－4683－0000217　180234

武夷山志二十四卷首一卷　（清）董天工編　清道光二十七年(1847)籍溪羅良嵩五夫尺木軒刻本　八冊

320000－4683－0000218　180236

太平寰宇記二百卷　（宋）樂史撰　清末刻本　九冊　存四十九卷(四十至四十五、五十一至七十二、七十九至八十四、九十一至九十五、一百九十一至二百)

320000－4683－0000219　180237

海州文獻錄十六卷　（清）許喬林纂　抄本　十冊

320000－4683－0000220　180238

[光緒]贛榆縣志十八卷　（清）王豫熙修（清）張謇纂　（清）張雲搏繪圖　清光緒十四年(1888)贛榆縣署刻本　二冊　存八卷(一至八)

320000－4683－0000221　180239－1

鳳臺祇諆筆記一卷　（清）董恂撰　清同治九年(1870)獲芬書屋刻本　一冊

320000－4683－0000222　180239－2

永寧祇諆筆記一卷　（清）董恂撰　清同治十一年(1872)獲芬書屋刻本　一冊

320000－4683－0000223　180243

登壇必究四十卷　（明）王鳴鶴輯　清道光十五年(1835)抄本　四冊　存四卷(地理一至四)

320000－4683－0000224　180247

[道光]雲臺新志十八卷首一卷末一卷　（清）謝元淮修　（清）許喬林纂　清道光十七年(1837)郁州書院刻本　二冊

320000－4683－0000225　180248

荆州府志□□卷　（□）□□修　清刻本　二冊　存九卷(二十六至三十四)

320000－4683－0000226　180249

水經注四十卷首一卷　（北魏）酈道元注（清）戴震校　清光緒三年(1877)湖北崇文書局刻本　十二冊

320000－4683－0000227　180251

[嘉慶]海州直隸州志三十二卷首一卷　（清）唐仲冕修　（清）汪梅鼎等纂　清嘉慶十六年(1811)刻本　十冊

320000－4683－0000228　180255

淮北票鹽志略十五卷淮北票鹽記一卷　（清）童濂編　清同治七年(1868)刻本　六冊

320000－4683－0000229　180256－180257

列國政要一百三十二卷首一卷　（清）戴鴻慈（清）端方輯　清光緒三十三年(1907)石印本　十六冊　存五十九卷(一至二十、五十二至八十九,首一卷)

320000－4683－0000230　180258

制義約鈔四種　（清）齊長庚編次　（清）徐兆英輯　清同治刻本　二冊　存二種(今集一冊、正集一冊)

320000－4683－0000231　180259

泉幣彙考十六卷首一卷制錢通考四卷首一卷（清）唐與崑輯　清咸豐元年至三年(1851－1853)唐與崑紅藥山房刻本　八冊

320000－4683－0000232　180261－1

大清會典四卷　（清）托津等纂修　清同治十一年(1872)湖北崇文書局刻本　四冊

320000－4683－0000233　180261－2

大清會典四卷　（清）托津等纂修　清同治十一年(1872)湖北崇文書局刻本　四冊

320000－4683－0000234　180263

欽定四庫全書簡明目錄二十卷首一卷　（清）
紀昀等撰　清光緒五年(1879)墨潤堂鉛印本
　十二冊

320000－4683－0000235　180264
小學考五十卷　（清）謝啓昆撰　清光緒十四
年(1888)浙江書局刻本　十冊　存二十六卷
(八至九、十二至十九、二十八至二十九、三十
五至四十八)

320000－4683－0000236　180266
書目答問不分卷叢書目一卷國朝著述諸家姓
名略一卷　（清）張之洞撰　清光緒刻本
四冊

320000－4683－0000237　180267
兩罍軒彝器圖釋十二卷　（清）吳雲撰　清同
治十二年(1873)刻本　四冊

320000－4683－0000238　180268
隸釋二十七卷隸續二十一卷　（宋）洪适撰
汪本隸釋刊誤一卷　（清）黃丕烈撰　清同治
十年至十一年(1871－1872)洪氏晦木齋刻本
八冊

320000－4683－0000239　180272
重定金石契不分卷附錄一卷續錄一卷　（清）
張燕昌撰　清光緒二十二年(1896)劉世珩聚
學軒刻本　存三冊(宮商、徵、羽)

320000－4683－0000240　180275、180262、
180270、180274、180269
金石萃編一百六十卷　（清）王昶撰　清嘉慶
十年(1805)刻同治十年(1871)王氏經訓堂重
修本　六十四冊

320000－4683－0000241　180276
金石萃編一百六十卷　（清）王昶編　清嘉慶
十年(1805)刻同治十年(1871)王氏經訓堂重
修刻本　十一冊　存二十四卷(四十一至四
十二、四十八至五十二、六十一至六十二、七
十一至八十三、一百三十一至一百三十二)

320000－4683－0000242　180279
史事論甲編十卷乙編六卷丙編四卷丁編四卷
　（清）雷瑨輯　清光緒二十九年(1903)硯耕

山莊石印本　十六冊

320000－4683－0000243　180295
小學纂註六卷附朱子年譜一卷　（清）高愈輯
　清同治十一年(1872)浙江書局刻本　二冊

320000－4683－0000244　180296
新訂四書補註備旨十卷　（明）鄧林撰　（清）
杜定基增訂　清光緒善成堂刻本　四冊　存
六卷(大學、中庸、孟子)

320000－4683－0000245　180219－2
荊州萬城隄續志十卷首一卷末一卷　（清）舒
惠撰　（清）黃漢卿測繪　清光緒二十年
(1894)荊州萬城府刻本　二冊　存五卷(七
至九、首一卷、末一卷)

320000－4683－0000246　180300
呂子節錄四卷補遺二卷　（明）呂坤撰　（清）
陳弘謀輯　清乾隆五十一年(1786)蔣兆奎刻
嘉慶九年(1804)重修本　二冊

320000－4683－0000247　180302
戊笈談兵十卷首一卷　（清）汪紱撰　補校錄
一卷　（清）戴彭撰　清光緒二十年(1894)刻
本　十冊　存十卷(二至十、補校錄一卷)

320000－4683－0000248　180400
歷代名臣言行錄二十四卷　（清）朱桓輯　清
光緒鉛印本　四冊　存八卷(五至六、十三至
十八)

320000－4683－0000249　180511
唐宋八家文讀本三十卷　（清）沈德潛輯　清
嘉慶十八年(1813)刻本　十二冊

320000－4683－0000250　180304
管子二十四卷　（唐）房玄齡注　（明）劉績補
注　清光緒二年(1876)浙江書局刻本　六冊

320000－4683－0000251　180310－1
欽定七政四餘萬年書不分卷　（清）□□撰
清末清照齋刻本　二冊　存(道光二十四年
至光緒二十九年)

320000－4683－0000252　180320
傳家寶初集八卷二集八卷三集八卷四集八卷

（清）石成金撰　清刻本　二十九冊　存二十九卷（初集一至五、八，二集八卷，三集一至三、五至八，四集八卷）

320000－4683－0000253　180323、180328、180324

蛾術編八十二卷　（清）王鳴盛撰　清道光二十一年(1841)吳江沈氏世楷堂刻本　三十冊　存七十七卷（一、七至八十二）

320000－4683－0000254　180325

續西學大成十八編七十八種　（清）孫家鼐輯　清光緒二十三年(1897)上海飛鴻閣書林石印本　九冊　存十編（算學、測繪學、天學、史學、兵學、農學、文學、格致學、重學、汽學）

320000－4683－0000255　180327

容齋隨筆十六卷續筆十六卷三筆十六卷四筆十六卷五筆十卷　（宋）洪邁撰　清光緒二十年(1894)洪氏刻本　十冊　存四十七卷（隨筆一至三、八至十六，續筆九至十二，三筆十一至十五，四筆十六卷，五筆十卷）

320000－4683－0000256　180329

淮南子二十一卷　（漢）劉安撰　（漢）高誘注　清光緒二年(1876)浙江書局刻本　六冊

320000－4683－0000257　180334

日知錄集釋三十二卷　（清）顧炎武著　（清）黃汝成集釋　刊誤二卷續刊誤二卷　（清）黃汝成撰　清光緒二十一年(1895)上海點石齋石印本　五冊　存三十卷（一至十一、十八至三十二，刊誤二卷，續刊誤二卷）

320000－4683－0000258　180339

金石索十二卷首一卷　（清）馮雲鵬　（清）馮雲鷓輯　清道光元年(1821)馮氏邃古齋刻本　十二冊

320000－4683－0000259　180340

陶齋吉金錄八卷　（清）端方輯　清光緒三十四年(1908)石印本　八冊

320000－4683－0000260　180341

積古齋鐘鼎彝器款識十卷　（清）阮元編　清嘉慶九年(1804)阮元刻本　六冊

320000－4683－0000261　180342

稱謂錄三十二卷　（清）梁章鉅撰　清光緒元年至十年(1875－1884)梁恭辰刻本　八冊

320000－4683－0000262　180344

欽定錢錄十六卷　（清）紀昀等纂　（清）唐模校　清道光二十一年(1841)刻本　二冊

320000－4683－0000263　180350

封泥考略十卷　（清）吳式芬　（清）陳介祺輯　清光緒三十年(1904)上海石印本　十冊

320000－4683－0000264　180352

五十名家書札十二卷　（清）陸心源輯　清光緒二十年(1894)上海復古齋石印本　四冊

320000－4683－0000265　180356

歷代畫史彙傳七十二卷首一卷附錄二卷目錄一卷引證書目一卷　（清）彭蘊璨編　清宣統二年(1910)上海文瑞樓書局石印本　十二冊

320000－4683－0000266　180361

聖諭像解二十卷　（清）梁延年編　清光緒二十八年(1902)江蘇撫署石印本　六冊　存十二卷（三、六至七、十至十六、十九至二十）

320000－4683－0000267　180363

管子二十四卷　（唐）房玄齡注釋　（明）劉績增注　（明）朱長春補注　明末刻本　五冊　存十三卷（三至五、九至十一、十四至十六、二十一至二十四）

320000－4683－0000268　180368

四秘全書十二種十四卷首一卷　（清）尹有本輯　清末文奎堂刻本　十一冊

320000－4683－0000269　180369－1

音義評注淵海子平五卷附萬年歷一卷　（宋）徐升編　（明）楊淙校　清宣統石印本　四冊

320000－4683－0000270　180424

習苦齋畫絮十卷　（清）戴熙撰　（清）惠年編　清光緒十九年(1893)上海文瑞樓石印本　四冊

320000－4683－0000271　180370

新撰經濟時務類編十卷　（清）夏時子編輯

清光緒二十七年(1901)煥文書局石印本　八
冊　存八卷(一至二、五至十)

320000－4683－0000272　180372
東洋史要二卷　(日本)桑原隲藏撰　樊炳清
譯　清光緒二十五年(1899)東文學社石印本
四冊

320000－4683－0000273　180388
酬世錦囊續編初集四卷二集五卷三集五卷四
集三卷五集二卷　(清)鄒可庭輯　(清)鄒景
揚訂正　清經綸元記刻本　十一冊　存十七
卷(初集四卷、二集三至五、三集五卷、四集三
卷、五集二卷)

320000－4683－0000274　180389
文腋類編十卷　(清)劉燕輯　清刻本　九冊
存九卷(一至八、十)

320000－4683－0000275　180390
淵鑑類函四百五十卷　(清)張英等纂　清光
緒上海點石齋石印本　存七冊(二至五、七至
八、十)

320000－4683－0000276　180391
古事比五十二卷　(清)方中德輯　(清)王梓
校　清光緒三十年(1904)上海點石齋石印本
六冊

320000－4683－0000277　180392
新增說文韻府羣玉二十卷　(元)陰時夫編輯
(元)陰中夫編註　(明)王元貞校正　明刻
本　十一冊　存十一卷(十至二十)

320000－4683－0000278　180393
東萊博議四卷　(宋)呂祖謙撰　清光緒馮泰
松刻本　六冊

320000－4683－0000279　180396
增刪韻府羣玉定本二十卷　(元)陰時夫編輯
(元)陰中夫編註　(清)徐人鳳增刪　清刻
本　八冊　存八卷(十三至二十)

320000－4683－0000280　180397
子史精華一百六十卷　(清)允祿等輯　(清)
吳襄等纂修　清光緒十三年(1887)上海蜚英

館石印本　八冊

320000－4683－0000281　180398
子史精華三十卷　(清)允祿等輯　(清)吳襄
等纂修　清光緒九年(1883)上海點石齋石印
本　二冊

320000－4683－0000282　180401
歷代名臣言行錄二十四卷　(清)朱桓輯　清
光緒二十四年(1898)掃葉山房石印本　八冊

320000－4683－0000283　180402
大題文府不分卷　題(清)秀文書局主人輯
清光緒十五年(1889)上海秀文書局石印本
十四冊　存(大學,中庸,論語學而、雍也至鄉
黨、子路至堯曰,孟子)

320000－4683－0000284　180403
小題文府不分卷　(清)楊宗濂等撰　清光緒
石印本　十五冊　存(中庸,論語,孟子存滕
文公、離婁、告子)

320000－4683－0000285　180404
增廣元魁墨萃不分卷　(清)朱炳麟輯　清光
緒石印本　十五冊　存(順治二年至光緒十
六年)

320000－4683－0000286　180407
郎潛紀聞十四卷　(清)陳康祺撰　清光緒六
年(1880)琴川刻本　六冊

320000－4683－0000287　180410
重訂教乘法數十二卷　(清)釋超海等重訂
清光緒三十四年(1908)常州天寧寺刻本
六冊

320000－4683－0000288　180420
柳子藏書九卷　(宋)柳榮撰　清刻本　四冊

320000－4683－0000289　180421、180297、180303
十子全書十種　(清)王子興輯　清嘉慶九年
(1804)王氏聚文堂刻本　二十三冊　缺五卷
(莊子一至五)

320000－4683－0000290　180427
讀通鑑論十卷末一卷　(清)王夫之撰　清光
緒二十九年(1903)上海官書局鉛印本　六冊

存九卷(一至四、六至七、九至十,末一卷)

320000－4683－0000291　180429

呻吟語六卷　（明）呂坤撰　明萬曆二十一年
(1593)刻本　三冊　存三卷(一至三)

320000－4683－0000292　180432

曾文正公家書十卷　（清）曾國藩撰　清末著
易堂鉛印本　八冊　存八卷(一至二、五至
十)

320000－4683－0000293　180433－1

曾文正公榮哀錄一卷　（清）曾國藩撰　清光
緒十三年(1887)鴻文書局鉛印本　一冊

320000－4683－0000294　180433－2

曾文正公家書十卷　（清）曾國藩撰　**大事記
四卷**　（清）王定安撰　清末著易堂鉛印本
六冊

320000－4683－0000295　180434－1

精選三山文稿合編附摘股三種　（清）陳觀彤
（清）周岱撰　清光緒二年(1876)長沙易潤
壇刻本　六冊

320000－4683－0000296　180434－2

鴻文擷勝二卷　（清）陳觀彤選　清光緒二年
(1876)詠霓館刻本　二冊

320000－4683－0000297　180439

宛陵先生文集六十卷　（宋）梅堯臣撰　清宣
統二年(1910)上海石印本　十冊

320000－4683－0000298　180440

韋蘇州集十卷　（唐）韋應物撰　清宣統三年
(1911)上海文寶書局石印本　六冊

320000－4683－0000299　180443

劍南詩鈔六卷　（宋）陸游撰　（清）楊大鶴選
清愛日堂刻本　五冊

320000－4683－0000300　180452

河東先生文集六卷　（唐）柳宗元撰　（唐）劉
禹錫編　清宣統二年(1910)上海會文堂書局
石印本　六冊

320000－4683－0000301　180454

遺山集四十卷附錄一卷　（金）元好問撰

（元）張德輝類次　清道光二十七(1847)刻本
六冊　存三十二卷(十至四十、附錄一卷)

320000－4683－0000302　180457

新刻張太岳先生文集四十七卷　（明）張居正
撰　（明）馬啟圖　（明）雷思霈校　清刻本
八冊　存二十五卷(一至二十五)

320000－4683－0000303　180458、180711

新刻張太岳先生文集四十七卷　（明）張居正
撰　（明）曾可前　（明）高以儉校　清刻本
十二冊　存三十五卷(七至三十三、四十至四
十七)

320000－4683－0000304　180460－180461

王文成公全集十六卷　（明）王守仁撰　（明）
李贄輯　清道光六年(1826)王文德刻本　十
五冊　存十五卷(一至三、五至十六)

320000－4683－0000305　180463

**杜詩鏡銓二十卷附錄一卷讀書堂杜工部文集
注解二卷**　（唐）杜甫撰　（清）楊倫輯　清光
緒十八年(1892)著易堂鉛印本　六冊

320000－4683－0000306　180466－180467

潛研堂文集五十卷　（清）錢大昕撰　清龍氏
家塾刻本　十二冊

320000－4683－0000307　180468、180472

紀文達公遺集三十二卷　（清）紀昀撰　（清）
紀樹馨編校　清嘉慶十七年(1812)紀樹馥刻
本　十六冊

320000－4683－0000308　180476

唐代叢書六集一百六十四種　（清）王文誥輯
清刻本　六冊　存六冊(初集冊三至四,二
集冊二,三集冊一、三,四集冊三)

320000－4683－0000309　180480

賦海大觀三十二卷目錄一卷　（清）沈祖燕編
清光緒上海鴻寶齋石印本　十三冊　存十
七卷(六至十四、二十三至二十五、二十八至
三十二)

320000－4683－0000310　180482

類類聯珠初編三十二卷二編十二卷　（清）李

塾編　（清）李椿林增補　清同治十二年（1873）都城琉璃廠刻本　九册　存四十一卷（初編三十二卷、二編一至九）

320000－4683－0000311　180488

古唐詩合解十二卷古詩四卷　（清）王堯衢注　（清）李模　（清）李桓校　清光緒十八年（1892）學庫山房刻本　八册

320000－4683－0000312　180489－1

古唐詩合解十二卷古詩四卷　（清）王堯衢注　（清）李模　（清）李桓校　清光緒十二年（1886）鎮江文成堂殷氏刻本　一册　存二卷（一至二）

320000－4683－0000313　180493

小題三萬選不分卷　題（清）求是齋主人選　清光緒十八年（1892）上海袖海山房石印本　存三十九册（一至三十五、三十七至四十）

320000－4683－0000314　180495

八家四六文鈔八卷　（清）吳鼐輯　清光緒五年（1879）京都琉璃廠肆雅堂刻本　四册

320000－4683－0000315　180496－1

古文啟鳳新編八卷　（清）汪基輯　清學庫山房刻本　一册　存一卷（一）

320000－4683－0000316　180496－2

古文啟鳳新編八卷　（清）汪基輯　清光緒善成堂刻本　八册

320000－4683－0000317　180498

六朝唐賦讀本不分卷　（清）馬傳庚選註　清同治十三年（1874）京都玉燕書巢馬氏刻本　二册

320000－4683－0000318　180500

胡文忠公遺集十卷首一卷　（清）胡林翼撰　（清）閻敬銘等輯　清同治七年（1868）醉六堂刻本　八册

320000－4683－0000319　180501

遺山先生詩集二十卷附遺山詩集考異一卷　（金）元好問撰　清光緒六年（1880）黎氏刻本　四册　存十六卷（六至二十、考異一卷）

320000－4683－0000320　180503

大題文府不分卷　（清）同文書局輯　清光緒十三年（1887）上海同文書局石印本　九册　存（大學,中庸,論語學而至里仁、衛靈至堯曰,孟子公孫、萬章、盡心）

320000－4683－0000321　180504－1

大題文府二集不分卷　題（清）還讀書齋主人輯　清光緒十五年（1889）檢古齋石印本　八册　存（上論、下論衛靈公至堯曰,大學,孟子）

320000－4683－0000322　180506

古文釋義新編八卷　（清）余誠評註　清文奎堂刻本　八册

320000－4683－0000323　180509

鳳凰山七十二卷七十二回　（□）□□撰　清海陵軒刻本　三十二册

320000－4683－0000324　180514－1

分類詳註飲香尺牘四卷首一卷　題（清）飲香居士輯　題（清）白下慵隱子釋　清刻本　二册　存二卷（二至三）

320000－4683－0000325　180515

詩學含英四卷　（清）劉文蔚輯　清末三讓堂刻本　四册

320000－4683－0000326　180518

詩韻合璧五卷附虛字韻藪一卷　（清）湯文璐撰　清光緒十二年（1886）上洋公興書局鉛印本　五册

320000－4683－0000327　180521

增補詩韻合璧五卷附虛字韻藪一卷　（清）湯文璐撰　清光緒十四年（1888）上海石倉書局石印本　五册

320000－4683－0000328　180522

重訂詩料詳註四卷　（清）秦照　（清）郭一經輯　（清）陳風增釋　清同治二年（1863）懷德堂刻本　四册

320000－4683－0000329　180523

九家詩詳註七卷　（清）毛履謙　（清）吳甬一

詳註　清嘉慶十三年(1808)書業堂刻本　三冊　存六卷(一至二、四至七)

320000 – 4683 – 0000330　180525
重訂唐詩別裁集二十卷　(清)沈德潛輯　清紫貴堂刻本　十冊

320000 – 4683 – 0000331　180527 – 1
詩韻集成十卷　(清)余照輯　清刻本　三冊　存八卷(三至十)

320000 – 4683 – 0000332　180527 – 2
詩韻集成十卷　(清)余照輯　清刻本　三冊　存八卷(三至十)

320000 – 4683 – 0000333　180534
文心雕龍十卷　(南朝梁)劉勰撰　(清)黃叔琳注　(清)紀昀評　清光緒二十一年(1895)學庫山房刻本　四冊

320000 – 4683 – 0000334　180537
夢陔堂文說十一篇　(清)黃承吉撰　清道光刻本　二冊　存一篇(第六篇冊一至二)

320000 – 4683 – 0000335　180538
賦學正鵠十卷　(清)李元度輯　清光緒十七年(1891)經緯書局刻本　六冊　存九卷(一至九)

320000 – 4683 – 0000336　180540 – 1
漁洋山人古詩選三十二卷　(清)王士禎選　清同治七年(1868)曾國藩刻本　六冊　存二十五卷(五言四至十七、七言一至十一)

320000 – 4683 – 0000337　180540 – 2
惜抱軒今體詩選十八卷　(清)姚鼐選　清同治七年(1868)曾國藩刻本　二冊　存九卷(五言一至五、七言六至九)

320000 – 4683 – 0000338　180542
分韻試帖青雲集合註四卷　(清)楊逢春輯　清光緒十三年(1887)濰陽成文信刻本　四冊

320000 – 4683 – 0000339　180545
忠雅堂文集十二卷詩集二十七卷補遺二卷詞集二卷　(清)蔣士銓撰　清同治九年(1870)蔣志章刻本　五冊　存二十卷(文集十至十二,詩集十至十四、二十至二十七,補遺二卷,詞集二卷)

320000 – 4683 – 0000340　180546
潛研堂詩集十卷詩續集十卷　(清)錢大昕撰　清龍氏家塾刻本　二冊　存八卷(詩集一至三、續集六至十)

320000 – 4683 – 0000341　180547
隨園詩話十六卷補遺十卷　(清)袁枚撰　清道光二十七年(1847)小倉山房刻本　十二冊

320000 – 4683 – 0000342　180549
隨園詩話十六卷補遺十卷　(清)袁枚撰　清末刻本　十二冊　存二十四卷(一至十六、補遺一至八)

320000 – 4683 – 0000343　180551
東周列國全志二十三卷一百〇八回　(清)蔡元評點　清吳郡山淵堂刻本　二十四冊

320000 – 4683 – 0000344　180552
鏡花緣二十卷一百回　(清)李汝珍撰　清刻本　十八冊　存十八卷(一至三、五至九、十一至二十)

320000 – 4683 – 0000345　180553
天雨花不分卷三十回　(清)陶貞懷撰　清刻本　二十一冊　存二十七回(一、三至二十、二十二至二十五、二十七至三十)

320000 – 4683 – 0000346　180554
東周列國志二十三卷一百〇八回　(清)蔡元評點　清刻本　四冊　存四卷(十一至十二、十五、二十)

320000 – 4683 – 0000347　180555
四大奇書第一種六十卷一百二十回　(明)羅貫中撰　(清)毛宗崗評　清文林堂刻本　十三冊　存三十八卷(一至三、八至十四、十八至二十、二十七至三十八、四十二至四十四、四十八至五十、五十四至六十)

320000 – 4683 – 0000348　180556 – 180557
繡像漢宋奇書六十卷　(清)金聖嘆批點　清金陵興賢堂刻本　二十四冊

320000－4683－0000349　180558

東周列國全志二十三卷一百〇八回　（清）蔡
昇評點　清光緒十二年（1886）上海江左書林
刻本　二十四冊

320000－4683－0000350　180560－1

繪圖筆生花十六卷三十二回　（清）邱心如撰
　清光緒上海書局石印本　五冊　存五卷
（五、七、九、十三至十四）

320000－4683－0000351　180560－2

繪圖筆生花十六卷三十二回　（清）邱心如撰
　清光緒石印本　九冊　存九卷（四、六、九
至十一、十三至十六）

320000－4683－0000352　180562

東周列國全志二十三卷一百〇八回　（清）蔡
昇評點　清刻本　十九冊　存十八卷（一、三
至九、十一至十三、十五、十七至二十二）

320000－4683－0000353　180565

新刻玉釧緣全傳三十二卷　題（清）西湖居士
撰　清末刻本　二十五冊　存二十一卷（一
下、二上、三上、四上、五上、十一上、十二上、
十三下、十四上、十五上、十七上、二十上、二
十一上、二十二上、二十三、二十四上、二十五
上、二十七上、二十八、二十九上、三十一上）

320000－4683－0000354　180566

再生緣全傳二十卷　（清）陳端生撰　（清）梁
德繩續撰　清刻本　三十三冊　存十八卷
（三上、四至十上、十一至十六上、十七至二
十）

320000－4683－0000355　180567

四大奇書第一種六十卷一百二十回　（清）毛
宗崗評　清末刻本　十五冊　存三十八卷
（四至六、十三至十九、二十四至二十六、三十
至三十三、四十至六十）

320000－4683－0000356　180575

漱芳軒合纂禮記體註四卷　（清）范翔參訂
清光緒十六年（1890）掃葉山房刻本　四冊

320000－4683－0000357　180582

楚辭十七卷　（漢）王逸章句　（宋）洪興祖補

注　清光緒二十一年（1895）昭陵經畬主人刻
本　六冊

320000－4683－0000358　180589

說文解字十五卷　（漢）許慎撰　（宋）徐鉉等
校定　清嘉慶十二年（1807）藤花榭刻本
四冊

320000－4683－0000359　180595

皇朝經世文編一百二十卷姓名總目二卷生存
姓名一卷　（清）賀長齡輯　（清）魏源編次
清道光七年（1827）曹埔刻本　七十八冊　存
一百十七卷（一至五十、五十四至一百二十）

320000－4683－0000360　180596－180597

古詩源十四卷　（清）沈德潛撰　清嘉慶八年
（1803）酉山堂刻本　二冊

320000－4683－0000361　180598

袁文箋正十六卷補注一卷　（清）袁枚撰
（清）石韞玉箋　清嘉慶十七年（1812）鶴壽山
堂刻本　四冊

320000－4683－0000362　180599

董方立遺書九種十六卷　（清）董祐誠撰　清
同治八年（1869）董貽成都刻本　四冊

320000－4683－0000363　180601

水道提綱二十八卷　（清）齊召南撰　清光緒
四年（1878）徐士鑾霞城精舍刻本　八冊

320000－4683－0000364　180602

唐人萬首絕句選七卷　（清）王士禎輯　清光
緒二十三年（1897）金陵書局刻本　二冊

320000－4683－0000365　180605

宋本十三經註疏附校勘記十三種　（清）阮元
撰　（清）盧宣旬摘錄　校勘記識語四卷
（清）汪文臺撰　清光緒十三年（1887）上海脈
望仙館石印本　三十二冊

320000－4683－0000366　180611

庸庵文編四卷　（清）薛福成撰　清光緒十三
年（1887）刻本　四冊

320000－4683－0000367　180612

春秋左傳杜注三十卷首一卷　（清）姚培謙撰

清同治五年(1866)金陵書局刻本　　八冊

320000－4683－0000368　180613

絕妙好詞箋七卷續鈔二卷　（宋）周密輯
（清）查為仁　（清）厲鶚箋　清同治十一年
(1872)章氏刻本　　四冊

320000－4683－0000369　180614

金石萃編一百六十卷　（清）王昶撰　清光緒
十九年(1893)上海寶善石印本　　十八冊

320000－4683－0000370　180615

庚子銷夏記八卷　（清）孫承澤撰　清光緒四
年(1878)葛氏山隱居刻本　　四冊

320000－4683－0000371　180616

角山樓增補類腋六十七卷　（清）姚培謙
（清）張卿雲輯　（清）趙克宜增輯　清咸豐七
年(1857)趙克宜角山樓刻十年(1860)重修本
　二十四冊

320000－4683－0000372　180617

說文新附攷六卷續攷一卷　（清）鈕樹玉撰
清嘉慶六年(1801)非石居刻同治七年(1868)
碧螺山館補刻本　　二冊

320000－4683－0000373　180620

御製圓明園詩二卷　（清）高宗弘曆撰　（清）
鄂爾泰等注　清光緒十三年(1887)天津石印
書屋石印本　　一冊　存一卷（上）

320000－4683－0000374　180621

國朝古文選二卷　（清）孫澍輯　清道光十四
年(1834)孫氏刻古棠書屋叢書本　　二冊

320000－4683－0000375　180626－1

蘇省輿地圖說不分卷　（清）丁日昌修　清同
治七年(1868)刻本　　四冊

320000－4683－0000376　180626－2

蘇省二十里方輿圖不分卷　（清）江寧輿圖局
　（清）蘇省輿圖局測繪　清同治刻本　　存三
冊(一至三)

320000－4683－0000377　180627

河嶽英靈集二卷　（唐）殷璠輯　清光緒四年
(1878)揚州刻本　　二冊

320000－4683－0000378　180630

**彙刻書目初編十卷新編一卷補編一卷續編一
卷**　（清）顧修輯　清嘉慶四年(1799)顧氏刻
本　　十冊

320000－4683－0000379　180632

爾雅郭注義疏二十卷　（清）郝懿行撰　清光
緒十四年(1888)湖北官書處刻本　　八冊

320000－4683－0000380　180634

國朝駢體正宗十二卷　（清）曾燠輯　清嘉慶
十一年(1806)賞雨茆屋刻本　　六冊

320000－4683－0000381　180635

新安先集二十卷　（清）朱之榛輯　清同治十
三年(1874)蘇州刻本　　六冊

320000－4683－0000382　180636

揅經室詩錄五卷附錄古今體詩不分卷　（清）
阮元撰　（清）阮亨校　清同治三年(1864)阮
祜成都刻本　　二冊

320000－4683－0000383　180637

詞辨二卷介存齋論詞雜著一卷　（清）周濟撰
　清光緒四年(1878)刻本　　一冊

320000－4683－0000384　180639

黃山紀游詩二卷　（清）曹貞吉　（清）靳治荆
撰　**黃山紀游詞一卷**　（清）曹霖撰　清刻本
　一冊

320000－4683－0000385　180647

瀂山集三卷補遺一卷附錄一卷　（宋）朱翌撰
　頤菴居士集二卷　（宋）劉應時撰　清乾
隆、道光鮑氏刻知不足齋叢書本　　二冊

320000－4683－0000386　180651

春秋左傳補注三卷　（清）馬宗璉撰　清刻本
　二冊

320000－4683－0000387　180652

書經六卷　（宋）蔡沈集傳　清道光十六年
(1836)揚郡片善堂惜字公局刻五經本　　六冊

320000－4683－0000388　180653

爾雅蒙求二卷　（清）李拔式撰　清道光十年
(1830)文光堂刻本　　二冊

320000－4683－0000389　　180654

周易四卷　　（宋）朱熹本義　　清道光十六年(1836)揚郡片善堂惜字公局刻五經本　　二冊

320000－4683－0000390　　180656

禮記十卷　　（元）陳澔集說　　清道光十六年(1836)揚郡片善堂惜字公局刻五經本　　八冊　　存八卷(一至三、五、七至十)

320000－4683－0000391　　180657

三國志六十五卷　　（晉）陳壽撰　　（南朝宋）裴松之註　　清光緒十三年(1887)江南書局刻本　　八冊

320000－4683－0000392　　180658

洪稺存先生北江詩話六卷　　（清）洪亮吉撰　　清咸豐七年(1857)周錫光淵海樓刻本　　二冊

320000－4683－0000393　　180659

說文解字繫傳四十卷校勘記三卷　　（五代）徐鍇傳釋　　（五代）朱翱反切　　清道光十九年(1839)祁寯藻刻本　　八冊

320000－4683－0000394　　180661

江湖載酒集三卷　　（清）朱彝尊撰　　（清）陳其年編次　　清嘉慶九年(1804)聚瀛堂刻本　　一冊

320000－4683－0000395　　180662

詞選二卷　　（清）張惠言輯　　**附錄一卷**　　（清）鄭善長輯　　**續詞選二卷**　　（清）董毅輯　　清道光十年(1830)張琦宛鄰書屋刻本　　二冊

320000－4683－0000396　　180667

左傳事緯十二卷字釋一卷　　（清）馬驌撰　　清光緒四年(1878)潘氏敏德堂刻本　　十冊

320000－4683－0000397　　180669

宋名臣言行錄前集十卷後集十四卷　　（宋）朱熹撰　　清刻本　　四冊

320000－4683－0000398　　180675－1

大廣益會玉篇三十卷玉篇校刊札記一卷　　(南朝梁)顧野王撰　　（唐）孫強增訂　　清道光三十年(1850)鄧氏邵州東山精舍刻本　　四冊

320000－4683－0000399　　180675－2

大宋重修廣韻五卷附札記一卷　　（宋）陳彭年等撰　　清道光三十年(1850)鄧氏邵州東山精舍刻本　　一冊　　存一卷(一)

320000－4683－0000400　　180677

校訂困學紀聞集證二十卷　　（宋）王應麟撰　　（清）閻若璩等箋　　（清）萬希槐輯　　清嘉慶十六年(1811)刻本　　十二冊

320000－4683－0000401　　180678

切問齋文鈔三十卷首一卷　　（清）陸燿輯　　清道光五年(1825)長白誠端刻本　　十二冊

320000－4683－0000402　　180680－180681、180751

四書集註十九卷　　（宋）朱熹集註　　（清）儲欣批　　清臨桂毓蘭書屋謝氏家塾刻本　　六冊

320000－4683－0000403　　180685

二林居集二十四卷　　（清）彭紹升撰　　清光緒七年(1881)彭氏刻本　　六冊

320000－4683－0000404　　180688

莊子集解八卷　　王先謙集解　　清宣統元年(1909)思賢書局刻本　　三冊

320000－4683－0000405　　180692

西遊真詮六卷一百回　　（清）陳士斌詮解　　清刻本　　三冊　　存三卷[三至五(三十至八十一回)]

320000－4683－0000406　　180697

論語注疏解經十卷附札記一卷　　（三國魏）何晏集解　　（宋）邢昺疏　　清光緒三十三年(1907)劉氏刻玉海堂景宋叢書本　　二冊

320000－4683－0000407　　180706

蠻書十卷　　（唐）樊綽撰　　清刻武英殿聚珍版叢書本　　一冊

320000－4683－0000408　　180712

字學舉隅一卷　　（清）龍光甸　　（清）龍啟瑞輯　　清同治十年(1871)琉璃廠懿文齋刻本　　一冊

320000－4683－0000409　　180713

撫吳草四卷　　（清）陶澍撰　　清道光刻本　　一冊

320000 – 4683 – 0000410　180717

[嘉慶]衛藏通志十六卷首一卷　（清）和琳纂修　校字記一卷　（清）袁昶撰　清光緒二十二年(1896)袁昶刻漸西村舍彙刻本　八冊

320000 – 4683 – 0000411　180719

歷代地理志韻編今釋二十卷附皇朝輿地韻編二卷　（清）李兆洛撰　清同治九至十年(1870 – 1871)李鴻章刻本　八冊

320000 – 4683 – 0000412　180721

大方廣佛華嚴經八十卷　（唐）釋實叉難陀譯　清金陵刻經處刻本　十八冊　存七十二卷(五至六十八、七十三至八十)

320000 – 4683 – 0000413　180722

增註四書人物類典串珠四十卷　（清）臧志仁編輯　（清）臧銘　（清）臧錕校字　清光緒十一年(1885)上海點石齋石印本　三冊　存二十五卷(一至二十五)

320000 – 4683 – 0000414　180723

四書人物類典串珠四十卷　（清）臧志仁編輯　（清）臧銘　（清）臧錕校字　清刻本　八冊　存二十七卷(五、十二至二十二、二十六至四十)

320000 – 4683 – 0000415　180724

再生緣全傳二十卷　（清）陳端生撰　清中晚期刻本　七冊　存六卷(一下、十一上、十三上、十四下、十五、十六下)

320000 – 4683 – 0000416　180725

批點聊齋志異十六卷　（清）蒲松齡撰　（清）王士正評　（清）何守奇批點　清刻本　六冊　存六卷(四至八、十)

320000 – 4683 – 0000417　180726

時畬堂詩稿六卷　（清）袁文揆撰　清道光十年(1830)江寒草堂刻本　一冊

320000 – 4683 – 0000418　180727

潛研堂金石文跋尾二十卷　（清）錢大昕撰　清龍氏家塾刻本　一冊　存二卷(十三至十四)

320000 – 4683 – 0000419　180728

柏梘山房文集十六卷　（清）梅曾亮撰　清末鉛印本　一冊　存四卷(一至四)

320000 – 4683 – 0000420　180729

閱藏隨筆二卷續筆一卷　（清）釋元度撰語　（清）釋太穆節解　（清）楊維漢校　清光緒九年(1883)維揚天寧寺刻本　一冊　存一卷(隨筆上)

320000 – 4683 – 0000421　180731

第一才子書繡像三國志演義六十卷一百二十回　（明）羅貫中撰　（清）毛宗崗評　清光緒三十年(1904)上海商務印書館鉛印本　二冊　存十六卷[二十三至三十八(四十五至七十六回)]

320000 – 4683 – 0000422　180732

增評補圖石頭記一百二十卷　（清）曹霑撰　（清）高鶚續撰　（清）王希廉評　（清）姚燮加評　清光緒鉛印本　二冊　存十六卷(二十五至四十)

320000 – 4683 – 0000423　180733

適可齋記言四卷記行六卷　（清）馬建忠撰　清光緒石印本　二冊

320000 – 4683 – 0000424　180734

秘書　（清）汪士漢輯　清刻本　一冊　存三種十一卷(夏小正四卷、穆天子傳六卷、續齊諧記一卷)

320000 – 4683 – 0000425　180738

精訂綱鑑廿四史通俗衍義二十六卷四十四回　（清）呂撫輯　清光緒鉛印本　一冊　存一卷(十七)

320000 – 4683 – 0000426　180742

牡丹亭還魂記二卷　（明）湯顯祖撰　清光緒十二年(1886)同文書局石印本　一冊　存一卷(上)

320000 – 4683 – 0000427　180743

圖像鏡花緣十二卷一百回首一卷　（清）李汝珍撰　清光緒二十三年(1897)上海書局石印本　六冊

320000 - 4683 - 0000428   180745

陽宅覺元氏新書二卷　（清）元祝垚著　（清）
張蔭堂註　清末民國抄本　一冊

320000 - 4683 - 0000429   180748

周易二閭記三卷　（清）茹敦和撰　清光緒十
四年(1888)江陰南菁書院刻本　一冊

320000 - 4683 - 0000430   180749

虛白室文鈔二卷　（清）方昌翰撰　清光緒十
三年(1887)刻本　一冊

320000 - 4683 - 0000431   180753

國語二十一卷　（三國吳）韋昭注　（明）盧之
頤訂正　明末刻本　一冊　存四卷（一至四）

320000 - 4683 - 0000432   180111 - 2

康熙字典十二集三十六卷檢字一卷辨似一卷
等韻一卷總目一卷備考一卷補遺一卷　（清）
張玉書等纂修　清道光七年(1827)刻本　一
冊　存一卷（補遺一卷）

320000 - 4683 - 0000433   180489 - 2

古唐詩合解十二卷古詩四卷　（清）王堯衢注
清刻本　二冊　存七卷（古唐詩合解十至
十二、古詩四卷）

320000 - 4683 - 0000434   180489 - 3

唐詩三百首注疏六卷　（清）孫洙編　（清）章
燮注　清刻本　三冊　存三卷（三至四、六）

320000 - 4683 - 0000435   180504 - 2

大題文府二集不分卷　題（清）還讀書齋主人
輯　清光緒十五年(1889)檢古齋石印本　存
一冊（滕文至離婁）

320000 - 4683 - 0000436   180560 - 3

繪圖筆生花十六卷三十二回　（清）邱心如撰
清光緒石印本　一冊　存一卷（十四）

320000 - 4683 - 0000437   180278

[嘉慶]海州直隸州志三十二卷首一卷　（清）
唐仲冕修　（清）汪梅鼎等纂　清嘉慶十六年
(1811)刻本　十冊

320000 - 4683 - 0000438   180716

金石續編二十一卷首一卷　（清）陸耀遹撰

清光緒十九年(1893)上海寶善石印本　六冊

320000 - 4683 - 0000439   180718

翁相國手札二集不分卷　（清）翁同龢撰　清
光緒三十四年(1908)上海有正書局影印本
一冊

320000 - 4683 - 0000440   08001

星鳳樓帖不分卷十二集　（宋）曹彥約刻　清
拓本　一冊　存一集（十）

320000 - 4683 - 0000441   08009

攀雲閣臨漢碑一集四卷二集四卷三集四卷四
集四卷　（清）錢泳摹　清嘉慶十三至二十四
年(1808 - 1819)錢泳寫經堂刻拓本　十一冊
存十一卷（一集二、四，二集一、三，三集四
卷，四集一、三至四）

320000 - 4683 - 0000442   08011

漢碑範八卷　（清）張祖翼選臨　清宣統三年
(1911)上海文明書局石印本　一冊　存四卷
（一至四）

320000 - 4683 - 0000443   08033

佛說觀無量壽佛經一卷　（南朝宋）釋畺良耶
舍譯　清拓本　一冊

320000 - 4683 - 0000444   08035

李正華書法不分卷　（清）李正華書　清宣統
元年(1909)石印本　一冊

320000 - 4683 - 0000445   08040

鄭羲上碑（鄭文公上碑）不分卷　（北魏）鄭道
昭書　清拓本　一冊

320000 - 4683 - 0000446   08049

周禮十二卷　（漢）鄭玄注　清拓本　三冊
存三卷（一至三）

320000 - 4683 - 0000447   08056

楷法溯源十四卷目錄一卷　（清）潘存輯　楊
守敬編　清光緒三年(1877)宜都楊氏刻本
一冊　存二卷（十一至十二）

320000 - 4683 - 0000448   08059

秣陵旅舍送會稽章生詩不分卷　（明）董其昌
撰並書　清拓本　一冊

320000 – 4683 – 0000449　08064

懷素草書千字文不分卷　（唐）懷素書　清拓本　一冊

320000 – 4683 – 0000450　08065

御刻三希堂石渠寶笈法帖三十二卷　（清）梁詩正等編　清拓本　一冊　存一卷（十四）

320000 – 4683 – 0000451　08067、08106、08053

淳化閣帖十卷　（宋）王著編次　清順治二年（1645）刻拓本　五冊　存五卷（一至五）

320000 – 4683 – 0000452　08069 – 08070

御刻三希堂石渠寶笈法帖三十二卷　（清）梁詩正等編　清光緒二十年（1894）蜚英館石印本　十五冊

320000 – 4683 – 0000453　08071

清暉閣藏帖□□卷　（□）□□編　清拓本　四冊　存四卷（一至四）

320000 – 4683 – 0000454　08072、08078

御刻三希堂石渠寶笈法帖三十二卷　（清）梁詩正等編　清末石印本　二十五冊　存二十五卷（一至四、六至十、十三、十六至十八、二十至二十四、二十六至三十二）

320000 – 4683 – 0000455　08073 – 08074

玉虹鑑真帖十三卷　（清）孔繼涑輯　清拓本　十三冊

320000 – 4683 – 0000456　08075

十三經石刻不分卷　（清）□□書　清拓本　七冊

320000 – 4683 – 0000457　08077

御刻三希堂石渠寶笈法帖三十二卷續刻四卷　（清）梁詩正等編　（清）蔣溥等編　清宣統元年（1909）文盛書局石印本　三十四冊　存三十四卷（一至十五、十七至三十、三十二，續刻四卷）

320000 – 4683 – 0000458　08094

清華齋趙帖不分卷　（元）趙孟頫書　清拓本　一冊

320000 – 4683 – 0000459　08111

御刻三希堂石渠寶笈法帖三十二卷　（清）梁詩正等編　清末石印本　一冊　存二卷（三十一至三十二）

320000 – 4683 – 0000460　08112

淳化閣帖十卷　（宋）王著編次　清末民國拓本　四冊　存四卷（三、五、八、十）

320000 – 4683 – 0000461　08115

耆英書刻不分卷　（清）耆英書　清道光二十二年（1842）拓本　一冊

320000 – 4683 – 0000462　08119

硯史一百十二卷　（清）高鳳翰編著　清道光二十九年（1849）繡水王氏拓本　一冊　存八十四卷（一至三十五、六十四至一百十二）

320000 – 4683 – 0000463　08120

鄭板橋摹書不分卷　（清）□□書　清末摹本　一冊

《江蘇省金陵圖書館古籍普查登記目録》
書名筆畫字頭索引

九畫

十一畫

十二畫

十三畫

十四畫

《江蘇省金陵圖書館古籍普查登記目錄》
書名筆畫索引

四畫

五畫

六畫

八畫

361

九畫

十畫

十一畫

十二畫

十三畫

381

382

十四畫

十五畫

385

386

十七畫

十八畫

十九畫

二十一畫

二十畫

二十三畫

二十二畫

二十四畫

二十五畫

二十六畫

二十九畫

《江蘇省鹽城市圖書館古籍普查登記目錄》
書名筆畫字頭索引

九畫

十畫

十一畫

十二畫

十三畫

399

《江蘇省鹽城市圖書館古籍普查登記目録》
書名筆畫索引

403

五畫

六畫

七畫

八畫

410

十畫

十一畫

十二畫

十三畫

十四畫

十五畫

十六畫

十七畫

二十二畫

二十三畫

二十四畫

二十五畫

《江蘇省東臺市圖書館古籍普查登記目録》
書名筆畫字頭索引

十二畫

十三畫

十四畫

十五畫

《江蘇省東臺市圖書館古籍普查登記目錄》
書名筆畫索引

九畫

十畫

十一畫

《江蘇省揚州市邗江區圖書館古籍普查登記目錄》
書名筆畫字頭索引

《江蘇省揚州市邗江區圖書館古籍普查登記目錄》
書名筆畫索引

《江蘇省崑山市圖書館古籍普查登記目錄》
書名筆畫字頭索引

《江蘇省崑山市圖書館古籍普查登記目錄》
書名筆畫索引

《江蘇省連雲港市博物館古籍普查登記目錄》
書名筆畫字頭索引

《江蘇省連雲港市博物館古籍普查登記目錄》
書名筆畫索引

八畫

九畫

十一畫

十二畫

十三畫

十四畫

十九畫

二十一畫

二十二畫

二十四畫

二十五畫